DETLEV DORMEYER

# DAS NEUE TESTAMENT
# IM RAHMEN DER ANTIKEN LITERATURGESCHICHTE

W0177829

# DIE ALTERTUMSWISSENSCHAFT

Einführungen in Gegenstand, Methoden und Ergebnisse
ihrer Teildisziplinen und Hilfswissenschaften

WISSENSCHAFTLICHE BUCHGESELLSCHAFT

DARMSTADT

DETLEV DORMEYER

# DAS NEUE TESTAMENT IM RAHMEN DER ANTIKEN LITERATURGESCHICHTE

## Eine Einführung

WISSENSCHAFTLICHE BUCHGESELLSCHAFT
DARMSTADT

Einbandgestaltung: Neil McBeath, Stuttgart.

Die Deutsche Bibliothek – CIP-Einheitsaufnahme

**Dormeyer, Detlev:**
Das Neue Testament im Rahmen der antiken
Literaturgeschichte: eine Einführung / Detlev
Dormeyer. – Darmstadt: Wiss. Buchges., 1993
(Die Altertumswissenschaft)
ISBN 3-534-06830-0

Bestellnummer 06830-0

© 1993 by Wissenschaftliche Buchgesellschaft, Darmstadt
Gedruckt auf säurefreiem und alterungsbeständigem Offsetpapier
Satz: Fotosatz Janß, Pfungstadt
Druck und Einband: Wissenschaftliche Buchgesellschaft, Darmstadt
Printed in Germany
Schrift: Linotype Garamond, 9.5/11

ISSN 0174-0849
ISBN 3-534-06830-0

# INHALT

Inhalt VII

# VORWORT

Diese *Einführung* stellt den Zusammenhang des Neuen Testaments mit der hellenistischen Literatur anhand der literarischen Gattungen und deren Rahmenbedingungen von Rezeption und Produktion dar. So wird die Sonderentwicklung deutlich, die das Neue Testament aufgrund der semitischen Wurzeln innerhalb der antiken Literatur genommen hat.

Das 1. Kapitel stellt die Forschungsgeschichte und den gegenwärtigen Fragestand zu einer Literaturgeschichte des Neuen Testaments vor.

Das 2. Kapitel geht der Entstehung und Entwicklung der neuen, christlichen Literatur aus der jüdischen, heiligen Schrift und der frühjüdischen Literatur der zwischentestamentlichen Zeit nach. Die Umrisse Jesu von Nazareth als eschatologischer, prophetischer Weisheitslehrer vor Ostern werden sichtbar. Da die Kanonisierung der jüdischen, heiligen Schrift noch nicht verbindlich abgeschlossen ist, kann sich das neue, christliche Schrifttum als Fortschreibung der hl. Schrift selbst verstehen und an den sich abzeichnenden frühjüdischen Kanon anlagern.

Die vielfältigen Einflüsse der jüdischen hl. Schrift und des frühjüdischen Schrifttums der zwischentestamentlichen Zeit, die den Sondercharakter der neutestamentlichen Schriften prägen, werden in den folgenden Kapiteln allerdings nur global beschrieben. Denn im Mittelpunkt dieser Einführung soll die direkte Nähe der neutestamentlichen Schriften zur hellenistischen Literatur stehen. Es geht um eine Nähe, die das Neue Testament *gemeinsam* mit der judenhellenistischen Literatur der zwischentestamentlichen Zeit zur hellenistischen Literatur hat (s. u. 5.1.1). Diese Nähe ist nicht allein durch den Filter der judenhellenistischen Literatur vermittelt. Wenn auch für einzelne christliche Gattungen und Themen judenhellenistische Vorgänger nachweisbar sind, konstituiert dieser zeitliche Vorrang noch keine literarische Abhängigkeit. Denn den Wechselbeziehungen der Intertextualität gemäß verarbeiten Gemeinde und Autor alle zugänglichen, literarischen Traditionen in autonomen Akten der Textrezeption und Textproduktion. Der Vergleich mit der hellenistischen Literatur erfaßt daher einen großen Teil der Traditionen und Möglichkeiten der neutestamentlichen

Textbildung. Auch ohne Heranziehung des umfangreichen judenhellenistischen Materials, dessen Beachtung für einen Kommentar freilich unerläßlich bleibt, wird die eigenständige Form und Leistung der neutestamentlichen Literatur deutlich.

Kapitel 3 weist entsprechend nach, daß die neutestamentlichen Autoren und Gemeinden einem direkten Bildungseinfluß der hellenistischen Kultur ausgesetzt waren. Dieser Einwirkung konnten sie sich für so differierende Bereiche wie Religion und Philosophie nur partiell entziehen. Doch gleichzeitig erwies sich dieser Einfluß als fruchtbar, da er die Gemeinde zu einer kreativen Schöpfung einer neuen, christlichen Theologie mit einer neuen Literatursprache befähigte. Das antike Vorurteil des niederen, barbarischen Stils, das bis heute anhält, ist unter diesem Gesichtspunkt zu revidieren.

Kapitel 4 kann so für die Sprache nachweisen, daß die Stilhöhe des Neuen Testaments zwar nur selten dem hohen Stil der Kunstprosa, doch durchgängig dem mittleren Stil der literarischen Koine entspricht. Zugleich gelingt es dem Neuen Testament, eine neue religiöse Erzähl- und Symbolsprache zu entwickeln.

Kapitel 5–8 behandeln anschließend die literarischen Kleingattungen, Kapitel 9–11 die literarischen Großgattungen.

In Kapitel 5 werden die Sentenzen der synoptischen Evangelien als die dominierende Kleingattung der Rede mit der hellenistischen Gnome verglichen. Hellenistische Parallelen weisen für die *Sentenzen* des vorösterlichen Jesus die Nähe zum Hellenismus auf. Jesu Sentenzen insgesamt, die nach Ostern um Worte der Traditionen und Redaktionen vermehrt worden sind, kennzeichnen durchgängig innerhalb der Christologie der einzelnen Evangelien Jesus als charismatischen Weisheitslehrer. Der Vergleich der anderen jesuanischen Wortgattungen mit der hellenistischen Kleinliteratur arbeitet dann stärker die Differenz Jesu zu den hellenistischen Weisheitslehrern durch Prophetie und singuläres Selbstbewußtsein heraus.

Kapitel 6 untersucht die nachösterlichen Bekenntisgattungen in ihrer Distanz und Nähe zu hellenistischen Parallelen.

Kapitel 7 und 8 wenden sich den erzählenden Kleingattungen zu, zeigen deren Nähe zur hellenistischen Kleinliteratur auf und stellen ihre formale und thematische Ausdehnung innerhalb der Evangelien vor.

Kapitel 9 beschränkt sich auf den formalen Vergleich der neutestamentlichen Briefe mit der hellenistischen Briefgattung. Die neueren Tendenzen der rhetorischen Exegese der Briefe werden vorgestellt, während auf die theologischen Verbindungslinien zum Hellenismus nur global verwiesen wird.

Auch Kapitel 10 kann die Nähe der Evangelien zur hellenistischen Biographie und die Nähe der Apostelgeschichte zur hellenistischen Geschichtsschreibung nur anzeigen. Exemplarisch für die Evangelien und Geschichtsschreibung wird das Markusevangelium als das älteste Evangelium in seinem literarischen Aufbau vorgestellt. Markus hat den Kleingattungen eine begrenzte Autonomie als isolierbare Texteinheiten gegeben und zugleich die kohärente Konzeption einer Idealbiographie geschaffen.

Kapitel 11 stellt ebenfalls nur knapp einen Bezug zwischen der spezifisch jüdischen und christlichen Apokalyptik und den hellenistischen Parallelen her. Denn eine literarische und theologische Kurzbeschreibung der Einzelschriften des Neuen Testaments kann hier nicht weiter erfolgen, sondern muß den Literaturgeschichten, Einleitungen und Kommentaren zum Neuen Testament vorbehalten bleiben.

Die *Einführung* bleibt darauf beschränkt, die Grundzüge der Einwirkungen der hellenistischen Literatur auf die neutestamentlichen Einzelschriften und die Konturen des Sonderweges der neutestamentlichen Literatur als theologisches Schrifttum lebendiger, kleiner Gemeinden und herausragender Autoren dem Leser zu erschließen.

Den Sekretärinnen Frau S. Dorn und Frau M. Brünen und den anderen MitarbeiterInnen danke ich für die Mühe und Geduld mit der Erstellung des Manuskripts. Meinen Hörerinnen und Hörern ist diese Einführung gewidmet.

# 1. DER LITERARISCHE VERGLEICH ZWISCHEN ANTIKER UND BIBLISCHER LITERATUR IN DER NEUZEIT

Die literaturwissenschaftliche Einordnung des Neuen Testaments bildet nur einen Nebenaspekt der gegenwärtigen Bibelwissenschaft. Allerdings mehren sich die Stimmen, die aufgrund der Interdependenz von Form und Inhalt die literarische Seite des Neuen Testaments in den Mittelpunkt stellen. Besonders in den USA gibt es eine längere Tradition des "literary approach" zum Neuen Testament (MacKnight 1988, 131–167; Fuerst 1989, 121 ff.; Powell 1992, 1 ff.). Innerhalb der *Geschichte* der Bibelwissenschaft blieb die literarische Analyse jedoch immer eine Vorfrage. Vornehmlich ging es in der Antike und im Mittelalter um die Wahrheit der Überlieferung, die Aussageintention der Verfasser, die Harmonie zwischen den Schriften, insbesondere zwischen den Evangelien, um die Inspiration, um den vollen Schriftsinn (sensus plenior) und um die dogmatische Interpretation. Allerdings hatten zur Klärung dieser Fragen bereits Papias von Hierapolis (um 130), Justin, der Märtyrer († 165), Irenäus (ab 177/78 Bischof von Lyon), Origenes, der erste große christliche Exeget (185–253/54), und andere bedeutende Theologen bis Augustinus Überlegungen zur literarischen Gestalt der neutestamentlichen Bücher angestellt (Dormeyer 1989, 4–26; Strecker 1992, 11–16; s. u. 3.7). Die Reformation brachte dadurch einen Einschnitt, daß Luther die Allegorese zurückdrängte (Kümmel 1970, 3–21; Roloff 1974, 126–129; Schmithals 1985, 157; Friedrich 1984, 9–17). Der sensus litteralis trat ähnlich wie bei der Entstehung der neutestamentlichen Schriften wieder in den Vordergrund. Denn die Autoren des Neuen Testaments hatten bei der Zitierung und Verwendung der Schrift überwiegend den Wortlaut beachtet und nur in geringem Maße Allegorie und Typologie eingesetzt (s. u. 5.5). Entsprechend sorgfältig hatten sie auch die literarischen Formen ihrer Umwelt beachtet (s. u. 3–11).

Das „Wort Gottes" wurde nun von Luther mit den lang erprobten Methoden der Literalexegese zu einer fundierten Auslegung geführt. Entsprechend fand auch die literarische Gestalt der Bücher des Neuen Testaments erneut Aufmerksamkeit.

Luther gab in der Kirchenpostille von 1522 eine kleine Einführung.

Ausgangspunkt ist das Verständnis des theologischen Begriffs „Evangelium". Wie Origenes im Johanneskommentar (Orig., Joh 1, 3; s. u.
10.1) das ganze Neue Testament als „Evangelium" bezeichnet, ruft
auch Luther dieses umfassende Verständnis von Evangelium wieder ins
Gedächtnis, ohne aber die pneumatische Exegese des Origenes weiter
in Anspruch zu nehmen. Die literarischen Eigenarten der Erzählevangelien gegenüber den Briefen werden von Luther deutlicher herausgestellt.

Die Überschrift des kleinen Aufsatzes lautet ›Eyn kleyn unterricht,
was man ynn den Euangelijs suchen und gewartten soll‹ (Luther, Kirchenpostille 1522, WA 10/1/1, 8–18). Der erste Satz geht geradezu modern auf die Evangelien-Rezeption der Hörer und Leser ein. „Es ist
eyn starcke gewonheytt, das man die Euangelia tzelet und nennet nach
den buchern, unnd spricht, es sind vier Euangelia, daher ists kommen,
das man nit weyß, was S. Paulus und Petrus ynn yhren Epistelln sagen,
unnd wirt yhr lere gleych geacht alß tzusetze tzur lere der Euangelia,
wie auch eyn prologus Hieronymi sich hören lessit" (a. a. O. 8). Ein
Mißverständnis ist es, die Evangelien gegenüber den Briefen zu bevorzugen. Das zweite Mißverständnis ist, „das man die Euangelia und
Epistel achtet gleych wie gesetz bucher" (a. a. O. 9). Gegen beide arge
Gewohnheiten setzt Luther:

> Darumb soll man wissen, das nur eyn Euangelium ist, aber durch viel Apo-
> stel beschrieben. Eyn iglich Epistel Pauli und Petri, datzu Actuum Luce, ist eyn
> Euangeli, ob sie wol nit alle werck und wort Christi ertzelen, ßondernn eynß
> kurtzer unnd weniger denn das ander begreyfft. Ist doch auch der grossen vier
> Euangelia keyniß, das alle wort unnd werck Christi begreyfft, ist auch nit not.
> Euangelium ist und soll nit anders seyn denn eyn rede oder historia von chri-
> sto, gleych wie unter den menschen geschicht, das man eyn buch schreybt von
> eynem kunige odder fursten, was er than und geredt unnd erlitten hatt ynn
> seynen tagen, wilchs man auch mancherley weyß mag beschreybenn, eyner
> ynn die lenge, der ander ynn der kurtze. Alßo soll und ist das Euangeli nit an-
> ders denn eyn Chronica, historia, legenda, von Christo, wer der sey, was er
> than, geredt und erlitten habe, wilchs eyner kurtz, der ander lang, eyner
> ßonst der ander ßo beschrieben hatt. Denn auffs kurtzlichst ist das Euangelium
> eyn rede von Christo, das er gottis ßon und mensch sey fur unß worden, ge-
> storben unnd aufferstanden, eyn herr ubir alle ding gesetzt. (Luther, Kirchen-
> postille 8 f.)

Luther beschreibt einmal das Evangelium formal als „Chronica, historia", zum andern inhaltlich als „rede von christo". Die gegenwärtige Opposition von Evangelium als Kerygma bei Paulus und Evangelium als theologische Geschichtsschreibung in den Buchevangelien

wird noch nicht aufgebaut (dazu Dormeyer 1989, 143–156; s. u. 10.1), sondern das Evangelium wird noch als literarische und theologische Einheit in den literarischen Großformen von Brief und Evangeliumschrift gesehen. Die inhaltliche Kurzbeschreibung mit den wichtigsten Heilsereignissen in Jesus Christus gleicht dem antiken Enkomion: „wer der sey, was er than, geredt und erlitten habe, wilchs eyner kurtz, der ander lang, eyner ßonst der ander ßo beschrieben hatt" (a. a. O.). Luther bezieht unbefangen das antike, rhetorische Verständnis von Literatur auf das Neue Testament (s. u. 3). So kann er auch die Evangelien als „Chronica, historia" der antiken Geschichtsschreibung zuordnen, wie die Kirchenväter bereits vor ihm (Dormeyer 1989, 4–26).

Diese Unbefangenheit schwand schon bald in der frühen Neuzeit. Der englische Deismus eröffnete die Kritik an der historischen Glaubwürdigkeit der Bibel, die deutschen Philologen und Theologen der Aufklärungszeit zogen nach. Auf die *literarischen Gattungen* von Evangelium und Brief richtete sich dann innerhalb dieser Diskussion eine wachsende Aufmerksamkeit (Dormeyer 1989, 26–76).

## 1.1   Die Anfänge der Gattungskritik in der Neuzeit

### 1.1.1   Das Neue Testament als Geschichtsschreibung

Die Herausgabe der 7 ›Fragmente eines Wolfenbüttelschen Ungenannten‹ durch G. E. Lessing 1774–1778 kündigte den Durchbruch eines neuen Forschungsparadigmas für die biblische Exegese an. Reimarus (1694–1768), Professor für orientalische Sprachen in Hamburg, hatte vorbehaltlos das in der Aufklärung vom englischen Deismus erworbene Instrumentarium objektivierbarer, kritischer Geschichtsforschung auf die biblischen Schriften angewandt. Lessing erkannte scharfsinnig die sich daraus ergebende Revolutionierung des theologischen Denkens. Er verfolgt mit der Unterscheidung von historischer und theologischer Wahrheit eine Doppelstrategie gegen Reimarus. Mit dem Vergleich mit der Profangeschichte streitet er auf der literarischen Ebene, mit der Abhebung der theologischen Wahrheit führt er gegen Reimarus eine neue, theologisch-philosophische Ebene ein, die als Ersatz für die aufgegebene Inspirationsthese eintreten muß (Lessing, Beweis 309; Duplik 323 ff.).

Beide Vergleichsweisen sind bis heute grundlegend geblieben, sowohl der literarische Vergleich mit der Geschichtsschreibung wie auch der theologische Vergleich mit intersubjektiver Vertrauensreligiosität.

Dennoch haben beide Argumentationsweisen Lessings unklare Punkte, weil sie die Basis von Reimarus, den Vergleich mit der profanen Geschichtsschreibung, nicht in Frage stellen. Herder wird in Rückgriff auf die altkirchliche Überlieferung den Sonderstatus der neutestamentlichen Literatur entdecken. Der literaturgeschichtliche Vergleich wird diesen Sonderstatus im Vergleich mit der antiken Hochliteratur bekräftigen. Aber erst der Formgeschichte wird es gelingen, den Sonderstatus der Kleingattungen in Interdependenz mit der antiken Kleinliteratur genetisch zu erklären.

Lessings theologische Absicherung der Glaubenswahrheit als „Vernunftwahrheit" und Vertrauensvorgang gegen Reimarus ist ebenfalls unzureichend. Es fehlt die Kategorie der geschichtlichen „Erfahrung". Das „Evangelium" von Kreuz und Auferstehung Jesu von Nazareth gründet in der *Erfahrung* mit dem vorösterlichen Jesus und bewährt sich in der Verkündung des nachösterlichen, „irdischen" Jesus. Auferstehungsglaube und Bericht vom irdischen Jesus stehen in unlösbarer Wechselbeziehung. Auch diesen theologischen Zusammenhang wird Herder scharfsinnig erkennen. Der literaturgeschichtliche Vergleich und besonders die Formgeschichte werden auf Herder aufbauen. Das heute zur Selbstverständlichkeit gewordene Begriffspaar „implizite – explizite Christologie" findet sich der Sache nach bereits bei Herder (Dormeyer 1989, 29ff.; s. u. 2.1; 5.7).

### 1.1.2 Das Neue Testament als originelle Literatur

Herder (1744–1803) beginnt seine ›Regel der Zusammenstimmung unserer Evangelien, aus ihrer Entstehung und Ordnung‹ (1797) mit der noch immer aktuellen Frage: „I. Was war ursprüglich Evangelium? Und woher sein Name?" (Herder, Regel 1967, 383 f.). Das mündliche Evangelium ist die Quelle des Markusevangeliums, dem hier Priorität zugebilligt wird. Herder beruft sich ausdrücklich auf Justins ›Denkwürdigkeiten der Apostel‹ (Herder, Regel 1967, 389), auf Eusebius und auf die allgemeine „Sage" (= Aussage) der Patristik (Herder, Regel 1967, 395).

Die Aufnahme der altkirchlichen Zeugnisse und die Entwicklung einer neuen Sprachtheorie, nach der „Volksliteratur", z. B. das Volkslied, vom naiven, ursprünglich empfindenden Volk geschaffen wird (Herder, Volkslieder 1967; ders., Abhandlung über den Ursprung der Sprache 1967, bes. I 3), befähigen Herder, die Genese der Evangelien zukunftsweisend zu beschreiben. Mit der Spannung zwischen mündlichem Evangelium und verschrifteten Evangelien erkennt er eine Polarität, die noch heute im Zentrum der theologischen Diskussion steht (s. u. 10.1). Die Priorität des Markusevangeliums ist heute ebenfalls unumstritten. Allerdings hat Herder noch nicht eine traditionsgeschichtliche Feinanalyse betrieben. Die Quellenvorgabe des Markusevangeliums ist komplizierter als Herders Annahme einer einzigen, fest umrissenen Sammlung von Taten und Worten Jesu (Herder, Regel 1967, 385–388, 417f.). Auch die Abhängigkeit der Synoptiker untereinander ist komplexer (Hilgenfeld 1861; Schmithals 1985, 580ff.). Ungeklärt bleibt, woher die einzelnen literarischen Gattungen der mündlichen Überlieferung kommen und welche Art historischer Rückfrage möglich ist.

Die Gattungsbestimmung der Evangelien kann sich hingegen mit Abstrichen bis heute halten, abgesehen von Herders Abwehr des Vergleichs mit der antiken Literatur. Die Evangelien gehören in die alttestamentliche Geschichtsschreibung, stellen aber aufgrund ihres Zentrums, des „Evangeliums", eine Verdichtung der alttestamentlichen Literatur dar. Sie gehören deshalb „in die Kindheit des Menschengeschlechts" (Herder, Erlöser 1967, 194ff.). Diese Zuweisung der alttestamentlichen Literatur zur Kindheit des Menschengeschlechts geht allerdings auf eine romantische Fiktion Herders zurück. Die daraus abgeleitete Abgeschlossenheit gegenüber der dekadenten antiken Literatur (Herder, Erlöser 1967, 196) ist dann auch von der religionsgeschichtlichen Schule als unhaltbar erwiesen worden. Dennoch ist Herder recht zu geben, daß die Evangelien in der Linie der alttestamentlichen Literatur und in der originären Schwerpunktsetzung „Evangelium" zu sehen sind. Da aber die alttestamentliche und zwischentestamentliche Literatur in ständigem Austausch mit der antiken Literatur stehen, geht dieser Austausch auch für die neutestamentliche Literaturwerdung weiter. Doch erst in der Gegenwart wird dieser Wechselprozeß für die Großgattung Evangelium gesehen werden (Dormeyer 1989, 31ff., 143–195).

## 1.2 Der weitere Verlauf des literarischen Vergleichs

Gegenüber dem ungeschichtlichen Maßstab der Aufklärung bringt Strauß anders als Herders positive Sicht des Mythos die Religionsgeschichte *kritisch* ein. Mythen sind defizitärer religiöser Ausdruck einer vergangenen Epoche und fließen störend in die vulgären, voraufklärerischen Geschichtsdarstellungen ein (Strauß 1835, 70ff.; zur Kritik vgl.

Dormeyer 1989, 35 ff.). Später ordnet Albert Schweitzer das mythische Bewußtsein in die eschatologisch-apokalyptische Vorstellungswelt ein.

Mythen sind als supranatural weiterhin von den historischen Haftpunkten abzutrennen; das eschatologische Denken hingegen gehört in die Historie, wenn es auch der heutigen Zeit nicht mehr entspricht (Schweitzer 1977: „Die Lösung der konsequenten Eschatologie", 402–451). Aus dem rationalistischen, positivistischen Geschichtsdenken hat sich über das literarisch-mythologische Denken das historistische Erkennen von Lebenswelten durchgesetzt.

Es steht noch aus, daß mit Herder die literarische Sonderqualität der Evangelien und Briefe anerkannt wird. Doch war in der im 19. Jh. entstehenden Einleitungswissenschaft der literaturgeschichtlichen Betrachtung der Bibel bereits ein fester Platz eingeräumt worden (Strekker 1992, 17 ff.).

Um die literarische Bestimmung des Sondercharakters der religiösen Sprache ging es aber erst ab dem literaturgeschichtlichen Vergleich um die Jahrhundertwende. Die These von Overbeck (1837–1905) lautete: Das Christentum konstituiert eine „Urliteratur", die außerhalb des literarischen Vergleiches liegt, so daß insbesondere die Evangelien eine originäre Sondergattung sind (Overbeck 1882, 29; vgl. Dormeyer 1989, 49 ff.; Strecker 1992, 29 ff.).

Der Gräzist Eduard Norden (1868–1941) nahm in seinem Standardwerk ›Die antike Kunstprosa‹ von 1898 Overbeck auf und bestätigte ihn (Norden 1974, 479–510). „Die Evangelien stehen völlig abseits von der kunstmäßigen Literatur" (a. a. O. 480). „Paulus ist ein Schriftsteller, den wenigstens ich nur sehr schwer verstehe; das erklärt sich mir aus zwei Gründen: einmal ist seine Art zu argumentieren fremdartig, und zweitens ist auch sein Stil, als Ganzes betrachtet, unhellenisch" (a. a. O. 499). Allerdings differenziert Norden in seinem folgenden Werk ›Agnostos Theos‹ von 1913 sein Urteil: „Ich erinnere mich noch lebhaft des Eindrucks, den auf mich die erste Lektüre einer mit Recht berühmten Abhandlung von Fr. Overbeck … gemacht hat; damals hat mich sein Versuch, die neutestamentlichen Schriften, vor allem die Evangelien, als nicht zur Literatur im eigentlichen Wortsinne gehörig zu erweisen, überzeugt. Aber ich weiß jetzt, daß der Nachweis, der für das paulinische Schrifttum und die Acta der Apostel ohnehin mißglückt ist, auch für die Evangelien nur dann als erbracht anzusehen ist, wenn man den Begriff Literatur aus dem Kanon der hellenischen Schriftgattungen ableitet" (1913, 306 f.). Gemeint ist der Vergleich der Evangelien mit der ästhetisch zentrierten, „hohen" Literatur. Die volkstümliche Kleinliteratur hingegen muß mit den Evangelien verglichen werden. „Die These ist falsch, sobald wir die hellenistischen Schriftgattungen heranziehen, ohne Rücksicht auf das Sprachidiom, in das sie eingekleidet sind" (a. a. O.). Die Abhebung hoher, „hellenischer" Literatur von der volkstümlichen, „hellenistischen" Literatur ist zukunftsweisend.

Parallel zu Norden sah Johannes Weiß (1863–1914) als naheste Analogie zu den Evangelien die hellenistische Biographie (1903, 11–16), betonte aber andererseits, „daß der Gesamtcharakter unserer Schrift uns nicht gestattet, sie der eigentlich biographischen Literatur zuzurechnen" (Weiß 1903, 22). Diese Spannung zwischen Analogie und Originalität wird von der Formgeschichte zugunsten der Originalität eingeebnet werden und erst in der Evangelienforschung ab 1960 wieder diskutiert werden (Dormeyer 1989, 76–195). Eine ebenfalls folgenreiche Weiterentwicklung Overbecks nahm Wrede vor. Die Evangelien gehören in die Dogmatik und sind keine Geschichtsdarstellungen (Wrede 1901, 131). Die traditionsreiche, dogmatische Immunisierung der Evangelien aufgrund der Inspirationslehre wird nun aufgrund des literarischen Unvermögens der ntl. Autoren wieder neu aufgerichtet und macht die Suche nach literarischen Parallelen von vornherein überflüssig (Dormeyer 1989, 57).

Adolf Deißmann (1866–1937) eröffnete dagegen ein neues Feld mit der Differenzierung zwischen Literatur und Nicht-Literatur: „Nicht daß das Neue Testament in allen seinen Bestandteilen Literatur ist, darf vorausgesetzt, sondern ob das Neue Testament in allen seinen Teilen von Haus Literatur ist, muß gefragt werden" (1923, 117). Hohes, nach „einer bestimmten Kunstform abgefaßten Schrifttum" wird als „Literatur" von den neuentdeckten Papyri, Inschriften und Ostraka abgesetzt. Diese enthalten „unliterarische antike Briefe – private, persönliche, intime Blätter ... Angesichts dieser Hunderte von antiken Originalbriefen an ‚Literatur' zu denken oder von ‚Briefliteratur' zu reden wäre ganz verkehrt ... Die *Briefliteratur* des Altertums ist völlig anders. Sie wird durch den Literaturbrief, den Kunstbrief, die *Epistel,* von der wir später zu reden haben, konstituiert" (1923, 118). Der Vergleich der Papyribriefe mit den Briefen des Neuen Testaments führt zu folgendem Ergebnis: „Im Neuen Testament gibt es unliterarische *und* literarische Briefe. Die Paulusbriefe sind nicht literarisch; sie sind wirkliche Briefe, keine Episteln, sie sind von Paulus nicht für die Öffentlichkeit und die Nachwelt geschrieben, sondern für die Adressaten" (1923, 198). Auch der 2. und 3. Johannesbrief sind private Schreiben. Episteln hingegen sind die übrigen katholischen Briefe (Jak; 1 Petr; 2 Petr; 1 Joh; Jud) und der Hebräerbrief (1923, 206 ff.). Entsprechend lautet das Gesamtergebnis für das Neue Testament: „Die älteste christliche Literatur ist Volksliteratur, nicht Kunstliteratur für die Gebildeten. Sie schafft sich ihre einfachen Formen selbst (das Evangeliumbuch), oder sie bedient sich der schlichtesten literarischen Prosaformen des Juden- und Heidentums (der Chronik, der Apokalypse, der Epistel und der Diatribe)" (1923, 210).

Wendland führte 1912 diesen Vergleich mit volkstümlicher (hellenischer) Literatur weiter: „So sind bei den Griechen auch die Geschichten von Homer, von den sieben Weisen und vom Narren Aesop, Fabeln und Sinnsprüche gesammelt worden. Die literarische Grundlage ist dann in späteren Bearbeitungen mannigfach erweitert worden, und solche Volksbücher, die nicht Literatur im strengen Sinne des Wortes sind, haben sich immer etwas von der freien Beweglichkeit der mündlichen Überlieferung bewahrt" (1912, 266). Doch zeigt sich an den angeführten Beispielen auch die Grenze der Differenzierung von hoher und niederer Literatur. Hängen die Viten Homers, der sieben Weisen und des Äsop nicht mit der hellenistischen Gattung „Biographie" zusammen, und sind sie in ihrem Zersagungszustand wirklich mit den Evangelien vergleichbar?

In der Kennzeichnung der Markusredaktion verrät Wendland, daß er noch vom Maßstab der hohen Literatur aus urteilt (a. a. O. 267–270). Da Wendland die schriftstellerischen Mängel im Sinne von Herder positiv als volkstümliche Ursprünglichkeit umwertet (a. a. O. 270ff.), führt er mit der Verschmelzung von traditionsgebundenem „Volksbuch" und redaktioneller Theologie des Messiasgeheimnisses Overbecks These von der „Urliteratur" weiter und bietet der nachfolgenden Formgeschichte eine Vorlage, die diese dankbar aufgreift und die bis heute vertreten wird.

In der literarischen Beurteilung des Briefes hingegen widerspricht Wendland der Position von Deißmann: „Dennoch geht Deißmann zu weit, wenn er den paulinischen Briefen jeden literarischen Charakter abspricht, und er überschätzt den Wert der aus den Papyri bekannt gewordenen Alltagsbriefe für das Verständnis des Wesens der Paulusbriefe. Gewiß ist aus allen Urkunden hellenistischer Sprache hier und da etwas für den Sprachgebrauch des Paulus zu lernen, und gewiß erläutern wirkliche antike Briefe die Art, wie Paulus im Eingange und am Schlusse der Briefe die feste Formensprache, die auch dies Gebiet beherrscht, zugleich benutzt und christianisiert. Aber die Grenzlinie zwischen echtem Brief und literarischer Epistel darf nicht zu scharf gezogen werden. Die Frage, ob ein Brief zur Literatur gerechnet werden darf oder nicht, fällt nicht zusammen mit der Frage, ob er buchhändlerisch publiziert ist oder nicht; auch Gehalt und Stil kommt in Frage" (Wendland 1912, 344).

Paulus übernimmt nach Wendland die geprägte Sprache des hellenistischen Briefformulars und versteht seine Briefe nicht als reine Privatschreiben. So steht der kurze Brief an Philemon den unliterarischen Briefen am nächsten (a. a. O. 346) und nähert sich Römer am meisten der literarischen Publizistik (a. a. O. 349). Mit diesen beiden Einwänden zum Aufbau und zum Adressaten der paulinischen Briefe wird Wendland bestätigt werden (s. u. 9.2). Schmid/Stählin schließen sich der Kritik Wendlands an Deißmann an (Schmid/Stählin 1924, 1131 f.). Otto Roller stellt 1933 deutlich die Parallele zwischen dem Formular der paulinischen Briefe und dem der antiken Briefe heraus, zugleich erläutert er die Unzulänglichkeit der Unterscheidung zwischen „wirklichem" Brief und Epistel (Roller 1933, 23–91). Die intensive Analyse der literarischen Parallelen zwischen antikem Brief und den Paulusbriefen wird aber ebenfalls erst in den 60er Jahren einsetzen (White 1984, 1731 ff.; s. u. 9.1–2).

Einen Zwischenschritt auf dem Weg zum texttheoretischen, literarischen Vergleich setzt die Formgeschichte. Für „Nichtliteratur" oder „Volksliteratur" gebrauchen die Formgeschichtler den Begriff „Kleinliteratur" (Dibelius 1959, 1 ff.; Bultmann 1957, 4 ff.). Mit ihm können sie genauer Umfang, Stilhöhe, Adressaten und Autoren umschreiben. Martin Dibelius liefert in seinem Buch ›Geschichte der urchristlichen Literatur‹ von 1926 eine anschauliche Definition: „Nun sind aber die Verfasser der ältesten urchristlichen Schriften in Wirklichkeit Männer ohne besondere Bildung im Sinn des griechischen Literatentums, vertraut mit der jüdischen Bibel, dem Alten Testament, zu einem Teil auch, wie Paulus, mit jüdischer Theologie, aber unerfahren in den Künsten eleganter Prosa und sophistischer Rhetorik ... Literarischer Ehrgeiz liegt diesen einfachen, das Weltende erwartenden und an Nachwelt nicht denkenden Menschen fern; ihr Publikum bilden nicht die Leser der gleichzeitigen hellenistischen Literatur, sondern die zum größten Teil ungelehrten Männer und Frauen der ersten christlichen Gemeinden; was sie niederschreiben, ist entweder völlig unliterarisch, also private Aufzeichnung, oder halbliterarisch, also nur für einen Kreis bestimmte ‚Kleinliteratur' " (Dibelius 1975, 16). Mit der Entgegensetzung von hellenistischer Literatur und Kleinliteratur wirken Norden und der literaturgeschichtliche Vergleich ungebrochen weiter. Allerdings geht es jetzt darum, die Entstehungsbedingungen der „Kleingattungen" *innerhalb* der religiösen und literarischen Umwelt zu erforschen. Die Kleingattungen wie die Herrenworte, Gleichnisse,

Wundergeschichten, Apophthegmen/Paradigmen sind keine originelle Literatur, sondern finden sich innerhalb und unterhalb der hellenistischen Großgattungen, die die „literarischen Gattungen" schlechthin sind. Die Rahmengattungen des urchristlichen Schrifttums dagegen gehören zur Kleinliteratur und haben mit Ausnahme des Briefes keine Analogie in den hellenistischen Großgattungen. „Da es zur Kleinliteratur gehört, verwendet das urchristliche Schrifttum auch nicht die damals gebräuchlichen ‚literarischen' Gattungen. Nur eine von ihnen begegnet uns im Neuen Testament: die unendlicher Vatiationen fähige, bald ernsthaft gewahrte, bald nur zur Rahmung benutzte Form des Briefes" (Dibelius 1975, 17).

Auerbach wird sich dieser Position der Formgeschichte anschließen: Das Neue Testament sprengt die Stillehre der Antike; es gebraucht den Stil der Unmittelbarkeit des einfachen, ungebildeten Volkes, der allenfalls als niederer Stil der Komödie in der Antike bekannt ist (Auerbach 1946, 43–52; so weiterhin Dihle 1989, 216–224). Auerbach zeigt zwar die Barrieren auf, die die gebildeten Hellenisten mit dem Neuen Testament haben werden, erreicht aber nicht den breiten Raum zwischen der literarischen *Kunstbildung* aufgrund des Rhetorikstudiums und der literarischen *Grundausbildung* durch den Elementar- und Grammatikunterricht. Es geht um das weite Feld zwischen Kunstprosa und gehobener Roman- bzw. Sachliteratur (s. u. 3) und damit um das Bildungsgefälle in der Erziehung, die die beiden Bereiche hohe und mittlere Prosa erst konstituiert.

So hat die Formgeschichte für die Einordnung der Kleingattungen in der antiken Literatur grundlegende Ergebnisse erbracht. Doch die literarische Einordnung der Rahmengattungen (Evangelium, Apostelgeschichte, Brief und Apokalypse) blieb weitgehend unbearbeitet. An diesem Desiderat änderte auch die Redaktionsgeschichte nichts.

Ein literarischer Vergleich der Großgattungen erfordert daher, Grundannahmen der Formgeschichte zu revidieren wie den Gegensatz von hoher Literatur zur Kleinliteratur, von gebildeten Literaten gegenüber der ungebildeten Urgemeinde, von Lebendigkeit mündlicher Tradition gegenüber der Lebensferne schriftlicher Literatur; von unrhetorischer, mündlicher Predigt gegenüber literarischem Prosastil (Güttgemanns 1970, 82–103; Dormeyer 1989, 103 ff.). Der christlichen Literarizität und Bildung zwischen Mündlichkeit und Schriftlichkeit wird daher noch nachzugehen sein (s. u. 3–4).

Eine parallele Entwicklung zur deutschsprachigen Exegese fand ebenfalls in der angloamerikanischen Exegese statt. Diese schlug dann aber in den letzten Jahrzehnten einen eigenen Weg ein. Die deutsche

Formgeschichte wurde zunächst rezipiert. Taylor prägte als englisches Äquivalent zum Begriff „Formgeschichte" den Begriff "Form-Criticism" (Taylor 1933, 9). Er unterließ auch wie die anderen englischsprachigen Formgeschichtler die Einordnung der Rahmengattungen in die antike Literaturgeschichte (Dormeyer 1989, 95–103). Nach dem 2. Weltkrieg wurde die europäische Redaktionsgeschichte weiterhin als "Redaction Criticism" rezipiert. Doch dann bildete sich in den USA eine neue Richtung. Es entstand der "New Criticism" oder "Literary Criticism", der das literarische Werk als autonomes Kunstwerk betrachtete (Frye 1982; Lategan/Vorster 1985; Gabel/Wheeler 1985; McKnight 1988, 131 f.). Besonders die Erzählanalyse wurde aufgenommen, um die "Composition Critic" der Redaktionsgeschichte zu überwinden (für Markus: Fowler 1981; Rhoads/Michie 1982; für Lukas: Tannehill 1986; für Matthäus: Kingsbury 1988; Epp/MacRae 1989, 164–201; zur Kritik vgl. Moore 1989, 2–24). Ausgelassen wurde die historische Rückfrage nach den zeitgeschichtlichen Gattungen. Dieser literaturgeschichtliche Vergleich wurde dem "Rhetorical Criticism" überlassen (Talbert 1977, 1–23; Kennedy 1984, 3–39; Aune 1987, 11–16; Wuellner 1987, 448 ff.; Burridge 1992, 24–82).

So zerfasert sich gegenwärtig die literaturwissenschaftliche Betrachtung des Neuen Testaments in eine Fülle divergierender Methoden (vgl. zum Evangelium Dormeyer 1989, 131–195; zum Brief Strecker 1992, 66–95). Es kann aber nicht darum gehen, ein Methodenkonzept einlinig gegenüber den anderen Methoden als allein legitim zu behaupten. Vielmehr sollen die vielfältigen Versuche, moderne literaturwissenschaftliche, linguistische und strukturale Theorien mit antiker Literatur- und Rhetoriktheorie zu verbinden und in die historisch-kritische Exegese zu integrieren, in den folgenden Kapiteln vorgestellt werden. Der mühsame, aber selbstverständliche Weg, die Exegese und die klassische Philologie für die alten und neuen Einsichten in die Wechselbeziehung zwischen Handeln, Sprache, Literatur und Glauben immer wieder zu öffnen, ist noch längst nicht zu Ende beschritten. Das Verhältnis „Antike und Christentum" (Dölger 1929, 1 ff.) bleibt unter Einbeziehung der Moderne eine *quaestio permanens* (Judge 1979, 14 ff.; Andresen 1978, 50–99).

## 2. DER LEHRER UND PROPHET DER „SCHRIFT" JESUS VON NAZARETH

### 2.1 Jesus als der apokalyptische, charismatische Weisheitslehrer und Prophet

*Weisheitslehrer*

Jesus von Nazareth trat als Weisheitslehrer und Prophet auf. Die Anrede „Rabbi" (Lehrer) gehört zum sicheren Bestand der vorösterlichen Zeit (Bultmann 1926, 43 ff.). Rabbi beinhaltet ursprünglich nur die Ehrenbezeugung „mein Herr" (Hahn 1964, 74–79), hat aber in jesuanischer Zeit bereits als griechisches Hauptäquivalent „Didaskalos" = Lehrer (Riesner 1981, 272 f.; Zimmermann 1984, 70 ff.). Für die synoptische Tradition ist die Austauschbarkeit von Rabbi mit Didaskalos selbstverständlich. So hat Markus als Titel Jesu 4mal Rabbi/Rabbuni und 12mal Didaskalos. In allen Fällen bezeichnet der Titel Tätigkeiten des charismatischen Weisheitslehrers Jesu: Er lehrt durch Wort und Wunderhandlung (Normann 1967, 9 ff.; Kertelge 1970, 56 ff.). Für die Suche des Passahmahlsaales verwendet Jesus „Didaskalos" als singuläre Selbstbezeichnung: „Sagt zu dem Hausherrn: Der Lehrer fragt: ‚Wo ist der Raum, in dem ich mit meinen Jüngern das Paschalamm essen kann'" (Mk 14, 14; Dormeyer 1974, 90). Jesus übernahm bereitwillig die Rolle, die ihm von außen aufgrund seines öffentlichen Wirkens zugeschrieben wurde (Dormeyer 1984, 1622). Wie er in die Rolle des weisheitlichen Lehrers sozialisiert wurde, läßt sich aufgrund fehlender Angaben nur aus seiner Lehre erschließen (s. u. 5; 7). Doch erhielt Jesus aus der galiläischen Heimat Anregungen, die jedem gesetzesfrommen Juden zugänglich waren. Seine Ausbildung in den hl. Schriften Israels entsprach den damals gegebenen, schulischen Möglichkeiten (s. u. 5).

Hauptaufgabe des frühjüdischen Weisheitslehrers zur Zeit Jesu war die Auslegung der „Schrift". Der atl. Weisheitslehrer wurde zum „Schriftgelehrten", zum Grammateus. Die Bezeichnung Grammateus führte das nachexilische chronistische Geschichtswerk ein (Esr 7, 6.11.12–26; LXX 2 Esr 7, 6.11.12–26 u. ö.) (Jeremias, ThWNT 1 [1933] 741). Den Titel Didaskalos verwandte die Septuaginta nur selten (LXX Est 6, 1; 2 Makk 1, 10). Im Neuen Testament werden daher Jesu schriftgelehrte Gegner als Grammateus angeredet. Jesus selbst wird aber nicht mit diesem Titel bezeichnet, wohl aber werden seine Jünger so tituliert (Mt 13,52). Seine Vollmacht unterscheidet sich von der der Grammateis (Mk 1,22), deren Benennung ja mit dem Amt des Grammatiklehrers oder Schreibers verwechselt werden kann. Daher vermeiden auch Josephus und Philo für den Schriftgelehrten den Titel Grammateus und daher weicht später das rabbinische Judentum auf eine andere hebräische Berufsbezeichnung aus, auf Chakamim = *sophoi* (Jeremias, ThWNT 1 [1933] 741).

In der frühen nachexilischen Zeit bildete im jüdischen Tempelstaat die Schriftgelehrsamkeit einen Aufgabenbereich der Priesterschaft und der wohlhabenden Laien-Familien (Stadelmann 1980, 296ff.). Mit dem Entstehen von jüdischen Frömmigkeitsgruppen im 2. Jh. v. Chr. wurde die Schriftgelehrsamkeit von den unteren Volksschichten aufgenommen. Der priesterliche Schriftgelehrte Ben Sira, der um 180 v. Chr. das Weisheitsbuch ›Jesus Sirach‹ verfaßt hat, kennzeichnet deutlich den Übergang. In erster Linie wendet er sich an die Oberschicht, die aufgrund ihres Eigentums freigesetzt ist, den Beruf des Schriftgelehrten zu erlernen und auszuüben. Die Aufgaben des Schriftgelehrten werden umrißhaft sichtbar: Beratung bei der Volksversammlung eines Dorfes oder einer Stadt, Vorsitz im Gericht, Auslegung von Gesetz und Sitte, Formulierung von Lebensregeln, Weitergabe von Bildung (Sir 38,24.31–34). Ben Sirach sieht allerdings die Notwendigkeit, die Bildung auf eine breitere Basis zu stellen. Im Schlußkapitel wirbt er beim ungebildeten Volk für sein „Lehrhaus" (Sir 51,23–30). Zum ersten Male in der Geschichte Israels richtete ein Weisheitslehrer der priesterlichen Oberschicht einen Schulunterricht für alle Volksschichten ein (Stadelmann 1980,306). Bildung setzt in diesem Bezugsrahmen nicht mehr frei *von* Arbeit, sondern befähigt *zu* neuer Sinndeutung der Arbeit. Ben Sirach systematisiert seine Kompetenz zu knappen Sinnsprüchen für das neue Projekt einer breiten Volksbildung im religiösen Gesetz.

Die Schleuse ist geöffnet. In der parallel zu Ben Sirach einsetzenden Apokalyptik überflutete dann der religiöse Bildungshunger der Frommen (Chasidim) alle Dämme des priesterlichen Bildungsmonopols. In der Verfolgungssituation durch das hellenistische Seleukidenreich mußte die Volksreligiosität zum Bekenntnis des Einzelnen umgewandelt werden, wenn der monotheistische Jahweglaube überleben wollte (Weber 1923, 403ff.). Neben den Tempelkult trat als Konkurrenz das Schriftwissen (Dan 12,4). Entsprechend wandelte sich die Rolle des Weisheitslehrers. Ben Sirach hatte bereits die Weisheit mit dem Gesetz identifiziert (Sir 19,20; 24,23–29). Er war der Verteiler von Gesetzeswissen in der vielfältigen Form von weisheitlicher Lehre, Gesetzeskasuistik und prophetischen Orakeln (Sir 24,30–34). Die Apokalypsen dagegen wurden nicht in der Öffentlichkeit gelehrt, sondern im Geheimen. Der pseudepigraphische Daniel erhält zum Abschluß seines Buches vom Deuteengel Michael folgenden Auftrag: „Du Daniel, halte diese Worte geheim, und versiegle das Buch bis zur Zeit des Endes! Viele werden nachforschen, und die Erkenntnis wird groß sein" (Dan 12,4). Die apokalyptische Weisheits- und Prophetenliteratur ist in den Untergrund gegangen (Koch 1980, 8ff.). Aus den Reihen der Widerstandskämpfer gegen den hellenistischen Diadochenstaat gingen dann die Grammateis als eigener Berufsstand hervor. Die Evangelien geben die politische Ordnung Judäas und Galiläas richtig wieder, wenn sie die Grammateis von den Hohenpriestern und den Ältesten als Oberhäuptern der reichen Familien unterscheiden (Lohse 1971, 82ff.). Ein Teil dieser Schriftgelehrten stammte aus der Oberschicht und gehörte zu der Partei der Sadduzäer, ein weiterer Teil aber stammte aus dem gewöhnlichen Volk und sympathisierte mit volksnahen Bewegungen wie den Pharisäern (Stemberger 1991, 91ff.). Max Weber bezeichnet daher diese Gruppe als die Intelligenz aus dem Proletariat (Weber 1923, 408ff.).

Jesus gehörte als der „Bauhandwerker" (Mk 6,3) und „Sohn des Bauhandwerkers" (Mt 13,55) zu den Schriftgelehrten mit einfacher Herkunft (Leroy 1978, 65ff.). Doch erschöpfte sich sein Selbstverständnis nicht in der Übernahme des damaligen Rollenprofils vom Schriftgelehrten (Schweizer 1968, 18ff.; Hengel 1968, 49ff.; s. u. 5.1.1). Er betonte mit der Wundertätigkeit die charismatische Unverfügbarkeit seiner Sendung durch Gott und er aktualisierte in seiner Verkündigung von der Gottesherrschaft die vorexilische Prophetie innerhalb der nachexilischen Apokalyptik (Aune 1983, 153–189; s. u. 5.7). Diese beiden Eigenheiten waren für einen Grammateus der Zeitenwende ungewöhnlich, allerdings nicht singulär.

*Wunder*

Neben Jesus von Nazareth haben nach der Überlieferung die Schriftgelehrten Honi, der Kreiszieher (M Taan 3,8) (Green 1979, 624f.), Chanina Ben Dosa (bBerak34b; bPes 112b/113a) (Kampling 1986, 243ff.) und Eleazar (Jos, Ant 8,2,5) Wunder gewirkt. Doch darf die Wundertätigkeit in Palästina nicht als häufiges Phänomen vorausgesetzt werden. Sie ist für den Schriftgelehrten keine selbstverständliche Qualifikation, sondern bleibt die Ausnahme (Green 1979, 646f.; Kampling 1986, 237–238 ggn. Fiebig 1911, 72; Theißen 1974, 269).

Wunder wirkten wohl die hellenistischen Charismatiker, die theoi aner. Wunder wirkten auch im Alten Testament die Propheten Elija und Elischa (1 Kön 17–2 Kön 13). Jesus selbst führte seine Wunder auf keine dieser beiden Vorbilder unmittelbar zurück, während die nachösterliche Wundertradition die hellenistische Gattung der Wundergeschichte aufnahm und zusätzlich mit Motiven aus dem atl. Elija-Elischa-Erzählkranz anreicherte (Weiser 1975, 115; s. u. 8.2).

*Prophetie*
Die pharisäische Bewegung und die Schriftgelehrten dagegen hielten wie die Apokalyptiker die Gesetzesfrömmigkeit hoch. Im Unterschied zu letzteren vermochten sie trotz der sie umgebenden Zwänge dem gegenwärtigen Leben aus dem Gesetz den Hauptsinn zu geben. Gottes gnädige Zuwendung im Bund ermöglicht in jeder Lage eine sinnvolle Anwendung des Gesetzes. Das rabbinische Schriftgelehrtengespräch lebt bis auf den heutigen Tag von dieser lebendigen Bundestheologie. Doch soweit Schriftgelehrte und Pharisäer nicht apokalyptisch dachten, schwächte sich für sie die Geschichte als Erfahrungsraum für Gottes Königsherrschaft ab. Die geschichtlich entstandenen, mythologisch überhöhten Trennungen zwischen Bundesvolk und Heiden, kultischer Reinheit und Unreinheit, Gesetzestreue und Gesetzeslosigkeit schufen eine unheilvolle Abgrenzung von anderen.

So waren Gegenwart und nahe bevorstehende Vollendung der Gottesherrschaft *(basileia tou theou)* von anderen Schriftgelehrten nicht angekündigt worden. Wohl aber hatte der priesterliche Lehrer der Gerechtigkeit bei seiner Gründung der Qumran-Gemeinschaft die Gegenwart Jahwes im spirituellen Gottesdienst angesagt (Jeremias 1963, 245 ff.). In einer charismatischen Exegese des Phrophetenbuches Habakuk wird daher der Beginn der Endzeit auf den Lehrer der Gerechtigkeit projiziert (1 QHab 7, 1–5; Aune 1983, 132 ff.). Wie der Lehrer der Gerechtigkeit mit der Tora-Exegese, den Liedern und den Prophetien (Jeremias 1963, 322 f.) praktizierte Jesus Formen der gelehrten und charismatischen Schriftauslegung (s. u. 5.5). Wundertaten werden allerdings dem Lehrer der Gerechtigkeit nicht zugeschrieben. Denn die beiden Eigenheiten Wundertätigkeit und Prophetie öffneten das Wirken Jesu für die zwei Rollen des Wundertäters und Propheten, die ja in seiner jüdischen Umwelt in dieser Kombination mit Weisheitslehre nicht gängig waren und das vorgegebene Rollenschema der Zeitenwende sprengten.

Die Propheten waren als eigener Berufsstand in der Nachexilszeit untergegangen (Hossfeldt/Meyer 1973, 156 ff.). Prophetie entstand in der Apokalyptik nicht mehr aus dem unmittelbaren Empfang des „Wortes Gottes" wie bei den atl. Propheten, sondern bildete sich sekundär aus aufgrund des schriftgelehrten Lesens der Prophetenbücher (Kippenberg 1990, 16f.; Steck 1991, 151 ff.). Jesus aktivierte aufgrund seiner Schriftkenntnis zusätzlich zu seiner gesellschaftlich anerkannten Rolle als Weisheitslehrer die charismatische, archaische Rolle des Propheten und Wundertäters wie Moses und Elija (s. u. 5.7).

Seit der Begegnung mit Johannes dem Täufer bewegte sich Jesus im Tätigkeitsbereich des Prophetischen. So weckte Jesus in der Art und Weise der Verkündigung der Gottesherrschaft Assoziationen zu dieser Heilsgestalt des Frühjudentums, zum eschatologischen Propheten, der Prophetie und Eschatologie miteinander verband. Doch gleichzeitig setzte sich Jesus selbstbewußt von der damaligen Vorstellung vom Propheten ab. Denn das Israel der Zeitenwende richtete an den Propheten unklare, schillernde, widersprüchliche Erwartungen (Meyer 1970, 41–103; Aune 1983, 159).

So wußte Josephus für die Zeitenwende und das 1. Jh. n. Chr. von wundertätigen Führern und „Propheten" zu berichten. „Vermutlich stand dahinter die Vorstellung vom Mose redivivus oder dem messianischen Propheten nach Dtn 18, 15ff." (Hengel 1968, 23). Denn Josephus stellte einen ausdrücklichen Bezug zwischen den charismatischen Aufrührern und Mose her, der gemäß Dtn 18, 15ff. für das nachexilische Judentum der erste Gründungsprophet schlechthin (Baltzer 1975, 38–53. 195ff.) und gleichzeitig der große Wundertäter des Exodus ist: „Unterdessen hatten auch die Samaritaner sich empört, aufgereizt von einem Menschen, der sich aus Lügen nichts machte und dem zur Erlangung der Volksgunst jedes Mittel recht war. Er forderte das Volk auf, mit ihm den Berg Garizin zu besteigen, der bei den Samaritern als heiliger Berg gilt, und versicherte, er werde dort die heiligen Gefäße vorzeigen, die von Moyses daselbst vergraben worden seien" (Jos, ant 18, 85–87. Kap 4, 1). Es handelte sich um einen samaritanischen Anführer, der sich als endzeitlicher, messianischer Moses redivivus versteht.

Ein weiterer, endzeitlicher Prophet war Theudas, den auch Apg 5, 36 kennt (Schneider 1, 1980, 400f.): „Noch während Fadus Landpfleger von Judäa war, bewog ein Betrüger mit Namen Theudas eine ungeheure Menschenmenge, ihm unter Mitnahme ihrer gesamten Habe an den Jordan zu folgen. Er gab sich nämlich für einen Propheten aus und behauptete, er könne durch sein Machtwort die Fluten des Jordan teilen und seinem Gefolge einen bequemen Durchgang ermöglichen" (Jos, ant 20, 97f. Kap 5, 1 = bell 2, 259). Theudas wollte das Landnahmewunder der Jordanteilung wiederholen (Jos 3, 1–17), um seine

Anhänger in das endzeitliche, gelobte Land endgültig zu führen. Allerdings fanden er und seine Anhänger durch die Römer ein gewaltsames Ende.

Weitere anonyme Propheten und Führer von Widerstandsbewegungen wie Eleazar traten unter dem Prokurator Felix (52–60 n. Chr.) auf (Jos, ant 20, 169–172 = bell 2, 261–263), unter ihnen ein Prophet aus Ägypten (Apg 21, 38; Jos, ant 20, 188). In dieses Umfeld eschatologischer Propheten gehörte auch Johannes der Täufer, an den sich Jesus anschloß (Becker 1972, 12–71; Aune 1983, 103–132). Josephus stilisiert ihn dagegen zum Weisheitslehrer (Jos, ant 18, 116–119). Da aber in der Apokalyptik Prophetie und Weisheitslehre miteinander verbunden sind, hat Johannes als apokalyptischer Prophet beides betrieben. Als Prophet forderte er zur Umkehr auf (Mk 1, 1–15 par), als weisheitlicher Gesetzesausleger sammelte er einen offenen Schülerkreis um sich und gab allen Umkehrwilligen Rat zum gerechten Leben nach dem Gesetz (Becker 1972, 63 ff.).

Bei den apokalyptischen Propheten zur Zeit Jesu lassen sich außerdem unterschiedliche Akzente in der Einschätzung der Gegenwart erkennen. Der Prophet Johannes hatte sich in die Einsamkeit am Jordan begeben. Er forderte radikale Umkehr, ohne der Gegenwart eine positive Heilsmöglichkeit zuzugestehen. Wie er hatten sich andere prophetische Weisheitslehrer in die Einsamkeit zurückgezogen. Der jugendliche Josephus suchte in der Wüste Banus als seinen Lehrer auf (Jos, Vita 2). Die Qumran-Apokalyptiker richteten unter Leitung des „Lehrers der Gerechtigkeit" im Gegensatz zum häretischen Tempelkult in Jerusalem einen neuen, geistigen Tempelkult in der Wüste am Toten Meer ein. Andere Propheten wie Theudas durchzogen hingegen die bewohnten Gebiete und sammelten Anhänger um sich. Auch die Widerstandskämpfer wie der Galiläer Judas um 6 n. Chr. bauten darauf, daß sie durch eigene Veränderungen der Gegenwart den Tag Jahwes herbeizuzwingen vermögen (Jos, bell passim; Hengel 1961, 384 ff.).

Die Rollensegmente Jesu waren so einerseits in der atl. und frühjüdischen Tradition verankert, waren aber andererseits auch offen für die parallelen, hellenistischen Rollen des philosophischen Wanderlehrers, der ebenfalls zu Wundertaten und prophetischen Orakeln befähigt sein konnte (vgl. Lukian, Alexander von Abonuteichos; Philostratos, Apollonius von Tyana; s. u. 5. 7; 8; 10). Die Urgemeinde konnte daher die entsprechenden hellenistischen Gattungen an die Traditionen vom Auftreten Jesu herantragen und Jesu Wirken mit ihnen interpretieren. Inwieweit Jesus selbst sich in Parallele zu hellenistischen, charismatischen Philosophen gesehen hat, muß offenbleiben (s. u. 5. 7). Es ist keine Stellungnahme von ihm zur hellenistischen Literatur und Philosophie überliefert.

Wenn aber in Galiläa Bilingualität in selbstverständlicher Verbreitung vorauszusetzen ist (Schmitt 1983, 575 f.), dann muß auch Jesus die Beherrschung des Griechischen zugesprochen werden. Die Muttersprache Jesu blieb zwar das Aramäische und somit auch die Sprache seiner Verkündigung. Doch Jesus sprach ein Idiom, das in Konkurrenz zur Welt- und Umgangssprache „Griechisch" stand (s. u. 3.6). Unbewußte und bewußte Angleichungen des Stils und der Gedankenführung sind zu erwarten, aber auch entschiedene Abgrenzungen und zukunftweisende, kritische Impulse. So machte Jesus keinerlei direkte und indirekte Anleihen von der griechischen *hohen* Literatur (Glockmann, 1968, 59 ff.). Er hatte bewußt aus der Tradition Israels leben wollen. Andererseits hatte er seine Worte und Gleichnisse griechischem Stilempfinden angenähert (s. u. 5; 7). Seine frühjüdische Botschaft von der Gottesherrschaft und die ntl. Verkündigung nach ihm konnten auch von den Griechen verstanden werden. Denn die Nähe der jesuanischen Gnomen, Sentenzen, Prophetien, Gleichnisse und der anderen ntl. Gattungen zu den hellenistischen Kleingattungen ermöglichte es den Griechen, die Fremdartigkeit der religiösen Metaphern wie Gottesherrschaft, Evangelium, Christus zu verstehen und die Abweichungen der ntl. Gattungen vom antiken Literaturkanon zu akzeptieren (s. u. 3; 4). Die Botschaft des apokalyptischen, charismatischen Weisheitslehres und Propheten Jesus von Nazareth war von ihrem Ursprung und von ihrer späteren, nachösterlichen Interpretation durch die Urgemeinde her untergründig und offenkundig beeinflußt von der hellenistischen Literaturwelt. Diese Beeinflussung ermöglichte den Griechen von Anfang an ein literarisches und theologisches Verstehen der Botschaft und zwang sie zu einer theologischen Auseinandersetzung und Entscheidung mit ihr.

## 2.2 Überlieferung, Sammlung und Kanonisierung der „Hebräischen Bibel", der „Septuaginta" und des „Neuen Testaments"

*Hebräische Bibel*

Josephus (ca. 37–100/110) bot die erste Reflexion über die Entstehung der Bibel als Textkorpus. Um die antiken, geschichtskritischen Kriterien „Alter und Überlieferungstreue" für die biblischen Schriften zu beweisen, stellte Josephus in seiner Apologie das erste Kanonver-

zeichnis des Judentums mit 22 Büchern auf (Josephus, Apion 1, 8). Die
zeitgleiche apokryphe Apokalypse 4 Esra 14, 45–48 und der rabbinische Kanon des 6. Jahrhunderts n. Chr. weichen geringfügig dadurch
von Josephus ab, daß sie 24 statt 22 Bücher zählen (Smend 1978, 273).
Die Luther-Bibel richtet sich nach der hebräischen Bibel, unterteilt
aber differenzierter und gelangt so zu 39 Büchern. Im römisch-katholi-
schen Kanon des Konzils von Trient (1545–1563) mit 45 Büchern wirkt
hingegen die umfangreichere Sammlung der griechischen Bibelüberset-
zung Septuaginta in der Vermittlung durch die Vulgata nach.

Josephus läßt deutlich das Gefälle vom Gesetz des Mose (Tora) zu
den Propheten und den Schriften erkennen, gibt aber gleichzeitig Einblick in die Breite und Offenheit der damaligen heiligen Schrift. Das
Autoritätsgefälle beruht auf Gehalt und Abfassungszeitraum. Die die
Menschheitsgeschichte begründende Anfangsphase Israels geht nach
dem Tode des Mose zu Ende. Israel tritt mit der Landnahme Palästinas
in die Weltgeschichte ein. Es erlebt den Untergang im babylonischen
Exil und die Wiederherstellung im Perserreich. Diese Phase endet mit
der öffentlichen Vorlesung der Tora durch den „Schriftgelehrten" Esra
unter der Herrschaft des Perserkönigs Artaxerxes II. (398 v. Chr.) oder
Artaxerxes I. (450 v. Chr.). Die Verfasser der Geschichtsbücher, die
von Josephus und dem Frühjudentum „frühere Propheten" genannt
werden, schildern diese Phase. Die „späteren Propheten", zu denen
die prophetischen Einzelpersönlichkeiten Jesaja, Jeremia, Ezechiel
und die „zwölf (kleinen) Propheten" gerechnet werden, begleiten diesen Zeitraum. Nach Esra beginnt die Zeit der „Schriften", die wie die
anderen „Jüdische(n) Schriften aus hellenistisch-römischer Zeit" erbauliche Funktion, aber keinen verbindlichen Charakter haben. Jesus
Sirach ist das älteste Zeugnis für die Dreiteilung: „das Gesetz, die Propheten und die anderen Schriften" (Vorwort um 130 v. Chr.; vgl. Sir
48, 20ff.; 49, 10). Die Grenze der „Schrift" ist noch offen, nicht jedoch
ihr Textbestand. Es können wie in der griechischen Übersetzung „Septuaginta" noch Schriften angehängt werden. Der Wortlaut der tradierten Bücher darf aber nicht mehr verändert werden. So kann Josephus
mit Recht gegenüber der hellenistischen Literatur ins Feld führen, daß
die hebräische Bibel in ganz neuer Weise frühe Verschriftung und Text-
treue der Überlieferung nachweisen kann. Inspiration durch den einen
Gott, Herausarbeitung der Traditionsinstanzen, Bindung an einen
Schrifttext und bekennendes Festhalten werden zu Unterscheidungs-
kriterien von der antiken Religiosität.

*Septuaginta*

Die Schriften der urchristlichen Gemeinden verwandten allerdings die „Schrift" selten in der hebräischen Fassung. Sie war ihnen vielmehr in der griechischen Übersetzung der Septuaginta zugänglich. In Alexandrien war, wie der zwischentestamentliche Aristeasbrief berichtete, die Tora von 72 jüdischen Gelehrten ins Griechische übertragen worden. Diese Legende begründete den Namen „Septuaginta", der auf die 70 Übersetzer verweist. Aristeas sprach mit seinem Bericht außerdem der Septuaginta den Offenbarungsgehalt des Urtextes zu und hielt die Erinnerung an den historischen Vorgang der Übersetzung in Alexandrien ab dem 3. Jahrhundert v. Chr. wach. Parallel berichtete Philo von Alexandrien (20 v. Chr.–50 n. Chr.) von einem Jahresfest der alexandrinischen Juden zu Ehren der Übersetzung der Septuaginta (Leben Mose 2, 41).

Entgegen diesen Zeugnissen handelt es sich bei der Septuaginta aber nicht um eine einheitliche, konsistente Übertragung ins Griechische. Während die Tora annähernd wortgetreu übersetzt wurde, erfuhren die Propheten und Schriften eine theologisch freie Interpretation (s. u. 4. 1). Dieser Übersetzungsspielraum führte Ende des 2. Jahrhunderts n. Chr. zu den hebraisierenden Rezensionen des Aquila, Theodotion und Symmachus, denen zum Teil Vorstufen aus der Zeitenwende zugrunde lagen. Der erste christliche Exeget Origenes (um 185–253/54) stellte in den sechs Kolumnen der „Hexapla" den hebräischen Text und die Septuaginta mit diesen Rezensionen und einer griechischen Umschrift des hebräischen Textes zusammen. Doch für das Bibelgriechisch des Neuen Testaments und der Spätantike blieb weiterhin die Sprache der Septuaginta bestimmend.

*Neues Testament*

Zusätzlich zur Septuaginta und den Jesustraditionen wurde dann vom Neuen Testament zwischentestamentliche Literatur außerhalb der Septuaginta rezipiert (Nestle/Aland 26/1979, Index). Der Judasbrief führte in der Zitationsweise eines Schriftwortes eine Stelle der apokryphen Henochapokalypse ein (Jud 14–16). Die Schriften des Urchristentums (Apostolische Väter) folgten dieser weiten Zitierpraxis. Die zwischentestamentliche Literatur wurde zwar aus dem rabbinischen Judentum verdrängt, lebte aber im Christentum weiter und wurde von ihm in der Spätantike neben der Septuaginta und der hebräischen Bibel als erbauliche Literatur gelesen und weitergegeben.

Die ntl. Schriften unterscheiden sich jedoch grundlegend von der kanonischen und der zwischentestamentlichen Literatur. Die Christen schrieben Propheten und Schriften nicht mit ungebrochener Kontinuität weiter, sondern konzentrierten sich auf das „Evangelium" von der historischen Person Jesus von Nazareth als Heilsgestalt. Er wurde aufgrund seines Geistbesitzes, seiner Verkündigung der Gottesherrschaft, seines Kreuzestodes und seiner Auferweckung zum einzig autoritativen Ausleger von Gesetz (der Tora), Propheten und Schriften. Das Evangelium von Tod und Auferweckung Jesu wie das von seinen Worten und Taten verleiht allein Heil und hebt die Tora, insbesondere ihre Ritualgesetzgebung, als Heilsweg für die Christen auf (Paulus, Markus, Lukas, Johannes) oder bringt sie erst zum richtigen Verstehen (Matthäus). Die Tora und die übrigen Schriften behalten allerdings ihre grundlegende Bedeutung als inspirierte Zeugnisse von Gottes Offenbarungen und Verheißungen an Israel. Denn die Anhänger Jesu verstanden sich von jetzt an als das neue Israel oder Volk Gottes, in dem das Offenbarungshandeln Gottes an Jesus von Nazareth seine alleinige Erfüllung gefunden hatte. Da nach christlichem Verständnis die Propheten der Septuaginta die ersten Verkünder dieser zukünftigen Heilszeit waren, wurden sie in den Schriftbezügen gegenüber der Tora aufgewertet und bevorzugt (Sand 1974, 22; s. u. 5.5): Die von den Prophetenbüchern verheißene neue Welt hat sich anfanghaft in Jesu Wirken und Auferstehung erfüllt und wird sich im unmittelbar bevorstehenden Weltgericht vollenden. „Vor dem Ende aber muß allen Völkern das Evangelium verkündet werden" (Mk 13, 10). Der „eschatologische" (= endzeitliche) Anfang der Gottesherrschaft in Jesus wurde durch den Kreuzestod und die Auferweckung zum Heil für alle Menschen geöffnet und mußte in einer weltweiten Mission allen Heiden zu Gehör und Entscheidung gebracht werden.

Später legte die Vorlesepraxis des christlichen Gottesdienstes im 2. Jh. parallel zum Synagogengottesdienst eine Bibliothek fest, über deren Kern Einvernehmen bestand. Der gottesdienstliche Gebrauch blieb bis ins 4. Jahrhundert Ausdruck für die Zurechnung eines Werkes zur Schrift und zum apostolischen Schrifttum. Der „Viererkanon" der Evangelien und die 13 Paulusbriefe, die Irenäus von Lyon als die heiligen Schriften des Neuen Testamentes aufführte, gaben daher den Konsens der gottesdienstlichen Lesung im 2. Jahrhundert wieder und waren keine willkürlichen Neuabgrenzungen wie der Kanon des Markion (Campenhausen 1968, 201ff.; Kümmel 1973, 430f.; Strecker 1992, 277). Allerdings schufen sie mit dem Verlesungskonsens gleichzeitig einen Maßstab (Kanon), der gegenüber theologischen Weiterentwicklungen und aufkommenden Häresien die Schriften der Gründungszeit kritisch in Erinnerung hielt.

Allmählich setzte auch eine terminologische Abhebung der apostolischen Schriften von den heiligen Schriften Israels mit Hilfe der Bundestheologie ein. Paulus sprach bereits in 2 Kor 3, 14 von der „Verlesung des Alten Bundes" im Judentum im Unterschied zum Dienst der Gemeinde im „neuen Bund" (3, 6), Melito von Sardes verfaßte um 180 eine Aufstellung der „Bücher des alten Bundes" (Eusebius, Kirchengeschichte 4, 26, 14). Tertullian übersetzte dann Bund mit „Testamentum" (Marcion IV, 2, 5). Das „Neue Testament" hatte sich als eigenständiges Textkorpus verselbständigt. Gegen Markion wurde aber weiterhin festgehalten, daß das „Neue Testament" nur in der Einheit mit dem „Alten Testament" die „Heilige Schrift" der Offenbarung bildet.

Der 39. Osterfestbrief des Athanasius von Alexandrien im Jahre 367 n. Chr. nannte erstmals die namentliche Aufstellung der Schriften des Alten und Neuen Testaments „Kanon" (= Maßstab) und setzte ihn für den Osten als verbindliche Abgrenzung durch. Zu den 27 Büchern des Neuen Testaments gehörte nun die lange im Osten umstrittene „Offenbarung". Im Westen blieben Hebräerbrief und 5 katholische Briefe (2–3 Joh, Jak, Jud, 2 Petr) lange angezweifelt. Um 400 wurde auch hier der athanasische Kanon und damit deren Zugehörigkeit bestätigt.

Das „Neue Testament" enthält 27 Bücher in folgender Ordnung:
1. 4 Evangelien und 1 Apostelgeschichte: Mt, Mk, Lk, Joh, Apg
2. 13 Paulusbriefe und den Brief an die Hebräer: Röm, 1 Kor, 2 Kor, Gal, Eph, Phil, Kol, 1 Thess, 2 Thess, 1 Tim, 2 Tim, Tit, Phlm, Hebr
3. 7 „katholische" Briefe: Jak, 1 Petr, 2 Petr, 1 Joh, 2 Joh, 3 Joh, Jud
4. 1 Apokalypse: Offb

Das Konzil von Trient (1545–1563) bekräftigte diesen Kanon erneut, während die Luther-Bibel 4 Bücher unnumeriert an das Ende stellte (Hebr. Jak. Jud. Offb). Außerhalb der gottesdienstlichen Lesung aber behielten die Apokryphen in der Spätantike ihren Wert für die private Frömmigkeit, die erbauliche Literatur und die christliche Bildwelt (Ikonographie) bei. Denn die Grenzen zwischen Anerkennung als Erbauungsliteratur und Abwehr als Häresie waren fließend. Apokryph („verborgen") meinte zunächst ohne abschätzige Bedeutung den Ausschluß einer Schrift aus der gottesdienstlichen Lesung. Anfang des 3. Jh. differenzierte Origenes die „Apokryphen" in angezweifelte Schriften wie 2 Petr, 2–3 Joh, Hebr (Eusebius, Kirchengeschichte 6, 25, 1 ff.), Jak und Jud (Origenes, Evangelium nach Johannes 20, 10, 66), die erbaulichen Wert haben, und in häretische Schriften, die nicht gelesen werden dürfen. Diese Dreiteilung in kanonische, erbauliche und häretische Schriften behielt Anfang des 4. Jh. Eusebius bei, ohne aber das Leseverbot der „häretischen" Apokryphen durchsetzen zu können (Kirchengeschichte 3, 25, 1 ff.). So hatte das von den Theologen des Westens abgelehnte Kindheitsevangelium des Jakobus in der gesamten Kirche bis in die Neuzeit hinein eine außerordentliche Nachwirkung für die Marienfrömmigkeit; die apokryphen Evangelien des Nikodemus und Bartholomäus prägten die Ikonographie des Credosatzes von der Hadesfahrt Christi: „hinabgestiegen in das Reich des Todes".

Altes und Neues Testament sind ein Sammelbecken mündlicher und schriftlicher Texttraditionen. Die Grenzziehung in den unterschiedlichen Textsammlungen bleibt bis ins 5./6. Jh. offen. So kann die mündliche und schriftliche zwischentestamentliche Literatur ungehindert auf den Entstehungsprozeß der apostolischen Literatur einwirken. Das Alte und Neue Testament bleiben daher erkennbar von einem breiten Strom mündlicher und schriftlicher Texte des Frühjudentums geprägt. Zu den altisraelitischen Traditionen ist ab Alexander dem Großen die hellenistische Textwelt hinzugetreten. Die christlichen, apostolischen Schriften behalten im Unterschied zum rabbinischen Judentum bis ins 5. Jh. die Rezeptionsbreite des Frühjudentums bei, so daß die außerkanonische frühjüdische Literatur allein vom Christentum weitertradiert wird. Hinzu kommt die großzügige Weitergabe von eigener, außerkanonischer Literatur. Es hat sich ein breites Spektrum biblisch geprägter Literatur mit unterschiedlicher Wertschätzung ausgebildet. Die mündliche, christliche Verkündigung, die schriftliche Prosa und die Poesie können sich in der Spätantike bis heute an diese Offenheit der biblischen Textwelt angliedern.

# 3. DAS VERHÄLTNIS DER ANTIKEN LITERATUR ZUR BIBLISCHEN LITERATUR

## 3.1 Die Ablehnung der biblischen Literatur in der Antike

Die Bibel wurde als literarisches Textkorpus erst von den Gebildeten der Spätantike rezipiert. Diese Verspätung mag verwunderlich wirken, da die kanonische Abgrenzung der hebräischen Bibel bereits um 100 n. Chr. einsetzte und die Abgrenzung der apostolischen, „neutestamentlichen" Schriften schon Ende des 2. Jahrhunderts folgte. Beide Schriftkorpora waren zur Zeit der römischen Klassik nach einem langwierigen Entstehungs- und Sammlungsprozeß zu einem vorläufigen Abschluß gelangt. Doch die klassische Antike hatte dem religiösen Schrifttum der Juden und Christen nur geringe Aufmerksamkeit entgegengebracht. Die philosophische Beachtung des Judentums bezog sich vornehmlich auf außergewöhnliche Merkmale wie Sabbat, Beschneidung, Speisetabus und Monotheismus, wobei der Monotheismus überwiegend positiv gewürdigt wurde (Pseudo-Longinus, Vom Erhabenen 9, 9; Stern 1974–1984). Christentum und Judentum wurden aufgrund der historischen Abhängigkeit und der gemeinsamen Schrift in engem Zusammenhang gesehen. Religionspolitisch wurde allerdings um die Jahrhundertwende, eventuell schon früher ab der neronischen Verfolgung, das Christentum als neue Religion ausgegrenzt. Es wurde als *religio illicita* aus dem für Rom singulären Monotheismus-Privileg des Judentums herausgenommen, wie der Briefwechsel zwischen dem Statthalter in Kleinasien, Plinius dem Jüngeren, und dem Kaiser Trajan dokumentiert (Plinius, Epistolae 10, 96).

Der hochgebildete, christliche Jurist und Schriftsteller Tertullian klagte Ende des 2. Jahrhunderts: „Niemand nimmt von unseren Schriften Notiz, außer wenn er schon Christ ist" (De testimonio animae 1). Größere Wirkung als von Schrifttum und Lehre ging bekannterweise vom Martyrium der Christen aus, das aufgrund des bekennenden Festhaltens an der unerlaubten Religion verhängt werden konnte: „Wir werden zahlreicher sein, so oft wir von euch niedergemäht werden; ein Same ist das Blut der Christen ..." (Tertullian, Apologeticum 50). Erst innerhalb der Lebenspraxis gewannen jüdische und christliche Schriften ihre missionarische Ausstrahlung.

„Der älteste Grieche, von dem wir wissen, daß er sich gründlich mit den christlichen hl. Schriften befaßt hat, ist der zur Zeit des Marc Aurels schreibende Celsus" (v. Harnack 1912, 31; vgl. Orig., Celsus 1, 12). Der aber las nicht um des Dialogs willen, sondern zum Zwecke der Bekämpfung. Seine Einwände lauteten nach Origenes: „Hierauf sagt Celsus: ‚Die Lehre der Christen sei von ihrem Ursprung her barbarisch‘, er meint natürlich das Judentum, mit dem das Christentum zusammenhängt. Und recht edeldenkend macht er unserm Glauben den ‚barbarischen Ursprung‘ nicht zum Vorwurf; er lobt vielmehr ‚die Barbaren wegen ihrer Geschicklichkeit, neue Lehren zu erfinden‘, fügt aber dem bei, ‚die Griechen verständen es besser, die von den Barbaren gefundenen Lehren zu beurteilen, zu begründen und für die Übung der Tugend zu befolgen‘" (Orig., Celsus 1, 2). „Barbarisch" wird von Celsus ambivalent verstanden. Einerseits bringt das Christentum über das Judentum archaische, interessante Lehren in die hellenistische Kultur ein. Andererseits aber widersprechen diese Lehren der hellenistischen Rationalität und bedürfen der Glättung. Diese ambivalente Einschätzung der biblischen Schriften wird auch in der christlichen Spätantike weiterwirken. Origenes fährt fort: „Wenn die Ägypter solche Märchen erzählen, so glaubt man, sie hätten ihre philosophischen Meinungen in Rätsel und geheimnisvolle Worte gekleidet; wenn aber Moses, der für ein ganzes Volk schreibt, ihm seine Geschichte und seine Gesetze hinterläßt, so werden ‚seine Worte‘ für ‚leere Fabeln‘ angesehen, ‚die nicht einmal allegorische Auslegung zulassen‘; denn dies scheint dem Celsus und den Epikureern richtig zu sein.

Celsus sagt: ‚Diese Lehre also hat Moses bei weisen Völkern und gelehrten Männern vorgefunden und sich angeeignet und dadurch einen göttlichen Namen (d. h. den Namen eines Gottgesandten) erhalten‘" (Orig., Celsus 1, 20 f.).

Als Gründe für das Übersehen der Bibel führte man an: Die literarische Gestaltung entspreche nicht den poetologischen und rhetorischen Normen der Antike; der religiöse Gehalt stamme von einer „barbarischen", unphilosophischen Religion und tauge nicht einmal für die Allegorese (s. u. 5.5). Der hellenistisch gebildete Jude Flavius Josephus setzte sich bereits um 95 n. Chr. in der Apologie gegen Apion, einen Grammatiker aus Alexandrien, mit diesen Vorwürfen auseinander. Apion hatte nach Josephus die Schrift nicht beachtet und daher jüdische Verhaltensweisen mißverstanden. Wie später die Christen mußte sich bereits Josephus gegen den Vorwurf der Eselsanbetung und des Ritualmordes verwahren (Apion 2, 7 f.). In der Hauptsache ging es aber Josephus darum, die Glaubwürdigkeit der biblischen Bücher nachzuweisen, um dem Judentum eine ältere kulturelle Tradition zu geben als dem Griechentum und im Umkehrschluß die hellenistische Kultur von der Gesetzgebung des Mose abhängig zu machen (Apion 1, 1).

Nun hatten aber die griechischen Philosophen nichts von einer Kenntnis der ersten fünf Bücher des Alten Testaments (Genesis – Deuteronomium), die ›Tora‹ (Weisung, Gesetz) genannt werden, verlauten lassen. So konnte ein gebildeter Grieche kaum diese in der Antike anerkannten Kriterien des höheren Alters und des Ideendiebstahls akzeptieren. Wie später die Apologien der Christen hatte diese Apologie vornehmlich eine Funktion für den Binnenkreis (Lesky 1971, 900 f.). Ein in der Tora ausgebildeter Jude sollte sich nicht durch die Ignoranz und Verachtung der gebildeten Hellenen verunsichern lassen. Denn er hatte die ältere und wahrere Philosophie; den Erfolg dieser apologetischen Argumentationsfigur konnte Josephus nicht mehr erleben; die Hochachtung blieb dem Judentum auch in der Spätantike versagt, denn diesen Sieg beanspruchte das Christentum für sich allein. Doch Josephus gegenüber war das Christentum nicht undankbar. Hieronymus feierte ihn als den griechischen Livius (Epistulae 22, 35). Origenes (um 185–254) konnte in seiner Apologie gegen die christenfeindlichen Angriffe des Philosophen Celsus auf diese Linie jüdischer und frühchristlicher Apologetik zurückgreifen (Gegen Celsus), so auch Minucius Felix in demselben Zeitraum gegen den Rhetor Fronto von Cirta, später Eusebius von Cäsarea (um 260–339) gegen den Philosophen Porphyrius und Kyrill von Alexandrien gegen Kaiser Julian Apostata (361–363). Das Christentum beanspruchte, mit der Bibel eine Textsammlung zu besitzen, die hermeneutisch aller antiken Literatur überlegen ist (s. u. 3.7).

### 3.2 Theorie der antiken Literatur und Rhetorik und die Formgeschichte

Mit Aristoteles setzten die systematischen Überlegungen zur Literatur ein. Nicht mehr der Dichter expliziert wie Homer immanent sein Verständnis von Poesie, sondern der Philosoph stellt sich auf der Metaebene der Theorie über den Dichter. Der Philosoph analysiert in der Metasprache Aufgabe und Wesen des sprachlichen Kunstwerkes; er bleibt bei der Dichtung nicht stehen, sondern untersucht gleichfalls die kunstvolle Rede. Aristoteles setzte neben die ›Poetik‹ die ›Rhetorik‹.

In der ›Poetik‹ beschränkt sich Aristoteles auf die Analyse der Gattungen. Buch 1 behandelt Tragödie (Kap. 6–22) und Epos (Kap. 23–26); das verlorengegangene Buch 2 beschreibt die Komödie (Fuhrmann

1973, 4). Die Prosagattungen wie die Geschichtsschreibung, die Biographie, der Brief und die übrigen kleinen Formen, die alle die Vergleichsgattungen zum Neuen Testament bilden, fallen durch den Raster der poetischen Gattungen; sie gehören nicht zur Dichtung im strengen Sinne. Horaz wird sie in der ›Ars poetica‹ weiterhin außer acht lassen. Die Schrift ›Vom Erhabenen‹ (Ps-Longinus) wird sie kurz streifen. Lukian wird ausnahmsweise der Geschichtsschreibung ein eigenes Buch widmen ›Wie man Geschichte schreiben soll‹; dieses Werk beschränkt sich aber auf praktische Ratschläge und stößt nicht zu einer Literaturtheorie vor (Hengel 1979, 19 f.; Winkelmann, RAC 15 [1991], 732).

Dagegen gibt die ›Rhetorik‹ Anhaltspunkte, die literarischen Prosa-Gattungen kunstvoll zu gestalten (Fuhrmann 1990, 8; s. u. 3.3). Bekanntlich ist die Rhetorik im engen Sinne die Kunst (techne, lat. ars) des Redens im Gerichtsprozeß, im weiten Sinne die Lehre von der Bildung, so daß die Antike als ‚rhetorische Kultur‘ bezeichnet werden kann (Rahn in Quintilian 1975, 828; Eisenhut 1982, 93).

In der griechischen Klassik entwickeln die Sophisten zuerst aus den Erfahrungsregeln öffentlicher Rede eine reflektierte Rhetorik. Ihr kam eine „katalysatorische Wirkung (zu) ..., heute etwa vergleichbar der des Lateinunterrichts auf den Gebildeten, wo der entscheidende Wert ebenfalls nicht auf unmittelbarer Anwendung beruht" (Hommel 1970, 128). In der Zeit des Hellenismus und des Prinzipats greift die Rhetorik vom Bereich der Rede auf die gesamte Literatur über (Lausberg 1960, § 32–41; Hommel 1981, 338). Aber wie die Rhetorik die Rede nicht direkt rezeptmäßig bestimmt, sondern die Fähigkeit des Redens in einem langen Erziehungsprozeß ausgestaltet, so wird die Literatur nicht nach der Weise eines Lehrbuches von der Rhetorik beeinflußt (Barthes 1988, 30 ff.). Vielmehr nähert sich die literarische Prosa den Regeln der Rhetorik an, behält aber doch ihre eigene Ausprägung (Eisenhut 1982, 93 f.; s. u. 3.3).

Denn die Poetiken und Rhetoriken, angefangen mit Aristoteles, enthalten zwar differenzierte Anleitungen zu den einzelnen Gliederungselementen, also zu inventio, dispositio und elocutio oder in griechisch zu heuresis, taxis und lexis, legen aber die literarische Gestaltung nicht eindeutig fest. Sie geben Einzelanweisungen und sind zugleich Analysen auf der Metaebene (Barthes 1988, 16 f.). Sie begründen nachträglich den Kanon der klassischen Werke, legitimieren die herrschenden Normen des literarischen Geschmacks und führen aktuelle Fehden mit literarischen Konkurrenten. So gibt es eine große Breite von Variationsmöglichkeiten innerhalb und außerhalb der Handbücher. Barthes warnt zu Recht davor, „eine einzige, kanonische Einleitung (zu) übernehmen" und nach ihr Literatur schematisch zu analysieren (Barthes 1988, 50; Eisenhut 1982, 82 ff.; Classen 1991, 1 ff.).

Die Rhetorik erweist sich durch *memoria* und *actio* als *praktische Kunst*, „während die Teile inventio, dispositio und elocutio eine poetische Vorbereitung der praktischen Ausführung sind", so pointiert Lausberg nach Quintilian (Lausberg 1960, § 34; s. u. 3. 4–5; 5.1.1): „12 Denn gut reden ist Sache des Redners, die Rhetorik indessen wird ja die Wissenschaft sein, gut zu reden. So wie andere glauben, es sei Sache des Künstlers zu überreden, die Kraft der Überredung aber sei Sache der Kunst. So kann das Erfinden zwar und das Anordnen als Sache des Redners, die Erfindung aber und Anordnung als Eigentum der Rhetorik erscheinen. 13 Darin aber gingen die Meinungen verschiedentlich auseinander, ob dies *Teile* der Rhetorik seien oder ihre *Aufgaben* oder, wie Athenaeus glaubt, ihre *Elemente,* die sogenannten 'stoicheia'. Aber weder könnte man sie zu Recht Elemente nennen; sonst bezeichneten sie ja nur das Anfängliche, wie im Kosmos die Feuchtigkeit, das Feuer, der Grundstoff oder die unteilbaren Körper (Atome); noch können sie zu Recht Aufgaben heißen, weil sie nicht von anderen ausgeführt werden, sondern selbst etwas ausführen: Teile sind es also. 14 Denn da aus ihnen die Rhetorik besteht, kann es nicht sein, daß sie, da ein Ganzes aus Teilen besteht, nicht Teile des Ganzen sind, aus denen es besteht. Es scheint mir auch, daß sich diejenigen, die sie als Aufgaben bezeichnet haben, dadurch haben bestimmen lassen, daß sie vermeiden wollten, daß dasselbe Wort auch noch in eine andere Einteilung geriete; denn man pflegte ja zu sagen, die Teile der Rhetorik seien die *Lob-, Beratungs-* und *Gerichtsrede.* 15 Wenn dieses Teile sind, so eher des Stoffes als der Kunst; denn in jedem einzelnen von ihnen ist die Rhetorik ganz enthalten, da ja jede von ihnen Erfindung, Anordnung, Darstellung, Gedächtnis, Vortrag verlangt. Deshalb haben manche sie lieber die *drei Gattungen der Rhetorik* genannt, am besten aber die, denen Cicero gefolgt ist, *Redegattungen"* (Quintilian, institutio 3, 3, 12–15).

Rhetorik ist die Wissenschaft vom guten Reden mit der pragmatischen Funktion des Überredens, der *persuasio* (Martin 1974, 2 ff.). Wie die Poetik für den Dichter betont, daß er mit *inventio* und *dispositio* die pragmatische Funktion zu erzeugen hat, mit Hilfe von Mitleid und Furcht die Leidenschaften der Hörer zu reinigen (Arist., Poetik 6), so hat die Rhetorik die analoge Aufgabe, den Redner zu befähigen, mit *inventio* und *dispositio* die *persuasio* der Hörer zu bewirken. Daher sind *inventio* und *dispositio* Teile der Rhetorik und nicht Aufgaben *(opera),* die zusätzlich erbracht oder unterlassen werden können. Aufgrund der

Materie der Rede sind nach Cicero und Quintilian drei *genera* zu unterscheiden: die Lob-, Beratungs- und Gerichtsrede. Die Differenzierung des Aristoteles in die epideiktische, symbuleutische und dikanische Rede bleibt über Cicero für die gesamte Antike verbindlich (Arist., Rhetorik 1,3, 1–3; Martin 1974, 9f.). Innerhalb dieser Gattungen hat der Redner die Teile *inventio, dispositio* und *lexis* zu gestalten. Durch die nachfolgenden Teile *memoria* = Auswendiglernen und *pronuntiatio* = Vortrag wird die Ausarbeitung der Rede zur praktischen Kunst. Rhetorik und Literatur haben die gemeinsame, unterschiedlich akzentuierte pragmatische Funktion, den Hörer zu erbauen und zu überzeugen.

Die intensive, mündliche, rhetorische Durcharbeitung der Teile *inventio, dispositio* und *elocutio* wirkt auf die Poetik zurück. „Die Literaturgeschichte zeigt einen von vornherein gegebenen und stetig andauernden gegenseitigen Durchdringungsprozeß zwischen Rede und Dichtung: einerseits stellt die Rede mimetische, also dichterische Elemente in ihren Dienst, andererseits muß die Dichtung für die gedankliche und sprachliche Ausarbeitung ihres mimetischen Vorhabens die gleichen Mittel benutzen wie die Rede" (Lausberg 1960, § 35). Die Prosa nimmt die Mittelstellung in diesem Austauschprozeß ein. Denn die Prosagattungen leben einerseits von den intuitiv vermittelten Normen der Einzelgattungen, die ihren „Sitz im Leben" in Rede-Bedürfnissen und Lesegewohnheiten der hellenistischen Kultur haben. Andererseits findet eine reflektierte Annäherung an den „hohen Stil" von Tragödie und Epos statt, wie ihn die Schrift ›Vom Erhabenen‹ für die literarische Prosa ausdrücklich fordert. Die antike Kunstprosa vereint in sich ab ›Gorgias‹ den hohen Stil des Epos mit dem Stil der Rhetorik (Norden 1974, 30–41). Die spätere Herausbildung einer pathetischen Prosa geht auf den Einfluß der Tragödie zurück, der bereits in der frühen Sophistik zu erkennen war (Norden 1974, 147f.).

Der Autor der Schrift ›Vom Erhabenen‹ (1. Jh. n. Chr.; Brandt, Vom Erhabenen 12) unterscheidet daher zwischen schlichter und pathetischer Darstellung großer Geschehnisse (Fuhrmann, Dichtungstheorie 153ff.). Für schlichte Prosa, die mit dem Erhabenen verbunden bleibt und nicht mit dem niederen Stil der Komödie verwechselt werden darf (s. u. 3.7), stehen der Schöpfungsbericht der jüdischen Hl. Schrift (Vom Erhabenen 9, 9), aber auch Plato und Cicero (Vom Erhabenen 12, 2–13, 1); für die pathetische Prosa steht Demosthenes (Vom Erhabenen 12, 4f.). „Der straff-gespannte, erhabene Ausdruck des Demosthenes wirkt am stärksten im Augenblick der Emphase, der drängenden Leidenschaft, dann wenn es gilt, den Hörer stark zu erschüttern; der weit-

ausfließende Stil dagegen, wenn man die Hörer im Strom der Rede
fortschwemmen muß; er eignet sich für allgemeine Betrachtungen und
in den meisten Fällen für den Schluß der Ausführungen und die Ex-
kurse, für alle erzählenden und prunkhaften Reden, für historische
und naturwissenschaftliche Beschreibungen und viele andere Gebiete"
(Vom Erhabenen 12,5). Die Geschichtsschreibung ist in ihrer Gat-
tungs- und Stilvielfalt Frucht dieser Wechselwirkung zwischen Prosa,
mündlicher Rhetorik und Poetik (Norden 1974, 81–91; Winkelmann,
RAC 15[1991], 728 ff.).

„Erbaulichkeit" ist also noch nicht das Spezifikum der ntl. Literatur,
wie die Formgeschichtler annahmen. „Erbauliche Erzählungen werden
von erbauender Rede benötigt, interessante und spannungsreiche Erzählungen brauchen unter Umständen gar keinen Zusammenhang, leben und wirken durch sich selbst" (Dibelius 1959, 7f.; zustimmend
Bultmann, 5f.). Der Gegensatz zwischen funktionalen, erbaulichen
Gebrauchstexten und autonomen, ästhetischen Kunstwerken trifft erst
für die Poetik der späten Neuzeit zu, nicht für die Poetik der Antike.

Bultmanns „analytische Methode" differenzierte daher gegenüber
der „konstruktiven Methode" von Dibelius den einlinig bestimmten
Kausalzusammenhang zwischen Gemeindebedürfnis und Gattung,
den „Sitz im Leben". „Wie der 'Sitz im Leben' nicht ein einzelnes
historisches Ereignis, sondern eine typische Situation der Verhaltens-
weise im Leben einer Gemeinschaft ist, so ist auch die literarische 'Gattung', bzw. die 'Form', durch die ein Einzelstück einer Gattung zugeordnet wird, ein soziologischer Begriff, nicht ein ästhetischer, so sehr
in einer weiteren Entwicklung solche Formen als ästhetische Mittel in
einer individualisierten Dichtung verwendet werden können" (Bultmann 1957, 4f.). Die Gattung wird als soziologischer *und* ästhetischer
Begriff beschrieben; die Gattung wird also in ihren syntaktisch-seman-
tischen und ihren pragmatischen Funktionen erfaßt. Die Isolierung auf
die „individualisierend-ästhetische" Funktion wird für die antiken
Werke zwar als Möglichkeit behauptet, für die ntl. „Kleinliteratur"
aber ausdrücklich ausgeschlossen (Bultmann 1957, 5).

Doch erkennt Bultmann aufgrund der ästhetischen Multivalenz der
Gattung an, daß die pragmatische Funktion mehrdimensional sein
kann: „Daß ein Überlieferungsstück nicht selten einer bestimmten
Gattung nicht eindeutig zugeordnet werden kann, ist kein Einwand gegen die formgeschichtliche Fragestellung, sondern zeigt vielmehr ihre
Fruchtbarkeit. Denn wie im Leben selbst sich in einzelnen Äußerungen verschiedene Motive verbinden können, so auch in seinen literarischen Formungen. Und die formgeschichtliche Analyse führt gerade

dazu, die Motive, die in der Überlieferung wirksam waren, zu erkennen" (Bultmann 1957, 5). Bultmanns Ziel war zwar, „die Reinheit oder die Modifizierung einer Form" zu erkennen (Bultmann 1957, 5). Doch blieb er aufgrund der Doppelstruktur der Gattung als ästhetischer und soziologischer Größe nahe an dem antiken Gattungsverständnis. Gattungen sind multivalent. Eine Funktion wie die Belehrung beim Apophthegma, die Protreptik bei der Wundergeschichte oder die Unterhaltung beim Roman kann dominieren, schaltet aber die anderen Funktionen nicht aus. Das Spezifikum der ntl. Gattungen besteht daher nicht in der „Erbaulichkeit" und in dem eindimensionalen Bezug zu einem speziellen Sitz im Leben, sondern in der vielfältigen Beziehung zu einem Gemeindeleben, das die multikulturellen und schichtenübergreifenden Dimensionen der neuen, christlichen Botschaft mündlich und schriftlich im erhaben schlichten Stil zum Ausdruck zu bringen vermag (s. u. 4 und 5).

## 3.3 Mündlichkeit und Schriftlichkeit in der antiken Prosa

An einem Schaubild läßt sich verdeutlichen, wie sich in der antiken Welt Mündlichkeit und Schriftlichkeit als Kommunikationsweisen der Literalität zueinander verhalten.

| Literalität | Umgangssprache | | Literatursprache |
|---|---|---|---|
| Mündlichkeit | Gebrauchs-Koine | ⟵⟶ | Kleingattungen |
| Schriftlichkeit | Sachbuch-Koine | ⟵⟶ | Kunstprosa, Poesie |

Literalität spaltet sich als Kommunikationsmedium auf in Mündlichkeit und Schriftlichkeit. In der Stilhöhe sind in beiden Kommunikationsbereichen Umgangssprache und Literatursprache voneinander abzuheben. So entsteht semiotisch die Gebrauchskoine im Bereich umgangssprachlicher Mündlichkeit und die gestaltete Literatursprache im Bereich von mündlichen Kleingattungen. Übergangsformen sind in zahlreicher Fülle gegeben, da Mündlichkeit und Schriftlichkeit keine streng voneinander getrennten Bereiche sind (Schmid/Stählin 1924, 1131 f.; Theißen 1974, 189 ff.; Voelz 1984, 934 f.; Breytenbach 1986, 49 ff.). Die Sprache von Sachbüchern steht der Umgangssprache nahe und entspricht einer gehobenen Koine (Rydbeck 1967, 13–19; Reiser 1984, 31 ff.), der artifizielle Stil der Kunstprosa ist einem eigenen, hohen Literaturstil zuzurechnen (Norden 1974, 15 ff.). In mündlicher Umgangssprache laufen die Alltagsrituale ab (Goffman 1971, 10 ff.). Die Gebrauchskoine umfaßt daher die Mitteilungen des Alltagslebens. Die schriftlichen Zeugnisse dieser mündlichen Gebrauchs-Koine sind naturgemäß selten. Nach Deißmann kommen die Alltagsbriefe über Privat- und Geschäftssachen in Betracht (Deißmann 1923, 3 ff.). Inschriften und Verträge bilden weitere Dokumente. Prozeßakten und Hypmnemata können ebenfalls unmittelbar mündliche Umgangssprache wiedergeben (Niedermeyer 1918, 54 ff.; Hyldahl 1960, 80 ff.).

Grundgelegt ist die Wechselwirkung zwischen Mündlichkeit und Schriftlichkeit von der antiken Rhetorik. Für die *Prosa* hat parallel zur *Rede* die Spannung zwischen schriftlicher Fixierung in der Lexis und Auswendiglernen für den Vortrag eine große Bedeutung. Theon führt in seinen Progymnasmata aus: „‚Das Lesen‘, wie einer der Alten sagte (es scheint mir Apollonios von Rhodos gewesen zu sein), ‚ist die Speise der Lexis‘, wir werden, wenn wir unsere Seele mit guten Beispielen gebildet haben, die besten nachahmen" (Theon 1, 81–83). Reden lernt man nur durch Lesen, das ist die feste Überzeugung der antiken Bildung. Wie die anschließende Diatribe einschärft, ist für den guten Rhetor tägliches Lesen von guter Literatur erforderlich: „Wer würde nicht das Anhören von dem begrüßen, das von anderen mit Mühe ausgearbeitet ist und das er leicht nehmen kann; aber wie denen, die das Leben abbilden wollen, es nichts nützt, auf die Werke von Apelles, Protegenos und Antiphilos zu achten, wenn sie sich nicht selbst daran machen, zu schreiben, so sind auch denen, die Reden halten wollen, weder die Worte der Alten, noch deren Fülle der Gedanken, noch deren Reinheit des Stils, noch deren harmonischer Aufbau, noch deren feine Mündlichkeit, noch die ganzen Schönheiten im Rhetorischen nützlich, wenn nicht jeder sich selbst jeden Tag in den Schriften übt" (Theon 1, 84–92; ähnlich Quintilian 10, 27–34). So wird zu Hause die Rede nach den rezipierten Regeln des persönlichen Lesekanons schriftlich verfaßt und nach dem Auswendiglernen mündlich in der Öffentlichkeit vorgetragen. Analog wird die Prosa kleiner Gattungen nach dem persönlichen Lesekanon gestaltet, auswendig gelernt und mündlich in der Öffentlichkeit innerhalb der Rede oder selbständig vorgetragen, wie der Prosastil von Plutarch und Epiktet zeigt (Dihle 1989, 211 ff.). Theon übt seine Schüler in das schriftliche Verfassen und mündliche Vortragen solcher kleiner Gattungen ein, die in feststehender Reihenfolge angeordnet sind: „Die Taxis der Gymnasmata (Übungen) werden wir so aufbauen: (1) zuerst die Übung mit der Chrie, diese ist kurz und leicht zu behalten; (2) dann die Übung vom Mythos und (3) die von der Er-

zählung … (4) die vom Ort, (5) dann die von der Ekphrasis (Beschreibung), (6) sechstens die von der Prosapopoiia (Personifizierung), (7)
dann werden wir üben in den Enkomien, (8) dann in den Vergleichen"
(Theon 1, 175–178. 190–193). Der Lesekanon startet zwar für den
Hellenisten mit den „Mythen" von Homer und Hesiod, für den Juden
mit Mose; auf diese Mythen folgen aber gleich die Chrien aus Homer und
der späteren geschichtlichen, biographischen und philosophischen Literatur. Für die Zwecke der Rede stellt Theon den bildungsgeschichtlich erworbenen Lesekanon ein wenig um und vertieft ihn ständig (s. u. 3.4).

## 3.4 Die schulische literarische und rhetorische Bildung der Christen

Die Fähigkeit, Literatur zu schreiben, gründete in der Antike wie
heute noch auf einer sorgfältigen literarischen Erziehung. Im Unterschied zur heutigen Pflichtschule wurde aber nur ein kleiner Teil der
Bevölkerung im Lesen und Schreiben unterrichtet (Liebeschütz, RAC
15, [1991], 864 f.). Das Standardwerk von Henri Marrou: ›Geschichte
der Erziehung im klassischen Altertum‹ gibt einen informativen Über-
blick (Marrou 1977). Die Elementarschule führte wie heute in die
Grundqualifikation von Lesen, Schreiben und Rechnen ein. Im Unterschied zu heute wurden aber diese elementaren Fähigkeiten nicht mit
der Entwicklung origineller Kreativität gekoppelt, sondern wurden re-
zeptiv durch Nachahmen, stereotypes Wiederholen und Auswendiglernen eingeübt (Marrou 1977, 273–307; Nilsson 1955, 11 ff.).

In den kleinen Text- und Lesebüchern dominierte Homer. „Beim
Lesenlernen entzifferte es (das Kind, Verf.), wie wir gesehen haben,
Namenlisten, auf denen die Helden Homers an ihm vorbeizogen. Schon
in den ersten zusammenhängenden Texten begegnete es einigen ausge-
wählten Versen der Odyssee, welche feierlich unter dem Stichwort *epê*,
epische Verse, eingeführt wurden. Es mußte es daher als Ehre empfin-
den, mit der vertieften Lektüre des Dichters selbst zu beginnen. Eine
Mutter war stolz, wenn sie auf die Frage an den Lehrer ihres Sohnes,
wobei das Kind sei, die Antwort erhielt: ,Es studiert den Sechsten' –
gemeint ist der Gesang Z der Ilias" (Marrou 1977, 311 f.). Die vertiefte
Lektüre von Homer fand allerdings erst auf der zweiten Stufe des Bil-
dungswesens statt, auf der Grammatikschule. Auf sie wechselte der
Schüler, wenn er fließend lesen und schreiben konnte. Neben dem Lesen, Auswendiglernen und Erklären (Exegesis) ausgewählter Texte der
Klassiker fanden Aufsatzübungen statt als Vorbereitung für die dritte
Stufe, das Studium der Rhetorik.

Handbuch des Aufsatzunterrichts sind die Progymnasmata, die eine Stufenleiter von vorbereitenden Übungen für die Abfassung einer Rede darstellen (Marrou 1977, 328; Hock/O'Neil 1986, 9–22; Butts 1987, 1–8). Ursprünglich waren die Progymnasmata ein Hilfsmittel des Rhetorikstudiums; sie wurden dann aber auch in den leichteren Partien von den Grammatiklehrern übernommen. Die Progymnasmata führten in die Beherrschung der Kleingattungen wie Fabel (Mythos), Geschichte, Chrie, Sprichwörter ein, die das Material einer wirkungsvollen Rede bildeten (Theon 1, 175 ff.; Marrou 1977, 329 ff.; s. o. 3.3) Diese Kleingattungen hatten für die ntl. Literatur eine grundlegende Bedeutung, weil sie in der mündlichen Tradition des Neuen Testaments dominierten. Während sich das Neue Testament gegenüber den Fabeln und Göttermythen ablehnend verhielt (1 Tim 1, 4; 2 Tim 4, 4; Tit 1, 14; 2 Petr 1, 16), machte es von der Chrie und den Sprichwörtern (Gnome) umfangreichen Gebrauch (s. u. 5; 8.1). Besonders die Erzählung *(diêgêma, diêgêsis)* fand eine reichhaltige Verwendung und Differenzierung, da die Erzählung in den Progymnasmata ebenfalls eine große Bandbreite besaß (s. u. 4.2; 8.2–4).

Die Abfolge der Lernschritte war fest geregelt. Man begann mit den Fabeln, ging dann weiter zu den Geschichten, dann zu den Chrien, dann zu den Gnomen. Die weiteren Schritte üben „in Beweisführung (oder Widerlegung), im Gemeinplatz, im Lob (oder Tadel), in der Vergleichung, in der Schilderung eines Charakters oder einer Person, in der Beschreibung, in der Disputation und schließlich in der Debatte über Gesetze ... Nur die drei oder fünf letzten Stufen ... scheinen gewöhnlich dem höheren Unterricht eingeordnet worden zu sein" (Marrou 1977; 328 f.; vgl. Theon 1, 175–198; s. o. 3.3). Doch sicher ist diese Arbeitsteilung zwischen Grammatikunterricht und Rhetorikstudium auch nach Marrou nicht. Kann für Jesus von Nazareth noch die orientalische, intuitive Rhetorik unterstellt werden, verbietet sich diese Annahme für die griechisch gebildeten Endredaktoren der ntl. Schriften. Die Redeteile ‚inventio, dispositio und elocutio' sind als Allgemeinplätze ihrer Werke anzusehen (vgl. Lk 1, 1–4; s. u. 3.8). Die Variationsbreite der antiken Poetiken und Rhetorikhandbücher ist ebenfalls als bekannt vorauszusetzen. Der individuelle Stil der ntl. Werke wurde durch die weite Schreibpraxis der Antike möglich (Classen 1991, 1 ff.). Die ntl. Evangelisten und die ntl. Briefschreiber konnten die Grundlagen ihrer schriftstellerischen Fähigkeiten allein auf der Grammatikschule mit Hilfe der Progymnasmata erwerben. Ein judenhellenistischer und frühchristlicher Schulbetrieb in der Elementar-, Grammatik- und Hochschulerziehung läßt sich in Alexandrien nachweisen

(Bousset 1915, 198ff.; Smith 1974, 110ff.; Berger 1984, 1296). Für die anderen Städte herrschte die Parallelität der Ausbildung zwischen hellenistischer, heidnischer Bildung und biblischer, christlicher oder jüdischer Katechese, so wie sie Basilius der Große (um 330–379) für die nachkonstantinische Wende programmatisch beschreibt (Basilius, An die Jugend über die heidnische Literatur 2). Die Literatur des Neuen Testaments gehört nicht zur Kunstprosa, wohl aber zur Welt der literarisch gebildeten Hellenisten (Kennedy 1984, 32ff. ggn. Dihle 1989, 216–224: Literatur von Ungebildeten; s. u. 3.7). Gleichzeitig bleibt das Neue Testament aufgrund seiner Herkunft aus der Literaturwelt des Judentums und seines Ursprungs als mündliche Literatur mit dem einfachen, ungebildeten und z. T. nicht hellenisierten Volk verbunden.

## 3.5  Die biblische Literatur zwischen Mündlichkeit und Schriftlichkeit

Daher ist Vorsicht geboten, die wenigen Zeugnisse der mündlichen *Gebrauchs-Koine* auf das Neue Testament zu übertragen. Die ntl. Briefe haben durchweg einen höheren, und zwar literarischen Anspruch (s. u. 4; 9). Die Glaubensformeln und -bekenntnisse tragen wiederholt den Stil feierlicher, religiöser Kunstprosa (Norden 1913, 143–312). Für einzelne Begriffe und Wendungen hingegen ist der Vergleich mit der Gebrauchs-Koine aufschlußreich (s. u. 4). Deutlicher zeigt sich der Einfluß mündlicher *Literatursprache* auf das Neue Testament. Die ursprünglich mündlich tradierten Kleingattungen sind in der literarischen Koine der mündlichen Kommunikation abgefaßt. Die mündliche Koine entspricht aber nicht dem epischen Stil einer schriftlosen Gesellschaft, sondern ist vom öffentlichen, rhetorisch geprägten Leben des Hellenismus geprägt. Denn wie die griechische Kultur besaß das frühe Christentum schriftliche Werke, auf die es sein Selbstverständnis gründete.

Die hl. Schrift Israels war dem Christentum wie dem Judentum vorgegeben (s. o. 2.2). Im Rahmen dieser Textkenntnisse konnten sich dann jüdische mündliche Literaturformen der Halakha, Hagadda und weitere Gattungen religiöser Unterweisung herausbilden. Die Gattungen der Mischna und des Targum, d. i. die Übersetzung der hebräischen hl. Schrift ins Aramäische nebst knappen Erläuterungen, wurden ebenfalls mündlich und schriftlich tradiert (Strack 1976, 14ff.; Utzschneider, Künder 21; s. u. 5.5). Analog zu dem jüdischen Gottesdienst hatte auch die Urgemeinde die hl. Schrift gelesen und ausgelegt. Wie die Gebildeten des Hellenismus in der öffentlichen Rede und in der Unterhaltung kleine Literaturformen mündlich weitergaben, die sie entweder ebenfalls gehört oder zuvor in einer Buchrolle gelesen oder selbst zu Hause schriftlich verfaßt hatten, so erzählten gebildete Christen in den Gemeindeversammlungen literarisch geprägte „Kleinliteratur". Es entstand ein Stil literarischer Mündlichkeit in der Spannung von schriftlicher Kunstprosa und mündlicher Kleinliteratur (Kelber 1979, 22 ff.; s. u. 4.4). Zu einseitig erweist sich daher der Ansatz der Formgeschichte, daß die mündliche ntl. Tradition nur *unliterarische* Kleinliteratur sei.

Andererseits läßt sich die Gegenthese von Walter Schmithals nicht halten, daß es neben der mündlichen Worttradition keine mündliche Erzähltradition in der Urgemeinde gegeben habe. „Wir haben es – die Abendmahlsworte ausgenommen – bei der Erzählüberlieferung des MkEv mit einem ursprünglich und wesentlich literarischen Stoff zu tun ... Indessen vermittelte sowohl die palästinensische wie die hellenistische Synagoge eine fundierte *literarische* Bildung; die gelehrten und auswendig gelernten Texte entstammten literarischen Vorlagen" (Schmithals 1985, 315). Der Hinweis auf den Schulbetrieb der Synagoge erlaubt weitreichendere Schlüsse gegen Schmithals. In den parallelen philosophischen Schulen des Hellenismus wurden ja nicht nur schriftliche Vorlagen auswendig gelernt, sondern gerade die mündlichen Aussprüche und Vorträge des Lehrers dem Gedächtnis eingeprägt. Arrian hält in den Hypomnemata die mündlichen Dissertationes seines Lehrers Epiktet fest; Diogenes Laertius verwendet für seine Philosophenbiographien Hypomnemata und Chrien, die die Philosophenschüler gelernt und mündlich tradiert haben. Theon verlangt die mündliche Weitergabe der kleinen Gattungen und empfiehlt lediglich den Anfängern die schriftliche Vorformulierung zu Hause (Theon 1, 275 ff.; s. u. 3.4).

Mit Blick auf die antike Literaturwerdung sucht daher Berger eine Vermittlung zwischen der These der klassischen Formgeschichte von der Kontinuität von mündlichen Erzählgattungen zu ihrer Verschriftung (Bultmann 1957; Dibelius 1959) und der These von der Diskontinuität zwischen literarischer Gestalt und mündlicher Tradition (Schmithals 1985). In der Schule wird die Kompetenz eingeübt, kleine literarische Erzählgattungen wie „Fabeln, Erzählungen, Chrien, Gnomen, Bildbeschreibungen" zu beherrschen und anzuwenden (Berger 1987a, 116). „Werden daher Texte produziert, die zu derselben Gattung gehören, so geschieht es in freier Anwendung dessen, was man in der Schule bzw. durch Zuhören als Kompetenz sich angeeignet hat" (Berger 1987a, 117). Ganz so „frei" verläuft die Dichtung literarischer Texte allerdings nicht. Berger setzt Rezeption und Produktion identisch. Die Rezeptionsästhetik dagegen unterscheidet strikt zwischen beiden Tätigkeiten (Ingarden 1976, 18 ff.; Dormeyer 1986, 120). Das Lesen bzw. Hören ist als rezeptiver Akt zugleich ein produktiver Akt des Verstehens. Das produktive Verstehen bringt aber nicht automatisch die Kompetenz zu dichterischen Neuschöpfungen mit sich. Wer über einen Witz lachen kann und ihn gar weitererzählen kann, ist noch lange nicht fähig, selber Witze zu erfinden. Bei anspruchsvolleren Gattungen steigt entsprechend der Anspruch an die dichterische Kompetenz. Es kann daher in die traditionsgeschichtliche Festigkeit einer ästhetisch gelungenen Erzählung wie z. B. einem Gleichnis Jesu ein größeres Vertrauen in seine ursprüngliche Mündlichkeit gesetzt werden (Breytenbach 1986, 52 ff.; Köster 1990, 44 ff.). Sicherlich bleibt an jedem Einzeltext zu prüfen, ob Form, Bedeutung und Pragmatik auf ein Vorstadium von ästhetisch und theologisch gelungener, mündlicher Literalität aufbauen (s. u. 7; 8). Berger verweist dann auch auf den Konsens über die Existenz mündlicher Formeln in der Worttradition (Berger 1987, 112). Christologische Pistisformeln, Homologien und liturgische Kernsätze werden allgemein als frühe, mündliche Gemeindebildungen anerkannt (s. u. 6). Was für die Worttradition gilt, ist aber auch auf die Erzähltradition zu übertragen (Vielhauer 1975, 288 ff.; Strecker 1992, 170 ff.; Breytenbach 1992, 555 f.).

Unlösbar ist mit den literarischen Fragen die Bestimmung der Sprechsituation verbunden. Wer ist fähig, mündliche Literatursprache zu schaffen und zu verstehen? Dieses Problem behandelte ausführlich die Formgeschichte. Doch wer ist weiterhin fähig zur Schriftlichkeit, sei es zum Abfassen und Lesen umgangssprachlicher Koine, sei es zum Schreiben, Vortragen, Hören und Lesen der Kunstprosa? Diese Frage findet erst neuerdings wieder Beachtung. Die Antike hatte sich schon mit ihr beschäftigt, die Antwort aber sich leichtgemacht. Christen sind ungebildete Leute, ihre Schriften ebenfalls, sagten die heidnischen Gebildeten (Celsus in Orig., Celsus 1, 62; 3, 44–55). Die Christen haben den heiligen Geist, und ihre heiligen Schriften sind in geistiger Weise verfaßt und gelesen worden, sagten die gebildeten Christen (Orig., Celsus 1, 62). Beide Positionen, die sich ja ergänzten, verengten die Literalität der Bibel auf ungebildete Originalität (s. u. 3.7). Diese Engführung beherrscht in ihrer konträren Deutung des Neuen Testaments als minderwertiger, literarischer Ausdruck oder urwüchsiges Zeugnis einer ungebildeten Unterschicht noch immer die Exegese (s. o. 1).

Wie sah die Situation aber aus, als das Neue Testament verfaßt wurde? Der Jüngerkreis um Jesus und die Urgemeinde waren eine

explosive Mischung aus Ungebildeten und Gebildeten. Immerhin war
der Fischer Simon Petrus nach Ostern fähig, als Wanderlehrer den Ost-
raum des Römischen Reiches zu missionieren (1 Kor 9,5). Hatte die
Zeit mit Jesus von Nazareth ausgereicht, Petrus das notwendige Rüst-
zeug für den neuen Weg des Christentums zu beschaffen, das sich mit
den anderen philosophischen Lehren messen mußte? Hatten Petrus
und die anderen Apostel schon eine Vorbildung mitgebracht? Die
Quellen schweigen hierzu. Dafür sprechen sie deutlicher, als der
Schriftgelehrte Saulus/Paulus drei Jahre nach der Auferweckung Jesu
von Nazareth zur Urgemeinde stößt (Gal 1, 11–24). „In der Treue zum
Gesetz ..." (Gal 1, 14) hatte Paulus eine Ausbildung in der Gesetzesauslegung erhalten (Becker 1989, 53 ff.; s. u. 4.3).

Später klagt der pseudepigraphische 2. Petrusbrief: „In ihnen (des
Paulus Briefen) ist manches schwer zu verstehen, und die Unwissen-
den, die noch nicht gefestigt sind, verdrehen diese Stellen ebenso wie
die übrigen Schriften zu ihrem Verderben" (3, 15 ff.). Der pseudepigraphische Verfasser strebt in seinem Stil die Kunstprosa an und wirft daher Paulus nicht die anspruchsvolle Gedankenführung vor. Vielmehr
geht es um die Warnung an die Ungebildeten *(amatheis)*, die apostolischen und israelitischen heiligen Schriften ohne Anleitung der geschulten kirchlichen Autoritäten zu interpretieren.

Sprachliche und literarische Bildung werden durch das Schulsystem
vermittelt. Die literarischen Zeugnisse des Neuen Testaments lassen
daher auf den Grad der Bildung von Schreiber und Leser schließen,
und umgekehrt fordern sie zur Hypothesenbildung über den Umfang
schulischer Ausbildung in den frühen Gemeinden auf.

Das Neue Testament ist ein Sammelbecken von verschrifteten mündlichen Kleingattungen und von originär schriftlichen Gattungen. Die
mündlichen Kleingattungen sind Übergangsformen, deren Bildung
von Verschriftungen wie dem Alten Testament und den hellenistischen
Sammlungen angeregt wurde (s. u. 5–10); die Großgattungen entstam-
men der schriftlichen Prosa (s. u. 9.11). So ist das Neue Testament ein
einzigartiges Zeugnis für die Vielschichtigkeit der Kommunikation
einer religiösen Bewegung. Die griechisch verfaßte ntl. Literatur hatte
einen weiten Spielraum, sich innerhalb der gehobenen griechischen
Literatursprache zu artikulieren. Sie war weder durch die hebräische
Literatur genormt noch auf den Lesekanon des gebildeten Griechen
eingeschränkt. Ein systematisches Lehrgebäude der Rhetorik gab es ja
auch im Alten Testament nicht. Eine Vorform lieferte zwar das im Urtext hebräische Buch Jesus Sirach (Sir 39, 1–11) mit der Beschreibung
der Tätigkeiten des Schriftgelehrten (s. o. 2.2). Ansonsten wurden aber

die Gattungen der schriftlichen wie mündlichen Rede nach intuitiv erworbenen Regeln produziert. So konnte sich in der Verbindung der jüdisch-semitischen Literaturtradition mit der breiten, griechischen Literatur ein Schrifttum von ganz eigener, origineller Prägung entwikkeln, das verbunden blieb mit allen Bereichen der griechischen Poetik und Rhetorik. Es darf nicht allein dem stilus humilis, dem niederen Stil der Komödie, zugewiesen werden, wie das Vorurteil der Gebildeten lautete (Strecker 1992, 12 ff.) und wie Auerbach es noch für die Gegenwart übernahm (Auerbach 1946, 25 ff.; 46 ff.; Dihle 1989, 216 ff.), sondern muß weitgehend dem erhaben schlichten (genus subtile) Stil und z. T. dem hohen Stil zugerechnet werden.

## 3.6 Öffentlichkeit, Internationalität, Multilingualität
der hellenistischen Literatur und des Christentums

Als kommunikativer Rahmen für Sprache und Bildung ist die kulturelle Kommunikation in der römischen Welt zu berücksichtigen. Rhetorische und sozialgeschichtliche Forschung legen auf die Analyse dieser Kommunikationsbedingungen besonderen Wert (Venetz 1985, 87–122). Verkehrsdrehscheibe im Prinzipat ist das Mittelmeer (Köster 1980, 99 ff.; Reck 1991, 68–158). Die lukanische Apostelgeschichte hat daher in ihrem zweiten Teil, der von der sogenannten 2. und 3. Reise des Völkerapostels Paulus handelt, die kleinasiatische und griechische Mittelmeerwelt als Raum. Die weitere neutestamentliche Geschichte des Christentums wird von der Auseinandersetzung mit der griechischen und römischen Kultur bestimmt.

Als Paulus in seiner letzten Rede seines Prozesses vom Prokurator Festus unterbrochen wird, entgegnet er unter anderem: „Denn dieses ist nicht in einem Winkel geschehen" (Apg 26,26). Sicherlich war die Prokuratur Judäa eine kleine, unbedeutende Provinz des Römischen Reiches, ein Winkel zwischen den reichen Provinzen Ägypten und Syrien (Stambaugh/Balch 1992, 14). Dennoch hat Lukas mit seiner Paulusantwort recht. Die Öffentlichkeit und Internationalität des griechischen Sprachraums im Römischen Reich lassen Ereignisse wie die Entstehung der Jesus-Christus-Anhänger schnell zum allbekannten Gesprächsthema werden. Der Erfolg der christlichen Mission ist in der Tat atemberaubend. Paulus setzte im Brief an die Römer (um 55) und auch nach der Apostelgeschichte (Apg 28) bereits mehrere christliche Gemeinden in der Reichshauptstadt voraus. Festus konnte um die Existenz der jungen Christengemeinden wissen.

Ermöglicht wird die Internationalität durch die Zweisprachigkeit. Die griechische Koine bildet die allgemeine Verständigungssprache. Daneben behalten die einheimischen Sprachen ihr Recht. In Ägypten wandelte sich das altägyptische Hieratische zum Koptischen, in Syrien das Aramäische zum Altsyrischen. In Palästina setzte sich die Koine neben der Hauptsprache, dem Aramäischen, bis in die niedrigen Volksschichten durch, wie Inschriften belegen (Hengel 1969, 108–114; Schmitt 1983, 561 f., 575 f.; Reck 1991, 73 ff.; Stambaugh/Balch 1992, 83 f.; s. o. 2.2). Der gebildete Ägypter, Syrer und Diasporajude wie Paulus durchlief das griechische Bildungssystem, um die internationale Sprachfähigkeit zu erwerben (Becker 1989, 53 ff.). Die Sorge um die Muttersprache wurde zweitrangig. Paulus betonte daher als Ausnahme seinen Eifer *(zelos)* für die Überlieferungen der Väter und die jüdische Lebensweise (Judaismos) (Gal 1, 13 f). Die griechische Bildung förderte Reisen, Handel und berufliche Mobilität. So betonte Paulus den Korinthern gegenüber seine Fähigkeit, sich durch seine Arbeit selbst zu versorgen (1 Kor 9, 6).

Doch noch wirkungsvoller als der Wirtschaftsmarkt erwies sich die Anziehungskraft der Polis. Griechische Bildung verlieh dem Nichtgriechen die Möglichkeit, in der Polis seines Heimatgebietes das Bürgerrecht zu erwerben. In Alexandrien führte der Streit, ob dem jüdischen Genos das Bürgerrecht zusteht, zu erbitterten Auseinandersetzungen (Philo, legatio ad Gajum). Für den Juden war die griechische Erziehung durch den gymnasialen Kult des Leibes belastet. Die Einrichtung eines Stadions vor Jerusalem und die dadurch initiierte Rücknahme der „verstümmelnden" Beschneidung waren Hauptgründe für den Ausbruch des makkabäischen Aufstandes gegen die hellenisierende, jüdische Oberschicht und die Seleukiden gewesen (1 Makk 1,14 f.; Hengel 1969, 135 ff.). Der jüdische Bürger verweigerte sich nicht der hellenistischen Bildung, hielt aber aus Treue zu den Väterüberlieferungen Distanz zur griechischen Paideia (Hengel 1969, 120–143). Die Polis bot den Bürgern und Gästen als bevorzugten Kommunikationsraum die Agora an. Öffentliche Reden wurden dort gehalten. Freunde wurden angetroffen. Neueste Literatur oder Selbstschöpfungen wurden ausgetauscht. Auch die Christen bedienten sich der Agora (Apg 17). Gleichzeitig war die Polis Kultvereinen und fremden Kulten gegenüber großzügig. Neben den Thiasoi, Eranoi und Mysterienvereinen richteten auch die Juden ihre Synagogen ein (Poland 1909, 30 ff.; Venetz 1981, 96 ff.). Die Synagoge wurde die bevorzugte Anlaufstelle der frühen christlichen Mission. In Analogie zur Synagoge bildeten sich christliche Hausgemeinden (Klauck 1977, 21–83). Der Hauptraum des Hauses wurde für die Gemeindeversammlungen zur Verfügung gestellt (vgl. die Hauskirche von Dura-Europos). Die Polis blieb die gesamte Antike hindurch das Rückgrat der christlichen Gemeinden (Harnack 1924, 457ff., 618–928). Aus der Bewegung aramäisch sprechender Landbewohner wurde ein Kulturelement der Stadt. Allerdings ist diese Polarität nicht so kraß, wie sie scheint. Galiläa war zur Zeit Jesu dicht mit kleinen Landstädten ohne hellenistischem Bürgerrecht besiedelt (Bösen 1985, 57ff.). Die christlichen Stadtgemeinden wiederum fühlten sich in der Fremde, in der Paroikia = Pfarrei (1 Petr 1, 17; Plümacher 1987, 39ff.). Galiläa war weitgehend zweisprachig (Schmitt 1983, 575f.). Die christlichen Gemeinden in den hellenistischen und lateinischen Städten wiederum behielten lange einen bedeutenden judenchristlichen Anteil, der zweisprachig blieb, z. B. in Rom durch die Zuzügler aus Palästina (Lampe 1987, 1–36).

Die Internationalität der Polis ließ die Zweisprachigkeit nicht zu einem Problem werden. Problematisch war vielmehr der Bezug zu den „Vätertraditionen". Welche Traditionen waren mit griechischem Geist vereinbar, welche innovierten sie, welche aber widersprachen ihnen? Diese Fragen bewegten die Judenhellenisten wie Philo von Alexandrien (25 v. Chr.–40 n. Chr.). Bei den Christen nahmen erst die Apologeten des 2. Jh. diese Fragen explizit auf. Die ntl. judenhellenistischen Christen hatten vordringlicher ihre eigene problematische Beziehung zum Judentum als ihrer Herkunftskultur zu klären. Sie hatten den Vorteil, einen seit Alexander dem Großen einsetzenden Austausch zwischen Hellenismus und Judentum forcieren zu können (Hengel 1969, 8ff.). Die Ablösung vom Judentum wurde durch den jüdischen Aufstand gegen Rom (66–70 n. Chr.) und den danach einsetzenden Ausschluß der Christen aus der Synagoge zusätzlich beschleunigt. Die weitere nachneutestamentliche Geschichte des Christentums wurde dann von der Auseinandersetzung mit der griechischen und römischen Kultur des Prinzipats bestimmt.

Das Christentum veränderte mit der Bibel die Religiosität und Kultur in der Antike grundlegend. Im Unterschied zum schroffen Bruch mit dem heidnischen Polytheismus schnitt es aber die Verbindung zur hellenistischen und römischen Literatur nicht radikal ab. Vielmehr fand wie bereits in den Spätschriften des Alten Testaments auch in den Schriften des Neuen Testaments ein wechselseitiger Austausch zwischen christlicher Neubildung und christlicher Fortschreibung von antiker Literatur statt. Später wurde die Bibel von den christlichen Autoren der Antike und Spätantike als dominierende Quelle in Sprache, Stil, Themen und Gattungen in Anspruch genommen. Von der Bibel wurden die christlichen Autoren zu einer selbstbewußten Umgestaltung der klassischen Literatur angeregt.

So lagerten die Christen die Bibel und die von ihr inspirierte christliche Literatur als Zusatz an den antiken Bildungskanon an. Dabei schlossen sie weder die antike Literatur aus der christlichen Lesepraxis aus, noch schränkten sie die biblische Literatur als Mysteriensprache oder archaische Offenbarungssprache, etwa durch die Wahl des archaischen Hebräischen, auf den sakralen, kultischen Raum ein (Harnack 1912, 34 f.); in den Mysterien von Samothrake z. B. wurde wahrscheinlich das thrakische „Saische" als Arkansprache verwendet (Diod. S. 5, 47, 3; Ehrhardt 1985, 119). Daher konnte einerseits die heidnische Schule für die Christen den klassischen Bildungskanon der hellenistischen Literatur fortsetzen, während andererseits das biblische Schrifttum viele andere Lebenssituationen der Christen effektiv bestimmte. In Gebet, Predigt, Katechese, Poesie, Briefverkehr, Geschichtsschreibung, Offenbarungstexten und privater Erbauungslektüre entfaltete sich die biblische Textwelt zu einer neuen, umfassenden, christlichen Literatur und gestaltete in einem langen Prozeß die Literatur, Kultur und Religion der Antike um.

### 3.7 Die Entstehung des Vorurteils vom „barbarischen" Stil der Bibel

Da die Literatur des Neuen Testaments weitgehend aus dem Rahmen der *Kunstprosa* fiel, nahm der gebildete Hellenist nur vergröbernd den Mangel an hohem Stil wahr und übersah die Farbigkeit der altorientalischen Gattungen, die Lebendigkeit der mündlichen und schriftlichen, hellenistischen Kleingattungen, die Erfahrungsnähe der Sachprosa und die partielle Originalität der rahmenden, schriftlichen Großgattungen. Gerade in den Großgattungen zeigten die ntl. Autoren, daß sie die Grundlagen der Rhetorik wohl kannten, eine Hellenisierung der christlichen Tradition im hohen Stil aber bewußt vermieden.

Innerhalb der Apostelgeschichte gab der Verfasser „Lukas" wiederholt über die christlichen Redner literarische Beurteilungen ab. Eine außerordentliche Wirkung entfaltete in der Antike seine Charakterisierung der Apostel als ungebildete Leute: „Als sie den Freimut des Petrus und Johannes sahen und merkten, daß es einfache Leute ohne ausgebildete Schreib- und Lesefähigkeit *(agrammatoi)* waren, wunderten sie sich" (Apg 4, 13). Der christliche Gaube ist nach Lukas ohne direkte Abhängigkeit von der jüdischen und hellenistischen Schulbildung entstanden. Aufgrund des neuen, christlichen Glaubens treffen sich täglich Gebildete und Ungebildete zu Gebet, Gottesdienst, Mahlfeier und Armenfürsorge (Apg 2–6). Es ist ein neues Volk mit einem neuen Weg entstanden, wie die Reden des Paulus in seinem Prozeß und der Abschluß der Apostelgeschichte ausführen (Apg 24,5–21; 26,1–23; 28,22–31). Die heidnischen Philosophen haben vorher in ihrer Reaktion auf die Rede des Paulus auf dem Areopag deutlich gemacht, daß dieser Weg quer zu ihrem antiken Bildungsideal steht und für sie unannehmbar ist (Apg 17,22–34) (Löning 1985, 2627–2638). Diese charakteristische Distanz von Glaube und Kultur baute von Anfang an eine fruchtbare Spannung zwischen Glaube und Literatur auf und führte zu einer reichhaltigen christlichen Literaturproduktion.

Die Fähigkeit und der Wille, antike Kunstprosa zu schreiben, setzte dann deutlicher als im Neuen Testament bei den gebildeten Theologen ab der Mitte des 2. Jahrhunderts ein: Justin, Tatian, Klemens von Alexandrien, Origenes, Tertullian, Minucius Felix. Die Klagen über den mangelhaften Stil der apostolischen Schriften, die schon vorher im Zweiten Petrusbrief einsetzten, wurden wie die Vorwürfe von heidnischer Seite von den Ansprüchen der Kunstprosa her formuliert, nicht von der literaturfähigen Koine. So stellte Papias fest: „Markus hat die Worte und Taten des Herrn, an die er sich als Dolmetscher des Petrus erinnerte, genau, allerdings nicht der Reihe nach, aufgeschrieben… Es ist daher keineswegs ein Fehler des Markus, wenn er einiges so aufzeichnete, wie es ihm das Gedächtnis eingab. Denn für einiges trug er Sorge: nichts von dem, was er gehört hatte, auszulassen oder sich im Berichte keiner Lüge schuldig zu machen" (Eusebius, Kirchengeschichte 3, 39, 15). Markus wird gegen den Vorwurf einer fehlerhaften Geschichtsschreibung in Schutz genommen, zugleich aber wird die rhetorische Mangelhaftigkeit seiner Gliederung anerkannt. Die apostolische Predigtsituation schuf eine literarische Sondersituation, da Markus kein Augenzeuge war und die gepredigte Überlieferung nachträglich zu ordnen hatte.

Deutlicher als Papias rechnete Justin die Evangelien der Memoirenliteratur zu. Er nannte sie Apomnemoneumata (Apol 1,66,3; 1,67,3; Dialog mit Tryphon, 13 Stellen). In der Zweiten Apologie zog er eine Parallele zwischen Christus und Sokrates mit dem Ziel der Überbietung. Das Christentum ist erhabener „als jede menschliche Lehre", weil Christus der ganze Logos ist. Den Propheten der Schrift wiederum und Sokrates „haben nicht allein Philosophen und Gelehrte geglaubt, sondern auch Handwerker und ganz gewöhnliche Leute" (Apol 2,10).

Die literarische Bezeichnung Apomnemoneumata, die Justin für die Evangelien wählte, entsprach dieser neuen Mischung der Hörer von

hoher und niederer Bildung. Apomnemoneumata waren wie Hypomnemata Vorstudien für ein literarisches Kunstwerk oder Materialsamm-
lungen für eine öffentliche Rede. Justin konnte mit Apomnemoneumata alle Partien der Evangelien, die historischen wie die poetischen
Gattungen, kennzeichnen. Denn als Exempla der Narratio konnten sowohl geschehene Taten als auch fiktive Gleichnisse dienen (Aristoteles,
Rhetorik 2,20,2; Lausberg 1960, 227–234). Nach der Verlesung im
Gottesdienst bot die Predigt Gelegenheit, das Exemplum philoso-
phisch-theologisch zu durchdringen und rhetorisch aufzubereiten (Justin, Apol 1,67,3). Dieser Widerspruch zwischen literarischem Rohzustand und hermeneutischer, philosophischer Vollkommenheit ließ in
der Folgezeit die christliche Antike nicht mehr in Ruhe. Denn ungewöhnlich war nicht die formale Verwandtschaft der Bibel mit der
gottesdienstlichen oder katechetischen Rede, wandte man doch auch
noch in der Spätantike die Prinzipien der Rhetorik auf die Literatur an
(Marrou 1982,78).

Skandalös war vielmehr die Prägung der biblischen Literatur durch
die mündliche Sprache des gemeinen Mannes, die offenkundig die gottesdienstlichen und anderen Versammlungen weiterhin beherrschte.
Origenes antwortete auf den Vorwurf des Celsus, die Evangelien seien
in der Sprache von Zöllnern und Schiffern verfaßt, mit Paulus: „Mein
Wort und Verkünden stand nicht auf Überredungskunst der Weisheit,
sondern auf dem Erweise von Geist und – Kraft" (1 Kor 2,4 in Origenes, Gegen Celsus 1,62). Den literarischen Rohzustand haben Gott,
Jesus Christus und der Geist gewählt, um das Herz, insbesondere das
der Ungebildeten, anzusprechen (so auch Tertullian, De testimonio
animae 1; Minucius Felix, Octavius 16). So war die Bibel aufgrund
ihres Rohzustandes offen für alle sozialen Schichten und religiösen Ver-
wendungsformen, ihr Gehalt blieb aber aller Philosophie überlegen.
Die Bibel erwies sich als literarisch schlichter Text mit absolut gültigem
Gehalt, der hermeneutisch über allen Gattungen der literarischen
Prosa und Poesie stand. In der Spätantike übernahm der heidnische
Historiker Ammianus Marcellinus dieses Urteil der Christen. Er nannte
das Christentum eine *christianam religionem absolutam et simplicem*
(Ammian 21,16,18). Augustinus schrieb die ›Confessiones‹ und den
›Civitas Dei‹ noch im hohen Stil, in den späteren ›Sermones‹ fand er
hingegen zum einfachen Stil (Schrijnen 1965, 403f.). Sein Motto lau-
tete: *Melius est reprehendant nos grammatici quam non intelligant
populi* (Augustinus, Enarrationes in Psalmos 138,20).

Allerdings verfehlte die christliche Antike mit der Zuordnung des
niederen Stils zur Bibel deren literarische Qualität. Der ehemalige

Rhetorikprofessor Augustinus ahnte die untergründige, rhetorische Beeinflussung des Neuen Testaments. Paulus hat nach ihm im Brief an die Römer 5 und im 2. Brief an die Korinther 11 *eloquentia* gezeigt: „11. Wer sollte nicht den Sinn und die Weisheit der Worte des Apostels (Paulus) einsehen, wenn er sagt: ‚Wir rühmen uns in den Trübsalen, weil wir wissen, daß die Trübsal Geduld bewirkt, die Geduld aber Bewährung, die Bewährung aber Hoffnung; die Hoffnung aber läßt nicht zu Schanden werden: denn die Liebe Gottes ist ausgegossen in unser Herz durch den Heiligen Geist, der uns gegeben worden ist.' Wenn an dieser Stelle ein Kenner, um mich so auszudrücken, recht unkennerhaft behaupten wollte, der Apostel habe hier ganz unabsichtlich rhetorische Vorschriften befolgt, würde der nicht von gelehrten und ungelehrten Christen verlacht? Erkennt man ja doch hier die rednerische Figur, die man im Griechischen 'klimax' (Leiter), im Lateinischen aber manchmal gradatio (Steigerung) heißt, 'Leiter' (scala) wollte man sie nämlich (im Lateinischen) nicht nennen, da sich die Worte und Gedanken in organischer Entwicklung auseinander entwickeln: so sehen wir z. B. an unserer Stelle die Trübsal mit der Geduld, die Geduld mit der Bewährung, die Bewährung aber mit der Hoffnung sich verbinden. Noch eine zweite (rhetorische) Feinheit kann man an unserer Schriftstelle sehen: nachdem nämlich einige Satzteile, die man bei uns 'membra et caesa' (Glieder und Einschnitte), bei den Griechen aber 'kola' und 'kommata' heißt, mit besonderer Betonung abgeschlossen sind, erfolgt 'die Umkehr oder die Wendung' (ambitus sive circuitus), welche die Griechen 'periodos' nennen: deren Glieder spricht der Redner mit gehobener Stimme, bis die Periode schließlich ihren Abschluß findet. An unserer Stelle heißt von den der 'Wendung' vorausgehenden Gliedern das erste: 'weil Trübsal Geduld bewirkt', das zweite: 'Geduld aber Bewährung', das dritte: 'Bewährung aber Hoffnung'. Daran reiht sich dann die sogenannte 'Wendung' (periodos) selbst, die wiederum in drei Gliedern durchgeführt wird, von denen das erste ist: 'die Hoffnung aber läßt nicht zu Schanden werden', das zweite: 'denn die Liebe Gottes ist ausgegossen in unser Herz', das dritte: 'durch den Heiligen Geist, der uns gegeben worden ist'. Solches und Ähnliches aber wird in der Rhetorik gelernt. Wir behaupten nun zwar nicht, der Apostel habe die Vorschriften der Beredsamkeit absichtlich befolgt, wir leugnen aber auch nicht, daß seine Weisheit mit Beredsamkeit verbunden ist. 12. In einem Schreiben an die Korinther, nämlich in seinem zweiten Brief, widerlegt Paulus einige Gegner, die als falsche Apostel aus dem Judentum gekommen waren und ihn verleumdeten. Da er sich dabei selbst rühmen muß, rechnet er sich dies auf eine höchst weise und beredte Art zur Torheit. Aber als Gefährte der Weisheit ist er zugleich auch Führer der Beredsamkeit; indem er der Weisheit folgt, geht er zugleich auch vor der Beredsamkeit einher, ohne ihre Gefolgschaft zu verschmähen." (Augustinus, de doctrina christiana 4, 7, 11–12.) Die rhetorische Fähigkeit geht auf die göttliche Weisheit zurück, die Paulus empfangen hat. Die rhetorische Erziehung, die griechische Paideia, wirkt nur nebenbei und zum Teil unbeabsichtigt ein, so meinen jedenfalls die christlichen Gebildeten der Antike. Dieses Vorurteil hielt über das Mittelalter bis in die Gegenwart an (s. o. 1). Erst die gegenwärtige kritische Anwendung der antiken Rhetorik auf das Neue Testament erlaubt einen unvoreingenommenen Blick für den tatsächlichen Einfluß der antiken Rhetorik auf die ntl. Literatur.

## 3.8 Die Funktion der biblischen Literatur: Die Vorworte zu den biblischen Büchern

Das Neue Testament vermied in der Fortführung Jesu eine explizite Bezugnahme auf die griechische Literatur. Paulus setzte gegen die Weisheit der Weisen die Torheit des Kreuzes (1 Kor 1, 18 f.). Nur Lukas ließ Paulus in der Rede auf dem Areopag einmal auf einen Dichter Bezug nehmen, auf Aratos: „Denn in ihm leben wir, bewegen wir uns und sind wir, wie auch einige von euren Dichtern gesagt haben: Wir sind von einer Art" (Apg 17, 28; Aratos, Phänomena 5). Doch Dichterworte finden nach Lukas bei den Philosophen keine Beachtung (Löning 1985, 2632 ff.). Im übrigen werden die griechischen Mythen negativ abgewertet: „Unheilige und altweiberhafte (graódeis) Mythen weise zurück" (1 Tim 4, 7; s. o. 3.4). Erst Justin († um 165) gelang es, der hellenistischen Philosophie explizit einen positiven Sinn zu geben und zu den hl. Schriften der Christen in Korrelation zu setzen (Gigon 1981, 301 f.). Aber die Mythen des Homer und der anderen Klassiker wies er deutlicher zurück als der 1. Timotheusbrief (Justin, Apologie 1, 54).

Über die religiöse Sonderrolle der biblischen Literatur stellten die Autoren nur sparsam Überlegungen an. Am deutlichsten finden sich literarische Reflexionen in den Prologen und Epilogen zu den griechischen Erzählbüchern. Für die Septuaginta sind 2 Makkabäer 2, 19–32 und 15, 37–39 am aufschlußreichsten. Nach zwei Briefen der Juden Jerusalems an die Juden in Ägypten, die erst nachträglich dem Geschichtswerk vorangestellt wurden, setzt das ursprüngliche Vorwort des Verfassers ein: 2, 19–32. Er verweist auf die fünf Bücher des Jason aus Cyrene, die um Judas Makkabäus, seine Brüder, ihre Kriege, die himmlischen Erscheinungen, die Befreiung von Stadt und Tempel und die Wiederherstellung des Gesetzes kreisen. Anschließend stellt er sein literarisches Verfahren als Epitome vor: „Wir wollen versuchen, in einem Buch es (die fünf Bücher, Verf.) zusammenzufassen" (V 23 b). Als Begründung dient, daß die Flut der Zahlen und die Menge des Stoffes diejenigen behindert, die sich in die Einzeldarstellungen der Historia einarbeiten wollen (V 24). „So nahmen wir uns vor, die, die gern lesen, zu unterhalten, denen, die mit Eifer auswendiglernen, zu helfen, allen aber, die das Buch auf irgendeine Weise in die Hand bekommen, zu nützen" (V 25). Dann spricht der Verfasser über seine eigenen Mühen mit der Epitome (V 26–31). Mit dieser reflektierten Darstellung der hellenistischen, pathetischen Gattung „Historia" und deren literaturpragmatischen Zielen hat dieses Vorwort nur noch in der griechischen Einführung des Übersetzers des hebräischen Jesus Sirach eine Parallele in der Septuaginta. Soweit sonst Prologe zu den hellenistischen und hebräischen Büchern des Alten Testaments geschaffen worden sind, fallen sie knapp aus, gehen nicht auf adressatenbezogene Funktionen ein und führen mit Ausnahme der Prophetenbücher nur selten Gattung und Autor an.

In den ntl. Schriften setzt sich diese Zurückhaltung fort. Nur die Prologe zu dem lukanischen Doppelwerk und zur Offenbarung gehen direkt auf den Leser ein, einzig in der Offenbarung führt sich der Autor namentlich ein, die Prologe zu den anderen Evangelien markieren lediglich Gattung oder Inhalt. Während 2 Makkabäer sich der gängigen Gattung der Geschichtsschreibung zuordnet, sperren sich die anderen Erzählwerke einer glatten Zurechnung zur hellenistischen Literaturwelt.

Aus den Vorworten geht hervor, daß diese Abweichung bewußt erfolgt ist. Der Prolog Lukas 1, 1–4 setzt wie 2 Makkabäer und andere hellenistische Historien (Jos, Apion I, 1) mit dem Verweis auf Vorgänger ein: „Schon viele haben es unternommen, einen Bericht über all die Taten in literarischer Ordnung zu verfassen, die sich unter uns erfüllt haben, wie sie uns die überliefert haben, die von Anfang an Augenzeugen waren und zu Dienern des Wortes geworden sind" (V 2). Die Begriffe „Bericht" *(diegesis)*, „Taten" *(pragmata)* und „in literarischer Ordnung verfassen" *(anatassomai)* sind Fachbegriffe der antiken Geschichtsschreibung. Auch die Bemerkung zum Quellenstudium, mit der der Prolog fortfährt, gehört zum Schema der Historienprologe: „So schien es auch mir richtig, nachdem ich allem vom Beginn an mit Sorgfalt nachgegangen bin, es dir, verehrter Theophilus, der Reihe nach aufzuzeichnen, damit du die Wahrheit der Worte, in denen du unterrichtet worden bist, erkennst" (V 3–4; Güttgemanns 1983, 14 ff.). Die namentliche Anrede eines Adressaten und der Übergang zur 1. Person gehen auf Briefstil zurück und sind für die Geschichtsschreibung ungewöhnlich. In den Biographien des Plutarch (Aratos I, 1) und in Sachbüchern (Ps-Demetrios, Typoi Epistolikoi 1; s. u. 9.1) findet sich diese Verlebendigung aber öfter.

Lukas zielt nicht die wissenschaftlich strenge Geschichtsschreibung, sondern die belehrende und erbauende Biographie als Gattung an (s. u. 10.3.3). Es fällt allerdings auf, daß die Hauptperson der Biographie, Jesus von Nazareth, nicht im Prolog genannt wird. Es geht Lukas um die Wahrheit der überlieferten Worte. Denn die Worte und Taten Jesu von Nazareth haben die endzeitliche Herrschaft Gottes anbrechen lassen und den Rahmen eines begrenzten Geschichtswerkes oder einer kontingenten Einzelpersönlichkeit gesprengt. Die neue, „didaktische" Gattung erhält allerdings keinen eigenen Namen, sondern ist in Analogie zur historiographischen Biographie zu lesen. Denn durch das Wort von Jesu Auftreten wird die Teilhabe an der neuen, eschatologischen Gründungszeit vermittelt analog zu Biographien hellenistischer Gründergestalten.

Im Vorwort zum zweiten Buch, der Apostelgeschichte, verwendet Lukas dann deutlicher die Charakteristika der Biographie: „Im ersten Buch, lieber Theophilus, habe ich über alles berichtet, was Jesus getan und gelehrt hat" (V 1). Danach nimmt er die abschließenden Ereignisse des ersten Buches, die Himmelfahrt und die Erscheinungen vor den „Aposteln", auf und fügt das Programm des zweiten Buches ein: „Aber ihr werdet die Kraft des Heiligen Geistes empfangen, der auf euch herabkommen wird; und ihr werdet meine Zeugen sein in Jerusalem und ganz Judäa und in Samarien und bis an die Grenzen der Erde" (V 8). Der Rahmen der Einzelbiographie ist mit dem Plural Apostel und Zeugen zur episodischen, pathetischen Geschichtsschreibung überschritten. Wie das erste Buch erhält auch das zweite Buch keinen eigenen Namen (vgl. Jos. Apion 2, 1), wird aber von der späteren Überschrift „Apostelgeschichte" (praxeis apostolon; 2. Jahrhundert) in der Analogie zur Geschichtsschreibung zutreffend erkannt (s. u. 10.4).

Markus und Matthäus beschränken sich dieser Distanz entsprechend auf eine knappe Überschrift, die nach atl. Stil Anfangserzählung und Buch gleichzeitig einleitet. Markus 1, 1 prägt kühn die Neubenennung der Erzählgattung: „Anfang des Evangeliums Jesu Christi und von Jesus Christus, dem Sohne Gottes". Jesus ist Subjekt und Objekt des Evangeliums. Das Zusammenweben der Verkündigungstätigkeit

Jesu mit dem Handeln Gottes an ihm ergibt die kerygmatische Biographie „Evangelium". Das Substantiv „Evangelium" ist eine missionssprachliche, christliche Neuprägung auf der Grundlage des atl. Verbs LXX Jesaja 61, 1 zur Bezeichnung der endzeitlichen Freudenbotschaft (s. u. 10.1). Mit der Wahl dieses sondersprachlichen Begriffs hat Markus den antiken Literaturkanon mit eschatologischem Selbstbewußtsein ignoriert. Die gläubige Gemeinde wird das Buch als „Freudenbotschaft" und Erfüllung der Schrift (V 2 f.) lesen; der Außenstehende wird es als exemplarische Biographie auffassen, die noch der Aufhellung durch den vollen Christusglauben bedarf. So appelliert Markus mit 13, 14 an die Erkenntnisfähigkeit des Lesers: „Der Leser erkenne" und warnt mit der Gleichnisrede 4, 1–34 vor der Verhärtung im Unglauben.

Matthäus hat wie Lukas den Sonderterm „Evangelium" aus dem Prolog herausgenommen. Im Unterschied zu Lukas wählt er einen Begriff der alttestamentlichen, biographischen Geschichtsschreibung: „Buch der Abstammung Jesu Christi, des Sohnes Davids, des Sohnes Abrahams" (1, 1). So entsteht eine historiographische Biographie, die sich in der Konzentration auf die Lehre deutlich vom markinischen und lukanischen Entwurf unterscheidet.

Johannes setzt ohne Überschrift mit dem Prolog ein, der die Thematik des Hauptwerkes vorbereitet und der Rhetorik eines anspruchsvollen Stils entspricht (Lausberg 1984, 274–279). Jesus ist die Inkarnation des göttlichen Logos, obwohl er nicht schulmäßig zum Schriftgelehrten ausgebildet ist (Joh 7, 15). Zur literarischen Qualität seines Buches äußert sich der Evangelist in dem Epilog 20, 30–31, dem der spätere, kirchliche Redaktor einen zweiten Epilog folgen läßt: 21, 24–25. Das „Buch" stellt eine exemplarische Auswahl der „Zeichen" Jesu vor, um den Glauben an den Messias und Gottessohn Jesu zu bewirken und Leben zu vermitteln (Joh 20, 30–31). Wieder ist wie bei Lukas eine Gattungsbezeichnung vermieden worden, während die Nennung Jesu und seiner Zeichen auf die Nähe zur Biographie verweist.

Der Autor von Offenbarung stellt seinem Werk eine ungewöhnlich komplizierte Überschrift in alttestamentlichem Stil voran. Der Einsatz „Offenbarung Jesu Christi" verleiht in Gleichklang zu Mk 1, 1 der Gattung einen neuen Namen, der sich ebenfalls durchsetzen wird. Anschließend werden Inhalt und Legitimation genannt. Es geht um die Kenntnis des göttlichen Weltplanes und der Offenbarungserfahrung des Autors. „Offenbarung Jesu Christi, die Gott ihm gegeben, um seinen Knechten zu zeigen, was geschehen muß in Kürze. Und er (Christus) ließ (sie) durch seinen Engel seinem Knecht Johannes kundtun. Der bezeugt das Wort Gottes und das Zeugnis Jesu Christi – alles, was er

gesehen hat" (V 1–2). Der Autor versteht sich als Prophet, der sich abweichend von der Pseudepigraphie der Apokalyptik mit neuem christlichen Selbstbewußtsein namentlich nennt. Eine indirekte Anrede der
Hörer im Stil der jesuanischen Seligpreisungen schließt sich an: „Selig,
wer vorliest und die hören die Worte der Prophetie und bewahren, was
in ihr geschrieben ist. Denn die Zeit ist nahe" (V 3). In übergroßem,
prophetischem Autoritätsanspruch sucht der Autor sein Werk für die
gottesdienstliche Verlesung verpflichtend zu machen und ihm denselben
Rang wie der Schrift, den Herrenworten und den Worten anerkannter
apostolischer Autoritäten zu verleihen. Der Epilog übertreibt die übliche Sicherung des Wortlautes (Josephus, Apion 1, 8) mit dem *ius talio-
nis:* „Ich bezeuge jedem, der die Worte der Prophetie dieses Buches
hört: Wenn einer (etwas) dazu hinzufügt, wird Gott ihm die Plagen zu-
fügen, die in diesem Buch geschrieben stehen. Und wenn einer (etwas)
von den Worten des Buches dieser Prophetie wegnimmt, wird Gott seinen Anteil an dem Baum des Lebens und an der heiligen Stadt, von
denen in diesem Buch geschrieben ist, wegnehmen" (22, 8–19).

Erst hundert Jahre später wird der Autor der Offenbarung mit diesen Ansprüchen im Westen Erfolg haben. Dann haben auch die anderen neutestamentlichen Schriften im Zuge der Kanonisierung die
Sakralisierung des Wortlautes erfahren, während sie bislang als verän-
derbare, literarische Gestaltungen der apostolischen Jesus-Christus-
Überlieferung verstanden wurden. Zitationen brauchten bis ins
3. Jahrhundert nur sinngemäß zu erfolgen, die Einzelbücher hingegen
wurden sorgfältig auf Papyruskodizes abgeschrieben (Hengel 1984,
40 ff.). Der Preis der Kanonisierung war, daß die Bibel zu einem
geschlossenen, widersprüchlichen Korpus mit vielen Dunkelheiten
(Obskuritäten) erstarrte, wie Origenes zu Recht bemerkte (de principiis 4, 2, 9; s. o. 3.7). Durch die außerkanonischen Fortschreibun-
gen, die allegorische Schriftauslegung, die Predigt und die Katechese
wurde die Bibel dann zu einer anredenden Verkündigung erneut verle-
bendigt. Die gleichzeitige wissenschaftliche Exegese des Literalsinnes
in den Kommentaren ab Origenes band dieses spirituelle und narrative
Lesen an die Textgrundlage zurück. Die bis in die Gegenwart anhal-
tende Spannung zwischen subjektiver Aneignung und objektivieren-
der, wissenschaftlicher Exegese der Schrift ist von Origenes erkannt
und zukunftsweisend bearbeitet worden (Dormeyer 1989, 21–25; ders.
1986, 113 ff.). Die großkirchliche Fortschreibung des Christusglaubens
wurde in den neu aufkommenden Gattungen der theologischen Literatur fortgeführt, während die kirchliche Exegese die ›Heilige Schrift‹ als
die grundlegende Sonderliteratur ständig präsent hielt.

# 4. SPRACHE UND SPRACHWELT DES NEUEN TESTAMENTS

## 4.1 Septuaginta

Das Bibelgriechisch besticht durch seine Vielfältigkeit (Rehkopf 1985, 228–235). In der Septuaginta weicht das semitisierende Übersetzungsgriechisch der Tora deutlich von der hellenistischen Kunstsprache der Literatur und Rhetorik ab und schafft den „barbarischen" Strang des Bibelgriechischen. Umgangssprachliche Koine bestimmt dagegen die freien Übertragungen der Propheten und Schriften und sorgt für eine Annäherung an hellenistisches Stilempfinden. Literarische Koine wiederum, die streckenweise die Höhe der Kunstsprache erreicht, steht hinter den griechischen Neuschöpfungen wie dem Zweiten und Vierten Makkabäerbuch und dem Buch Weisheit (Wevers 1954, 171–190; Ziegler 1971, 16 f.). So enthält die Septuaginta eine Fülle von Semitismen wie Christus (= der Gesalbte) für den jüdischen, eschatologischen König (Basileus), aber auch eine Fülle von philosophischen griechischen Begriffen wie der Personifikation der Sophia, die das Buch Weisheit prägt. Zentrale griechische Begriffe werden durch die Übersetzung semantisch verschoben wie hebräisch Tora („Weisung") zu Nomos („Gesetz"), Jahwe zu Kyrios, Berith („Bund") zu Diatheke („Testament") (Kleinknecht, ThWNT 4 [1942] 1016–1029; W. Foerster, ThWNT 3 [1938] 1081–1098; J. Behm, ThWNT 2 [1935] 127–137). Stilistika wie Parallelismus membrorum und Parataxe prägen den Bibelstil, der dann vom Neuen Testament und von der christlichen Antike archaisierend nachgeahmt wird. Volkstümliche Bilder, Sentenzen, Sprichwörter und einfaches Erzählniveau lassen die Einflüsse der einfachen Volksschicht erkennen, die wiederum von anspruchsvollen Argumentationen höhergebildeter Autoren kontrastiert wird. Diese Bandbreite der Septuaginta-Sprache von semitisierendem Übersetzungsgriechisch zu Stilpartien attizistischer und asianischer Kunstprosa setzt sich im Neuen Testament fort.

## 4.2 Die christliche Metaphorik und Erzählsprache

Barthes weist für die 2. Sophistik (2.–4. Jh. n. Chr.) nach, daß sie die geläufigen Ausschmückungen des Stils aufwertete: „den Archaismus, die überladene Metapher, die Antithese, die rhythmische Clausula" (Barthes 1988, 33). Die beherrschende Stellung gerade dieser Figuren ist für das Neue Testament auffallend. Die Entwicklung zur 2. Sophistik ist am Neuen Testament nicht vorbeigegangen (Dihle 1989, 187–225; s. u. 10.2). Für den Archaismus bildete die Septuaginta das Reservoir. Mit ihrer Sprache vermochten die Briefschreiber und insbesondere die Erzähler wie Lukas ihren Werken einen achtunggebietenden, altertümlichen Klang zu verleihen. Die überladene Metapher oder die Kompositionsmetapher florierte von Anfang an (Maartens 1986, 90 ff.). Sie war besonders geeignet, die herrschende, religiöse Sprache (das Septuagintagriechisch) für die Neubildung von christlichen Vorstellungen und Handlungsanweisungen aufzugreifen und produktiv zu verändern (Lategan 1989, 105 ff.; Ricœur/Jüngel 1974, 65 ff.).

Antithetik beherrschte den Argumentationsstil der Briefliteratur und der Reden Jesu in den Evangelien. Die eschatologische Zeit mußte von der alten Zeit scharf abgehoben werden. Die rhythmische Clausula dagegen fand im Neuen Testament keine hervorstechende Verwendung. Es „wird der ebenfalls *clausula* genannte Perioden-Schluß als für die (dem Vers-Bau der Poesie entsprechende) Abrundung der Periode auch rhythmisch besonders wichtiger Teile betrachtet und so den strengsten *numerus*-Gesetzen, die allerdings konkret eine Verwechslung mit den Vers-Schlüssen der Poesie vermeiden, unterworfen" (Lausberg 1984, § 459b). An dieser höchst artifiziellen, rhythmischen Gestaltung der Satzperiode waren die ntl. Autoren normalerweise nicht interessiert (vgl. aber Lk 1, 1–4 als *clausula*; s. o. 3.7).

*Christliche Metaphorik: Evangelium Jesu Christi*

Die Christen formten neue Metaphern, um den Wechsel aller Werte durch Jesu Kreuzestod und Auferstehung zu bezeichnen. Die atl. Metaphern waren zu entfernt, um diesen Bruch auszudrücken. Dasselbe galt für die geläufigen Metaphern der griechischen Rhetorik. So mußte die Urgemeinde solche Kompositionsmetaphern suchen, die die bedeutendsten neuen Ereignisse umschrieben und zugleich eine neue Bedeutungsspannung anzeigten. Verblaßte die „kühne Metapher" zur „fernen Metapher" und erstarrte die „ferne christliche Metapher" zum Begriff (Weinrich 1976, 298 ff.), wurde die Metapher für den gebildeten Griechen zum Kuriosum. Zuntz serviert scherzhaft eine Kostprobe:

„Gesetzt, dies Büchlein wäre ihnen in die Hände gefallen: wie dürften sie darauf reagiert haben? Ich fürchte: schon die Überschrift hätte sie abgeschreckt: APXE TOY EYAGGELIOY IESOY XPISTOY: ,Incipit: Die gute Botschaft' (,aber was soll da dieser Soloezismus: dieser unerhörte Singular euaggelion? Wir kennen allenfalls den Plural Euaggelia. Aber seis drum; also:') ,die gute Botschaft von Jesus-Salbe'; oder vielleicht ... ,von Jesus dem Bemalten oder Geschminkten' (denn neóchriston bedeutet ,frisch gestrichen' und christón kennen wir von Medizin und Sport und Hautpflege). Das heißt also: für diese repräsentativen Heiden war gleich die Überschrift sinnlos." (Zuntz 1984, 205.)

Die Überschrift Mk 1,1 ist als Probe für die Rezeption des Neuen Testaments durch die Hellenisten gut gewählt, aber bewußt überpointiert. Denn der Vorgang der urchristlichen Metaphernbildung läßt sich an der Kompositionsmetapher 'Evangelium Jesu Christi, des Sohnes Gottes' (Mk 1,1) beispielhaft aufzeigen. Aufgrund der syntagmatischen Verschmelzung mit den Hoheitstiteln wird 'Evangelium...' zur Metapher. Zwei prinzipiell unterschiedene Sinnhorizonte wie Gott und Welt werden untereinander in Beziehung gesetzt. Es handelt sich um eine komplexe Komposition (Maartens 1986, 93 ff.). Die Kern-Metaphern sind 'Christus (Gottes)' und 'Sohn Gottes'. Diese werden zu Eigenschaften Jesu, so daß der Eigenname 'Jesus' in das metaphorische Geschehen hineingenommen wird. Jesus als Christus und Sohn (Subjekt = S) ist (Kopula = K) Gott (Prädikat = P). Diese Metaphorik wird um den Begriff 'Evangelium' erweitert: Das Evangelium Jesu Christi, des Sohnes (S) ist (K) Gott (P). Spätestens Mk 1,14 veranlaßt den Hörer/Leser, diese metaphorische Einbeziehung des Evangeliums zu erkennen: Das Evangelium (S) ist (K) Gott (P).

Nun lassen sich an diese Kompositions-Metapher zwei Fragen stellen, eine linguistische und eine theologische.

Zunächst zur linguistischen Frage: Enthalten die Metaphern 'Evangelium Gottes', 'Evangelium Christi', 'Evangelium Jesu Christi, des Sohnes Gottes ...' anschauliche Widersprüchlichkeit, oder sind sie bereits zu dem abstrakten Begriff geworden, von dem bisher die Exegeten ausgegangen sind und den Zuntz zu pauschal den hellenistischen Hörern unterstellt? H. Weinrich definiert die Metapher so: „Die Metapher ist eine widersprüchliche Prädikation." Mit dieser syntaktischen Beschreibung setzt er sich von der antiken Rhetorik ab, die die Metapher narrativ beschreibt: *metaphora brevior est similitudo* (Quintilian 8,6,8). Allerdings ist nach Weinrich die Umkehrung der Definition von Quintilian erlaubt: „Die Metapher ist nicht ein verkürztes Gleichnis, sondern das Gleichnis ist allenfalls eine erweiterte Metapher" (Weinrich 1976, 308; s. u. 7.1).

Widersprüchlichkeit zwischen Subjekt und Prädikat kommt durch Bedeutungssegmente (Seme) zustande, die in der Wortverbindung unverträglich sind. Die Verbindung wiederum wird durch verträgliche (kompatible) Seme hergestellt (Weinrich 1976, 332 f.). 'Evangelium' und 'Gott' haben gemeinsam die in 'eu' gebündelten Seme: 'gut, froh, schön, glücklich . . .'. Widersprüchlichkeit besteht in 'angelion'. Wie kann Gott 'eine Botschaft sein oder eine Botschaft verkünden'? Dieser Vorgang kann nur 'analog' ausgesagt werden, ohne daß aber eine Seinsanalogie behauptet werden muß (Jüngel 1982, 340–348; Ricœur/Jüngel 1974, 45–50).

Bei der semantischen Analogie handelt es sich noch nicht um eine Besonderheit theologischer Sprache, sondern um ein Merkmal jeder Metapher. Denn die Metapher bildet nicht reale oder vorgedachte Gemeinsamkeiten ab, sondern stiftet erst produktiv ihre Analogie, ihre Korrespondenzen. Wenn eine kleine Bildspanne zwischen Bildspender und Bildempfänger vorliegt, spricht man von 'kühner Metapher', da die Spannung leicht und anschaulich bemerkt wird. Wenn zwischen beiden eine weite Bildspanne herrscht, so handelt es sich um eine 'ferne Metapher', da die Spannung sich der Anschauung zu entziehen droht (Weinrich 1976, 308). Die Affinität der fernen Metapher zur Philosophie und damit auch zur Theologie hat bereits Aristoteles erkannt: „Man muß aber Metaphern bilden, wie schon vorher geagt wurde, von verwandten, aber auf den ersten Blick nicht offen zutage liegenden Dingen, wie es z. B. auch in der Philosophie Charakteristikum eines richtig denkenden Menschen ist, das Ähnliche auch in weit auseinander liegenden Dingen zu erkennen" (Rhetorik 3, 11, 5). 'Evangelium . . . Gottes' gehört hiernach nicht zur kühnen Metapher, sondern zur fernen Metapher mit weiter Bildspanne. Bei der Suche nach einem Oberbegriff zwischen Evangelium und Gott muß man sich bei der prinzipiellen Getrenntheit beider Sinnbereiche damit begnügen, das 'tertium' mit einer weiteren Metapher zu erläutern wie 'Christus Gottes, Sohn Gottes, Himmelsstimme (Mk 1, 9–11), göttliche Zeugung (noch nicht bei Markus), Offenbarung . . .'. Der Suchprozeß wird nie an ein Ende gelangen. 'Evangelium . . . Gottes' ist also eine ferne Metapher und daher ständig in der Gefahr, zu einem Begriff zu verblassen. Die Hörersituation entscheidet darüber, ob die Widersprüchlichkeit in der Wortbindung wahrgenommen oder überhört wird (Weinrich 1976, 333). Ob 'Evangelium' als Metapher oder Begriff aufgenommen wird, hängt davon ab, ob der 'weltliche Gehalt' von 'froher Botschaft' noch erkannt wird. Eine Metapher kann nicht von ihrem Kontext und ihrer Kommunikationssituation abstrahiert werden. Aufgrund der zentralen Verwendung von Evangelium im Neuen Testament und in der Christentumsgeschichte sind nur positive (von den Anhängern) oder negative (von deren Gegnern) oder gemischte Aufladungen des 'eu' möglich, auf keinen Fall aber neutralisierte Einebnungen (Köster 1990, 2ff.). Daß in ntl. Zeit ein positiver, profaner Gehalt von 'besora' und 'Euangelion' bekannt war und demzufolge mitgehört wurde, macht Stuhlmacher deutlich (Stuhlmacher 1968, 206; vgl. Michel, RAC 6 [1966], 1124). Inwieweit der römische Kaiserkult auf die ntl. Metapher „Evangelium" eingewirkt hat, bleibt umstritten. Deißmann veröffentlichte 1908 ein Faksimile einer griechischen Kalenderinschrift aus Priene aus der Zeit um 9 v. Chr. (Deißmann 1923, 316f.). Die Inschrift enthält den Beschluß der griechischen Städte der Provinz Asia, den julianischen Kalender einzuführen und den Jahresanfang auf den 23. September, den Geburtstag des Augustus, zu verlegen.

„Beschluß der Griechen in Asien, auf Antrag des Oberpriesters Apollonios, Sohnes des Menophilos, aus Azinoi.

Da (die göttlich) unser Leben durchwaltende Vorsehung, Eifer beweisend und Ehrgeiz, das vollkommenste (Gut) dem Leben einfügte, indem sie Augustus hervorbrachte, den sie zum Wohle der Menschen mit Tugend erfüllte, und damit uns und unseren Nachkommen (den Heiland schenkte), der dem Krieg ein Ende setzte und ordnen wird (den Frieden; da nun bei seinem irdischen Erscheinen) der Kaiser die Hoffnungen der Früheren (... über)bot, der nicht nur die vor ihm aufgetreten(en Wohltäter über)traf, sondern nicht einmal für die Künftigen Hoffnung (des Übertreffens ließ;) da also für die Welt den Anfang der ihm geltenden Freudenbotschafte(n (euaggelia) der Geburtstag) des Gottes bildete, ..., so hat Paullus Fabius Maximus, der Prokonsul der Provinz, z(um Heile) durch des Kaisers Hand und Ratschluß entsendet, mit ei(gener Erfindung) der Provinz Wohltaten erwiesen, deren Größe niemand (genugsam) sagen kann, und hat das bisher den (Griech)en Unbekannte zur Ehre des Augustus ersonnen: daß von dessen Geburt die Zeit des Lebens beginne. Darum beschließen die Griechen in Asien zu gutem Gelingen und zum Heile, daß das neue Jahr in allen Städten am 9. Tag vor den Kalenden des Oktober beginne, das ist am Geburtstag des Augustus." (Leipoldt/Grundmann 1965–67, 2, 107.)

Der Geburtstag des Augustus bildet den Anfang der Freudenbotschaften seiner Weltherrschaft, die den Frieden und das Heil bringt. Durch die Verlegung des Jahresanfangs auf diesen Geburtstag werden die Evangelien von der augusteischen Weltherrschaft rituell mit dem Jahreszyklus verbunden. Sie schaffen und begründen mit ihrer jährlichen Verkündigung das Weltheil jeweils neu.

Im Neuen Testament findet dagegen eine solche Zyklisierung des Evangeliums von Jesus Christus noch nicht statt. Erst die frühe Kirche

entwickelt den Jahresfestkreis der Eucharistiefeiern, während das Neue
Testament auf die nahe Vollendung des in Jesus Christus angebrochenen Evangeliums wartet. So kennt das Neue Testament nur den Singular „Evangelium", nicht den Plural „Evangelia". Deißmann stellte mit
seiner vorsichtigen Interpretation die Weichen für die weitere Diskussion: „Aber der Parallelismus besteht nicht bloß bei den sakralen Titu-
laturen im engeren Sinne; er geht weiter. Wir können jetzt durch mehrere Belege zeigen, daß das Wort euaggelion Evangelium, Freudenbotschaft, das in profaner Bedeutung von guten Botschaften bereits im
vorchristlichen Sprachgebrauch üblich war und dann ein urchristliches
Kultwort ersten Ranges geworden ist, auch im sakralen Gebrauch des
Kaiserkultes angewandt worden ist" (Deißmann 1923, 312 f.). Es geht
um Parallelität und nicht um eine direkte Übernahme des Evange-
liumsbegriffs aus dem Kaiserkult. Der aus der atl. Prophetie abgeleitete Begriff Evangelium war offen für parallele Prophetien und Heils-
zusagen im hellenistischen Raum (Stuhlmacher 1968, 200 ff.; Strecker
1975, 503–548).

Da bereits Josephus den Singular Evangelium kennt (bell 2, 420), ist
die Verwendung des Begriffs Evangelium im frühjüdischen Raum auch
nicht eine singuläre Leistung des Christentums (Frankemölle 1988, 84).

Daß die Semantik von Evangelium dann „ohne jede Analogie" im
religionsgeschichtlichen Umfeld ist (Frankemölle 1988, 206), dürfte
angesichts der sprachlichen Parallelen in Singular und Plural aber
schwer aufrechtzuerhalten sein. Gerade die Metapher, zu der der Begriff
Evangelium durch die Verbindung mit Gott oder Christus umgeformt
wird, zeichnet sich durch ihre Offenheit aus und läßt sich nicht auf ein
einziges Herleitungsfeld in der Bedeutungsauffüllung einengen, sondern bleibt von weiteren Feldern her auffüllbar wie dem Kaiserkult
(Köster 1990, 4) oder dem antiken Roman (vgl. die zeitgleiche Parallele Chariton 6, 5, 5; van der Horst 1983, 348 f.; Kany 1986, 79
Anm. 25). Das Evangelium als Bildspender (Subjekt) kann auf Gott
dann alle Bedeutungssegmente prädizieren, die die Begriffsforschung
für das „Evangelium" im Frühjudentum und Hellenismus erarbeitet
hat. Welche Segmente realisiert werden, entscheiden Kontext und
Kommunikationssituation. Solange das „Evangelium" nur in der Funktion als Bildspender gesehen wird, deckt es sich mit der Funktion des
Begriffs und schottet sich ab gegen die Kontextbedeutungen der Um-
welttexte. Die Metapher zeichnet sich aber dadurch gegenüber dem
Begriff aus, daß in ihr Bildspender *und* Bildempfänger in Wechselwirkung ein neues „Bildfeld" aufbauen. „Immer aber muß die Metapher,
die aus der Analogie gebildet wurde, auch mit dem Übrigen (sowie mit

dem), was damit verwandt ist, in Korrelation gebracht werden. Wenn z. B. die Trinkschale Schild des Dionysos ist, so ist es auch passend, den Schild Trinkschale des Ares zu nennen" (Arist., Rhetorik 3, 4, 4; vgl. Weinrich 1976, 315). Diese Wechselwirkung und Umkehrbarkeit der Metapherkomposition führt zur theologischen Frage: Bauen das Bildfeld „Evangelium Gottes" weltliches und göttliches Handeln gemeinsam auf?

H. Weder bestreitet diese Wechselwirkung: „Der ‚Löwe' erhält einen neuen Sinn dadurch, daß er im Horizonte Achills erscheint; er wird genommen, um Achill zu beschreiben, nicht umgekehrt beschreibt Achill den Löwen. Ebenso legt der Bezug der Gleichnisse Jesu auf das Gottesreich Zeugnis davon ab, daß die Welt zum metaphorischen Prädikat Gottes, nicht Gott zum metaphorischen Prädikat der Welt wird. Die ausschließlich existentiale Interpretation der Gleichnisse verkehrt das genannte Verhältnis" (Weder 1978, 69). Die Einseitigkeit der existentialen Interpretation ist zu Recht herausgestellt worden. Doch die Umkehrung, die Weder vornimmt, verfehlt wiederum die Struktur der Metapher und kann sich auf Aristoteles auf keinen Fall berufen, von dem das „Achill"-Beispiel stammt.

Daß Gott nicht „metaphorisches Prädikat der Welt" werden darf, hängt nach E. Jüngel mit „der protestantischen Polemik gegen die sogenannte analogia entis" zusammen (Jüngel 1982, 345). Dazu bemerkt Jüngel weiter: „Daß der Mensch hinuntergewiesen werde in eine je neue Erfahrung der Ähnlichkeit Gottes mit uns, ohne in solchem Hinuntergewiesenwerden um ein Höheres betrogen zu werden – das ist allerdings die Funktion einer kata to euangelion waltenden analogia." (Jüngel a. a. O.) Unhaltbar ist daher der weitere Schluß von Weder, „daß die Suche nach einem tertium comparationis aufzugeben ist" (Weder 1978, 65). Hier wird die überzogene Forderung der strukturalen Analyse nach Unübersetzbarkeit von Gleichnissen und Metaphern von der Theologie vereinnahmt. Richtig ist aber das Gegenteil, daß gerade die Suche nach dem tertium comparationis den Hauptreiz der theologischen Metaphorik ausmacht, weil diese Suche nie zur Ruhe kommt und nicht auf *einen* „springenden Punkt" eingeengt werden darf. Die Metapher „Evangelium Gottes" schafft also erst das Bildfeld, in dem Gott und Mensch *analog* miteinander handeln und eine *Korrelation* zwischen menschlicher Erfahrung und göttlicher Offenbarung herstellen können. So wird Jesus als der eschatologische Christus und Sohn Gottes nicht zum austauschbaren Inhalt einer „frohen Botschaft", sondern er entbirgt durch seine erzählte Praxis produktiv den bisher verborgenen Kern dieser Botschaft. Im Buchevangelium wird das

„Evangelium Jesu Christi, des Sohnes Gottes" fortwährend gesucht und expliziert. Jesus gestaltet in aktiver Weise den profanen Gehalt von Evangelium um und offenbart zugleich Gott in neuer Weise. Jesus hebt als Person in seinem Handeln den Widerspruch zwischen „froher Botschaft" und „Gott" auf.

Im Blickfeld der Metapher „Evangelium Gottes" ist Jesus Christus Subjekt und Objekt zugleich. Er verbindet aufgrund seiner menschlichen Personalität und göttlichen Beziehung ständig die Bedeutungsfelder von „Evangelium" und „Gott", die auf ihn hin offene Grenzen haben. Dabei reichern die Lexeme Christus und Sohn und der Eigenname Jesus das Bildfeld um weitere Bedeutungsfelder an. So lassen sich in den an Mk 1, 1 anschließenden Erzählungen Schwerpunkte erkennen, nach denen Jesus Objekt des Heilshandelns Gottes oder Subjekt der „frohen Botschaft" ist, aber in der Metapher „Evangelium" innerhalb des Markus bleiben jeweils beide Schwerpunkte anwesend.

Alle anthropologischen Bereiche, die vom irdischen und auferstandenen Jesus berührt werden, erweisen sich als offen für Gott und als von Gott bereits angenommen. Daher wird in Mk 1, 14 f. die weitere Metapher „Basileia tou theou" als zentraler Inhalt, aber nicht als einziger Inhalt der Kompositionsmetapher „Evangelium ..." ausgewiesen. Die Suche nach dem tertium comparationis zwischen den entferntesten Polen, die es gibt, zwischen Welt und Gott, zieht immer neue Metaphern in einem unendlichen Ringelreihen an sich, die nur in der Person „Jesus" und seinen Interaktionen zur Ruhe kommen. Denn allein das geschichtliche Ereignis, das narrativ zur Metapher hinzutritt, durchbricht diesen Ringelreihen und gibt einen Halt, der außerhalb der Metapher liegt. Der Eigenname Jesus ist keine Metapher (Kalverkämper 1978, 385–396). Und die Ereignisse, die zwischen Jesus, Gott und den Interaktionspartnern verlaufen, sind ebenfalls keine Gleichnisse, die auf der Ebene der Metapher verbleiben, sondern geschichtliche Fälle. „Es gibt aber zwei Arten von Beispielen: die eine Art des Beispiels ist die, früher geschehene Taten zu berichten, die andere aber die, etwas Ähnliches zu erdichten; von dieser letzten Art ist die eine Unterart das Gleichnis, die andere die Fabel wie die von Äsop" (Arist., Rhetorik 2, 20, 2). Die texttheoretische Unterscheidung von Jakobson in metaphorische und metonymische Literatur findet in der antiken Poetik ihre Grundlage (Jakobson 1972, 132). Gleichnisse gehören zur metaphorischen Literatur, historische Erzählungen gehören zur metonymischen Literatur (s. u. 7. 2). An die Metapher Evangelium lassen sich alle Erzähl- und Wortgattungen anschließen, die das Christusereignis wie in der Gnosis ohne expliziten textexternen Bezug entfalten (s. u. 10. 1). Zugleich lassen sich Groß- und Kleingattungen mit textexternen, metonymischen Bezügen zur historischen Gestalt Jesus von Nazareth hinzufügen, um das Evangelium realistisch in der Geschichte zu verankern (Köster 1990, 46 ff.; s. u. 10.1–4).

*Christliche Erzählsprache*
Welche Beziehung haben die christlichen Metaphern und die historischen Erzählungen zur außertextlichen Realität? Die Differenzierung zwischen Metapher und Index hilft auf der Textebene weiter. Index meint das konkrete deiktische Zeichen ohne Signifikat auf der Textebene (Eco 1977, 156 f.). Der Index hat nur den Referenzbezug zur außertextlichen Realität. In der Bibel können Eigennamen diese Index-Funktionen innehaben, z. B. „David" in 2 Sam 12 (Lategan/Vorster 1985, 90). Gleichzeitig ist der „König David" innerhalb der Erzählung eine narrative Figur und keine historische Person (Lategan/Vorster 1985, 190 ff.). So hat „König David" eine Doppel-Funktion. Einerseits ist er ein Eigenname für eine historische Person, andererseits ist er eine Erzählfigur. Wird eine Seite übersehen, wird sein Name ein rein deiktisches Zeichen, ein Index, ohne Verweis zu anderen Erzählungen, oder „König David" wird zu einer reinen Erzählfigur ohne Beziehung zur Historie.

Diese Doppelfunktion gilt für alle Eigennamen in der Bibel. „Jesus" ist der zentrale Eigenname des Neuen Testaments, der alle Erzählungen zusammenhält. Gleichzeitig ist Jesus eine historische Person aus Nazareth in Galiläa, der eine neue Bewegung gründete. Die Kompositionsmetapher mit Jesus hat eine textliche und außertextliche Referenz.

Diese Doppelfunktion von Eigennamen gründet in der zitierten rhetorischen Unterscheidung von Mythos und Exempel (Arist., Rhetorik 2,20,2). Ricœur baut auf dieser Differenz die Unterscheidung einer „historischen Erzählung der ersten und zweiten Ordnung" auf (Ricœur 1986, 226). Die Erzählung erster Ordnung steht metonymisch mit der erfahrenen Wirklichkeit in Beziehung. Die Erzählung zweiter Ordnung wird metaphorisch auf der Ebene des fiktiven Realismus arrangiert (Ricœur 1987, 237 ff.).

Arrangement

| | |
|---|---|
| Realismus | 2. Ordnung |
| Ereignis | 1. Ordnung |

Referenz

Der Übergang von der zweiten zur ersten Ebene wird nach Ricœur bei der Erzählung 2. Ordnung suspendiert (Ricœur 1987, 238). So ergibt es sich, daß bei der Suspension der Referenz die Metapher reine Metaphorik bleibt. Die metaphorische Erzählung ohne Deixis schafft u. a. die Parabel, die daher eine gedehnte Metapher genannt werden kann (Weinrich 1976, 308; Weder 1978, Titel). Die Freude des Neuen Testaments an den fiktionalen Erzählungen ohne textexterne Deixis wie den Parabeln, dem Großteil der Kindheitsgeschichten und den Theophanien hat eine Wurzel in der Metaphorik der apokalyptischen Traumsprache (Baldermann 1988, 98ff.; s. u. 7; 8.4). Bei der historischen Erzählung sehen die Bezüge zwischen den Ebenen anders aus. Die historische Erzählung auf der zweiten, fiktiven Ebene kann nicht die Deixis permanent suspendieren. Sie muß zur historischen Erzählung der ersten Ordnung zurückfragen können. Sonst wird die *historia* zum poetischen Gleichnis, zum rein fiktiven Exempel ohne historischen Informationswert.

Der Eigenname in der Kompositionsmetapher und die weiteren Formen der Deixis in historischen Erzählungen ermöglichen den Rückgang auf die Erfahrung des Autors, der mit der außertextlichen Welt in Verbindung steht (Combrink 1992, 12ff.). Es entsteht ein Zirkel zwischen der historischen Erzählung 1. Ordnung und dem fiktiven Realismus 2. Ordnung.

Man kann den Zirkel von jedem Punkt aus in beide Richtungen gehen. Die realistische Welt des Neuen Testaments erweist sich als ein Arrangement von Metaphern und fiktiven Erzählungen 2. Ordnung. Diese wiederum können auf historischen Erzählungen und Begriffen aufruhen, die über Eigennamen und Gattungen der Erinnerung zum historischen Ereignis führen. Umgekehrt kann auch der Weg vom Ereignis bis zur fiktiven Welt nachvollzogen werden.

Der fiktive, biographische Jesus Christus der Evangelien fordert dann zur Identifikation heraus, wenn seine Worte und Taten als die eines vollen Menschen interpretiert werden. Die Transformierung historischer, religiöser Erfahrung in historische Erzählungen erster Ordnung und Begriffe und deren weitergehende Transformierung in poetische Fiktionen und Metaphern sind Wesensmerkmale des Christentums, die aber in der hellenistischen Divinisierung von Heroen, großen Philosophen und Cäsaren eine Analogie haben (Aune 1987, 33ff.; Dormeyer 1989, 161ff.; Cornell, RAC 12 [1983], 1145ff.).

So ergibt sich für die ntl. Metaphorik und Erzählsprache ein spezifisches Abhängigkeitsverhältnis von kerygmatischem Realismus und historischem Ereignis:

kerygmatisches Arrangement

kerygmatischer Realismus                    Metaphern
                                            kerygmatische Gattungen

Ereignis                                    historische Erzählungen,
                                            Begriffe

Eigenname, Gattungen der Erinnerungen

Alle ntl. Klein- und Großgattungen sind kerygmatische Gattungen mit dichter Metaphorik. Doch nicht alle ntl. Gattungen und Texte erlauben die historische Rückfrage, sondern nur diejenigen, die historische Erzählungen und historische Begriffe mit verifizierbaren Eigennamen und Erinnerungsgattungen enthalten (s. u. 5–11). Im Unterschied zur reinen Poetizität der griechischen hohen Literatur, und zwar der Dichtung, bleibt aber die ntl. Literatur immer auf die historische Rückfrage verwiesen. Diese Rückfrage teilt sie mit den hellenistischen Reden und Briefen, mit der hellenistischen Geschichtsschreibung (Winkelmann, RAC 15 [1991], 732 ff.) und mit der hellenistischen, biographischen Literatur. Denn das gemeinsame Interesse an biographischer Tradition geht aus der Bindung an Gründungsgestalten hervor, die für Antike und Judentum in ähnlicher Weise Gültigkeit haben (Cornell, RAC 12, 1145 f.; Dormeyer 1991, 90 ff.). Entsprechend bildet das Lernen an literarisch vermittelten Vorbildern in der hellenistischen wie jüdischen Didaktik ein Hauptelement (Höffken 1986, 214–249). Erst in Verbindung mit Gründungsgestalten wie Mose oder den hellenistischen Weisen erhalten kerygmatische Sentenzen und Handlungen ihre autoritative, orientierende Kraft. Die Wirklichkeit wird gemäß dieser literarisch tradierten Vorbilder wahrgenommen und interpretiert.

Der spezifische Unterschied der christlichen Metaphorik, Erzähl- und Briefsprache zum Hellenismus liegt dagegen in der Eschatologie. Da Jesus von Nazareth durch die Auferweckung zum eschatologischen Christus und Sohn Gottes eingesetzt wurde, erhielten seine Worte und Handlungen letztgültigen, eschatologischen Vorbildcharakter. Sie mußten einerseits möglichst umfassend tradiert und um irdische, bewährte Worte und Handlungsmodelle angereichert werden, andererseits jedoch in ihrer letztgültigen Einmaligkeit von der noch ausstehenden Zukunft her begründet werden.

Das Evangelium von der Auferweckung bezog von Anfang an das Evangelium vom Wirken des irdischen Jesus mit ein (1 Kor 15 15, 3–5;

Röm 1, 3 f.; s. u. 10.1), setzte von Anfang an die Bildung theologischer Metaphern und kerygmatischer, realistischer Erzählungen in Gang und antizipierte von Anfang an die vollendete Endzeit, die wiederum ganz gegen antike Geschichtsauffassung die Gegenwart radikal dem Gericht Gottes unterwarf (s. u. 10. 1–2).

Das Neue Testament übernahm in Erzähl- und Wortgattungen hauptsächlich den erhaben schlichten, subtilen Stil der hellenistischen Literatur und prägte ihn durch die Verwendung des archaischen Septuaginta-Griechischen, der christlichen, überladenen Metaphorik und der eschatologischen Erzähl- und Bekenntnissprache in kerygmatischer Weise neu. Die gezielte Verwendung altertümlicher Redewendungen wie zum Beispiel in der Lutherübersetzung, die Wahl gehobener Umgangssprache, das Finden neuer Metaphern und das Aufzeigen gelungener und noch ausstehender Sinnerfahrungen machen auch heute noch den rhetorischen Reiz christlicher Predigten und theologischer Schriften aus.

## 4.3  Briefe des Neuen Testaments

Paulus strebte entsprechend die gehobene, rhetorische und literarische Ebene der Koine, aber nicht die Ebene der Kunstprosa an, da er die philosophischen Erziehungsziele der griechischen Paideia ablehnte (1 Kor 1, 18–31). So kontrastierte er im Zweiten Korintherbrief (10–13), einem Kampfbrief, die „Wucht und Kraft" seiner Briefe mit der nach Meinung der Korinther Armseligkeit seiner direkten mündlichen Rede (2 Kor 10, 1. 9–11). Man darf einen solchen Topos sokratischer Selbststilisierung nicht für bare Münze nehmen (Betz 1972, 57–69). Doch die Intention des Paulus wird offenkundig, den Briefen aufgrund rhetorischer Regeln die Kraft des Überzeugens und der Überredung zu verleihen, ohne die Rolle eines Sophisten oder Philosophen einzunehmen. Die rhetorische Qualität der Briefe stand ja nach dem Zitat des Urteils der Korinther außer Diskussion. Da Paulus seine Briefe zur öffentlichen Verlesung in der Gemeindeversammlung bestimmt hatte (1 Thess 5, 27), war er gezwungen, den Stil öffentlich-literarischer Rede zu wählen. Entgegen dem Urteil von Adolf Deißmann, der die Briefe der unliterarischen Sprache der privaten Papyrusbriefe zuordnet (Deißmann 1923, 198–205; s. o. 1.2), muß Paulus eine hellenistische Schulbildung zugesprochen werden, die über die zweite Stufe des Grammatikunterrichts hinaus die Anfänge des Rhetorikstudiums mit einschließt (Bekker 1989, 53 ff. gegen Dihle 1989, 219: Fehlen von rhetorischer und philosophischer Schulung). Paulus brach nicht mit den Formalzielen der antiken Bildung, wohl mit ihren Inhalten. So wurde im Zweiten Petrusbrief (3, 15 ff.) zu Recht vor der Schwerverständlichkeit der paulinischen Briefe gewarnt, die von Leuten ohne Schulbildung (*amatheis*) verdreht werden können (s. o. 3.5). Denn Paulus verwandte häufig die beliebten rhetorischen Stilmittel der Metaphorik, Antithetik, Diatribe, Paränese, Exempla-Ethik, Apologie, Selbstempfehlung, des Tadels und des Schriftbeweises in seinen Briefen (Berger 1984, 1340–1363; s. u. 9). Die Pastoralbriefe der Paulusschule wie auch der 1. Petrusbrief verfeinerten den Anspruch auf gehobene Rhetorik. Der Hebräerbrief übertraf sogar an rhetorischer Eleganz Paulus und die übrigen Briefe des Neuen Testaments (Voelz 1984, 934 f.). Der Verfasser des späten, Zweiten Petrusbriefes strebte ebenfalls literarische Kunstprosa an, die verständlicher als der gehobene paulinische Stil sein sollte. Doch dieses kühne Unterfangen gelang nur passagenweise. Bei den übrigen Katholischen Briefen war eine bewußte Einhaltung der Regeln der Rhetorik nicht ausgeprägt. Ihr Stil blieb die umgangssprachliche Koine mit semitisierender Färbung.

## 4.4 Erzählbücher des Neuen Testaments

Unter den Erzählbüchern zeigte der Verfasser des lukanischen Doppelwerkes (Lukasevangelium, Apostelgeschichte) den größten Ehrgeiz. Das Streben nach Attizismus wurde mit der bewußten Archaisierung von Rede-Partien im Septuaginta-Stil verbunden. Im Lukasevangelium sorgten außerdem die Quellen für das Weiterwirken der umgangssprachlichen Koine. In der Apostelgeschichte war der Autor beweglicher, aber nicht unberührt von vorgegebener Sprachtradition. So zeigt das lukanische Doppelwerk deutlich eine Hand, aber nicht eine stilistisch einheitliche Kunstsprache (Plümacher 1972, 137 ff.).

Das Markusevangelium ist sprachlich der härteste Kontrast zu Lukas. Dennoch muß man sich hüten, dieses Evangelium der unliterarischen Vulgär-Koine zuzuweisen. Es zeigt eine kohärente Sprachgebung, die Parallelen in der Fachsprache und in den volkstümlichen Werken wie dem Alexanderroman hat (Reiser 1984, 11 f. gegen Dihle 1989, 221: „kein Literaturwerk").

Die gegenwärtige strukturale und semiotische Erzählforschung vermag die literarische Einordnung der Evangelien weiterzuführen. Besonders eignet sich die Differenzierung der Rolle des Erzählers nach der modernen Erzählforschung in „Erzählsituationen" und „Innen-/

Außenperspektive" (Stanzel 1989, 15 ff.) oder in „offener Erzähler – verdeckter Erzähler – abwesender Erzähler" (Chatman 1978, 198–209). Der offene Erzähler deckt sich mit dem auktorialen, sich in der Regel allwissend gebenden Erzähler. Der abwesende Erzähler beschränkt sich auf die neutrale Wiedergabe, zum Beispiel die eines Chronisten. Der verdeckte Erzähler nimmt eine Zwischenposition ein. Er beschreibt, psychologisiert, moralisiert und kommentiert durch seine Handlungsstruktur, tritt auch bisweilen auktorial auf, zeigt aber gleichzeitig neutrale Distanz zu seinen Figuren (Zwick 1989, 42–51). Der verdeckte Erzähler, der aufgrund der Eigenart des modernen, filmischen Erzählens als Zwischenposition zwischen den klassischen Opponenten auktorial/offener – abwesender Erzähler entwickelt wurde, erweist sich als geeignet, die Erzählpräsenz der Evangelisten zu charakterisieren. Der verdeckte Erzähler baut auf gemeinsamen Voraussetzungen mit seinem Erstpublikum auf, da er auf die Manipulation des auktorialen Erzählens weitgehend verzichtet, gleichzeitig aber die Hörer im Unterschied zum abwesenden Erzähler bewegen will. Der verdeckte Erzähler spricht mit den Hörern einen gemeinsamen Code, um diese Mischung von Distanz und Nähe zu erzielen. Diese neue Typologie von Erzählerrolle, die aus der Semiotik des Films entlehnt ist, bedarf literaturhistorisch für die Antike noch einer näheren Begründung.

Die bewußte Fiktion einer mündlichen Erzählsprache in den Evangelien bietet die Basis. Markus hat mit den bewußten, schnellen Schnitten in der Raumperspektive, mit der Kargheit des Stils und dem mittleren Niveau der literarischen Koine den Stil der „fingierten Mündlichkeit" geschaffen (Zwick 1989, 599–602; vgl. Theißen 1974, 191–196 gegen Dihle 1989, 221: unrhetorische, unliterarische Mündlichkeit). Er will den mündlichen Ganzheitsvortrag, der rund 1,5 Stunden dauert, und bezweckt mit der fingierten Mündlichkeit die Aktivierung des Hörers.

Diese Verfahren und Ziele treffen nun nicht nur auf das Markusevangelium und seine Nachfolger zu (Theißen 1974, 194 ff. gegen Zwick 1989, 591 ff.), sondern gehören zu der Kommunikationssituation der antiken Vereine und Schulen. Gebildete und ungebildete Hörer kommen auf dem Forum oder im Vereinslokal zusammen, um die Biographie ihres Gründungsheros oder Gründungsphilosophen bzw. die pathetische Geschichte ihrer Polis, ihrer Landschaft oder ihres Reiches zu *hören*. Als Vergleichsgattungen der fingierten Mündlichkeit der Evangelien und der Apostelgeschichte sind also die antiken Biographien und die antike Geschichtsschreibung heranzuziehen (s. u. 10.2–4). Zur Raum-Perspektive der ntl. Großerzählungen lassen sich weiterhin methodologische Überlegungen aufgrund der fingierten Mündlichkeit anstellen. Es geht nicht nur um den geographischen Raum, sondern auch um den Raum der Beziehung und des Bewußtseins. Der Erzähler kann vom Außenstandpunkt zum Innenstandpunkt überwechseln und über die Innenposition zum Bericht von Wahrnehmungen und Gedanken oder über die Innensicht zum inneren Monolog und zum Bewußtseinsstrom vordringen (Stanzel 1982, 172 ff.; Booth 1, 1974, 154–172; Kanzog 1976, 80 f.; Petersen 1985, 69 ff.). Zwischen diesen Positionen in der Innenperspektive bewegt sich der Erzähler in mobiler Perspektive. Die bisher von der form- und redaktionsgeschichtlichen Exegese geleistete Beschreibung der Topologie und ihrer Beziehung zur Christologie (Schmidt 1919, 303 ff.; Lohmeyer 1936; Schenke 1988, 80 f.) läßt sich um strukturelle und semiotische Beobachtungen zur Erzählerhaltung und Raum-Einstellung und deren Beziehung zur Christologie vertiefen (Delorme 1972, 13 ff.; Dormeyer 1979, 34–113; Rhoads/Michie 1982, 63–73; Dormeyer 1984, 1582–1635; Malbon 1986, 6 ff.; van Iersel 1986, 69–77; Fowler 1989, 115 ff.; Zwick 1989, 187–474).

Ähnlich wie der Stil des Markusevangeliums ist der Stil der Offenbarung des Johannes. Der Septuaginta-Stil kommt allerdings stärker zum Tragen. Es ist umstritten, ob der Verfasser unbewußt eine semitisierende Koine sprach (Kümmel 1973, 410 f.) oder bewußt eine Archaisierung betrieb (Kirby 1988, 197 ff.; Dormeyer/Hauser 1990, 88; Reventlow 1990, 92). Das Matthäusevangelium glättete die Markusvorlage, verblieb aber wie das Markusevangelium auf der Ebene der umgangssprachlichen Koine (Sand 1991, 20 f.).

Einen Sonderfall stellt der *johanneische* Stil dar. Er ist durchgefeilt, aber nur in Einzelpartien wie dem Prolog mit der hohen Literatur vergleichbar (Lausberg 1984a, 272 ff.).

Insgesamt ist zur Sprache des Neuen Testaments zu sagen, daß die Hebraismen, Aramäismen, Septuagintismen und semitisierenden Partien auf die außerhellenistische Kultur verweisen, aber aufgrund ihres dosierten Einsatzes kein einziges Buch zu einem „barbarischen" Text machen, wie das antike Vorurteil lautete. Vielmehr sind die ntl. Bücher wie die hellenistische Bibel und die zwischentestamentliche Literatur frühes Zeugnis der literarisierten Umgangssprache. Sie sind weitgehend Redaktionsarbeit von Leuten mit mittlerer Schulbildung, denen das Rhetorikstudium noch fehlt. Wie die Septuaginta behält das Neue Testament die Mischung aus niederer und hoher Literatur bei. Es erreicht aber deutlicher als die Septuaginta das Vorherrschen des subtilen Stils.

Die Gebildeten wurden von der Sprache der Bibel zunächst abgeschreckt, konnten und wollten dann aber nach intensiver Beschäfti-
gung mit der Schrift ihrer sprachlichen Sogwirkung sich nicht mehr
entziehen. Um so leichter fiel es dagegen den Hörern ohne schulische
Ausbildung, den Sklaven, den Tagelöhnern, Kleinbauern und Hand-
werkern, sich mit der Vielschichtigkeit der biblischen Sprache und
ihrer Botschaft zu identifizieren und am Aufnehmen, Auslegen und
Weiterschreiben der biblischen Literatur sich authentisch zu betei-
ligen.

## 5. MÜNDLICHE JESUANISCHE WORTGATTUNGEN: DIE HERRENWORTE

Jesus von Nazareth hat keine schriftliche Literatur hinterlassen. Auch das früheste Stadium der apostolischen Literatur besteht aus mündlichen Kleingattungen wie Herrenworten, Glaubensformeln, Erzählungen. Dennoch bildeten Jesus von Nazareth und die frühe Urgemeinde keine Kommunikationsgemeinschaft der reinen Mündlichkeit, wie die Begründer der Formgeschichte annahmen (Dibelius 1959, 1 ff., s. o. 3.5). Nicht erst mit Paulus wurden Vertreter schriftlicher Schulbildung Christen, bereits für Jesus von Nazareth ist eine elementare Schulbildung anzunehmen. Das Leben, Auslegen und Neuakzentuieren der *Schriften* Israels erforderte den Erwerb mündlicher *und* schriftlicher Traditionstechniken, die in Elementarschulen vermittelt wurden. Das flächendeckende Angebot solcher elementaren Tora-Schulen wird vom Talmud vorausgesetzt und als Anordnung in die Zeit des 1. Jahrhunderts und noch früher zurückdatiert (bBB 21a; jKet 32c). Allerdings ist gegenüber der Rückdatierung auf die Zeitenwende Vorsicht angebracht (Riesner 1981, 177 f.). Dennoch ist anzunehmen, daß Jesus von Nazareth eine mit der Synagoge verbundene Schulbildung durchlaufen hat. Weitergehende Einflüsse hat er von der nur 6 km entfernt liegenden Hauptstadt Galiläas, von Sepphoris, erfahren (Schwank 1976, 199 ff.; Riesner 1981, 232 ff.; Bösen 1985, 70 ff.; Batey 1992, 55 ff.), und er hat wahrscheinlich die in Galiläa herrschende Bilingualität von Aramäisch und Griechisch erlernt (s. o. 2.1; 3.4–6).

Die mündlichen Gattungen setzen die Kenntnis schriftlicher Literatur wie der *Schrift* voraus und dienen den vielen Kommunikationsräumen, die die schriftliche Kommunikation aussparen wie Missionspredigt, Tauffeier, Erinnerung an Jesu Wirken, Passion und Auferweckung in Gottesdienst, Gespräch und Katechese. Im Gottesdienst findet zugleich eine Mischung von Verlesung der *Schriften* und mündlicher Rede statt (1 Kor 14, 1–40).

Ohne die Parallele zur hellenistischen und rabbinischen Memoriertechnik zu eng zu ziehen, läßt sich annehmen, daß Jesus von Nazareth grundlegende Einsichten rhetorisch gestaltet und in adäquaten Situationen erneut wiederholt hat (Schürmann 1968, 45–65; Gerhardson 1977, 47–55). Formgeschichtlich ist aber nur hypothetisch zwischen nachösterlicher Bildung im „Geiste" Jesu und vorösterlichem Ursprung zu trennen.

Rudolf Bultmann entwickelte in seinem bahnbrechenden Werk ›Die Geschichte der synoptischen Tradition‹ ([1]1921) Kriterien zur Bestimmung der Echtheit, die bis heute grundlegend geblieben sind: „Ich habe bei dieser Erörterung die Frage der 'Echtheit' der Logien zunächst ausgeschieden. Was diese nun angeht, so sind mehrere Möglichkeiten vorhanden. Jesus kann sehr wohl gelegentlich ein volkstümliches Sprichwort aufgenommen und auch geändert haben, er kann gewiß auch gelegentlich einen profanen Maschal selbst geprägt haben. Möglicherweise sind aber auch profane Sprüche erst durch die Gemeinde zu Jesusworten gemacht worden, indem sie sie in den Zusammenhang ihrer Tradition aufnahm. Gibt es Kriterien, um im einzelnen Fall eine Entscheidung zu treffen? Allgemein ist zu sagen, daß die Überlieferung schwerlich den gelegentlichen Gebrauch eines Volkssprichworts durch Jesus bewahrt haben würde; und auch daran wird man schwer glauben, daß die Änderungen und Umwertungen solcher Meschalim, die in der Tradition wahrzunehmen sind, eine Erinnerung an solche Änderungen und Umwertungen durch Jesus erhalten haben. Denn diese sind aufs engste durch den jeweiligen Zusammenhang bedingt (vgl. Lk 12,2f.; Mk 8,36f.; Mt 5,13.14f.), und dieser ist sicher sekundär. Größer ist die Wahrscheinlichkeit, manche eigenen Prägungen Jesu unter den Logien zu besitzen, und zwar umsomehr, je individueller ihr Gehalt ist, je charakteristischer für Jesus als den Prediger der Buße und der kommenden Gottesherrschaft, als den Forderer der Wahrhaftigkeit" (Bultmann 1957, 105f.).

Zunächst ist die literarische Eigenart der synoptischen Tradition zu beachten (vgl. Lentzen-Deis 1974, 95f.). Es ist erstens der „Längsschnittbeweis" zu führen, ob ein Wort Neubildung, Umbildung oder altes Gut ist, und es ist zweitens der „Querschnittbeweis" zu führen, ob die Thematik eines Wortes mehrfach in unterschiedlichen Traditionssträngen bezeugt ist (Dahl 1955, 104–132; Hahn 1974, 29f.). Das dritte Kriterium ist am wichtigsten, aber auch am umstrittensten: die Originalität Jesu gegenüber dem Judentum und der palästinensischen und hellenistischen Urgemeinde. Lentzen-Deis kritisiert die Enge dieses Kriteriums: „Das Kriterium hat den Nachteil, wenn überhaupt, dann nur sehr minimale Einzelzüge erheben zu können" (Lentzen-Deis 1974, 99). Er schlägt vor, die originellen Züge der Jesusüberlieferung um das Kriterium der Konvergenz mit einem „Gesamtrahmen der Worte und Taten (Verhaltensweisen) Jesu" zu erweitern (Lentzen-Deis 1974, 99). Westermann sekundiert: „Es tritt die andere Frage hinzu:

Welche Worte in der Form eines Spruches hat Jesus nicht neu geprägt, sondern sie so, wie er sie in seiner Jugend in seinem Heimatort gehört und sich eingeprägt hat, in seine Verkündigung übernommen, weil sie dieser entsprachen?" (Westermann 1990, 244; vgl. Jeremias 1971, 14). Andererseits verengen Conzelmann/Lindemann Bultmanns Originalitätskriterium noch einmal: „Ist das zu beurteilende Logion schließlich typisch oder nicht für die Verkündigung Jesu? ... Es ist klar, daß z. B. Sprichwörter als a-typisch gelten müssen" (Conzelmann/Lindemann 1988, 378). Gerade bei den meisten Gnomen hielt Bultmann aber die Entscheidung offen, wenn das Thema zur Verkündigung Jesu paßte (Bultmann 1957, 101–110; s. u. 5.1). Denn auch mit der *Selektion* des überlieferten Spruchguts, also der bewußten Auslassung und Aufnahme einzelner Spruchtraditionen, konstituiert Jesus das unverwechselbare Profil seiner Worte. Um das weite oder enge Verständnis des Originalitätskriteriums hält die exegetische Diskussion noch immer unvermindert an (Kümmel 1988, 239–248; Gnilka 1990, 29–34; gegen Käsemann 1, 1960, 205–212; Schulz 1972, 45–53; Conzelmann/Lindemann 1988, 378).

Eine Grobklassifizierung der Herrenworte läßt sich nach dem Rollenverständnis Jesu und den tradierten Formmustern vornehmen. So unterschied Bultmann zwischen Logien im engeren Sinn = Weisheitssprüchen, Gesetzesworten und Gemeinderegeln des „Weisheitslehrers", prophetischen und apokalyptischen Worten des apokalyptischen Propheten und Ich-Worten des originären Selbstbewußtseins Jesu (Bultmann 1957, 73–176). Diese Einteilung hat sich bewährt (Vielhauer 1975, 291; von Lips 1990, 197 ff.). Bultmann beruft sich auf die Gattungen, „die Jer 18, 18 angedeutet ist: vom Weisen erwartet man 'Rat' (ezah), vom Propheten 'Wort' (dabar), vom Priester 'Weisung' (torah)" (Bultmann 1957, 73). Auf Jesus werden von der Gemeinde alle drei atl. Traditionsstränge übertragen, da bereits die Apokalyptik des Frühjudentums prophetische, priesterliche und weisheitliche Worte zu einer neuen Gesamtkonzeption zusammengefaßt (Koch 1970, 25; Müller 1978, 202 ff.) und eine eigenständige eschatologische Weltsicht die Jesusbewegung von Anfang an bestimmt hat (Bultmann 1957, 110 ff.). Westermann präzisiert, daß die Weisheitsworte Jesu auf die mündliche Tradierung des ›Buches der Sprichwörter‹ (Spr 10–29) zurückgehen und nicht auf die schriftlich fixierte Lehrweisheit von ausgebildeten Weisheitslehrern wie die Weisheitsgedichte Spr 1–9 (Westermann 1990, 242; vgl. auch Bultmann 1957, 111 f.). Jesus ist also weder ein schulmäßig ausgebildeter Weisheitslehrer (gegen Bultmann 1965, 43) noch ausgebildeter Prophet, sondern ein charismatischer Wanderlehrer (s. o.

2.1). Daß er atl. schriftliche Spruchsammlungen nicht kannte (Westermann 1990, 242), halte ich aufgrund der Synagogenbibliotheken für ausgeschlossen. Es war eine bewußte Entscheidung Jesu, die gesellschaftlich standardisierte und legitimierte Rolle eines Schriftgelehrten, der mit der Pharisäerbewegung oder den Sadduzäern sympathisiert, nicht zu übernehmen und daher in der Art mündlicher Weisheitstradition einzelne Gnomen oder kleine Gnomengruppen zu bilden (s. u. 5.6), wobei er die gesamte Schrift sehr genau kannte (s. u. 5.5; 5.7).

## 5.1 Logien im engeren Sinn: Weisheitssprüche als Gnomen/Sentenzen des vorösterlichen Jesus

### 5.1.1 Gattung

Zu den Logien im engeren Sinn macht Bultmann nur wenige, knappe Bemerkungen. Die Weisheitsworte, die Meschalim, entstehen aufgrund von „konstitutiven Motiven", die von „ornamentalen Motiven" zu unterscheiden sind: „Zu letzteren gehören Formen wie Vergleich, Metapher, Paradoxie, Hyperbel, Parallelismus der Glieder, Antithese und dergl. Motive, die einzeln wie verbunden bei verschiedenen Grundformen angewandt werden, aber auch fehlen können" (Bultmann 1957, 73). Mit dieser Definition von „ornamental" spielt Bultmann offensichtlich auf die „Lexis" der Rede an, während er die konstitutiven Motive als gattungskonstituierend der dispositio zurechnet: „Konstitutive Motive nenne ich solche, die die Form eines Spruches konstituieren" (Bultmann 1957, 73). Sie sind „mit der logischen Form des Satzes gegeben" (Bultmann 1957, 74). Es handelt sich um die syntaktischen Elementarformen Aussagesatz, imperativische Mahnung und Frage. Sie führen zu drei Grundformen der Weisheitsworte: „1. Grundsätze (Form der Aussage), 2. Mahnworte (Form des Imperativs), 3. Fragen" (Bultmann 1957, 73 f.).

Diese Untergliederung bedarf allerdings einer weiterführenden Klärung, weil die tiefenstrukturale Syntax mit den zeitgeschichtlichen Gattungsdefinitionen vermischt wird. Die Untergliederung der Weisheitslogien in grundsätzliche Aussage, imperativische Mahnung und Frage folgt wohl den Elementen der syntaktischen Tiefenstruktur (Küchler 1979, 159), berücksichtigt aber nicht, ob diese tiefenstrukturale Differenz gleichzeitig auf die Bildung ost- und westantiker Gattungen durchschlägt. Wenn moderne, thematische Kriterien zusätzlich hinzutreten wie für die Unterscheidung der Weisheitslogien von

Gesetzesworten und Gemeinderegeln, wird die Gattungseinteilung beliebig.

Weiterhin vermeidet es Bultmann, für die Weisheitssprüche eine hellenistische Gattungsbezeichnung wie „Gnome" „Hypotheke" oder das lateinische Äquivalent Sententia einzusetzen. Lassen sich die Weisheitssprüche insgesamt den Gnomen und Sentenzen zuordnen (Dibelius 1975, 24; Vielhauer 1975, 292; Berger 1984, 1049–1074) oder nur deren Untergattung „Grundsätze" (von Lips 1990, 204)? Die Definition der Gnome von Aristoteles schafft Klarheit: „Es ist aber die Gnome eine Erklärung, jedoch nicht über das, was den Einzelnen betrifft, z. B. was Iphkrates für ein Mann ist, sondern über etwas das Allgemeine betreffend, jedoch auch nicht alles betreffend, wie z. B. daß das Gerade dem Krummen entgegengesetzt sei, sondern nur darüber, was die menschlichen Handlungen betrifft: was beim Handeln zu wählen oder zu meiden ist" (Rhetorik 2, 21). Die Gnome oder Sentenz ist eine das Allgemeine betreffende Erklärung. Da sie auf menschliche Handlungen beschränkt ist, kann zu ihrer konstatierenden Aussage zusätzlich ein deliberatives Element hinzutreten. Der Imperativ rät dann, was zum Handeln zu wählen und zu meiden ist. Die rhetorische Frage wiederum verleiht einer konstatierenden Aussage einen besonderen Affekt (Lausberg 1963, § 445). So finden sich alle drei syntaktischen Grundformen des Weisheitsspruches in der antiken Gnome. Die konstatierende Aussage dominiert allerdings.

Bultmanns undefiniert bleibender Oberbegriff „Logien im engeren Sinn, Weisheitssprüche" (Bultmann 1957, 73) ist daher mit der Sentenz und Gnome gleichzusetzen. Die syntaktischen Analysen Bultmanns bleiben so für die Untergliederung der Sentenz gültig, bilden aber statt drei nur zwei Untergattungen: die indikativische, konstatierende Gnome und die imperative, mahnende Gnome.

Denn in weitergehender Elementarisierung von Bultmann läßt sich mit der Sprechakttheorie zwischen indikativischen, konstatierenden einerseits und imperativen, performativen Gnomen andererseits unterscheiden (Austin 1972, 27). Die indikativen, konstatierenden Gnomen entsprechen den „Grundsätzen", die performativen Gnomen entsprechen den „Mahnungen". Die „Fragen" lassen sich den konstatierenden Gnomen zurechnen, auch wenn sie den Optativ haben, da sie sich in eine indikative, konstatierende Aussage transformieren lassen. Es handelt sich bei ihnen ja um „rhetorische", konstatierende Ausrufe und nicht um echte Fragen (Lausberg 1963, § 445).

Entsprechend ist auch Bultmanns Unterscheidung zwischen Weisheitssprüchen einerseits und Gesetzesworten und Gemeinderegeln andererseits aufzuheben (Berger 1984, 1085 f.). Die unter den Gesetzesworten und Gemeinderegeln eingeordneten vorösterlichen Worte werden entsprechend ihrer Satzform unter den indikativischen oder imperativen Gnomen/Sentenzen behandelt.

Wenn auch Bultmann die Gattung Weisheitsworte aus der atl. weisheitlichen Spruchliteratur abgeleitet und daher auf eine Zuordnung zu einer hellenistischen Gattung verzichtet hat, sieht er gleichzeitig deren Nähe zur hellenistischen Sprachwelt. Die Begründung bleibt jedoch universal: „Übrigens weisen, soweit ich sehe, die Sprichwortliteraturen aller Völker mehr oder weniger die gleichen Formen auf" (Bultmann 1957, 74). In der nachfolgenden Forschung wird dann der konkrete Einfluß der hellenistischen Sentenzen auf die ntl. Logien deutlich herausgearbeitet. Neben den Kommentaren weist Küchler in seiner Monographie ›Frühjüdische Weisheitstraditionen‹ den Einfluß der griechischen Gnomologien auf die in Griechisch geschriebene, frühjüdische Sentenzensammlung des Pseudophokylides auf und geht dem Weiterwirken solcher hellenisierten, frühjüdischen Weisheitstraditionen im Neuen Testament nach (Küchler 1979, 236–319; 553–593). Berger rückt die ntl. Sentenzen noch näher an die hellenistischen Logien heran: „Der Versuch, die neutestamentlichen Gnomen (ein Großteil der 'Logien'-Tradition) formgeschichtlich im Rahmen hellenistischer Gattungen zu beurteilen und damit zugleich einen Grundbaustein von Paränese/exhortatio zu ermitteln, setzte ein bei der Analyse von rund viertausend Sätzen ... Aus diesen viertausend Sätzen wurden wegen Altertümlichkeit und inhaltlicher Vergleichbarkeit mit dem Neuen Testament (also wegen dieser beiden Kriterien) rund tausend Gnomen ausgewählt ... Nachdem die tausend Belege verarbeitet waren, wurde der Versuch unternommen, neutestamentliche Analogien zu diesen Sätzen zu finden, was in fast allen Fällen gelang" (Berger 1984, 1058). Den Nachweis Bultmanns von Parallelen im atl. und rabbinischen Spruchgut erweitert Berger um die Parallelen in der hellenistischen Gnomik. Es geht ihm nicht um Abhängigkeit, sondern um den Nachweis „des internationalen Charakters vorderorientalischer Weisheit ... wie deren 'Hellenisierung' in den ersten Jahrhunderten vor Christus" (Berger 1984, 1056). Es geht also darum, die Analogie und Wechselwirkung zwischen hellenistischer und biblischer Gnomik aufzuweisen. Allerdings haben die gegenwärtigen Untersuchungen von hellenistischem Vergleichsmaterial noch längst nicht den Stand von Billerbecks Standardwerk für das rabbinische Material aus Talmud und Midrasch erreicht (Billerbeck 1961; Berger/Colpe 1987, 15 ff.). Noch immer gilt das Urteil von H. Hommel: „Zum andern ... fehlt es bis heute an

systematischen Hilfsmitteln, etwa an einem Kommentar wie dem Billerbeck'schen, für diesen wichtigen Sektor neutestamentlicher Exegese,
obwohl Wettstein (1751–52) seinerzeit auch die klassischen Stellen der
griechischen Literatur gesammelt hat, soweit sie ihm aus den hier sehr
wachsamen christlichen Vätern oder aus eigener Lektüre zuflossen. Be-
zeichnend für die Lage der Forschung, daß der Versuch einer Erneue-
rung und Erweiterung des alten Wettstein auf diesem noch offenen
Felde sich als 'Corpus Hellenisticum' auf den späteren, den hellenistischen Zeitraum beschränkt und überdies ... erst wieder mühsam in
Gang gesetzt werden muß" (Hommel 1966, 2f.; Delling 1963; van Unnik 1964; die Reihe Studia ad Corpus Hellenisticum Novi Testamenti
ab 1970; die neue Herausgabe des „Wettstein (1751–1752)" von
G. Strecker ab 1992; dazu Strecker 1992a). Berger schafft für seine eigenständige, materialreiche Übersicht aufgrund formaler und themati-
scher Kriterien eine Fülle von Untergattungen, die allerdings zu einer
problematischen Unübersichtlichkeit führen. Leider gibt er mit Bultmanns Gattungseinteilung auch dessen grundlegende Unterscheidung
zwischen konstitutiven und ornamentalen Motiven auf. Bultmanns
kluge Vorsicht, die Ebenen der Rede in der Analyse von Literatur aus-
einanderzuhalten und der antiken Hierarchie der Textebenen in der
Rede zu folgen, bestätigt dagegen Barthes. Er weist auf das Ende des
Rhetorikunterrichts im 20. Jahrhundert und auf die minimale Rezeption der Rhetorik durch die Sprachwissenschaft hin: „Jakobson übernahm aus der gesamten Rhetorik nur zwei Figuren, die Metapher und
die Metonymie, und machte sie zum Sinnbild der zwei Achsen der
Sprache" (Barthes 1988, 49; Jakobson 1972, 132ff.; s. o. 4.2). Diese Reduktion auf zwei Tropen wurde nach Barthes hervorgerufen durch die
antike „Obsession der Einteilung", die „auf den Außenstehenden immer
als Haarspalterei" wirkt (Barthes 1988, 49). Barthes empfiehlt daher,
mit den antiken Rhetorikern ab Aristoteles auf die Ebenen der Rhetorik zu achten, die „Akte einer fortschreitenden Strukturierung" sind
(Barthes 1988, 53).

In erster Linie sind daher Heuresis/Inventio und Taxis/Dispositio zu
rezipieren, während Lexis/Elocutio an zweiter Stelle folgen (Hommel
1970, 140ff.). Das hierarchische Gefälle zwischen Taxis und Elocutio
ist in der Konstituierung von Gattungen zu berücksichtigen. Gattungen sind zur Taxis zu rechnen (Dormeyer 1989, 135ff.). Bergers Infla-
tion neuer ntl. Gattungen ist unter diesem Gesichtspunkt kritisch zu
prüfen, wie ja auch Bultmanns formale Differenzierung der Gnome
auf nur zwei Untergattungen zu reduzieren ist.

## 5.1.2 Stil

Der Stil der jesuanischen Logien entspricht dem Stil der aramäischen und hebräischen Spruchweisheit: Passivum divinum, Parallelismus, Wortspiel, Paradoxien, Hyperbolik (Wendland 1912, 285; Bultmann 1957, 179f.; Jeremias 1971, 20–38; Schwarz 1985, 121–158; Gnilka 1990, 32). Das Passivum divinum ist eine atl. Stilfigur, die im Frühjudentum zur Vermeidung der Namensnennung Jahwes vermehrt eingesetzt wird (Macholz 1990, 247–253; Dalman 1965, 183ff.; Jeremias 1971, 20–24). Der Parallelismus membrorum zählt ebenfalls zu den Semitismen (Norden 1913, 365; Black 1982, 143–160). Der synonyme Parallelismus wiederholt im zweiten Stichos den Gedanken des ersten Stichos mit synonymen Begriffen, z. B. in Mt 6, 25 (s. u. G 78; „G" ist hier die Abkürzung für Gnome). Der synthetische Parallelismus fügt wie in den Seligpreisungen (s. u. G 11–13) im zweiten Stichos dem ersten Stichos eine Aussage hinzu, „die den Leitgedanken entweder ergänzt oder erklärt oder begründet" (Schwarz 1985, 129). Der klimaktische Parallelismus führt die Aussage des ersten Stichos in einem zweiten und dritten Stichos, der den Hauptton trägt, weiter, z. B. in Mt 19, 12 (s. u. G 22). Der antithetische Parallelismus stellt die beiden Stichoi in einen Gegensatz. Der antithetische Parallelismus wird von Jesus und der nachösterlichen Tradition deutlich bevorzugt (Jeremias 1971, 25–30), findet aber gleichfalls in der hellenistischen Spruchweisheit mit ihrer Vorliebe für Antithetik (s. o. 4. 2) Verwendung, z. B. in den Parallelen zu Mk 2, 27 (s. u. G 3), und wird vom frühjüdischen Weisheitslernen ebenfalls geschätzt (Höffken 1986, 72–105). Weitere Charakteristika der Worte Jesu sind die Amen-Einleitung und Abba-Anrede (Jeremias 1971, 44ff.; vgl. Mt 11, 11a s. u. G 14; Mk 10, 14f. s. u. G 15; das Vater-Gebet Mt 6, 9–13 s. u. 5. 4).

### 5.1.3 Indikative und interrogative Gnomen/Sentenzen

Küchler zählt 108 weisheitliche Logien Jesu (indikativische, interrogative und imperative Gnomen) bei den Synoptikern und stellt die Logien erstmals in einer Liste zusammen (Küchler 1979, 587–593). Von Lips erweitert diese Liste für den Bereich der Spruchquelle Q um einen Vergleich mit den Vorschlägen von Bultmann (1957), Berger (1984a), Schulz (1972), Sato (1988), Kloppenborg (1987), Zeller (1977), Küchler (1979) und Crossan (1983). Küchlers Index gibt weitgehend den Konsens wieder, wenn auch die Zuordnung einzelner Worte umstritten bleibt und die Gemeinderegeln und Gesetzesworte nicht berücksichtigt sind.

Die Zahl von 108 Sentenzen läßt sich noch geringfügig erhöhen, da Küchler die Seligpreisungen (s. u. G 11–13) nicht aufgenommen und einigen Wort-Reihungen (Mk 9, 43–47) nur eine Nummer gegeben hat. Nimmt man die Gemeinderegeln und Gesetzesworte hinzu, vergrößert sich die Zahl um ungefähr 50 Worte (nach Bultmann 1957, 138–176). So läßt sich von rund 170 Weisheitsworten Jesu sprechen, die über die Synoptiker verstreut sind. Im Vergleich zur Spruchquelle Q mit rund 200 Versen (Schulz 1972, 40) handelt es sich um eine ansehnliche Materialfülle, die allerdings weder direkt auf Jesus zurückzuführen noch vollständig in einem der synoptischen Evangelien anzutreffen ist. Wie viele Gnomen lassen sich dem vorösterlichen Jesus zuweisen? Bultmann ist skeptisch in der Zurückführung von Herrenworten auf den vorösterlichen Jesus. Von den vorösterlichen Worten stammt nach ihm aber der größte Teil aus den Weisheitssprüchen, also aus den Gnomen/Sentenzen. Diese Gewichtung hat die Forschungsgeschichte bestätigt, auch wenn gegenwärtig die Tradierung der authentischen Jesusworte als umfassender gilt (s. o. 68 f.; Zeller 1983, 148 f. für die Mahnungen). Es lassen sich nach den gängigen Kommentaren über die Hälfte der synoptischen Gnomen, und zwar 81 (und mehr), als authentisch bestimmen.

Die vorösterlichen Worte lassen sich wiederum nach thematischen Gesichtspunkten ordnen.

### Zuwendung zu Sündern und Gesetzeskritik

G ist die Abkürzung für Gnome. G 1 „Nicht die Gesunden brauchen den Arzt, sondern die Kranken" (Mk 2, 17a par). Dieser antithetische Parallelismus hat den Charakter eines Sprichwortes, weil die Richtigkeit der Aussage unmittelbar aus der Alltagserfahrung bestätigt wird. Die hellenistischen Parallelen sind reichhaltig (z. T. gesammelt bei Wettstein 1751–52, 358 f.; ergänzt von Klauck 1978, 153 f.) Besonders nahe kommt Plutarch: „Und nicht sind die Ärzte bei den Gesunden ..., sondern wo die Kranken sich aufzuhalten pflegen" (Plut., Moral. 230F [Apophth. Lacon., Pausanias 2]; Pesch 1, 1976, 166). Jesus bevorzugt einen für ihn typischen Perspektivenwechsel. Nicht die Aktivität des Arztes bestimmt wie bei Plutarch den Kranken als Objekt, sondern der Kranke definiert als Subjekt seine Beziehung zu Jesus. Aus diesem Perspektivenwechsel leben auch die Gleichnisse Jesu wie der barmherzige Samariter (Lk 10, 30–37). Da Bultmann diesen Perspektivenwechsel nicht erkennt, vermag er diese Sentenz auch nicht Jesus sicher zuzuweisen: „Daß er das verbreitete Bild vom Arzt, der nicht für die Gesunden, sondern für die Kranken da ist (Mk 2, 17), aufgenommen haben kann, um die Art seines Wirkens zu verteidigen, ist an sich natürlich keineswegs unmöglich" (Bultmann 1957, 109). Doch diesem Sprichwort aus der profanen Weisheit hat Jesus durch die Subjektverschiebung vom Arzt zum Kranken einen neuen, eschatologischen Sinn gegeben, der eine Rückführung auf den vorösterlichen Jesus zwingend macht. Der Kranke ist nicht mehr wie bei Plutarch der philosophisch Ungebildete, sondern der Sünder, der sich an den die Gottesherrschaft verkündenden Jesus wendet, um den Anfang dieser sich bald vollendenden Nähe Gottes zu erfahren.

*Gesetzeskritik*

Mehrere gesetzeskritische Sentenzen gehen ebenfalls auf den vorösterlichen Jesus zurück:

G 2 „Nichts, was von außen in den Menschen hineinkommt, kann ihn unrein machen, sondern was aus dem Menschen herauskommt, das macht ihn unrein" (Mk 7, 15 par).

G 3 „Der Sabbat ist für den Menschen und nicht der Mensch für den Sabbat da" (Mk 2, 27).

G 4 „Ist es erlaubt, am Sabbat Gutes zu tun oder Böses, ein Leben zu retten oder zu töten?" (Mk 3, 4 par).

Diese antithetischen Parallelismen gehören in den Bereich der jüdischen Gesetzesdiskussion (Billerbeck 1, 718 ff.; 2, 5; Gnilka 1, 1978, 123. 277 f.). Sie haben Parallelen in der judenhellenistischen und hellenistischen Literatur: „Die Reinigungen der Seele, nicht des Leibes, sind die wahren Reinigungen" (Ps-Phokylides 228). Mit der Antithetik zwischen Leib und Seele nimmt der judenhellenistische Verfasser von Pseudo-Phokylides griechische Anthropologie auf. Mit ihrer Hilfe weist er den jüdischen Reinheitsgesetzen einen untergeordneten Rang zu, da sie für den Leib bestimmt sind, hebt sie aber nicht auf (Gnilka 1, 1978, 278).

Jesu Antithese hingegen führt die atl. Verlagerung von Unreinheit auf ihren anthropologischen Ursprung zurück und befreit die Außenwelt von den Restbeständen eines magischen Realismus. Das Herz des Glaubenden allein entscheidet über die Macht von Leben und Tod. Die Aufhebung der Macht des Todes über die materielle Welt durch die Gottesherrschaft konzentriert die Reinheit auf das Innere des Menschen (Pesch 1, 1976, 379 f.). Die Unreinheit ist nicht aufgehoben, sondern zunächst wie in Ps-Phokylides auf ihren Ursprung zurückgeführt. Da aber die ganzheitliche Anthropologie Jesu den hellenistischen Kompromiß einer Unterordnung der Reinigungsgebote unter die Moralgesetzgebung nicht zuläßt, erzwingt Jesu Grundsatz in neuer

Weise die radikale Aufhebung der Ritualgesetzgebung (Paschen 1970, 184 ff.). Der faule Kompromiß einer Weitergeltung der Reinheitsgesetze bei gleichzeitiger Aufhebung ihrer Grundlage kann auf die Dauer nicht weitergehen, wie Paulus nach Ostern klar erkannt hat.

Von gleicher, zentraler Bedeutung sind die Gnomen vom Sabbat. Die hellenistischen Parallelen verdeutlichen wieder den eigenständigen Denkansatz Jesu: „Pausanias, Sohn des Pleistonax, sagte zu einem, der ihn fragte, warum es bei ihnen verboten sei, eines von den alten Gesetzen zu verändern: ,Weil die Gesetze über die Menschen (Männer), nicht die Menschen (Männer) über die Gesetze Herr sein sollen'" (Plut., Moral. 230 F [Apophth. Lacon., Pausanias 1]; ähnlich Chilon 19 und Periander 16 in Snell 1952). Wie Jesus die Sentenz vom Sabbat innerhalb eines Streitgesprächs vorträgt (Mk 2, 23–28), so formuliert Pausanias die Sentenz von den Gesetzen innerhalb einer Chrie. Beide Gnomen haben die Satzform des antithetischen Parallelismus. Doch in ihrer Intention sind sie entgegengesetzt. Plutarch betont wie die meisten jüdischen Parallelen die Unterordnung unter die Gesetze (mSchab passim), Jesus verlagert dagegen die Auslegung des Sabbatgesetzes in die autonome Verantwortung des Menschen (vgl. syrBar 14, 17 f.).

Der Gegensatz von gut und böse handeln ist ebenfalls dem Hellenismus geläufig wie jeder Volksweisheit: „Glaube nicht, sagte er (sc. Musonius), daß es jemandem anderen mehr zukommt, Philosophie zu treiben als dir (sc. einem der Könige in Syrien) und wegen keiner anderen Sache mehr als deshalb, weil du ein König bist. Denn es muß der König wahrhaft imstande sein, Menschen zu retten (sozein) und (sc. ihnen) Gutes zu tun (euergetein)" (Musonius, Diatriben 8; Berger/ Colpe 1987, 39). Ein weiteres Beispiel bietet Artemidor: „Nun erfüllen sich aber sowohl die guten wie auch die bösen Träume (Artem 4, 59, S. 297, Z 1–2; Bauer/Aland 1988, 806).

Indem Jesus alltägliche Lebenserfahrungen aufnahm, konnte er die Sabbat-Gebote als inhuman und unplausibel entlarven und durchbrechen.

Singulär ist hingegen im folgenden synthetischen Parallelismus die Auffassung Jesu zur Ehe: G 5 „Jeder, der seine Frau aus der Ehe entläßt und eine andere heiratet, bricht die Ehe und wer eine vom Mann Entlassene heiratet, bricht die Ehe" (Lk 16, 18/Mt 5, 32; Mk 10, 11 f./ Mt 19, 6). Nur die Qumran-Essener haben eine ähnliche Auffassung vom Verbot einer Ehescheidung: „Sie sind durch zweierlei gefangen: in der Hurerei, daß sie zwei Weiber zu ihren Lebzeiten nahmen; aber die Grundlage der Schöpfung ist: Als Mann und Weib hat er sie geschaffen (Gen 1, 27)" (Dam 4, 20–21). Der Zusammenhang von lebenslanger

Einehe aufgrund des Schöpfungswillens Gottes und das daraus resultierende Scheidungsverbot sind allerdings nicht so deutlich erkennbar wie
in der jesuanischen Sentenz. „Vermutlich wird in diesem Zusammenhang die lebenszeitliche Einehe gefordert und das Verbot von Scheidung und Wiederheirat ausgesprochen" (Gnilka 1, 1986, 167; gegen
Berger/Colpe 1987, 65f.: kein Scheidungsverbot). Für den König fordert dann die Tempelrolle explizit eine lebenslange Einehe (11 Q Temp
57, 17–19). Aber es handelt sich um eine Ausnahme aufgrund einer
Übertragung des Sexualtabus nach Lev 18, 18 auf den König (Maier
1978, 121). Auch im Hellenismus wurde das Ideal einer lebenslangen
Einehe gepriesen. Am bekanntesten ist die Treue Penelopes zu ihrem
Mann Odysseus (Od 1, 328 passim). Im lateinischen Raum galt ebenfalls: „Romulus gab auch einige Gesetze, darunter das sehr harte, welches der Frau nicht gestattet, ihren Mann zu verlassen, ihm aber gestattet, die Frau zu verstoßen wegen Giftmischerei, Kindesunterschiebung
und Ehebruchs ..." (Plut., Romulus 22). Plutarch sieht diese Rechts-
vorschriften der Manus-Ehe (Pomeroy 1985, 232ff.) als grundlegend
für eine ideale Stadtgesellschaft an (Berger/Colpe 1987, 66). So „galt es
als Verdienst, wenn eine Frau nur einen einzigen Mann in ihrem Leben
gekannt hatte, aber erst die Christen erhoben dies zur Pflicht" (Veyne
1989, 52). In der Zeit des Prinzipats trat zur elementaren Treuepflicht
der Gatten das Ideal der Zärtlichkeit hinzu (Veyne 1989, 53). Die Christen konnten diesen Wandel durch ihre neue Ehemoral aufgreifen und
verstärken (Brown 1989, 250ff.; s. u. 6.3). Die auf untrennbare Liebe
aufbauende Einehe ist die Vollendung des Schöpfungswillens Gottes in
der eschatologischen Zeit seiner neuen Nähe (Mk 10, 2–12 par).

*Machtvoller Anfang der Gottesherrschaft in Festfreude und Wundertätigkeit*
    Die Erfahrung der Jesuszeit als Heilszeit führt auch zum freien Um-
gang mit dem Fasten: G 6 „Können die Söhne des Brautgemachs fasten, während der Bräutigam mit ihnen ist?" (Mk 2, 19a par; vorösterlich [?] Bultmann, Geschichte 1957, 109; vorösterlich [!] Gnilka 1,
1978, 112f.; Pesch 1, 1976, 173f.). Der Schwerpunkt der Gnome liegt
zunächst auf der Freude der Hochzeitsgäste, zu denen die ausgeschlos-
senen Sünder und Zöllner gehören (Gnilka 1, 1978, 112f.), und noch
nicht auf der Dispens von der jüdischen Fastenpraxis wie im nachösterlichen Apophthegma Mk 2, 18–22 (gegen Pesch 1, 1976, 173f.).
    Der Hieros Gamos zwischen den Göttern oder Göttern und Men-
schen ist der religionsgeschichtliche Hintergrund der Metapher vom
Hochzeitsgemach: „Preisen werd' ich Demeter Schönhaar, sie, die er-
habne Göttin selbst und die Tochter mit hohen Knöcheln, die Hades

raubte, dem Zeus sie, der weitumblickende Donnerer, schenkte. Fern von Demeter, der golden Behängten, mit Früchten Geschmückten, trieb sie ihr Spiel mit Okeanos' üppigen Töchtern und pflückte Blumen, Rosen, Narzissen, Krokos, Iris und schöne Veilchen und Hyazinthen im weichen Polster der Wiese. Gaia stellte die Falle dem Mädchen mit blumigem Antlitz; Gunst doch erwies sie dem Wirt der Vielen, weil Zeus es beschlossen. Wunderbar prunkte die Falle, daß alle unsterblichen Götter, alle unsterblichen Menschen betroffen staunten beim Anblick" (Hom. Hymnen, An Demeter 1–11).

In der atl. Prophetie findet dagegen schon früh ein Abrücken vom Mythos der heiligen Hochzeit und eine Neudefinition statt. Die Ehe wird in die eschatologische Zukunft verlegt und dafür die *Brautzeit* für die Gegenwart betont (Klauck 1978, 162 ff.). Jesus bezieht in origineller Weise die Brautzeit auf seine Verkündigung, weil er mit der Verkündigung des Anbruchs der Gottesherrschaft (Mk 1, 14 f. s. u. 5.2.1) erst den Beginn der Hochzeit zwischen Jahwe und seinem Volk melden kann, deren Vollendung noch aussteht.

Weitere Worte kennzeichnen die Freudenzeit, die mit Jesus angebrochen ist: G 7 „Aber keiner kann in das Haus des Starken eindringen und seine Habe ausplündern, wenn er nicht zuerst den Starken gebunden hat" (Mk 3, 27) (Bultmann 1957, 110; Pesch 1, 1976, 215). Der Begriff „deo (binden)" nimmt in der antiken und ntl. Vorstellung von Dämonie, Zauberei, Exorzismus und Geistbesitz eine wichtige Funktion ein (Lk 13, 16; Apg 20, 22): „Aristos nahm ich und band ihm die Hände, die Füße und die Zunge" (SIG 1175, 14 ff., 32 ff.; Bauer/Aland 1988, 356; weitere Belege Thraede, RAC 7 [1969], 58 ff.). Der von den Giganten gefangene und von Hermes wieder befreite Ares ist das bekannteste griechische Beispiel: „Ares ertrug's, als jenen die Riesenbrut des Aloeus, Otos samt Ephialtes, in schmerzenden Banden gefesselt. Dreizehn lag er der Mond' umschränkt vom ehernen Kerker, und er verschmachtete schier, der unersättliche Krieger, wenn nicht der Brut Stiefmutter, die reizende Eeribōa, solches dem Hermes gesagt; der stahl von dannen den Ares, kraftlos schon und ermattet, denn hart bezwang ihn die Fessel" (Hom. Il, 5, 385–392). So wie Giganten Götter binden können, aber dann von den Göttern getötet (Od 11, 305 ff.) oder gebunden werden (Typhon; Hesiod, Theogonie, 820–880), so kann Jesus in der Vollmacht der Gottesherrschaft die Dämonen binden. Mit der Metonymie vom Binden des Starken erläutert Jesus seine Exorzistentätigkeit (Gnilka 1, 1978, 150). Aufgrund seines Geistbesitzes bricht Jesus die Macht der Dämonen und läßt die Gottesherrschaft anfanghaft anbrechen. Die Gegenannahme, daß Jesus aufgrund von dämonischer Zauberkraft die Dämonen austreibt (Mk 3, 22 par), widerlegt er mit einem Doppelspruch: [G 8] „24 Wenn ein Reich in sich gespalten ist, kann jenes Reich keinen Bestand haben. [G 9] 25 Und wenn ein Haus in sich gespalten ist, kann jenes Haus keinen Bestand haben" (Mk 3, 24 f. par). Da Markus die gesamte, konditionale Spruchargumentation 3, 23b–27 der Gattung „parabole" zuordnet (3, 23a), ist die markinische Gattungsbezeichnung Parabel/Gleichnis in der breiten Bedeutung des hebräischen Gattungsbegriffs „Maschal" zu verstehen. Unter Maschal fallen Weisheitslogien, Bildworte, Metaphern und Erzähl-Gleichnisse (Bultmann, Geschichte 1957, 84 f., 174 ff.; Weder 1978, 19 ff.; Westermann, 1984, 105 ff.; s. u. 7.1). In dem Doppelspruch handelt es sich daher um weisheitliche Gnomik (Pesch 1, 1976, 214) und noch nicht um Erzähl-Gleichnisse im hellenistischen Sinne (gegen Gnilka 1, 1978, 149 f.). Eine Parallele bietet Sophokles: „Kein größeres Übel gibts aber als die Anarchie. Sie vernichtet Städte und bringt Häuser außer Ordnung" (Antigone 672; Cicero, Lael 7, 23; Michel, ThWNT 5 [1954], 134). Jesus weist aufgrund der allgemeinen Erfahrung von Bürgerkrieg und Familienzwist, die besonders von der Apokalyptik aktualisiert ist (Dan 2, 41; 1 Hen 100, 1 f.; 4 Esra 5, 9; syr-Bar 70, 3; Jub 23, 19; Pesch 1968, 134; Dormeyer/Hauser 32 f.), auf die Unsinnigkeit eines Dämonenbündnisses bei seinen Wunderheilungen hin. Jesus heilt aufgrund der in ihm angebrochenen Gottesherrschaft.

Eine weitere Gnome erschließt explizit diesen Zusammenhang von Exorzismus und Geistbesitz: G 10 „Wenn ich mit Beelzebul die Dämonen austreibe, durch wen treiben eure Söhne sie aus?" (Lk 11, 19a/Mt 12, 27a). Die konditionale Frage zwingt zur Änderung der vorwurfsvoll unterstellten Bedingung, daß Jesus die Dämonenaustreibungen mit Hilfe des mächtigsten Dämons Beelzebul ausführt. Die andere Alternative der conditio ist zu wählen, daß wie für die jüdischen Exorzisten allein die Geistvollmacht Gottes in Frage kommt (Gnilka 1, 1986, 455; Luz 2, 1990, 259 f.). Allerdings überragt Jesu Vollmacht aufgrund der ankommenden Gottesherrschaft die der anderen Exorzisten (Lk 11, 20/Mt 12, 28; s. u. 5.3.1).

*Seligpreisungen der Armen, Machtlosen und Kinder*
Die Makarismen, deren Form aus der atl. Weisheit stammt (Luz 1, 1985, 201 f. gegen Bultmann 1957, 80; von Lips 1990, 214: prophetische Form), kennzeichnen inhaltlich die Freudenzeit, die mit Jesus angebrochen ist. Am bekanntesten sind die acht Seligpreisungen der matthäischen Bergpredigt, von denen drei über die Spruchquelle Q auf den vorösterlichen Jesus zurückgeführt werden können:

**G 11** „Selig die Armen; denn ihrer ist die Königsherrschaft Gottes"
(Lk 6,20/Mt 5,3).

**G 12** „Selig die Hungernden; denn sie werden gesättigt werden" (Lk
6,21a/Mt 5,6).

**G 13** „Selig die Trauernden; denn sie werden getröstet werden" (Mt
5,4/Lk 6,21b)          (Schulz 1972, 76–84; Schenk 1981, 24).
Aus der atl. Theologie von der Gegenwart der Königsherrschaft
Gottes im Königtum und Volk und aus der apokalyptischen Verschiebung der sichtbaren Königsherrschaft Gottes auf das zukünftige Weltgericht (Dan 7) hat Jesus die Spannung zwischen der Ankündigung der
Gottesherrschaft schon jetzt und ihrer Vollendung in der Zukunft geschaffen (Schnackenburg 1965, 77 ff.; Merklein 1978, 115 ff.). Die Personalisierung der Gottesherrschaft als ankommende Interventions-
macht ist auch für das Judentum singulär (Perrin 1972, 58 ff.). „Schon
jetzt" erfahren die Armen durch Jesu Zuspruch die Kräfte der Gottesherrschaft. Die eschatologische Verheißung Jes 61,1 von der Sendung des
Freudenboten zu den Armen hat sich erfüllt (Gnilka 1, 1988, 120).
„Noch nicht", aber bald in der nahen Zukunft, werden Hunger und
Trauer endgültig aufgehoben sein, deren anfanghafte Bearbeitung schon
durch Jesus erfolgt ist (Gnilka 1, 1988, 122 ff.). Die Seligpreisungen bringen das Zentrum der Verkündigung Jesu zum Ausdruck, die Zusage des
Anfangs und der künftigen Vollendung der Gottesherrschaft für die Armen, Hungernden und Trauernden. Das Passivum divinum umschreibt
das bereits gegenwärtige Wirken Gottes (Jeremias 1971, 21 ff.).

Die Theologie der Makarismen hat in der hellenistischen Religion
nur entfernte Parallelen, enger ist die Analogie der Form. Die frühjüdische, apokalyptische Theologie von der kommenden Gottesherrschaft
hat eine Wurzel in der Vier-Reiche-Lehre Hesiods (Burkert 1983,
250 f.; Dormeyer/Hauser 1990, 33 f.). Hesiod faßte im 7. Jh. v. Chr.
den Mythos von den vier Weltreichen in ein Epos, nach dem sich die
Weltordnung in einem kontinuierlichen Verfall befindet. Auf das goldene Zeitalter folgt das silberne, dann das erzene, dann das eiserne
Zeitalter. „Dann wird Zeus auch dieses Geschlecht der Menschen ver-
nichten" (Hesiod, Werke und Tage 179). Eine Neuschöpfung erwartet
Hesiod nicht explizit. Wenn sie gemäß der Theogonie erneut erfolgt
(Hesiod, Theogonie 116–1020), wird sie wieder den Kreis der vier Welt-
reiche durchlaufen. Auch für den Griechen ist die irdische Welt wan-
delbar und vergänglich als zyklischer Ablauf, so daß die geläufige Bestimmung des Gegensatzes zwischen jüdisch-christlichem und hellenistischem Schöpfungsglauben als Gegensatz zwischen Vergänglichkeit
und Ewigkeit (Nestle 1948, 53 f.) lediglich die Hauptschiene der plato-

nisch-stoischen Kosmologie wiedergibt (Thraede RAC 6 [1966] 559ff.). Diese einseitige Akzentuierung der antiken Kosmologie übersieht aber die apokalyptischen Weltuntergangsvorstellungen, die sich im Hellenismus auch nach Hesiod halten, z. B. in den sibyllinischen Orakeln (Treu 1989; s. u. 11.1). Jüdische und jesuanische Apokalyptik setzen dagegen wiederum auf eine Neuschöpfung durch den monotheistischen Jahwe, der im Endgericht den Verfall beseitigt und die weisheitliche Ordnung der Welt erneuert und vollendet (Dan 7–8; aeth. Hen 20–23.72–82; K. Müller 1978; Küchler 1979, 65–72; Dormeyer/Hauser 1990, 34–65). In Jesu Makarismen wird schon jetzt der Anfang der eschatologischen Neuschöpfung den Hörern als Heil zugesprochen im Unterschied zur skeptischen Aufklärung Hesiods. Allerdings vermag Hesiod auch seine weisheitliche Weltsicht mit einem Heilsruf zu verbinden. Sein Epos ›Werke und Tage‹ schließt Hesiod mit einer Seligpreisung ab, die statt der Einleitungsformel *makarios* die Variante *eudaimon* hat (Hauck ThWNT 4 [1942], 365): „Selig und gesegnet der Mann, der alles das wissend handelt ohne Schuld vor den Unsterblichen, indem er die Vögel erforscht und Übertretungen meidet" (825–828). Wie im atl. Kohelet wird das richtige Leben nach der Weisheit aufgrund der Einsicht in die Mangelhaftigkeit der Lebensordnungen mit einer Seligpreisung verbunden (Koh 10, 17). Die Seligpreisung des Lebens nach der Weisheit geht weiter bei Plato (Resp 1, 354a).

Die Parallelen der nachexilischen Einleitung des atl. Psalters zur griechischen Weisheit sind deutlich: „Selig (makarios LXX Ps 1, 1) der Mann, der nicht dem Rat der Frevler folgt, nicht auf dem Weg der Sünder geht, nicht im Kreis der Spötter sitzt, sondern Freude hat an der Weisung des Herrn, über seine Weisung nachsinnt bei Tag und Nacht" (Ps 1, 1 f.; Kraus 1, 1966, 1 ff.). Diese Seligpreisung des weisheitlichen Lebens findet sich auch in Lk 11, 28: „Selig sind vielmehr, die das Wort Gottes hören und es befolgen." Es handelt sich um eine nachösterliche, paränetische Sentenz der Q-Gemeinde (Schneider 2, 1977, 269). Die rein weisheitliche Thematik erhält erst im Kontext der jesuanischen Botschaft von der endzeitlichen Gottesherrschaft eine eschatologische Konnotation. Verbunden ist diese Seligpreisung durch ein biographisches Apophthegma mit einer weiteren Seligpreisung, die sowohl im Judentum wie auch im Hellenismus ihre Parallelen hat: „Als er das sagte, rief eine Frau aus der Menge ihm zu: ›Selig der Leib, der dich getragen hat und die Brüste, an denen du gesogen hast‹" (Lk 11, 27). Jüdische Belege sind in syrBar 54, 10, in Pesiqu 149a (Berger/Colpe 1987, 134) und in Gen rabba 98 (62d) (Billerbeck 2, 1974, 187;

Schneider 2, 1977, 268) zu finden. Eine lateinische Parallele liefert Petron: (Eumolpus zu Giton) „O glücklich, sagte er, deine Mutter, die dich als einen solchen geboren hat" (Satyricon 94, 1). Der Ruhm eines großen Mannes wird indirekt gepriesen (Schneider 2, 1977, 269; Berger/Colpe 134). Jesus wird nicht mehr aufgrund seines Dienstes an der Gottesherrschaft, sondern aufgrund seiner charismatischen Wundertätigkeit und Weisheit, also aufgrund seiner persönlichen Qualitäten, bewundert. Die Seligpreisung Lk 11, 27 f. gehört aufgrund ihrer Thematik, die auf Jesus als Gründungsgestalt bereits zurückblickt, zur nachösterlichen, frühen Gemeindebildung (s. u. 10.2.2).

Auf Jesus geht dagegen ein ähnliches Lob für Johannes zurück. Es hat nicht die Form der Seligpreisung, sondern der einfachen Feststellung: **G 14** „(Amen ich sage euch:) Nicht ist unter den von den Frauen Geborenen ein Größerer aufgestanden als Johannes der Täufer" (Mt 11, 11a/ Lk 7, 28a; Gnilka 1, 1988, 415–420). Johannes wird als größter, aber machtloser Prophet und Weisheitslehrer des Judentums vor der mit Jesus anbrechenden Gottesherrschaft gepriesen (s. u. 5.3.1). Die Einleitung mit „Amen ich sage euch" ist bei diesem Wort sekundär (Berger 1970, 80 ff.; Gnilka 1, 1988, 415). Das aus dem Hebräischen übernommene Fremdwort „Amen" bedeutet „wahrlich, gewiß" (Bauer/Aland 1988, 89). Es wird in neuer Weise von Jesus als einleitende Bekräftigung von Aussprüchen gebraucht (Jeremias 1971, 44). Da nach Ostern das Amen verstärkt den Worten Jesu vorangestellt wurde, ist eine sichere, vorösterliche Satzverbindung nicht auszumachen (Berger 1970, 147–152). Dennoch bleibt festzuhalten, daß das „Amen" bei Jesus eine neue Verwendungsform gefunden hat (Gnilka 1990, 32).

Zur originären Botschaft Jesu von der Gottesherrschaft gehört weiter die Seligpreisung der Kinder: **G 15** „Lasset die Kinder zu mir kommen, hindert sie nicht; denn solcher ist die Königsherrschaft Gottes" (Mk 10, 14 par; Pesch 2, 1977, 133; Gnilka 2, 1979, 81 f.; gegen Bultmann 1957, 110: die Parallele 10, 15 sei vorösterlich anstelle von 10, 14). „Wenn den Kindern vorbehaltlos das Reich Gottes zugesagt wird, erinnert das an die erste Seligpreisung der Jüngerunterweisung nach Lk 6, 20 par" (Gnilka 2, 1979, 81). Der gemeinantike Patriarchalismus wird auf den Kopf gestellt. Während sich Griechen und Juden einig sind, daß das Kindsein eine unzureichende Vorstufe des Erwachsenseins ist (Homer Il 7, 235; Od 4, 32; Herter 1961, 146; mAboth 3, 10), wird nun das Kind zum Vorbild des Christseins. Die Einfalt des Kindes, dessen Anlagen durch Erziehung erst zu entfalten sind (Quintilian 1, 3), und seine gesellschaftliche Ohnmacht werden zu erstrebenswerten Grundhaltungen erklärt. „Für diese Einstellung gibt es in der heidnischen Antike keine Parallele" (Herter 1961, 159), ebensowenig im Judentum. Das Kind in seiner Schutzbedürftigkeit und Angewiesenheit auf Bezugspersonen öffnet sich Gott noch unmittelbar. Der Erwachsene muß sich geradezu gegen seine „Paideia" zu dieser Offenheit wieder durchringen. Je sicherer der Erwachsene in Rolle und Status ist, desto schwerer wird ihm die kindliche Offenheit fallen. Und je verunsicherter und randständiger er ist, desto leichter wird ihm die Regression zum kindlichen Glauben fallen. Mit der Fähigkeit zur Offenheit, zum unbedingten Urvertrauen allen Menschen und Gott gegenüber wird das Kind zum genuinen Ausdruck des Selbstverständnisses Jesu. Die familiären Achsen Sohn – Vater, Kind – Eltern und Bruder – Schwester sind für Jesus die ursprünglichen Erfahrungsfelder für sein Gottesverständnis und seine Beziehung zu den Mitmenschen. So redet er Gott mit dem (kindlich) vertrauensvollen „Abba" an (Mk 14, 36), das bei Markus wie bereits bei Paulus als unübersetzbares Fremdwort neben *pater* gesetzt ist (Röm 8, 15; Gal 4, 6) (Jeremias 1966, 56–67; präziser Schelbert 1981, 407 ff.; s. u. G 44–50; 5.4).

*Kritik der Reichen und Mächtigen*

Jesu Kritik an den selbstmächtigen Erwachsenen äußert sich daher besonders gegen die Reichen: **G 16** „Leichter ist es, daß ein Kamel durch ein Nadelöhr geht, als daß ein Reicher in die Gottesherrschaft kommt" (Mk 10, 25) (Bultmann 1957, 110). Die Kritik an den Reichen hat zahlreiche Analogien in der Umwelt (Dion Chrys. 4, 91 u. ö.; s. u. **G 78**; Mussies 1972, 75 f.; Gnilka 2, 1979, 88). Das Paradoxon vom Nadelöhr und Kamel gehört allerdings zu Jesu stilistischen Vorlieben (Jeremias 1971, 38). Bereits Celsus erkennt die Parallele und Differenz dieser Gnome zu Plato: „Hierauf behauptet Celsus, daß der Ausspruch Jesu gegen die Reichen: ‚Es ist leichter, daß ein Kamel durch ein Nadelöhr gehe, als daß ein Reicher in das Reich Gottes eingehe', geradezu aus Plato genommen sei, indem Jesus den platonischen Satz: ‚Unmöglich ist es, daß ein hervorragend guter Mensch zugleich auch hervorragend reich sei', verfälscht habe" (Orig., Celsus 6, 16). Celsus sieht zu Recht in der radikalen Kritik Jesu am Reichtum eine signifikante Abweichung vom griechischen Gesellschaftsideal einer gerechten Harmonie zwischen Reichtum und Armut. Wie Celsus können auch später Porphyrius und Julian die Verfemung des Reichtums nur als Aufruf zur umstürzlerischen Anarchie mißverstehen (Porph fr. 69 zu Joh 6, 53 ff.; Jul fr. 12; Nestle 1948, 72 f.). Die umfassende Armenfürsorge des Christentums aus dem Geist der selbstlosen Agape erweist sich gegenüber dem egozentrischen Euergetismus als subversive und gleichzeitig bewunderte, neue Ausstrahlungskraft des Christentums (Lukian, Peregrinus 13 f.; Nestle 1948, 77 f.; Brown 1989, 252 f.; s. u. 6.3). Die Weherufe gegen die Reichen und Mächtigen (Lk 6, 24–26) allerdings stammen nicht von Jesus. Sie kontrastieren die Seligpreisungen und sind lukanische oder späte, vorlukanische Bildung (Bovon 1, 1989, 295 gegen Schneider 1, 1977, 151: Q). Es handelt sich um eine apokalyptische Stilform (aethHen 38, 2; syrBarApok 10, 6 f.; Mk 13, 17 par; Offb 8, 13 u. ä.), die die Spruchquelle Q wiederholt als prophetische Drohung verwendet: Mt 11, 21/Lk 10, 13; Mt 23, 13/Lk 11, 52; Mt 23, 23/Lk 11, 42; Mt 23, 25/Lk 11, 39; Mt 23, 27/Lk 11, 44; Mt 23, 29/Lk 11, 47 (s. u. 10.3.1).

*Jesu Bruch mit Familie und Heimatdorf*

Außerdem ruft Jesus zum radikalen Bruch mit der Familie für die Nachfolge auf: G 17 *„Und jeder, der Vater oder Mutter (Schwestern oder Brüder?) um meinetwillen verläßt, wird Hundertfaches dafür empfangen" (Mk 10, 29 f. par; Rekonstruktion nach Gnilka 2, 1979, 93 f.). Das Verlassen von Familie und Besitz bei der „Bekehrung zur Philosophie" erfordert ebenfalls im Hellenismus den Bruch mit der eigenen Familie und die radikale Freiheit von den Bindungen des Besitzes (Hengel 1968, 31 f.). Musonius führt aus: „Dein Vater hindert dich am Philosophieren; doch der gemeinsame Vater aller Menschen und Götter, Zeus, mahnt und ermuntert dich dazu … Das Gebot des Zeus befiehlt dem Menschen, gut zu sein, was identisch ist mit Philosoph sein …" (Musonius, Diatriben 16; Hommel 1966, 14). Diese Sentenz steht in einer alten, auf Sokrates zurückgehenden Tradition (Xenophon, Memorabilien 1, 2, 51–55; Hommel 1966, 12 f.; vgl. Plut, Moral 180 D [Reg. et imp. ap. Alex. 15]; Almqvist 1946, 51). Die Antithese vom Widerstand des biographischen Vaters gegen das Philosophieren und von der Aufforderung des göttlichen Vaters Zeus zum Philosophieren entspricht der Synthese von biographischer und erweiterter Familie in der Erfüllung des Willens Gottes. G 18 „Wer den Willen Gottes erfüllt, der ist für mich Bruder und Schwester und Mutter" (Mk 3, 35 par) (Gnilka 1, 1978, 153; Dormeyer 1989a, 126 f.). Dieser Gedanke der „Familie Gottes" hat eine Analogie in dem philosophischen Freundschaftsideal: „Wenn du aber verständig wirst, mein Sohn, dann werden alle dir Freunde und Angehörige sein, denn du wirst brauchbar sein und gut. Im anderen Fall jedoch wird dir keiner Freund sein, selbst nicht dein Vater, deine Mutter und deine Verwandten" (Platon, Lysis 210). Jesus als Verkünder dieses Willens entspricht dem hellenistischen

Gründungsphilosophen (Berger 1984, 1240ff.; Cancik 1984, 95f.). Allerdings ist eine Sentenz, die die Übertragung der Familienbegriffe von einer neuen Glaubenspraxis abhängig macht, nicht belegt. Der griechische Philosoph spricht vornehmlich vom Freund *(philos)* und Gefährten *(hetairos)*, der Jude nimmt die Bruder-/Schwesteranrede mit der Zugehörigkeit zu einer religiösen Gruppe als gegeben hin (von Soden ThWNT 1 [1933], 145f.; Beutler EWNT 1 [1980], 67–72). Jesus problematisiert den eingeschliffenen, weiten Begriffsgehalt des Wortfeldes Familie mit dem religiösen Spitzensymbol „Wille Gottes" (Dormeyer 1989a, 126f.). Die ferne Metaphorik zwischen biographischer Familie und Mitmensch wird wieder ins Gedächtnis zurückgerufen. Sie öffnet den Blick für neue, produktive Möglichkeiten religiösen, zwischenmenschlichen Handelns (s. o. 4.2). Nicht die institutionelle Zugehörigkeit, sondern das aktuelle Handeln nach dem Willen Gottes konstituiert allein die neue, familiäre Beziehung.

Auch das Wort Jesu von der Ablehnung des Propheten in seiner Heimatstadt hat hellenistische Parallelen: **G 19** „Nirgends ist ein Prophet ungeehrt (atimos) außer in seiner Vaterstadt, bei seinen Verwandten und in seiner Familie" (Mk 6,4 par). „Allen Philosophen ist schlimm (chalepos) das Leben in der Vaterstadt", sagt Dion Chrysostomos (47,6; Mussies 1972, 64); Apollonius von Tyana klagt: „Die Vaterstadt kennt (ihn) nicht (agnoei)" (Philostratos, 1,354,12. Brief 44; Pesch 1, 1976, 320). Charakteristisch ist hier die Selbstbezeichnung Jesu als Prophet. Der Titel Philosoph hingegen findet sich weder bei ihm noch in der nachösterlichen Gemeinde. Philosophen werden nur einmal im Neuen Testament im Zusammenhang mit der Areopagrede des Paulus Apg 17,18 genannt und haben dort aufgrund ihrer Ablehnung des Paulus eine negative Bedeutung (s. o. 3.7). Der Philosoph wird in Israel aufgrund der atl. Sondergeschichte durch den Propheten und Weisheits*lehrer* ersetzt, und zwar durch den leidenden Propheten (Steck 1967, 30; s. o. 2.1). Da Jesus mit seiner Botschaft, zu der das Hinhören auf die Kranken und der Bruch mit der biographischen Familie zentral gehören, auf Widerstand stößt, paßt die Sentenz vom ungeehrten Propheten zu seiner Selbstcharakterisierung (vorsichtig Bultmann 1957, 109; zuversichtlich Pesch 1, 1976, 320f.; gegen Gnilka 1, 1978, 224f.: erst redaktionell übernommen).

*Das neue Leben im Jüngerkreis*
Innerhalb des Jüngerkreises gilt der synthetische Parallelismus: **G 20** „Nicht ist der Jünger über dem Lehrer; es genügt dem Jünger, daß er wird wie sein Meister" (Mt 10,24f./Lk 6,40; Rekonstruktion nach

Wanke 1981, 22). Diese Gnome hat keine Parallele im Judentum
(Gnilka 1, 1986, 380). Für den griechischen, philosophischen Schulbetrieb ab Sokrates gilt die gleiche Regel (Rengstorf ThWNT 4 [1942]
421 ff.). Besonders Epiktet propagiert das sokratische Modell des philosophischen Lernens: „Du aber, bist du auch freilich noch kein Sokrates, solltest leben wie jemand, der ein Sokrates zu sein wünscht"
(Epikt., Encheiridion 51).
G 21 „Kann ein Blinder einen Blinden führen? Werden sie nicht
beide in die Grube fallen?" (Lk 6, 39/Mt 5, 14). Die Metaphorik vom
blinden Blindenführer ist vom Judentum aus dem Hellenismus übernommen worden: „Und nicht (lehrt) der Unkundige den Unkundigen,
wie der Blinde nicht den Blinden führen kann" (Sextus Emp., Pyrrh
Hyp III 259; vgl. Xenophon, Mem 1, 3, 4; Dion Chrys. 62, 7; Schrage
ThWNT 8 [1969], 275 f.; Bovon 1, 1989, 333).

Die radikale Trennung von der Familie führt in einem klimaktischen
Parallelismus zu einem grundsätzlichen Verzicht auf die Ehe: G 22
„Denn es gibt Eunuchen, die aus dem Mutterleib so geboren sind; und
es gibt Eunuchen, die von Menschen zu Eunuchen gemacht wurden;
und es gibt Eunuchen, die sich um der Gottesherrschaft willen zu
Eunuchen gemacht haben" (Mt 19, 12; Bultmann 1957, 84; Gnilka 2,
1988, 155 f.). Epiktet radikalisiert parallel die stoische Linie seines Lehrers Musonius: „Und wie ist es möglich, daß ein Mensch, der nichts
besitzt, der nackt, ohne Haus und Herd, ungepflegt, ohne Sklaven und
ohne Heimatstadt ist, ein heiteres Leben führt? Siehe, da hat euch Gott
einen Mann gesandt, der durch die Tat gezeigt hat, daß es möglich ist.
Seht mich an, ich bin ohne Haus, ohne Heimat, ohne Besitz, ohne
Sklaven! Ich schlafe auf dem Boden, habe keine Frau, keine Kinder,
keinen Regierungspalast, sondern Erde und Himmel allein und einen
rauhen Mantel. Und was fehlt mir? Bin ich nicht ohne Leid, bin ich
nicht ohne Furcht, bin ich nicht frei?'" (diss 3, 22, 45–49; Hengel 1968,
32). Während die anbrechende Gottesherrschaft Jesus und seine Nachfolger zur Pro-Existenz für alle freisetzt (Schürmann 1975, 121–155),
stellt die philosophische Ehelosigkeit die individuelle Freiheit von zwischenmenschlichen Bindungen heraus.

Auf die weitere Distanz gegenüber geregeltem, häuslichem Leben
geht Jesu synonymer Parallelismus von der Überflüssigkeit der Sorge
für das leibliche Wohlbefinden ein: G 23 „Ist nicht das Leben wichtiger
als die Nahrung und der Leib wichtiger als die Kleidung?" (Mt 6, 25c/
Lk 12, 23).

Den Besitzverzicht beim radikalen Abschied von der Familie bringt
die Gnome Lk 9, 62 parallel zu Mk 10, 29 f. (G 17) zum Ausdruck: G 24

„Keiner, der die Hand an den Pflug gelegt hat und nochmals zurückblickt, taugt für die Gottesherrschaft" (Lk 9, 62). Allerdings ist die Ursprünglichkeit dieses Wortes umstritten, da es nicht von der Spruchquelle Q tradiert ist (Schneider 1, 1977, 231 gegen Bultmann 1957, 110: ursprünglich). Das Dialogfragment Nerinthos des jungen Aristoteles berichtet vom korinthischen Bauern Nerinthos, der Platons ›Gorgias‹ las: „Er verließ sofort den Acker und die Weinberge, vertraute die Seele Platon an und säte (die Lehren) desselben aus und pflanzte sie ein" (Aristot. fragmenta 74; Hengel 1968, 31). Noch näher liegt die atl. Berufung des Elija 1 Kön 19, 19 ff., die auf das Apophthegma Mk 1, 16–20 par eingewirkt hat. Unbedingte, sofortige Nachfolge und radikale Besitzlosigkeit werden zu besonderen Kennzeichen der Jesusbewegung (Theißen 1977, 14–21).

Sogar die Hingabe des Lebens wird erwartet: G 25 „Denn wer sein Leben retten will, der wird es verlieren; wer aber sein Leben … verliert, wird es retten" (Mk 8, 35). Es liegt eine paradox formulierte, antithetische Gnome vor. Der Form nach ähnlich ist Tyrtaeus Lyr. (VII V) Frgm. 8, 12 ff. (Anthol.Lyr.Graec.I): „Wer in der Schlacht sein Leben wegwirft, hat am meisten Aussicht, es zu behalten; und wer flieht, um es zu retten, wird es am sichersten verlieren" (Bauer/Aland 1988, 190). Im Inhalt weicht aber dieser Topos der Feldherrnrede deutlich von dem Jesuswort ab. Der griechischen Sentenz geht es um die Rettung des irdischen Lebens, Jesus dagegen betont gemeinsam mit der jüdischen Apokalyptik die Rettung des zukünftigen Lebens (Pesch 2, 1977, 61 f.; Berger/Colpe 1987, 58).

Diese Thematik setzt eine Doppelfrage fort: „[G 26] 36 Was nützt es dem Menschen, die ganze Welt zu gewinnen und seine Seele einzubüßen? [G 27] 37 Denn was könnte ein Mensch als Kaufpreis für sein Leben geben?" (Mk 8, 36 f. par). Das Erfahrungsfeld bildet jetzt das kaufmännische Leben. Die Reichen, aber nicht nur sie, sind vom Verlust des zukünftigen Lebens bedroht (Gnilka 2, 1979, 25 ff.; s. u. G 78).

Auch der Verzicht auf die Rangordnung gehört zum vorösterlichen Jüngerkreis: G 28 „Denn wer sich selbst erhöht, wird erniedrigt, und wer sich selbst erniedrigt, wird erhöht werden" (Lk 14, 11; Mt 18, 4; 23, 12) (Bultmann 1957, 110). Bei Plutarch heißt es ebenfalls antithetisch: „… dem Ehrstreben aber geben wir wieder Feuer und fachen es an, wenn wir die einen erniedrigen, die anderen aber erhöhen …" (Plutarch, Moral. 616 E [Tischgespräche 1, 2. 3]; Berger/Colpe 1987, 136). In Verbindung mit der Zuwendung Jesu zu den Armen und Benachteiligten gewinnt diese antithetische Sentenz eine selbstkritische Bedeutung.

*Neues Handeln in der Gottesherrschaft als Entscheidungszeit*
Kritik an der Äquivalenzmoral des *do ut des* üben folgende Sentenzen: „[**G 29**] 32 Wenn ihr nur die liebt, die euch lieben, welchen Dank
habt ihr davon? [**G 30**] 33 Und wenn ihr nur denen Gutes tut, die euch
Gutes tun, welchen Dank habt ihr davon? (Dasselbe tun auch die Sünder) …" (Lk 6,32.33/Mt 5,46.47). Klassisch ist diese Tauschmoral
von Hesiod formuliert: „Liebe den, der dich liebt, und geh zu dem,
der zu dir geht. Wer dir gibt, dem gib, und nichts gib dem, der dir
nichts gibt" (Hesiod, Werke 352f.).
Weitere synonyme Parallelismen nach dem Weisheitsschema Tun –
Ergehen betonen die Entscheidungszeit:
**G 31** „Es gibt nichts Verborgenes, das nicht offenbar wird, und
nichts Geheimes, das nicht an den Tag kommt" (Mk 4,22).
Die Variante in der Spruchquelle Q lautet: **G 32** „Nichts ist verhüllt,
was nicht enthüllt wird, und nichts ist verborgen, was nicht bekannt
wird" (Mt 10,26/ Lk 12,3). Es handelt sich um ein gängiges Sprichwort
(Bultmann 1957, 99f.), das im Hellenismus reichlich belegt ist (Luz 2,
1990, 123): „Die unermeßlich lange Zeit macht offenbar alles Verbor-
gene und verhüllt, was sichtbar ist" (Soph., Aias 646f.). Jesus streicht
den Zeitbezug, der in der deutschen Version metonymisch weitergeht:
„Die Sonne bringt es an den Tag." In der eschatologischen Botschaft
von der nahe sich vollendenden Gottesherrschaft kommt es auf die Betonung des plötzlichen Umschlags von Verborgenheit und Offenheit
an. Die Folge des Tuns wird in ganz naher Zukunft plötzlich offenbar
werden (Gnilka 1, 1986, 386).
Weitere Klugheitsregeln aus der jüdischen Weisheit, die auch im hellenistischen Raum Parallelen haben, sind: **G 33** „Mit dem Maß, mit
dem ihr meßt, wird man euch messen" (Mk 4,24a par) (Billerbeck 1,
578f., 444ff., 660ff.; Gnilka 1, 1978, 179ff.). Eine frühe griechische
Parallele lautet: „Gern laß dir messen vom Nachbarn und gut gib es
ihm auch wieder in demselben Maß, und wenn du vermagst, auch noch
besser" (Hesiod, Werke und Tage, 348f.).
Ähnlich klingt die antithetische Gnome: **G 34** „Wer hat, dem wird
gegeben; wer aber nicht hat, dem wird genommen, was er hat" (Mk
4,25 par). Die Mehrung von Besitz ist wieder für atl. und griechische
Spruchweisheit eine selbstverständliche Erfahrung: „Denn den, der da
hat, beschleicht der Neid" (Soph. Aias 157; Bauer/Aland 1988, 671).
Mit dem Passivum divinum erhalten diese Sentenzen innerhalb der
eschatologischen Botschaft Jesu einen Gerichtsbezug.
So ist auch die bildhafte Sentenz Mt 5,15/ Lk 11,33 und ihre Variante
Mk 4,21 in ihrer ursprünglichen Form zu verstehen: **G 35** \*„Nicht

brennen sie (bzw. zünden sie an) eine Lampe und stellen sie unter den Scheffel, sondern auf den Leuchter, und sie leuchtet allen, die im Haus sind" (Gnilka 1, 1978, 178; Billerbeck 1, 237 ff.). Als Bild für etwas Unangebrachtes verwendet ein griechisches Sprichwort statt der Verdunklung die falsche Tageszeit: „Eine Lampe am Mittag anzünden" (Paroem. Gr.: Diogenian 6, 27; Bauer/Aland 1988, 980). Markus hat diese vier Sprüche (G 28. 30–31) zu einer Reihe zusammengestellt und durch Kontext und Zusätze die eschatologische Interpretation Jesu verstärkt.

Innerhalb der Lichtmetaphorik verbleibt eine weitere antithetische Gnome vom Auge als Licht des Leibes: G 36 „Das Auge ist das Licht des Leibes. Wenn das Auge nun rein ist, dann wird dein ganzer Leib hell sein. Wenn aber dein Auge schlecht ist, dann wird dein ganzer Körper dunkel sein" (Mt 6, 22 f./Lk 11, 34; vgl. Dion Chrys. 33, 49; Mussies 1972, 46).

Ebenfalls ist das Bild vom Balken und Splitter im Auge hier anzusiedeln: G 37 „3 Was siehst du aber den Splitter im Auge deines Bruders, aber den Balken in deinem Auge bemerkst du nicht?" (Mt 7, 3/Lk 6, 41).

Selbstverständliches aus dem Tierreich formuliert die Gnome: G 38 „Wo das Aas ist, dort werden sich die Geier versammeln" (Mt 24, 28/ Lk 17, 37). Ein ähnliches Sprichwort hat Hiob 39, 30. Der Adler, zu dem auch die Aasgeier zählen (Plin., hist. nat. 10, 3; Aland/Bauer 1988, 36), nimmt in der antiken Herrschaftssymbolik (Münzenprägung, Legionsadler) einen zentralen Rang ein (Wiesner, dtv-Lexikon der Antike. Kulturgeschichte 1, 1971, 65). Im eschatologischen Kontext wird das Bild vom Aasgeier zur Ankündigung für das Kommen Gottes mit seinem Hofstaat zum Richten über die Menschen.

Auch der Doppelspruch Mk 2, 21 f. par fügt zwei Sentenzen aus dem Alltagsleben zusammen. Sie erhalten durch den Kontext eschatologische Bedeutung: „[G 39] 21 Niemand näht ein Stück ungewalkten Stoffs auf ein altes Kleid; sonst reißt das Füllstück von ihm ab, (das neue vom alten,) und der Riß wird schlimmer. [G 40] 22 Auch füllt niemand neuen Wein in alte Schläuche. Sonst zerreißt der Wein die Schläuche, und der Wein und die Schläuche gehen zugrunde." Es handelt sich wieder um jüdische Weisheit (Billerbeck 1, 518 f.), die aber auch der Hellenismus kennt (Hahn 1971, 368; Bauer/Aland 1988, 1084). Den Gegensatz von neu und alt harmonisiert das Sprichwort: „Den Jungen die Taten, die Ratsbeschlüsse den Älteren" (Paroem. Gr.: Appendix 4, 6). Diesen Drang zum Festhalten am Alten bringt die nachösterliche Variante zum Ausdruck: „Und niemand, der alten Wein getrunken hat, will neuen, denn er sagt: ‚Der alte ist bekömmlich'" (Lk 5, 39; Schwei-

zer 1982, 73 f.). Dagegen trennt Jesu Ankündigung der Gottesherrschaft radikal die alte Zeit von der neuen. Die Gottesherrschaft vollendet sich in naher Zukunft und ermöglicht ein neues Handeln aufgrund
ihrer schon jetzt wirkenden Kräfte.

Auf die gegenwärtige Entscheidungssituation verweisen weitere
Gnomen:

G 41 „Niemand kann zwei Herren dienen; denn er wird entweder
den einen hassen und den andern lieben, oder er wird zu dem einen
halten und den andern verachten" (Lk 16, 13/Mt 6, 24). Neben den jüdischen Belegen (Billerbeck 1, 433 ff.) bietet Epiktet eine scherzhafte,
antithetische Parallele: „Du kannst nicht zugleich Thersites (bucklig
und ein Glatzkopf) und Agamemnon (groß und schön) spielen" (diss
4, 2, 10; Gnilka 1, 1988, 243).

G 42 *„Was geschieht, wenn das Salz dumpf/salzlos geworden
ist?" (Mt 5, 13/Lk 14, 34; Mk 9, 50; Rekonstruktion nach Gnilka 1,
1986, 138). Dieser Frage entspricht der rhetorische Anspruch: „Die
Rede sei mit Salz versehen" (Plutarch, Moral. 514 E F., 685 A; Bauer/
Aland, 67).

*Der unbedingte Gottesglaube*
Direkt auf den Gottesglauben geht die Gnome Q Lk 17, 6 ein, die in
Mt 17, 20 und Mk 11, 23 ihre Parallelen hat. G 43 „Wenn ihr Glauben
hättet (so groß) wie ein Senfkorn, würdet ihr zu dem Maulbeerbaum
sagen: ‚Entwurzele dich und verpflanze dich ins Meer!', und er würde
euch gehorchen" (Lk 17, 6; Bultmann 1957, 84; Hunzinger ThWNT 7
[1964], 286–290; Schulz 1972, 465–468; Schneider 2, 1977, 347 f.;
Gnilka 2, 1979, 133). Für die volkstümliche Anschauung, das Senfkorn
als kleinstes Samenkorn anzusehen, gibt es frühjüdische Belege (Hunzinger ThWNT 7 [1964], 287). Hellenistische Vergleiche liegen für den
Kontrast vor (Bauer/Aland 1988, 1502): „Das Krokodil wird aus Kleinstem groß" (Diod.S. 1, 35, 2). Ein Erzählgleichnis des vorösterlichen
Jesus entfaltet diesen Kontrast zwischen kleinstem Samenkorn und
großer Senfstaude für den unscheinbaren Anfang der Gottesherrschaft
und spricht dadurch indirekt den Jüngern die Glaubensgewißheit zu
(Mk 4, 30–32 par; s. u. 7).

Die konditionale Sentenz hingegen betont umgekehrt zuerst den
Glauben der Anhänger als Bedingung und läßt dann die umstürzende
Kraft der Gottesherrschaft erst wirken. Die Senfkornmetapher wird in
dem Kommunikationsdreieck zwischen Jesus als Sprecher, den Jüngern als Hörern und der Gottesherrschaft als Nachricht durch Sentenz
und Gleichnis auf die beiden Pole Hörer und Botschaft expliziert. Das

Gleichnis betont die Kraft der Botschaft, die Sentenz appelliert indirekt an die Beteiligung der Hörer. Der voraussetzungslose, geradezu blinde Vertrauensglaube, den das Judentum und Jesus erwarten, steht in scharfem Kontrast zur logischen, wissenschaftlichen Glaubensbegründung der Griechen (Nestle 1948, 42 ff.). Celsus und andere Apologeten greifen daher die Verachtung des Wissens bei den Christen an: „... einige von ihnen hätten gar nicht die Absicht, von dem was sie glaubten, Rechenschaft zu geben oder zu nehmen, sie folgen dem Grundsatze: ‚Prüfe nicht, sondern glaube!‘ und ‚Dein Glaube wird dich retten‘" (Orig., Celsus 1, 9).

Dem bedingungslosen Vertrauensglauben korrespondiert der irrationale Wunderglaube: „Aber wir sehen doch wohl auch, daß die Leute, die auf den Märkten die berüchtigsten Dinge zur Schau stellen und Gaben erbetteln, niemals zu einer Vereinigung verständiger Männer herantreten und auch nicht wagen würden, dort ihre Kunststücke zu zeigen. Wo sie aber junge Burschen und einen Haufen Sklaven und eine Schar von Dummköpfen sehen, da drängen sie sich hin und machen sich schön." (Orig., Celsus 3, 50.) Obwohl der Wunderglaube in der volkstümlichen, antiken Frömmigkeit verbreitet ist und auch bei den Gebildeten Eingang gefunden hat (G 7–10; s. u. 8.2; Kehl 1974, 119), gilt in der philosophischen Auseinandersetzung die Wundertätigkeit Jesu und der nachösterlichen Gemeinde als besonders anstößig. Weitere Sentenzen zum Gottesglauben sind:

G 44 „Kauft man nicht zwei Spatzen für ein As? Und keiner von ihnen fällt auf die Erde ohne euren Vater. Eure Haare auf dem Haupte aber sind alle gezählt" (Mt 10,29 f./Lk 12,6–7a; Gnilka 1, 1986, 388 ff.).

G 45 „(Betrachtet die Vögel des Himmels: Sie) Die Vögel säen nicht, sie ernten nicht und sammeln nicht in Scheunen; euer ... Vater ernährt sie" (Mt 6,26/ Lk 12,24).

G 46 „28 (Lernt von den Lilien auf dem Feld, wie sie wachsen: Sie) Die Lilien arbeiten nicht und spinnen nicht. 29 Doch ich sage euch: Selbst Salomo war in all seiner Pracht nicht gekleidet wie eine von ihnen" (Mt 6,28 f./Lk 12,26 f.).

„[G 47] 8 Denn jeder Bittende empfängt, und der Suchende findet und dem Anklopfenden wird geöffnet. [G 48] 9 Oder welcher Mensch, den sein Sohn um Brot bittet, wird ihm einen Stein geben? [G 49] 10 Oder er bittet um einen Fisch, wird er ihm eine Schlange geben? [G 50] 11 Wenn nun ihr, ... euern Kindern gute Gaben zu geben wißt, um wieviel mehr wird euer ... Vater denen Gutes geben, die ihn bitten" (Mt 7,7–11/Lk 11,9–13). Die Verallgemeinerung und das Passivum divinum in der Gnome vom Bitten verweisen auf Gottes Handeln. Auch die von Jesus bevorzugte Hyperbolik in den weiteren Sentenzen führt den Hörer über den zwischenmenschlichen Bereich hinaus. Im Unterschied zu den anderen Gnomen gibt Jesus diesen Gnomen eine explizite Anwendung auf Gottes Handeln hin. Der argumentative Charakter der Sentenzen ist auf das Argument *a minore ad maius* ausgerichtet. Die besondere Sorge Gottes für sein Volk ist im Alten Testament und im Judentum ein zentrales Thema (Gnilka 1, 1986, 388f.). Doch auch der Hellenismus kennt analoge Sentenzen wie: „Gegen den Willen des Zeus werden nicht einmal die Haare ..." (Alkaios 39, 10 [80, 10 D 2]; Bauer/Aland 1988, 740). „Sieh doch, wieviel sorgloser als die Menschen die Tiere und Vögel hier leben, wieviel glücklicher. Sie sind gesünder und kräftiger, und jedes lebt, solange es kann, und hat doch keine Hände und keinen menschlichen Verstand. Und dennoch haben sie als Ausgleich für alle diese Mängel das beste Los: Eigentum ist ihnen unbekannt" (Dion Chrys., 10, 16; Berger/Colpe 102; Mussies 1972, 47). „Nicht borgen die Schwalben, und nicht borgen die Ameisen, denen die Natur weder Hände, noch Sprache, noch Wissenschaft gegeben hat" (Plut., Moral. 830 B [De vit. aer. al. 7]; Almqvist 1946, 35). „Kinder ... Ihr dauert mich herzlich, / Wenn ihr um Brot mich bittet und liebes Papachen (pappas) mich nennet / Und doch im Haus kein Geld, kein Silberstäubchen zu finden" (Aristophanes, Der Frieden 118 ff.).

Die intime Ineinssetzung des Schöpfergottes mit dem persönlich sorgenden Geschichtsgott „euer Vater" ist zwar typisch jesuanisch, hat aber auch im Judentum (s. u. 5.4) und im Hellenismus Parallelen. Der Zeus-Hymnus des Kleanthes schließt mit einem Gebet an den in Weisheit die Schöpfung und Geschichte lenkenden „Vater" Zeus:

> „Zeus, der du aus dunkler Wolke
> herrschest mit dem Flammenblitze,
> Geber alles Guten, löse
> von des Irrtums Fluch die Menschen,
> daß wir die Wahrheit erkennen,
> deine Weisheit,
> *Vater*, in der du das All
> lenkst mit Gerechtigkeit"

(dazu Lauer in Brocke 1974, 156–162).

Zeus wird wie der alttestamentliche Jahwe zu der ordnenden Macht, die den Kosmos und die Geschichte durchwaltet. Doch während Jahwe in Distanz zu Welt und Mensch steht und daher eine personale Beziehung jedem Glaubenden anbietet, repräsentiert Zeus ein unpersönliches, universales Prinzip. Jahwe vollbringt daher auf persönliche Bittgebete hin Wunder und Hilfe, während im hellenistischen Pantheon Götter und Heroen (u. a. Asklepios) unterhalb von Zeus Wunder und Hilfe wirken. Die diffuse, hellenistische Wundererfahrung versperrt sich der immanenten Glaubenslogik des monotheistischen Israel, für das die Zuwendung Gottes in Geschichtstat und Wunder eine Einheit bilden. Die Fürsorge des einzigen Gottes für jedes Geschöpf ist umfassender als die anonyme Ordnungslogik, die mit dem höchsten Gott, mit Zeus, symbolisiert ist (Malter 1991, 62ff.; s. u. 10.2.2).

### 5.1.4 Imperative Gnomen/Sentenzen

*Neues Handeln in der Gottesherrschaft als Entscheidungszeit*
Matthäus baut den Grundstock der von Q überlieferten Sentenzen mit weiteren kleinen Mahnreden zu einer programmatischen Eingangsrede des öffentlichen Wirkens Jesu, zur Bergpredigt aus.

Einen Höhepunkt in der Bergpredigt bildet die goldene Regel: G 51 „Wie ihr wollt, daß euch die Menschen tun sollen, so tut auch ihr ihnen" (Lk 6,31/Mt 7,12). Vom Hellenismus übernahm das Judentum die „goldene Regel" (Dihle 1962, 82ff.), die es in der positiven Fassung wie hier und in der negativen Fassung wie im deutschen Sprichwort gab: „Was du nicht willst, das man dir tu', das füg auch keinem andern zu." Die goldene Regel war im ausgehenden 5. Jh. v. Chr. von der Sophistik geschaffen worden und trat anschließend ihren Siegeszug durch die Popularethik an (Dihle 1962, 85. 95ff.). Die älteste Fassung findet sich in der negativen Form bei Herodot: „Was ich aber am Nächsten tadele, das tue ich um keinen Preis selbst" (Her 3,142; Dihle 1962, 96). Isokrates bietet später die positive Version: „Im Zorn aber verhalte dich zu denen, die Fehler machen, gerade so, wie du wünschen würdest, daß die andern gegen dich, wenn du Fehler machst, sich verhalten sollten" (Isokr., An Demonikos 1,12; Dihle 1962, 101; Berger/Colpe 1987, 105). Jesus will mit der goldenen Regel „zum zuvorkommenden, initiierenden Liebeshandeln anregen, unabhängig davon, wie der andere reagiert" (Gnilka 1, 1986, 266; Zeller 1977, 119f.; gegen Luz 1, 1985, 388: „nicht unproblematische Pädagogisierung von Jesu Gebot der Feindesliebe").

Mit dem Gegenseitigkeitsprinzip hat die sophistische Rhetorik eine gültige Einsicht in die Stufen des moralischen Urteils gefunden, und zwar in die Stufe gegenseitiger interpersonaler Erwartungen und interpersonaler Konformität des konventionellen Niveaus (Kohlberg 1974, 8 ff.; Hoffmann 1979, 99). Moralische Entwicklung durchläuft Stufen des kognitiven Urteils, ohne daß eine Stufe übersprungen wird; wohl ist eine Regression auf eine frühere Stufe möglich. Jesus definiert mit der goldenen Regel ein Niveau, das normalerweise von allen sittlich verantwortlich Handelnden erreicht wird. „Aus sozialer Perspektive betrachtet, ist man sich gemeinsamer Gefühle, Übereinkünfte und Erwartungen bewußt, die einen Vorrang gegenüber individuellen Interessen einnehmen. Man bezieht Position mit Hilfe der konkreten ‚goldenen Regel‘, indem man sich in die Lage anderer versetzt. Role taking ist der terminus technicus für dieses Urteils- und Handlungsniveau. Eine allgemeine Systemperspektive bezieht man nicht. Der Wunsch nach befriedigenden Interaktionen bestimmt das konkrete sittliche Verhalten" (Hoffmann 1979, 99).

Dieser sittliche Standard ist die Voraussetzung, mit Jesus über das konventionelle Niveau hinaus zum nachkonventionellen Niveau der Ethik der angebrochenen Gottesherrschaft überzugehen, in Krisensituationen, in denen das Handeln auf dem nachkonventionellen Niveau zusammenbricht, sich auf das konventionelle Niveau human zurückzuziehen und nicht inhuman vorkonventionell mit Vergeltung zu regredieren. Zu Recht weist Gnilka darauf hin, daß die goldene Regel im Kontext der Mahnrede von Q und Lukas auf den höheren Anspruch des unbedingten Liebesgebotes bezogen wird. Wenn Pädagogik darin besteht, Einsichten in die Bedingungen, Möglichkeiten und Reifungen moralischen Urteilens zu gewähren, kann man solch weisheitlichen Regeln gegenüber nur dankbar sein, weil sie davor bewahren, in ständiger, moralischer Höchstanforderung zu erstarren und inhuman rigide zu handeln.

Die pädagogische, goldene Regel ist in Q in eine kleine Sentenzenkomposition zum Thema Nächstenliebe eingebettet

G 52 „27 ... Liebet eure Feinde; tut denen Gutes, die euch hassen.

G 53 28 Segnet die, die euch verfluchen; betet für die, die euch mißhandeln.

G 54 29 Dem, der dich auf die eine Wange schlägt, halte auch die andere hin,

G 55 und dem, der dir den Mantel nimmt, verweigere auch nicht das Hemd.

G 56 30 Gib jedem, der dich bittet, und wer dir das Deine nimmt, von dem fordere es nicht zurück.

G 51 31 Wie ihr wollt, daß euch die Menschen tun sollen, so tut auch ihr ihnen.

G 29 32 Wenn ihr nur die liebt, die euch lieben, welchen Dank habt ihr davon?
G 30 33 Und wenn ihr nur denen Gutes tut, die euch Gutes tun, welchen Dank habt ihr davon? ...
G 57 36 Seid barmherzig, wie euer Vater barmherzig ist" (Lk 6,27–33. 36/Mt 5,39b–42. 44–48).

Das Mahnwort von der Feindesliebe ist entfaltet in dem Verbot der Wiedervergeltung, dem Gebot zum fürbittenden Gebet, dem Gebot zur grenzenlosen Wohltätigkeit und den zwei indikativischen Sentenzen vom Lieben und Gutes Tun, die illustrativ den vorkonventionellen Charakter des Äquivalenzaustausches aufdecken. Die Mahnung zur Feindesliebe enthält, verbunden mit den indikativischen Sentenzen vom Reinheitstabu (G 2: Mk 7,15), von der Zugehörigkeit der Kinder zur Gottesherrschaft (Mk 10,15; vgl. G 15) und vom Hochmut (G 28: Lk 14,11) „etwas Charakteristisches, Neues, was über Volksweisheit und Völksfrömmigkeit hinausgeht und doch ebensowenig spezifisch schriftgelehrt-rabbinisch oder jüdisch-apokalyptisch ist. Also wenn irgendwo, so muß hier das Charakteristische der Verkündigung Jesu zu finden sein" (Bultmann 1957, 110). Die Tugend der Feindesliebe ist auch der Antike bekannt: „Jemand lobte die von Kleomenes berichtete Chrie, der gefragt, was ein guter König tun müsse, gesagt hatte: ‚Den Freunden Gutes tun, den Feinden Böses tun!' Da antwortete er: ‚Wieviel besser ist es, Freund, den Freunden Gutes zu tun, die Feinde aber zu Freunden zu machen'" (Plut., Moral. 218 A [Apophth. Lacon., Ariston 1]). „Denn auch dieses ist schön mit dem Kyniker verwoben: Er muß geschunden werden wie ein Esel, und wenn er geschunden wird, diejenigen lieben, die ihn schinden – als ein Vater aller, als ein Bruder" (Epikt., Diss 3,22,54). „Es haben viele den Feinden verziehen – soll ich nicht verzeihen Faulen, Nachlässigen, Geschwätzigen?" (Seneca, Über den Zorn 3,24,2; Berger/Colpe 1987, 97f.).

Neu ist jedoch der *prinzipielle* Charakter der Feindesliebe bei Jesus und deren Begründung in der Barmherzigkeit Gottes (Dihle 1962, 109ff.). Im Unterschied zur Paränetik der Weisheitsworte gehört die Feindes- und Nächstenliebe zu den wenigen Prinzipien der Ethik, die das Christentum selbständig entwickelt hat (Furger 1984, 23). Denn gegenüber der hellenistischen Freundesliebe und Liebe zum Nächsten (Musonius, Diatriben 65,6ff.; Greeven, ThWNT 6 [1959], 309f.) bringt Jesus die Feindes- und Nächstenliebe in einen unauflösbaren Zusammenhang mit der Gottesliebe und erklärt beide zum Prinzip (s. u. 5.5):

G 58 „Das erste ist: Höre, Israel, der Herr, unser Gott, ist der einzige Herr. Darum sollst du den Herrn, deinen Gott, lieben mit ganzem

Herzen und ganzer Seele, mit all deinen Gedanken und all deiner Kraft. **G 59** Als zweites kommt hinzu: Du sollst deinen Nächsten lieben wie dich selbst. Kein anderes Gebot ist größer als diese beiden" (Mk 12, 29–31). Jesus verbindet auf dem Hintergrund ähnlicher Überlegungen im Frühjudentum erstmals das zentrale Gebot der monotheistischen Gottesverehrung Dtn 6, 4 f. mit dem Gebot der Nächstenliebe Lev 19, 18 (Pesch 2, 1977, 247 f.).

Zum Bereich der Nächsten- und Feindesliebe gehört weiterhin die Komposition vom Richten:

„[**G 60**] 1 Richtet nicht, damit ihr nicht gerichtet werdet . . .

[**G 37**]   3 Was siehst du aber den Splitter im Auge deines Bruders, aber den Balken in deinem Auge bemerkst du nicht?

[**G 61**]   4 Wie kannst du zu deinem Bruder sagen: ‚Laß mich, ich ziehe dir den Splitter aus dem Auge, und siehe, ein Balken ist in deinem Auge?'

[**G 62**]   5 Heuchler, ziehe zuerst aus deinem Auge den Balken, und dann sieh zu, den Splitter aus dem Auge deines Bruders zu ziehen" (Mt 7, 1. 2–5/Lk 6, 37a. 41–42).

Ein Verbot ist nachösterlich mit einem gnomischen Bildwort verbunden worden (Bultmann 1957, 90). Das Bildwort wiederum verbindet eine interrogative Sentenz mit einem weiteren Verbot und einer Mahnung. Das Verbot untersagt das übliche Handeln, ein Fehlverhalten des anderen zu korrigieren. Die Mahnung setzt die neue Alternative, zuerst sich selbst zu korrigieren und dann erst den anderen zu ermahnen.

Das Verbot des Richtens meint nicht das prinzipielle Ende der menschlichen Rechtsprechung aufgrund der nahegekommenen Gottesherrschaft (so Luz 1, 1985, 379), sondern die Radikalisierung der jüdisch-paränetischen Warnung vor hochmütiger Gesetzesgerechtigkeit (mAb 1, 6; 2, 4; Billerbeck 1, 1974, 443; TestGad 4, 2 f.; Gnilka 1, 1986, 255 f.). Ähnlich klingt Menander 1, 1: „Wenn du in einer Sache den Nächsten anklagen willst, beachte zuerst selbst das Schlechte bei dir selbst" (Berger/Colpe 1987, 103). Die Verschlüsselung dieser Mahnung in einem Bildwort ist ebenfalls geläufig: „Suchen wir die Stoppeln an uns selbst ab, bevor wir sie an andern suchen." „Da du Attika nicht säubern kannst, säubere dein eigenes Gelände" (Epikt., diss 1, 16, 45; Gnilka 1, 1986, 257).

Das Verbot **G 63** „Schwört überhaupt nicht" (Mt 5, 34; Jak 5, 12) ist umstritten. Wenn es auf Jesus zurückgeht, entspricht es der Mahnung der hellenistischen Philosophen, während das Frühjudentum das Eidverbot nicht kennt (Gnilka 1, 1968, 176 f.): „Das Schwören vermeide, wenn du kannst, gänzlich, andernfalls nach Möglichkeit" (Epikt., Ench 33,5). Jesus hebt wie die Philosophen auf die ständige Wahrhaftigkeit als Selbstwert ab.

Im Verhältnis zum Staat gilt die Mahnung: G 64 „Was des Kaisers ist, gebt dem Kaiser, und was Gottes ist, Gott" (Mk 12,17). Sextus formuliert den antithetischen Parallelismus allgemeiner: „Was der Welt (Kosmos) ist, gib der Welt genau, was aber Gottes ist, Gott" (Sextus, Sententiae 20; Hommel 1966, 23). Zu interpretieren sind diese Gnomen von Sokrates her: „Gehorchen werde ich dem Gotte mehr als euch" (Platon, Apologie 29D; anklingend in Apg 4, 19; Weiser 1, 1981, 128f.).

*Das neue Leben im Jüngerkreis*

G 65 Die Mahnung „Laß die Toten ihre Toten begraben" (Lk 9, 60/ Mt 8, 22b) befreit den Jünger von der familiaren Hauptpflicht der Bestattung aufgrund seines neuen, eigentlichen Lebens. Auch für den hellenistischen Philosophenschüler kann dieser radikale Bruch mit dieser zentralen Norm gelten. So diskutiert der Philosoph den tragischen Konflikt Antigones mit Kreon um die Bestattung von Polyneikes und findet den typisch kynischen Ausweg in der Distanz zu der herrschenden Sitte: „Oder wenn du überhaupt nicht begraben wirst, was kümmert es dich? ‚Aber der Kampf um das Begräbnis', sagte Bion, ‚hat viele Tragödien verursacht.' So gibt auch Polyneikes den Auftrag: ‚Begrabe mich, die mich geboren hat, und du, Mitgeborene, in väterlicher Erde, und die zürnende Stadt beruhigt, daß ich nur soviel erlange vom väterlichen Boden, auch wenn ich die Heimat verloren habe' ... Wenn du aber nicht begraben wirst, sondern unbegraben weggeworfen wirst, was ist das Unglück? Oder was ist der Unterschied: vom Feuer verbrannt zu werden oder von einem Hund aufgefressen zu werden oder auf der Erde liegend von Raben oder vergraben von Würmern? – ‚Schließe meine Augenlider mit deiner Hand, Mutter!' – wenn sie aber deine Lider nicht schließt, sondern du offenen Auges und Mundes stirbst, was ist das Schlimme?" (Teles, Über die Verbannung, III; Berger/Colpe 1987, 106f.).

Diese Radikalität setzt eine weitere, kleine Rede aus hyperbolischen Mahnungen fort: „[G 66] 43 Wenn dir deine Hand ein Ärgernis gibt, haue sie ab; es ist besser für dich, verstümmelt in das Leben einzugehen, als mit zwei Händen in die Hölle, in das unauslöschliche Feuer fortzugehen. [G 67] 45 Und wenn dir dein Fuß ein Ärgernis gibt, haue ihn ab; es ist besser für dich, lahm in das Leben einzugehen, als mit zwei Füßen in die Hölle geworfen zu werden. [G 68] 47 Und wenn dir dein Auge ein Ärgernis gibt, reiße es aus; es ist besser für dich, einäugig in die Königsherrschaft Gottes einzugehen, als mit zwei Augen in die Hölle geworfen zu werden" (Mk 9,43–47 par).

Auch Sokrates hatte wie Jesus die Metapher vom Abstoßen skandalöser Glieder und den Topos von der unwichtigen Bestattung des Vaters nebeneinander gebraucht: „53 Ich weiß daraus, daß er über die Väter und über die anderen Verwandten und Freunde derart sprach und überdies auch noch hinzufügte, daß man, wenn die Seele, in der allein die Vernunft (phronesis) wohnt, den Körper verlassen habe, diesen schnellstens hinaustrage und bestatte, auch wenn es sich um den nächsten Angehörigen handle. 54 So meinte er auch, daß jedermann schon während seines Lebens bei aller Liebe zu seinem Körper doch das Unnütze und Unbrauchbare entweder selbst entferne oder dies einem anderen überlasse; man entferne nicht nur selber die eigenen Nägel, Haare und Schwielen, sondern lasse auch die Ärzte unter Qualen und Schmerzen schneiden und brennen, und dafür glaube man ihnen noch Dank und Bezahlung schuldig zu sein. Auch den Speichel spucke man ja aus dem Munde soweit wie möglich aus, weil er darin verbleibend einem nicht nütze, sondern vielmehr schade. 55 Dies sagte er nun allerdings nicht, um zu lehren, man solle seinen Vater noch bei Lebzeiten begraben und sich selbst verstümmeln, sondern vielmehr, um zu zeigen, daß Unverstand keine Achtung verdient, und er ermahnte dazu, sich darum zu bemühen, so verständig und nützlich wie möglich zu werden, damit man, wenn man von seinem Vater, von seinem Bruder oder sonst von jemandem geachtet zu werden wünsche, nicht im Vertrauen auf das nahe Verhältnis nachlässig sei, sondern vielmehr versuche, denen nützlich zu sein, von denen man geachtet werden wolle" (Xenophon, mem 1,2,53–55; Hommel 1966, 13).

Zusammengefaßt wird die Bereitschaft zur Selbsthingabe in der Forderung: G 69 „Wenn einer hinter mir nachfolgen will, verleugne er sich selbst und nehme sein Kreuz auf sich (und folge mir nach)" (Mk 8,34 par; Pesch 1, 1977, 60f. gegen Bultmann 1957, 173; Gnilka 2, 1979, 22ff.: die indikativische Form der Q Parallele Mt 10,38 ist ursprünglich). Das Bildwort von der Kreuzaufnahme ist weder im Hellenismus noch im Judentum belegt (Gnilka 2, 1979, 23f.), sondern ist von Jesus in Aktualisierung der Versiegelung der Gerechten mit dem hebräischen Taw-Buchstaben (X oder T) nach Ez 9,4–6 aktualisiert worden (Dinkler 1954, 110–126; s. u. 5.5).

Für die Aussendung der Jünger gibt Jesus eine kleine Instruktionsrede: „[G 70] 4 Tragt nicht einen Geldbeutel, nicht eine Tasche, nicht Sandalen und keinen entlang des Weges grüßt. [G 71] 5 In welches Haus ihr hineingeht, sagt zuerst: ‚Friede diesem Haus'. 6 Und wenn

dort ein Sohn des Friedens ist, wird euer Frieden auf ihm ruhen; wenn
aber nicht, wird er zu euch zurückkehren. [G 72] 7 Bleibt in diesem
Haus, eßt und trinkt, was man euch anbietet; ... [G 73] Wechselt nicht
von einem Haus ins andere. [G 74] 9 Und heilt die Kranken in ihm und
sagt ihnen: ‚Nahegekommen ist zu euch die Gottesherrschaft'. [G 75]
10 Und wo (in welche Stadt) ihr hineingeht und sie euch nicht aufnehmen, geht hinaus (auf ihre Straßen) und sagt: 11 ‚Auch den Staub (eurer
Stadt), der an unseren Füßen klebt, schütteln wir ab auf euch'" (Lk
10, 4–7. 9–11/Mt 10, 7–14). Während Bultmann die gesamte Rede für
Gemeindebildung hält (Bultmann 1957, 155f.), betont Luz, daß die
Rede zu Jesus als Initiator eines Wanderradikalismus gut paßt (Luz 2,
1990, 89; Theißen 1979, 91; Schürmann 1968, 58; Hengel 1968, 82f.;
Hoffmann 1971, 262ff.; Gnilka 1, 1986, 370f.; s. o. G 17–28).

In der Beziehung der Jünger untereinander gilt die Regel: G 76
„Wenn einer der Erste sein will, sei er der Letzte (von allen und der
Diener von allen)" (Mk 9, 35 par; vgl. G 28). Der hier vorliegende, antithetische Parallelismus hat mehrere Varianten. „Als Doppelspruch
(synthetischer Parallelismus) erscheint er in Mk 10, 43f.; Mt 20, 26f.;
Lk 22, 26 (allerdings mit auswechselbaren Gegensatzpaaren), als ein-
facher Spruch in Mt 23, 11; Lk 9, 48 (hier in nichtkonditionaler Form)"
(Gnilka 2, 1979, 56). Plutarch empfiehlt ähnlich: „In der Staatsver-
waltung muß man nicht nur den einen Despoten fliehen, die Liebe zu
Knaben oder Frauen, sondern viele, die rasender sind als dieser: Streit-
sucht, Ehrgeiz, die Begierde, der Erste und Größte zu sein ..." (Plut.,
Moral. 788 E (Ob ein Greis noch Staatsgeschäfte führen soll 8);
Berger/Colpe 1987, 63).

*Der unbedingte Gottesglaube*

Prinzipiell stellt die Gnome Mk 11, 24, die ursprünglich die Form
der Mahnung hat (Pesch 2, 1977, 206 gegen Gnilka 2, 1979, 133, der die
konstatierende Form Mt 21, 22 für ursprünglich hält), eine Beziehung
zwischen Glauben und Gebet her: G 77 „Und alles, um was ihr im
Gebet glaubend bittet, werdet ihr empfangen."

Zwei größere Kompositionen der Bergpredigt kreisen ebenfalls um
diesen unbedingten Gottesglauben, den Jesus aus seiner jüdischen Tradition übernommen und radikalisiert hat. „[G 78] 25 ... Sorgt euch
nicht um euer Leben, was ihr essen und trinken sollt, und nicht um euren Leib, war ihr anziehen sollt. [G 23] Ist nicht das Leben wichtiger
als die Nahrung und nicht der Leib wichtiger als die Kleidung? [G 45]
26 Betrachtet die Vögel des Himmels: Sie säen nicht, sie ernten nicht
und sammeln nicht in Scheunen; euer ... Vater ernährt sie. Seid ihr

nicht viel mehr wert als sie? ... [G 78] 28 Und was sorgt ihr euch um die Kleidung? [G 46] Lernt von den Lilien auf dem Feld, wie sie wachsen: Sie arbeiten nicht und spinnen nicht. 29 Doch ich sage euch: Selbst Salomo war in all seiner Pracht nicht gekleidet wie eine von ihnen. 30 Wenn aber Gott das Gras so prächtig kleidet, das heute auf dem Felde steht und morgen ins Feuer geworfen wird, wieviel mehr dann euch ...! [G 78] 31 Sorgt euch nicht und fragt: ‚Was sollen wir essen? Was sollen wir trinken? Was sollen wir anziehen?' 32 ... Denn euer ... Vater weiß, daß ihr das alles braucht. [G 79] Suchet zuerst die Gottesherrschaft ...; dann wird dieses alles euch dazugegeben werden" (Mt 6,25f., 28–33/Lk 12,22–24. 26–31).

Eine hellenistische Parallele zur Warnung vor falscher Sorge bietet Dion Chrys.: (Über einen entlaufenen Sklaven) „(8) Bisweilen geht man barfuß doch leichter als in drückenden Schuhen, und ebenso leben auch viele Menschen ohne Diener leichter und sorgenfreier als die, die viele Diener besitzen. (9) Siehst du nicht, wieviel Schwierigkeiten die Reichen haben? Die einen müssen ihre Diener, wenn sie krank sind, pflegen und sind dabei auf Ärzte und Krankenwärter angewiesen ... Auch verreisen können sie nicht so ohne weiteres, wann sie gern möchten; bleiben sie aber zu Hause, haben sie auch keine Ruhe ... (14) ... Oder vielleicht willst du das Geld, das du (sc. durch den Verkauf des Sklaven) bekommst, zu etwas anderem verwenden, woraus dir Schaden erwächst. Denn längst nicht immer nützt das Geld seinen Besitzern, es hat den Menschen viel mehr Schaden und Unglück gebracht als die Armut, zumal wenn Menschen unvernünftig waren. (15) Willst du dich nicht zuerst um das ernsthaft bemühen, womit du aus allem Nutzen ziehen und alle deine Angelegenheiten richtig ordnen kannst, bevor du, ohne die richtige Einsicht zu haben, dem Geld, Ländereien, einem Sklaven, Gespann, Fahrzeug oder Haus nachjagst? Ihr Sklave wirst du sein und ihretwegen keine ruhige Minute mehr haben, dir viel vergebliche Mühe machen und mit Sorgen um sie dein ganzes Leben zubringen, Nutzen aber wirst du kein bißchen davon haben. (16) Sieh doch, wieviel sorgloser als die Menschen die Tiere und Vögel hier leben, wieviel glücklicher! ... (Dion Chrys., 10,8–16; Berger/Colpe 1987, 101f.). Berger/Colpe erläutern dazu: „Dio Chrysostomos läßt den Kyniker Diogenes sprechen. Im Unterschied zu Matthäus wird betont, wieviel Sorgen durch Reichtum zusätzlich entstehen; Jesus redet nur von der Nutzlosigkeit der Sorge. Aber wie bei Jesus so wird auch hier die Freiheit von der Sorge bei (Tieren und) Vögeln den Menschen vor Augen geführt; freilich ist das Argument nicht die Fürsorge Gottes, sondern die sich aus der Freiheit vom Besitz von selbst ergebenden

Vorteile. Ähnlich Mt 6,33 wird in (15) gemahnt, sich zuerst um etwas in Wahrheit Nützliches zu kümmern, aber das ist hier die kynische Lebensart und nichts Himmlisches oder Eschatologisches. Wie oft, so fehlt auch hier in der paganen Analogie der Bezug auf Gott" (Berger/ Colpe 1987, 101).

Die indikativischen Bildworte zu den Vögeln und den Lilien verweisen auf Gottes ständige Fürsorge für seine Schöpfung. Mit weisheitlicher Schöpfungstheologie schließt Jesus wie in seinen Erzählgleichnissen vom Geringeren auf das Größere. Gottes Fürsorge für die Menschen ist größer als für die übrige Schöpfung. Gott hat mit Weisheit die Natur erschaffen. Er sorgt mit persönlicher Führung für den Verlauf des menschlichen Lebenszyklus nach weisheitlicher Ordnung. Mit der andrängenden Gottesherrschaft gibt er darüber hinaus dem Menschen den Raum, nach dem weisheitlichen Schöpfungsplan sich zu vollenden. Die Sorge der Gläubigen soll daher auf die Wahrnehmung des Anrufes Gottes mit seiner nahenden Herrschaft gerichtet sein. Die Sorgen um die täglichen Lebensnotwendigkeiten erledigen sich dem Vater-Gebet entsprechend aufgrund der gemeinsamen Erfahrung der andrängenden Gottesherrschaft von selbst (s. u. 5.4). Denn die nahe Gottesherrschaft befreit schon jetzt zu einem neuen, zwischenmenschlichen Handeln.

Zur Warnung vor falscher Sorge gehört auch der antithetische Parallelismus: G 80 „Sammelt euch nicht Schätze auf der Erde, wo Motte und Wurm sie fressen und wo Diebe einbrechen und sie stehlen. Sammelt euch vielmehr Schätze im Himmel, wo weder Motte noch Wurm sie fressen und keine Diebe einbrechen und sie stehlen" (Mt 6,19f./Lk 12,33). Ähnlich lautet ein Wort von Sokrates: „Ich bewundere dich sehr, weil du es nicht vorzogst, Schätze von Silber und Gold zu erwerben als Schätze von Weisheit. Offenbar glaubst du, daß Silber und Gold die Menschen in keiner Weise besser machen, aber die Lehren weiser Männer mit Tugend bereichern, wenn man sie in sich aufgenommen hat" (Xenophon, mem. 4,2,9; Gnilka 1, 1986, 238).

Eine zweite Redeeinheit Jesu geht über das vertrauensvolle Bitten. „[G 81] 7 Bittet, dann wird euch gegeben, suchet, dann werdet ihr finden; klopft an, dann wird euch geöffnet. [G 47] 8 Denn jeder Bittende empfängt, und der Suchende findet und dem Anklopfenden wird geöffnet. [G 48] 9 Oder welcher Mensch, den sein Sohn um Brot bittet, wird ihm einen Stein geben? [G 49] 10 Oder er bittet um einen Fisch, wird er ihm eine Schlange geben? [G 50] 11 Wenn nun ihr, die ihr böse seid, euern Kindern gute Gaben zu geben wißt, um wieviel mehr wird euer ... Vater denen Gutes geben, die ihn bitten" (Mt 7,7–11/Lk 11,9–13).

Zwei klimaktische Parallelismen mit 3 Passiva divina eröffnen als Mahnung und Grundsatz die Rede. Zwei hyperbolische Fragen schließen sich an. Den Abschluß gibt die Übertragung des Alltagsvertrauens auf Gottes Handeln. Wieder wird im Gleichnisstil von der familiaren Fürsorge auf die sie übersteigende Liebe Gottes geschlossen.

Die imperativen, mahnenden Gnomen/Sentenzen (G 51–81) sind nicht so umfangreich wie die indikativischen Gnomen/Sentenzen (G 1–50). Die Imperative fordern aber durch ihre performative Syntax das neue Handeln aufgrund der andrängenden Gottesherrschaft deutlicher ein als die konstatierenden Gnomen. Doch setzt Jesus nicht allein auf die appellative Rede, sondern spricht zugleich mit den konstatierenden Sentenzen die weisheitlichen Erfahrungen seiner Hörer an. Er bestätigt deren Einsichten und führt sie zugleich aufgrund seines neuen Standpunktes in eine krisenhafte Entscheidungssituation. Die Appelle wirken erst aufgrund der aufgebrochenen, neuen Einsichten. Jesus entwertet nicht wie die apokalyptischen, prophetischen Weltuntergangslehrer neben ihm die positiven Sinnerfahrungen, die auch und gerade in seiner Zeit möglich bleiben, sondern bestätigt sie und korreliert sie mit seiner Botschaft von der andrängenden Gottesherrschaft.

## 5.2 Vorösterliche, prophetische Worte

Zahlenmäßig wesentlich geringer als die weisheitlichen Gnomen sind die prophetischen Worte Jesu. Bultmann schwankt bei einigen weisheitlichen Logien, sie den weisheitlichen oder prophetischen Gattungen zuzurechnen. Er beobachtet, daß weisheitliche Gnomen, z. B. die Makarismen, im prophetischen Sinne eingesetzt werden können (Bultmann 1957, 113ff.). Doch reicht diese Umänderung der Pragmatik aus, solche Gnomen einer prophetischen Wortgattung zuzurechnen (so Sato 1988, 247–264)?

Botenspruch, Gerichtsankündigung/Weheruf, Heilsankündigung und Visionen sind die klassischen, atl. prophetischen Wortgattungen (Westermann 1964, 64–143; Koch 1974, 258–271), zu denen in der Nachexilszeit Umkehrruf und Weissagung treten (Westermann 1974, 148; Aune 1983, 114–118). Sie alle sind außer dem Botenspruch für die Herrenworte prägend geworden. Der Botenspruch fehlt, da Jesus sich nicht anachronistisch als klassischer, von Gott unmittelbar beauftragter Prophet verstand und so auch nicht von der nachösterlichen Tradition uminterpretiert wurde (Aune 1983, 164ff.).

Bultmann unterteilt die prophetischen Worte in die Untergattungen

„Heilspredigt, Drohworte, Mahnrede und apokalyptische Weissagung" (Bultmann 1957, 113–132). Wieder handelt es sich um eine Mischung aus syntaktischen und thematischen Kriterien. Die syntaktische Differenz zwischen imperativen Mahnungen und indikativischen Drohworten spielt aber für die prophetischen Gattungen keine Rolle (Westermann 1960, 69). Mit der apokalyptischen Weissagung ist die Endzeitthematik gemeint, die wiederum auch nach Bultmann Heilspredigt, Drohwort und prophetische Weissagung umschließt (Bultmann 1957, 126–132). Apokalyptische Weissagung ist daher formal enger auf die nachexilische, prophetische Gattung „Weissagung" einzugrenzen.

Die weitere atl. prophetische Gattung, die Vision, ist nur einmal belegt in dem visionären Wort vom Satanssturz (Lk 10, 18), das sich aber nicht sicher auf Jesus zurückführen läßt (Bultmann 1957, 113).

Zusammen mit den anderen Gattungen Heilsankündigung, Drohwort und Weissagung ergeben sich bei Ausgrenzung der weisheitlichen Gattungen, der Erzählgattungen (Gleichnisse) und des apokalyptischen Flugblattes Mk 13, 6–27 (Pesch 1968, 208 f.; s. u. 11.1) ungefähr 40 prophetische Herrenworte (nach Bultmann 1957, 113–138). Von diesen lassen sich wieder nur eine geringe Zahl auf den vorösterlichen Jesus zurückführen.

### 5.2.1 Heilsankündigung der nahenden Gottesherrschaft und Umkehrruf

Als prophetische Heilsankündigung geht nur ein Wort auf Jesus zurück: „Erfüllt ist der Augenblick (kairos) und die Gottesherrschaft ist nahegekommen. Kehrt um ..." (Mk 1, 15 par; Bultmann 1957, 124 f.). Da die Ankündigung der nahegekommen Gottesherrschaft auch ohne Umkehrruf überliefert ist (G 74: Lk 10, 9/Mt 10, 7), liegt bei dem programmatischen Ruf Jesu Mk 1, 15 eine Kombination aus Heilsankündigung und Umkehrruf vor (Pesch 1, 1976, 101 f.; Gnilka 1, 1978, 64 ff.; Schlosser 1980, 104 ff.). Zunächst wird nach dem klassischen Aufbau der Heilsankündigung die Lage der Gegenwart beschrieben. Der von den Propheten „verheißene" Zeitpunkt des Kommens Gottes hat sich „erfüllt". Die Heils- und Gerichtszeit ist angebrochen. Die Kräfte der nahen Gottesherrschaft wirken schon jetzt. Aus dem allgemeinen Verweis auf die Erfüllung der prophetischen Voraussagen wird sich nach Ostern das Zitationsschema „Verheißung–Erfüllung" entwickeln (s. u. 5.5). Die zweite Hälfte des Wortes Mk 1, 15 sagt für die nahe

Zukunft die Vollendung der Gottesherrschaft an. An diese Heilsankündigung schließt sich der prophetische Umkehrruf an.

Wie bei den Seligpreisungen ist die apokalyptische Ankündigung der sich nahenden Gottesherrschaft ohne enge Parallele im Hellenismus (G 11–13). Auch der prophetische Umkehrruf Mk 1, 15 als Antwort auf das bedingslose Angebot der Zuwendung Gottes setzt ohne hellenistische Analogie die atl. Prophetie fort. Die Religionskritik von Xenophanes, Empedokles, Pythagoras, Sokrates, Apollonios von Tyana und anderen hellenistischen Gründungsphilosophen vermag gerade nicht sich von der andrängenden Nähe des einen, alles neu schaffenden Gottes her zu legitimieren (gegen Berger/Colpe 1987, 30). Wohl kennt Epikur das Herannahen der wahren, philosophischen Denkhaltung, die das gesamte Leben umkehrt und neu qualifiziert: „Wer da sagt, die Stunde zum Philosophieren sei für ihn noch nicht erschienen oder bereits entschwunden, der gleicht dem, der behauptet, die Zeit für die Glückseligkeit sei noch nicht da oder nicht mehr da" (Diogenes Laertius 10, 122; vgl. die Philosophenberufungen parallel zu G 17–19). Doch die eschatologische Einmaligkeit fehlt bei dieser individuellen Entscheidungsansage.

## 5.2.2 Drohworte

Von den Drohworten lassen sich einige auf Jesus zurückführen. Sie sind die Kehrseite des Heilsrufes und gehören auf die Seite des Umkehrrufes. Die konkurrierenden Schriftgelehrten und die reformerische Laienbewegung der Pharisäer werden von Jesus kritisiert. *„Wehe euch, ihr Schriftgelehrten; denn ihr verschließt die Gottesherrschaft vor den Menschen. Ihr nämlich tretet nicht ein und hindert die, die eintreten wollen, am Eintreten" (Mt 23, 13/Lk 11, 52; Bultmann 1957, 118 f.). Für Authentizität „spricht das hier pointiert zur Geltung gebrachte Eintreten für die Irregeleiteten" (Gnilka 2, 1988, 293). Die Beziehung zur Gottesherrschaft gibt diesem Weheruf seine Besonderheit.
*„Wehe euch, ihr Pharisäer; denn ihr verzehntet die Minze, den Dill, den Kümmel und laßt fahren das Recht, das Erbarmen, den Glauben" (Mt 23, 23/Lk 11, 42; Gnilka 2, 1988, 293 f.). Im Gesetz war die Verzehntung dieser Gartenkräuter nicht vorgeschrieben. Die Ausdehnung der Abgabevorschriften von Öl, Most, Getreide für den Tempel (Num 18, 12; Dtn 14, 22 f.; Lev 27, 30) auf die Gartenkräuter führt in der pharisäischen Laienbewegung zum Übersehen des Zentrums des Gesetzes, und zwar von Recht, Barmherzigkeit und Glauben.

Diese äußerliche Rigidität veranlaßt Jesus zu einer grundsätzlichen Kritik: „Sie binden schwere und unerträgliche Lasten und legen sie den Menschen auf die Schultern, sie selbst wollen sie aber nicht mit ihrem Finger bewegen" (Mt 23, 4/Lk 11, 46). Die Gesetzeskritik der weisheitlichen Gnomen wird nun prophetisch und antithetisch auf die Urheber der Kasuistik bezogen. Die prophetische Drohung oder der prophetische Weheruf mit der Nennung der Adressaten sind implizit gegeben. Für diese prophetische Kritik an falscher Lehre gibt es wie für die Gnomen wieder weisheitliche hellenistische Parallelen: „Erweise dich nicht in Worten, sondern in Taten als sittlich gut" (Epiktet, diss 3, 24, 110; Gnilka 2, 1988, 274).

### 5.2.3 Weissagung

Es ist umstritten, ob Jesus zusätzlich zu den Drohworten eigene apokalyptische Untergangsvoraussagen geformt hat. Die Untergangsweissagungen der frühjüdischen Schriftapokalyptik sind erst nachösterlich in breitem Umfang von der Urgemeinde aufgenommen worden (Dormeyer/Hauser 1990, 31–99; s. u. 11.1). „Auf jeden Fall paßt es zu seiner Verkündigung, daß er in bezug auf das Wie des Endzeitlich-Eschatologischen keine detaillierten Auskünfte gibt" (Gnilka 1990, 264). Bultmann hält zwar die Voraussage der endzeitlichen Tempelzerstörung Mk 13, 2 für vorösterlich (Bultmann 1957, 126 f.; Pesch 2, 1977, 271 f.). Doch die infolge des jüdischen Aufstandes 66–70 n. Chr. ausgelöste Zerstörung des Tempels macht eine Neubildung des Wortes von der Tempelzerstörung als *vaticinium ex eventu* wahrscheinlicher (Gnilka 1, 1979, 184; Brandenburger 1984, 75). Auch weist Bultmann Jesus eine kleine apokalyptische Rede zu, die in Q den Grundstock für die apokalyptische Abschlußrede bildet: Lk 17, 21. 23–24/Mt 24, 26–27 (Bultmann 1957, 128.133 ff.; Schneider 2, 1977, 354). Doch auch diese Worte passen besser zur nachösterlichen Menschensohnerwartung als zu Jesu Verkündigung von der nahegekommenen Gottesherrschaft (Schulz 1972, 277–287).

Hingegen läßt sich die indirekte Voraussage des Todes und der Auferweckung beim Abschiedsmahl mit den Jüngern auf den vorösterlichen Jesus zurückführen: „(Amen, ich sage euch): Ich werde nicht mehr von der Frucht des Weinstocks trinken bis zu jenem Tag, wenn ich sie neu trinken werde in der Gottesherrschaft" (Mk 14, 25 par; Dockx 1965, 447–453; Dormeyer 1974, 108 f.; Gnilka 2, 1979, 243–249; Léon-Dufour 1983, 229 f.). Jesus spricht wie ein atl. Prophet mit elementarer Symbolik, die aber nicht im Stile der Buchapokalyptik die Zukunft expliziert, sondern in weisheitlicher Weise ein testamentarisches Abschiedswort gibt (Léon-Dufour 1983, 217f.). Die Festsymbolik greift u. a. auf die Gnome vom freudigen Anfang der Gottesherrschaft zurück (G 6 = Mk 2, 19a). Jesus ist sich in seinem Vertrauen auf den Vatergott sicher, daß Gott seine Herrschaft von ihm, Jesus, auch im Tode nicht abziehen wird.

Ebenfalls läßt sich eventuell die antithetische Weissagung über den Untergang des Kosmos und das Weiterbestehen der eigenen Worte auf den vorösterlichen Jesus zurückführen: „Himmel und Erde werden vergehen, meine Worte aber werden nicht vergehen" (Mk 13, 31 par; Gnilka 2, 1979, 204; dagegen „kaum authentisches Logion" Pesch 2, 1977, 309). Jesus offenbart in Wort und Tat endgültig und unwiderruflich die Gottesherrschaft und betont durch die Ich-Rede die Einmaligkeit seiner Gottesbeziehung und Offenbarungsvollmacht. Diese Weissagung ist wie das Becherwort eng mit den Ich-Worten verbunden und zeugt von dem singulären, die Prophetie übersteigenden Selbstbewußtsein Jesu.

Im Unterschied zu den weisheitlichen Gnomen besteht also über nur fünf bis sechs prophetische Worte der Konsens, sie dem vorösterlichen Jesus zuzuweisen (vgl. Aune 1983, 187f.). Doch reichen die Heilszusage der Gottesherrschaft, der daraus resultierende Umkehrruf, die Drohworte gegen die Schriftgelehrten und Pharisäer und die Weissagungen vom Weitertrinken des Bechers sowie vom Weitergelten der Worte aus, der Weisheitslehre Jesu eine unverwechselbare, prophetische Ausrichtung zu geben.

Die Ansage der Gottesherrschaft ist das Zentrum der Verkündigung Jesu. Von ihrer andrängenden Nähe wird die singuläre Zeitspannung von „schon jetzt – noch nicht" aufgebaut. Aus dieser Zeitspannung erwächst die prophetische Verheißung ihrer endgültigen Vollendung, wie sie die Ich-Worte und die Gleichnisse bringen. Den prophetisch-weisheitlichen Zuspruch der wirkenden Gegenwart verkünden die Gnomen gemeinsam mit den Gleichnissen und Wundertaten. Die prophetische Drohung betont das „noch nicht" gegenüber den Frommen, die mit einer kasuistischen Gesetzesauslegung sich selbst gegen die andrängende Zukunft verschließen. Weisheit und Prophetie hat Jesus aufgrund seines Selbstverständnisses als letzter, apokalyptischer Bote mit großer kreativer Freiheit der Schriftauslegung (s. u. 5.5) zusammengeführt. Das Übergewicht an weisheitlichen Grundsätzen und Mahnungen betont die schon angebrochene Präsenz der Gottesherrschaft. So vermeidet es Jesus, ähnlich wie sein großer prophetischer Lehrer Johannes der Täufer, die Gegenwart zu entwerten und den bedrohlichen Untergang im nahenden Gericht fortwährend zu beschwören (Reiser 1990, 305 ff.). Auch flüchtet sich Jesus nicht in die Pseudepigraphie eines Propheten der Vergangenheit, um in seinem Namen eine Buchapokalypse zu schreiben (Rost 1971, 22 ff.). Jesus hat das Selbstbewußtsein, daß in ihm als individueller Persönlichkeit die Prophetie der großen Vergangenheit weiterwirkt (Schnider 1973, 258 ff.; ders., prophetes, EWNT 3 [1983] 447). Aber er weiß zugleich als schriftgelehrter Weisheitslehrer um seine Distanz zu der vorexilischen, prophetischen Unmittelbarkeit. Er kündigt nicht mit der Botenformel „So hat gesprochen Jahwe" das „Wort Gottes" an, sondern bringt indirekt durch seine Botschaft von der Gottesherrschaft schriftgelehrt Gottes Wort und Wille zum Ausdruck. Dafür aber ist in ihm endgültig und unwiderruflich die Gottesherrschaft angebrochen und wird sich bald vollenden. Die Zeit der Propheten ist in ihm erfüllt (Mk 1, 15; s. o. 2.1). Auf diese Spannung von erfüllter Gegenwart und noch ausstehender Zukunft verweisen auch die Ich-Worte.

## 5.3 Ich-Worte

Die Gruppe der Ich-Worte stellt die Person Jesu mit seinem Sendungsauftrag, seinen Hoheitstiteln, seinen übrigen Titeln und seiner Vollmacht in den Mittelpunkt. Hoheitstitel sind göttliche Würdeprädikate wie Christus = Messias, Sohn Gottes, Menschensohn, Herr, Sohn Davids; Titel sind innerweltliche, religiöse Bezeichnungen wie Lehrer und Prophet. Der atl. David führte als „Gesalbter", als machtpolitischer König Jahwes, das alte charismatische Amt des Richters in politischer Führung und Rechtsprechung fort (Baltzer 1975, 83–87). Der vorösterliche Jesus erhob zwar auf ein politisches Königtum keinen Anspruch. Die nachösterliche Tradition hielt sich an diesen Vorbehalt, schrieb Jesus aber dennoch die *eschatologische Messianität* mit indirektem politischen Anspruch zu (Mk 8, 27–30 par; Wrede 1901, 214–229; Hahn 1963, 133–226; Dormeyer 1989a, 54–58; s. u. 5.5; 6; 10.2). Allerdings gab die Gemeinde die Hoheitstitel des eschatologischen Messias, Sohnes Gottes und Davidssohnes, nicht als Selbstanspruch Jesu aus. Seine „Ich-Worte" beziehen sich daher nur auf die Hoheitstitel Menschensohn und Sohn, nicht auf den Messias, Sohn Gottes und Davidssohn. So lassen sich Selbstaussagen mit demonstrativem „Ich", eventuell auch mit „Menschensohn", Jesus selbst zuschreiben, während die Selbstaussagen mit „Sohn" wiederum nachösterlich sind.

## 5.3.1 Menschensohn-Worte und Ich-Worte

„Ich sage euch: Wer sich vor den Menschen zu mir bekennt, zu dem wird sich auch der Menschensohn vor den Engeln Gottes bekennen" (Lk 12, 8/Mt 10, 32; Mk 8, 38). Der vorösterliche Jesus setzt sich mit dem kommenden Menschensohn in Beziehung, ohne sich mit ihm zu identifizieren (Bultmann 1957, 163). Die Selbstbezeichnung „Menschensohn" gehört noch immer zu den Rätseln des Neuen Testamentes. Paulus streicht diesen Titel konsequent aus seiner Verkündigung. Hat Jesus sich vor Ostern nicht als „Menschensohn" bezeichnet (Vielhauer 1965, 55–91.92–140; Vögtle 1989, 84; Hoffmann 1991, 193 ff.)? Hat er mit „Menschensohn" nicht den apokalyptischen Gehalt, sondern nur eine aramäische Umschreibung für „Ich" gemeint (Bietenhard 1982, 306 ff.; Müller 1984, 259 ff.)? Hat er den Bezug zum kommenden Menschensohn nur vorsichtig angedeutet (Bultmann 1957, 163; Tödt 1959, 206 f.; Hahn 1963, 23–42; Roloff 1977, 122–135; Löning 1989, 89 f.)?

Annäherungen ergeben sich, wenn der Zusammenhang der Verkündigung der Gottesherrschaft mit der Selbstbezeichnung Menschensohn beachtet wird. Nach Daniel 7 bringt Gott erst im Endgericht seine Herrschaft zur Geltung. Der Menschensohn eröffnet dann den Gerechten aus Israel die ewige Teilnahme an der Gottesherrschaft. Die Verkündigung der Gottesherrschaft erhellt den Hoheitstitel Menschensohn. Wenn Gottes Königsherrschaft schon jetzt in den Wundertaten Jesu und in seinem Wort anbricht, dann ist der Völkerengel Israels schon jetzt unter seinem Volk (Betz 1985, 12–18). Ein Ich-Wort, das den Gnomen nahesteht, stellt diesen Zusammenhang explizit her: „Wenn ich aber mit dem Finger Gottes die Dämonen austreibe, dann ist die Gottesherrschaft schon zu euch gelangt" (Lk 11, 20/Mt 12, 28). Die gnomische Frage Lk 11, 19a/Mt 12, 28, in der das „Ich" Jesu noch durch das verallgemeinerte „jemand" ersetzt werden kann (G 10; s. o. 5.1.3), erhält durch eine Beschreibung der exklusiven Vollmacht Jesu eine singuläre Antwort, die nur für Jesus Gültigkeit hat. Das Wort kann „den höchsten Grad der Echtheit beanspruchen, den wir für ein Jesuswort anzunehmen in der Lage sind: es ist erfüllt von dem eschatologischen Kraftgefühl, das das Auftreten Jesu getragen haben muß" (Bultmann 1957, 174).

Zwar ist die Vorstellung, daß die Gottheit nicht auf den Himmel oder den Tempel als Wohnsitz beschränkt ist, auch ein Allgemeinplatz der stoischen Philosophie: „Man braucht seine Hände nicht zum Himmel zu erheben; man braucht den Tempelhüter nicht zu bitten, er möge einen an das Ohr des Götterbildes herantreten lassen, als ob man dadurch eher Erhörung finden könnte; denn Gott ist dir nahe, er ist bei dir, in dir" (Seneca, ep. 41, 1; Kehl 1990, 103). Aber an die Stelle des allgemeinen Pantheismus tritt der singuläre Anspruch Jesu, daß allein in ihm die sich nahende Herrschaft Gottes schon anwesend ist und an die gläubigen Anhänger vermittelt wird. Dem biblischen Hören auf den Anruf Gottes durch einen anderen Menschen steht die antike Selbstvergewisserung durch Reflexion gegenüber.

„Menschensohn" wird im Kontext zu diesem Wort zu einer kühnen Metapher, die Naheliegendes, aber bisher Unvorstellbares als existierende Wirklichkeit aufdeckt (Maartens, 1986, 77; Kearns 2, 1980, 151 ff.: Symbol). Mit der selbstbewußten „Ich-Rede" hat Jesus sich mit singulärer „Sendungsautorität" (Gnilka 1990, 251) als individueller Mensch von Gottes Königsherrschaft her definiert. So verzichtet er nicht wie der dritte Jesaja (Jes 61, 1 ff.) auf seinen Eigennamen. Gleichzeitig setzt er sich zum Menschensohn der Daniel-Apokalypse in eine singuläre, enge Beziehung (Hahn 1963, 35). Die Königsherrschaft Gottes ist in Jesus angebrochen. Gott wird sie in Kürze mit dem Menschensohn aus dem Himmel, dem Völkerengel der von Jesus Gesammelten, vollenden. Jesus ist derjenige, der seine Anhänger in naher Zukunft dem Menschensohn vorstellen und zurechnen wird.

Menschensohn ist noch wie bei Dan 7 eine himmlische Kollektivperson, die weder direkt angeredet werden noch auf Erden personal agieren kann (Colpe ThWNT 8 [1969], 408 ff.; 422 ff.). Die irdischen Repräsentanten des Menschensohnes waren in der Daniel-Apokalypse das Kollektiv der leidenden Gerechten (Dan 7, 23–25; Weimar 1975, 35 f.). Jesus konzentriert nun mit exklusivem Selbstbewußtsein den Zugang zum zukünftigen, himmlischen Menschensohn-Israel auf seine Verkündigung und sein zukünftiges Schicksal (Jeremias 1971, 259 ff.; Ruppert 1972, 75; Colpe ThWNT 8 [1969], 443). Der Schritt nach Ostern war klein, den auferstandenen Jesus mit dem apokalyptischen Menschensohn zu identifizieren (1 Thess 1, 10 s. u. 6.1; Mk 13, 26; 14, 62) und anschließend auf den irdischen Jesus die Vollmachten des himmlischen Menschensohnes und die irdischen Leiden des gerechten Israels zu übertragen.

Auffallend ist, daß der Hoheitstitel Menschensohn völlig im paulinischen Schrifttum fehlt. In den anderen Büchern tritt er nur mit Ausnahme der Stephanusrede (Apg 7, 56) innerhalb von Jesusworten auf. Er wird daher weder personale Anrede Jesu noch narrative Akteurbezeichnung Jesu. Er bleibt auf die Selbstexplikation des irdischen Jesus beschränkt.

Zunächst wird die apokalyptische Bekenntnisaussage Lk 12,8 par um die machtvolle Ankunft (Parusie) des mit dem Menschensohn identifizierten Jesus bei der Vollendung der Gottesherrschaft erweitert: Mk 13,26; 14,62; Lk 6,22; 11,30 par; 12,10 par; 12,40 par; 17,24 par; 17,26 par; 17,30 par; 17,22; 18,8; 21,36; Mt 10,23; 13,41; 16,28; 19,28; 24,39; 25,31. Zusätzlich zur apokalyptischen Zusage der Parusie erhält Jesus schon für sein irdisches Wirken die Vollmacht über das Gesetz zugesprochen: Mk 2,10 par; 2,28 par; Lk 7,34/Mt 11,19; Lk 9,58/Mt 8,20.

Das nachösterliche Wort: „Ihr sollt aber erkennen, daß der Menschensohn die Vollmacht hat, hier auf Erden Sünden zu vergeben" (Mk 2,10) überhöht Jesu Zuwendung zu den Sündern (G 2–4) zu einer prinzipiellen Vollmacht aufgrund der in Jesus anbrechenden Herrschaft Gottes, alle Sünden vergeben zu können, wie auch der himmlische Menschensohn die Sünder beim Endgericht aufnimmt, die sich nicht vom Bund mit Jahwe losgesagt haben. Das weitere Wort: „Deshalb ist der Menschensohn Herr auch über den Sabbat" (Mk 2,28) spricht Jesus die Auslegungsgewalt über die Gesetzespraxis zu. Dem himmlischen Menschensohn nach Dan 7 kam eine solche Interpretationsmacht nur implizit zu, indem er beim Sammeln der Auserwählten auch ihre unterschiedliche Gesetzespraxis zu beurteilen wußte. Die zwei weiteren Worte der Spruchquelle Q über den irdischen Menschensohn lassen keinen direkten Bezug zum himmlischen Menschensohn mehr erkennen, sondern fassen Jesu Spezifikum als prophetischer Weisheitslehrer zusammen: „Der Menschensohn ist gekommen, er ißt und trinkt, darauf sagt ihr: Dieser Fresser und Säufer, dieser Freund der Zöllner und Sünder" (Lk 7,34/Mt 11,19). „Die Füchse haben ihre Höhlen und die Vögel ihre Nester. Der Menschensohn aber hat nichts, wo er sein Haupt hinlegen kann" (Lk 9,58/Mt 8,20). Jesu radikale Solidarität und Wanderexistenz wird betont (vgl. G 17–24).

Diese Vollmachtsworte ergänzen Matthäus und Lukas noch um weitere, eigene Worte und um Einfügungen des Hoheitstitels Menschensohn in weitere überlieferte Jesusworte. Der Wanderlehrer Jesus repräsentiert als Handlungsmodell schon jetzt die richtige, weisheitliche Lebensweise, die er als zukünftiger, himmlischer Menschensohn bestätigen wird.

Auch die dritte Gruppe der nachösterlichen Menschensohnworte überträgt das Schicksal des irdischen Jesus auf den mit Jesus identifizierten Menschensohn: „Dann begann er, sie darüber zu belehren, der Menschensohn müsse vieles erleiden und von den Ältesten, den Hohenpriestern und den Schriftgelehrten verworfen werden, er werde getötet, aber nach drei Tagen werde er auferstehen" (Mk 8,31 u. ö.).

Während der himmlische Menschensohn nicht zu leiden vermag, wohl aber die auf der Erde lebenden Gerechten leiden, sind in Jesus zukünftige himmlische Existenz und irdisches Handeln als leidender Gerechter zu einer Einheit verschmolzen. Jesus kann prophetisch sein Leiden und seine Auferweckung als irdische und zukünftige himmlische Existenz des Menschensohnes voraussagen und dem gläubigen und umkehrbereiten Israel diese Existenzweise des Menschensohnes ebenfalls zusichern (G 25–50; Mk 4, 10–12).

### 5.3.2  Sohn- und Sendungs-Worte

Weitere Formen wie die Sendungsworte mit der Formel: „Ich bin gekommen/nicht gekommen ..." sind sekundär, weil sie dem ältesten nachösterlichen Glauben an Jesus als dem kommenden Weltenrichter entsprechen (Bultmann 1957, 168). Diese Worte sind die Schöpfungen urchristlicher Propheten. Die drei Selbstbezeichnungen „Sohn" (Mt 11,27/Lk 10,22; Mk 13,32 par; Mt 28,19) wiederum gründen in der singulären Abba-Vater-Beziehung Jesu und sind nachösterliche Entfaltungen (Hahn 1963, 319–333; anders van Iersel 1961, 180ff.: vorösterliche Worte).

### 5.4  Gebet

In den Gnomen vom unbedingten Gottesglauben, aber auch in den anderen Gnomen (Mk 3,35) und Herrenworten erschloß Jesus seinen Hörern die besondere Nähe zu seinem Vater-Gott. Exemplarisch für seine Gottesverkündigung steht das Vater-Gebet:
„9 Vater,
    geheiligt werde dein Name.
10 Es komme deine Königsherrschaft.
11 Unser Brot, das wir brauchen, gib uns heute.
12 Und erlaß uns unsere Schulden,
    (wie auch wir unsern Schuldnern erlassen haben.)
13 Und führe uns nicht in Versuchung."
(Mt 6,9–13a/Lk 11,2–4; Vögtle in Brocke 1974, 166ff.; Luz 1, 1985, 335f.; Gnilka 1, 1986, 213ff.)
Statt der matthäischen 7 Bitten hat das Gebet im Lukas-Evangelium und in Q nur 5 Bitten, eine Zahl, die auf das originale Gebet Jesu

zurückgeht. Im Wortlaut wiederum hat Matthäus den ursprünglichen, eschatologischen Klang bewahrt. Das Gebet besteht aus zwei Strophen, die sich asymmetrisch zueinander verhalten. Auf 2 Du-Bitten folgen 3 Wir-Bitten. Die beiden Du-Bitten folgen asyndetisch. Die 3 Wir-Bitten sind durch „und" verbunden. Der überschießende Vergleich in der 2. Wir-Bitte ist wahrscheinlich nachösterlich zugewachsen (Vögtle in Brocke 1974, 165 f.). Der ausgewogene, gleichbleibende Rhythmus, die klare, syntaktische Zweiteilung der Strophen mit dem Achtergewicht auf der zweiten Strophe und der deutliche Wechsel in der Thematik zwischen beiden Strophen verweisen auf rituellen, liturgischen Gebrauch. Strophe 1 leitet mit der Vater-Anrede ein. Jesus eröffnet seinen Anhängern seine singuläre Abba-Gott-Beziehung für das tägliche Gebet. Der Vatergott Israels (Dtn 32, 6; Ps 68, 6; Hos 11; 2 Sam 7, 14) hat sich Jesus in der endzeitlichen Nähe der Gottesherrschaft exklusiv zugewandt und erfüllt in dessen Praxis anfanghaft die nun folgenden Bitten. Die ersten beiden Du-Anreden bitten mit einem synthetischen Parallelismus um das machtvolle Handeln Gottes. Das Passivum divinum in V 9 verweist auf Gottes Aktivität, „dein Name" auf die Durchsetzung des 2. Gebotes des Dekalogs für die Gegenwart (Ex 20, 7; Dtn 5, 11). Von Gott geht die Eröffnung des Heiligkeitsraumes aus. Die zweite Du-Bitte (V 10) ist eschatologisch auf die Zukunft ausgerichtet. Die Königsherrschaft Gottes soll in naher Zukunft kommen und die Heiligung des Namens Gottes vollenden. Die Verbindung dieser beiden Bitten hat eine Parallele in der frühjüdischen Liturgie. Die ersten beiden Eulogien des Kaddisch-Gebetes handeln gleichfalls von der Heiligung des Namens und dem Kommen der Königsherrschaft Gottes. Diese beiden Eulogien haben ein hohes Alter und stammen noch aus der Tempelliturgie (Graubard in Brocke 1974, 103 f.). Die Verselbständigung und Ausgestaltung der beiden Eulogien zu einem Abschlußgebet des Synagogengottesdienstes, und zwar zu dem 'Kaddisch'-Gebet, fand eventuell schon in jesuanischer Zeit statt (Jeremias 1971, 192).

Strophe 2 wendet sich den Interaktionsbereichen des Beters zu. V 11 nennt die Ökonomie. Die elementare Grundlage des Lebensunterhalts wird benannt. Das notwendige Brot für den heutigen Tag soll angesichts der nahenden Gottesherrschaft und ihrer eschatologischen Form von Gemeinschaftsstiftung zur Verfügung stehen (s. o. G 45–50.77–81). V 12 geht auf den sozialen Bereich über. Die Vergebung eigener Schuld durch Gott setzt dazu frei, fremde Schuld zu vergeben. Die ethisch-eschatologische Botschaft der Gnomen von der Bedürfnislosigkeit und der Nächstenliebe ist in die Gebetssprache übertragen worden. Die Abschlußbitte V 13 greift die gnomische Botschaft von der eschatologischen Entscheidungszeit auf. Mit Versuchung (peirasmos) ist der zerrüttete, apokalyptische Endzeitzustand gemeint. Gott läßt die Verfolgung der Gläubigen in der gottfeindlichen Welt zu, verheißt aber gleichzeitig seinen Schutz (Dan 7–12). An ihm liegt es, wie intensiv die endzeitliche Versuchung ausfällt und wie der Glaubende sie durchhält.

Die ersten zwei Wir-Bitten haben Parallelen im jüdischen Achtzehngebet, dem Hauptgebet des Synagogengottesdienstes. Einzelne Segenssprüche (Berachot) gehen entweder wie beim 'Kaddisch'-Gebet noch auf die Tempelliturgie zurück oder auf synagogale Ortstraditionen. Die Sammlung zu 18 Benediktionen erfolgte erst Ende des 1. Jh. n. Chr. (Petuchowski 1979, 84 ff.). Die Brotbitte entspricht der Benediktion 9 über die Jahresernte (Petuchowski 1979, 85 f.), die Bitte um Vergebung entspricht der Bitte 6. Die apokalyptische Schlußbitte hat nur indirekte Anklänge im Achtzehngebet.

Zu dem gesamten Vater-Gebet bildet der Kleanthes-Hymnus eine entfernte Parallele aus dem Hellenismus (s. o. 5.1.3 zu G 50).

## 5.5 Formen der Schriftverwendung und deren nachösterliche Entwicklung

Jesus von Nazareth legte als endzeitlicher Weisheitslehrer der Gottesherrschaft die Schrift mit großer Freiheit der Interpretation aus, er hob die Schrift aber nicht auf. Seine Gleichnisse und Worte aktualisierten die Botschaft der Propheten oder die Intentionen des Gesetzes. So kehrte Jesus im Gleichnis vom verlorenen Schaf den Fall eines mörderischen Rechtsbruches (2 Sam 12, 1–4) in sein Gegenteil um, in die Fürsorge um das Verlorene (Lk 15, 3–7 par; s. u. 7). Vermutlich gestaltete er auch aus der Weinberg-Parabel des Propheten Jesaja (Jes 5, 1–7) eine eigene Parabel, die sein gewaltsames Schicksal voraussagte (Mk 12, 1–9 par; s. u. 7). Seine Seligpreisungen lassen die Verheißungen des Prophetenbuches Jesaja (Jes 61, 1 f.) schon jetzt anfanghaft sich erfüllen (G 11–13: Lk 6, 20 f.). Seine Mahnung zum Kreuztragen (G 68: Mk 8, 34) aktualisiert die Versiegelung nach Ez 9, 4–6.

Der Stürmerspruch, ein Rätselwort (Jeremias 1971, 40), kennzeichnet das Verhältnis der Gottesherrschaft zu der bisherigen Offenbarungsgeschichte Gottes mit seinem Volk: „Das Gesetz und die Propheten sind bis Johannes. Von da an wird die Gottesherrschaft bedrängt und Bedränger rauben sie" (Q Mt 11, 12/Lk 16, 16: Rekonstruktion nach Gnilka 1, 1986, 420f.). Die heiligen Schriften des Judentums mit den Hauptteilen Gesetz (1–5 Mose), vordere Propheten (die Geschichtsbücher: Josua – Nehemia) und hintere Propheten (Jesaja – Maleachi) reichen bis Johannes. Der Anfang der Gottesherrschaft in Jesus setzt eine Zäsur. Die Bundesgeschichte Jahwes mit seinem Volk erfüllt sich in Jesu Wirken. Daher drängen die Entschlossenen auf Teilhabe an Jesu Botschaft (zum Bild vgl. Plutarch, Moral 203 C, Reg. et imp. ap., Gn. Pomp. 2; Almqvist 1946, 38). In der Debatte mit den gegnerischen Schriftgelehrten wendet Jesus die früh-rabbinischen Auslegungsregeln an. Auf Rabbi Hillel (Ende des 1. Jh. v. Chr.) werden von der Tosefta sieben Regeln zurückgeführt (Tos Sanh 7; Mayer, RAC 6 [1964], 1196), die dann deutlich bei Jesus von Nazareth und in der nachfolgenden neutestamentlichen Literatur zu finden sind. Jesu Schriftdiskussion ist aber wie seine gesamte Wortverkündigung nur mit großer Schwierigkeit von der Überarbeitung der ntl. Autoren abzuheben, wie die Apophthegmen über die Sabbatheiligung (Mk 2,23–28; s. u. S. 116) und die Ehescheidung (Mk 10,2–12; s. o. G 3) zeigen.

Jesus lebte als Träger des Geistes Gottes einerseits aus einer freien Aktualisierung der Schrift, führte aber zugleich nach den üblichen frühjüdischen Regeln Auslegung und Diskussion einzelner Schriftworte weiter. „Doch ich sage euch: Selbst Salomo war in all seiner Pracht nicht gekleidet wie eine von ihnen (den Lilien). Wenn aber Gott schon das Gras so prächtig kleidet . . ., wieviel mehr dann euch" (G 46: Mt 6,29f.). Jesus schließt vom Leichteren, der Pracht Salomos (2 Sam 7; 10,14–29; 2 Chr. 9,13–28) und der Lilien, auf das Schwerere, der umfassenden Fürsorge Gottes für die Hörer der Predigt. Diesen Schluß *a minore ad maius* und umgekehrt *a maiore ad minus* kennt bereits Aristoteles für die beweisenden Enthymeme innerhalb einer Rede: „Ein weiterer (Topos) resultiert aus den Relationskategorien des Mehr und Minder, z. B.: Wenn sogar die Götter nicht alles wissen, um wieviel weniger die Menschen" (Arist., Rhetorik 2, 23, 4f.). Das exegetische Vergleichsverfahren Jesu und der Protorabbinen hat auffallende Ähnlichkeit mit der Enthymembildung der antiken Rhetorik.

Eine Unterordnung von Schriftstellen unter eine bestimmte, die richtige Erklärungsmöglichkeit bietende, findet statt in dem zentralen Gebot der Gottes- und Nächstenliebe: „Ein Schriftgelehrter hatte ihrem Streit zugehört; und da er bemerkt hatte, wie treffend Jesus ihnen antwortete, ging er zu ihm hin und fragte ihn: Welches Gebot ist das erste von allen? Jesus antwortete: Das erste ist: Höre, Israel, der Herr, unser Gott, ist der einzige Herr. Darum sollst du den Herrn, deinen

Gott, lieben mit ganzem Herzen und ganzer Seele, mit all deinen Gedanken und all deiner Kraft (Dtn 6, 4 f.). Als zweites kommt hinzu: Du sollst deinen Nächsten lieben wie dich selbst (Lev 19, 18). Kein anderes Gebot ist größer als diese beiden" (G 58–59: Mk 12, 28–31). Die atl. Gebote der Gottes- und Nächstenliebe legen sich gegenseitig aus. Gottes Liebe zu seinem Volk ermöglicht die Erwiderung der Liebe und umgekehrt, in der Liebe zum Mitmenschen wird die Liebe Gottes erfahren. In dieser Verschmelzung beider Gebote zu einem Doppelgebot wird ein neues theologisches und ethisches Prinzip konstituiert, nach dem alle Schriftstellen sich erst richtig im theologischen und humanen Sinne interpretieren lassen (Schrage 1982, 72). Diese frühjüdische Methode, Grundprinzipien niederzulegen und von ihnen Einzelbestimmungen abzuleiten (Höffken 1986, 114–137), ist ebenfalls in der griechisch-römischen Rhetorik verbreitet (Plutarch, Moral 116 C, Cons. ad Apoll. 28; Almqvist 1946, 44 f.; Cicero, leg. 2, 7, 18; Mayer, RAC 6 [1964], 1198).

Die poetisch freien und die gelehrt-methodischen Schriftauslegungen Jesu bilden die Grundlage für den nachösterlichen Formenreichtum der Schriftverwendung.

Analogieschluß liegt im nachösterlichen Apophthegma Mk 2, 23–28 vor. Die Verbotsübertretung Davids, die Schaubrote des Tempels zur Stillung des Hungers zu essen (1 Sam 21, 2–7), bezieht Jesus analog auf den Bruch der Sabbatruhe durch seine Jünger, die am Sabbat Ähren abgerissen haben. Danach schließt Jesus vom Besonderen, der Übertretung Davids, auf das Allgemeine: „Der Sabbat ist für den Menschen da, nicht der Mensch für den Sabbat" (V 28 = G 3; Ellis 1991, 131). Leider rechnet Ellis zu undifferenziert diese nachösterlichen Schriftdiskussionen dem vorösterlichen Jesus zu (Ellis 1991, 126–141).

Es entwickelt sich außerdem, den frühjüdischen Auslegungsregeln entsprechend, der explizite Schriftbezug (Suhl 1965, 26–45; Rese 1969, 25–42; Rothfuchs 1969, 20–24; Koch 1986, 199–232).

Die Schriftauslegung im Neuen Testament ist zunächst weiterhin aus den Rezeptionsverfahren des Frühjudentums zu verstehen. Parallel zur frühjüdischen Schriftauslegung schuf die Jesus-Gemeinde Literatur, die zusammen mit der frühjüdischen Literatur von der hebräischen und griechischen Kanonbildung um 100 n. Chr. ausgegrenzt wurde. Das Frühjudentum sammelte die jüdische orthodoxe Auslegungsliteratur in den eigenen Buchgattungen Mischna, Midrasch, Targum, Talmud und tradierte sie. Die anderen Fortsetzungen der biblischen Gattungen in der zwischentestamentlichen Literatur wurden hingegen als häretisch ausgeschieden (s. o. 2.2). Das Urchristentum wiederum wahrte

wie die Qumran-Essener und die anderen Apokalyptiker mit der geset-
zeskundigen, prophetischen und weisheitlichen Fortschreibung der
Schrift deren freie, schöpferische Kontinuität und hielt damit die Schrift
für die christliche Erweiterung offen. Die Einheit der Schrift wurde jetzt
garantiert durch den Geist des auferstandenen Jesus Christus, des
Herrn. Jesus Christus ist die Erfüllung und der Abschluß der Schrift.
„Denn zu allen Gottverheißungen ist in ihm das Ja" (2 Kor 1, 20).

Die Urgemeinde erfuhr zwar aufgrund des Kreuzestodes Jesu eine
tiefe Distanz zur lebendigen Tradition der Schrift, war aber zugleich
aufgrund der Auferweckung von der endgültigen Erfüllung der Geschichte Gottes mit seinem Volk Israel in dem Sohn Jesus Christus
überzeugt. Denn das Urchristentum verkündete „das Evangelium, das
er durch die Propheten im voraus verheißen hat in den heiligen Schriften, das Evangelium von seinem Sohn ..." (Röm 1, 1–4). Der Kreuzestod und das Leben Jesu, die so offenkundig gegen die Schrift verstie-
ßen, konnten mit der Schrift wieder harmonisiert und zugleich als
kritisches Potential wahrer, christlicher Interpretation erinnert werden.

Die alten Glaubens-Formeln von der Auferweckung begnügten sich
zunächst damit, mit globalen Formeln wie „gemäß der Schrift" (1 Kor
15, 3–5; s. u. 6.1) oder mit assoziativer Aufnahme von biblischer Sprache auf die endzeitliche Schrifterfüllung zu verweisen. Allgemeiner
Schriftverweis, Schriftanklang als ungekennzeichnete Verarbeitung
biblischer Sprache und formell eingeleitete Reflexionszitate („es ist geschrieben", Mk 14, 27) wurden bei Paulus und in der Evangelientradition dann ausgebaut. Paulus führte außerdem den Begriff Typos ein,
um die Erfüllung der Schrift in den herausragenden Heilsereignissen
zu betonen. „Ihr sollt wissen, Brüder, daß unsere Väter alle unter der
Wolke waren, alle durch das Meer zogen und alle auf Mose getauft
wurden in der Wolke und im Meer ... Gott aber hatte an den meisten
von ihnen keinen Gefallen; denn er ließ sie in der Wüste umkommen.
Das aber wurden Beispiele (Typoi) für uns, damit wir uns nicht von
der Gier nach dem Bösen beherrschen lassen" (1 Kor 10, 1–6; Koch
1986, 211 ff.).

Es entsprechen sich die Väter unter der Wolke beim Auszug aus
Ägypten (Ex 12, 17–14, 31) und die Korinther aufgrund der Taufe.
Beide sind sie von Gottes Gegenwart umfangen. Die Typologie wird
wie die Allegorie bei Philo moralisch ausgewertet. Wie die Väter durch
Gier nach dem Bösen sich aus dem Wohlgefallen Gottes entfernten und
umkamen, so können die Korinther durch den Abfall von Christus die
Taufexistenz verlieren und umkommen. Die Väter in der Wüste sind
Antitypen des wahren Christen.

Die moralische oder anagogische Schriftauslegung im dreifachen Schriftsinn konnte auf dieser Moralisierung der Typologie aufbauen. Während jedoch die Typologie gegenüber dem Schriftbeweis die Dynamik der Geschichte auf einzelne Entsprechungen einengte, hielt sie gegenüber der Allegorie an dem Weitergehen von Offenbarungsgeschichte fest. Die christliche Taufe ist gegenüber dem Durchzug durch das Rote Meer eine Weiterentwicklung, eine Überhöhung.

Da die frühjüdische Schriftauslegung ein Sonderweg der antiken literarischen Hermeneutik war, konnte sie sich in der christlichen Literatur der Spätantike nur in den Verfahren durchsetzen, die von der antiken Hermeneutik mitbeeinflußt waren. So dominierte bereits im Barnabasbrief des 2. Jh. die antike Allegorese, die Jesus gerade nicht verwandt hatte, die aber nach Ostern aufkam (s. u. 7.3). Die *literarischen*, vielfältigen Formen der Schriftzitierung, die das Urchristentum im Anschluß an Jesus ausgebildet hatte, traten zurück, wurden aber in der literarischen, typologischen und allegorischen Exegese des dreifachen Schriftsinnes weitergeführt, da auch die ersten beiden Parallelen in der antiken Philologie hatten. Denn es galt als rhetorischer Kunstgriff, eine Rede mit Zitaten anerkannter literarischer Autoritäten wie Homer auszuschmücken. Die Typologie wiederum war ein Allgemeinplatz der moralisierenden Geschichtsschreibung. Gegen die Vorherrschaft der Allegorie in Spätantike und Mittelalter hielten Typologie und Schriftbeweis die endzeitliche Geschichtlichkeit Jesu Christi innerhalb der Schriftauslegung wach.

## 5.6 Der Tradierungsprozeß der Herrenworte

Unmittelbar nach Ostern ging die Neubildung von Gnomen, Prophetien, Ich-Worten und Schriftverwendung weiter. Während die indikativischen Gnomen in den synoptischen Evangelien weitgehend verstreut in unterschiedlichen, neuen Kontexten stehen, sind die imperativen Gnomen großenteils in Reden zusammengestellt. Dieser Sammlungsprozeß setzte früh nach Ostern ein. Für die mattheische Bergpredigt und die lukanische Feldrede findet sich eine gemeinsame Vorlage in Q, die der Lukas-Version weitgehend entspricht (Bovon 1, 1989, 292f.). Das darüber hinausgehende Sondergut der Bergpredigt ist wiederum von Gemeindetraditon geprägt (Luz 1, 1985, 187).

Die Mahnungen hatten also eine stärkere Neigung als die Grundsätze, sich zu Logienketten zu verbinden. Denn die Mahnungen kennzeichnen deutlicher als die Grundsätze die neuen Forderungen der jesuanischen Verkündigung der Gottesherrschaft. So wurden sie schon früh zu kleinen Redeeinheiten zusammengestellt, während die indikativischen Sentenzen als paralleler Doppelspruch kombiniert wurden (Mk 2,21f.; 3,24f.; 4,24f.). Es konnte auch eine bedeutsame Sentenz eine weitere Sentenz als Kommentarwort an sich ziehen (Mk 3,22–26.27; 4,21.22; Lk 6,39.40; 11,19.20; 11,33.34–36; Mt 10,26.27; Wanke 1981, 3–17). Auch Mahnworte konnten mit Grundsätzen zu Bezugs- und Kommentarworten zusammengestellt werden (Mt 10,28.29; Mk 8,34.35). Reden werden aber aus den Mahnungen gebildet, zu denen vereinzelt indikativische Gnomen eingefügt oder angehängt werden, eventuell schon von Jesus selbst (Mt 6,25f. 28–33 par; 7,7–11 par; s. o. S. 100ff.). Denn die Themen beider Untergattungen sind miteinander eng verknüpft. Jesus hat sicherlich die poetische Fähigkeit besessen, analog zu den mündlichen und schriftlichen Sprucheinheiten des Frühjudentums kleine Spruchgedichte zu verfassen (Hengel 1979, 163ff.).

Die formalen Veränderungen der Worte durch den Traditionsprozeß sollen nur knapp angedeutet werden. Bultmann nennt zunächst als Prinzipien der Redebildung: „Schilderung" als Erweiterung z. B. in Mt 5,44–48/Lk 6,27–33.36 (G 52–57; s. o. 5.1.3) und „Kombination" wie in Mk 8,34–37 (G 69; s. o. 5.1.4; Bultmann, Geschichte 1957, 85ff.). Dann kann die Form des Maschals (s. o. 5.1.2) selbst verändert werden: „Nur eine leichte *Weiterbildung* des zweigliedrigen Maschals ist es, wenn das eine Glied etwa in zwei synonyme Hälften zerlegt wird", z. B. im nachösterlichen Wort Mt 10,28 (Bultmann 1957, 85). Es kann eine „Neubildung (Analogiebildung)" erfolgen wie bei den zusätzlichen, mattheischen Seligpreisungen (Bultmann 1957, 89f.; G 11–13; s. o. 5.1.3). Der häufigste Fall ist die Erweiterung durch *Zusätze* und *Umgestaltungen* aufgrund eines *dogmatischen Motivs* oder einer *Einfügung in den Zusammenhang* (Bultmann 1957, 93–101; März 1987, 3f.). Die Gnomen geben außerdem oftmals Anlaß, zu ihnen mit einem Apophthegma einen erzählerischen Rahmen zu schaffen (Bultmann 1957, 8f.; s. u. 8.1). Diese Umformungsregeln der Tradition gelten ähnlich für die Prophetien und Ich-Worte. „Die Produktion der Ich-Worte ist überwiegend ein Werk der hellenistischen Gemeinde, jedoch war der Anfang dazu schon in der palästinensischen Gemeinde gemacht. Auch hier werden christliche Propheten geisterfüllt im Namen des Erhöhten Worte wie Apk 16,15 gesprochen haben" (Bultmann 1957, 179). So werden die „Sohnes"-Worte und die Sendungsworte von der Gemeinde gestaltet.

Die nachösterliche Prophetie entwickelt zu dem prophetischen Herrenwort im Geiste des Erhöhten („so spricht er" Offb 3.1; Apg 11,28;

21, 4) zusätzlich Sätze hl. Rechts (Käsemann 2, 1964, 79 ff.) und eigene
Wörter persönlicher, prophetischer Autorität (Müller 1975, 234 f.). Die
Gattung eigener Worte mit prophetischer Autorität geht sowohl auf
Johannes den Täufer (Mt 3, 7–10/Lk 3, 7–9; Mk 1, 7–8 par) als auch auf
Jesus zurück.

## 5.7 Jesus als der endzeitliche, prophetische und wundertätige Weisheitslehrer

Insgesamt haben die Gnomen Jesu enge Parallelen zur atl. und frühjüdischen Spruchweisheit (Bultmann 1957, 74 ff.; 111 ff.). Einige Sentenzen sind allerdings nur im Hellenismus bekannt (G 20: Lk 6, 40/Mt
10, 25 f. s. o. 5.1.3; G 63: Mt 5, 34 s. o. 5.1.4) oder erst vom Hellenismus ins Judentum gewandert (G 21: Lk 6, 39/Mt 5, 14 s. o. 5.1.3; G 51:
Lk 6, 31/Mt 7, 12 s. o. 5.1.4). In Thematik und Form sind aber die von
Jesus geprägten Worte der hellenistischen Spruchweisheit so nahe, daß
sie mühelos von hellenistischen Hörern rezipiert werden konnten,
während die wenigen Prophetien entfernter zur hellenistischen Orakel-
literatur liegen. Rezeption bedeutet aber noch nicht Verstehen oder gar
Nachfolge. Wenn der Hellenismus sich mit dem Christentum ausein-
andersetzt, wertet er daher das sprachliche Niveau der Worte Jesu als
Barbarei ab, um die Ablehnung des Gehalts der Botschaft noch wirkungsvoller zu gestalten (s. o. 3.1).

Die hellenistischen Christen streichen gegen diese Polemik den weisheitlichen Gehalt der Lehre Jesu heraus (1 Kor 1, 17–2, 16; Orig., Celsus 1, 44–49; s. o. 3.7). In der Spätantike werden sie aber auch den
ästhetischen Reiz der Logien entdecken und in ihre Sprachwelt ein-
schmelzen. Die Sentenzen eröffnen ja gerade für Hellenisten einen umfassenden Zugang zum vorösterlichen, irdischen Jesus. Sie betonen die
weisheitliche Fähigkeit Jesu (Küchler 1979, 574–576; Hengel 1979,
163 ff.), lassen aber auch seinen Anspruch auf endzeitliche Prophetie
und Wundertätigkeit erkennen und erschließen so das Selbstverständnis Jesu als singulärer, eschatologischer Weisheitslehrer, Prophet und
Wundertäter. Diese Rollen fallen ja nicht auseinander, sondern sind in
der Gesellschaft des Frühjudentums Aspekte eines gelehrten Wander-
charismatikers, dessen Rolle Jesus durch die Verkündigung der in ihm
angebrochenen Gottesherrschaft letztgültige, endzeitliche Singularität
verliehen hat (Hengel 1968, 23–27; Theißen 1977, 14; Riesner 1981,
246–298; Zimmermann 1984, Ebertz 1987, 53–71; Schmeller 1989, 66–
70; s. o. 2.1).

In den Gnomen nahm Jesus das frühjüdische *und* hellenistische Spruchgut auf, das für Frühjudentum *und* Hellenismus gesellschaftskritisch war und auf die Erfahrungsmöglichkeiten von Gottes neuem Handeln verwies. Jesus stellte mit singulärem Selbstbewußtsein den frühjüdischen, theologischen Randbegriff Gottesherrschaft in das Zentrum seiner Botschaft (Merklein 1978, 110ff.). In eigenständiger Weise dynamisierte er die Metapher Gottesherrschaft zu einer personalen, aus der Zukunft andrängenden Größe. Alle großen Themen der späteren, synoptischen Tradition mit Ausnahme der Soteriologie sind in den vorösterlichen Sentenzen enthalten und denotativ oder konnotativ mit der Gottesherrschaft verbunden: Zuwendung zu den Sündern und Gesetzeskritik (G 1–5), machtvoller Anfang der Gottesherrschaft in Festfreude und Wundertätigkeit (G 6–10), Seligpreisungen der Armen, Machtlosen und Kinder (G 11–15), Kritik der Reichen und Mächtigen (G 16), Bruch mit Familie und Heimatdorf (G 17–19), das neue Leben im Jüngerkreis (G 20–28. 65–76), das neue Handeln in der Gottesherrschaft als Entscheidungszeit (G 29–42. 51–64), der unbedingte Gottesglaube (G 43–50. 77–81). In diesen Themen klingt indirekt eine Soteriologie an. Jesu Proexistenz für die anderen läßt die Gottesherrschaft schon jetzt anbrechen; die Konsequenz dieser bedingungslosen Proexistenz ist aufgrund der Kritik des Gesetzes und seiner Verwalter der gewaltsame Tod Jesu, den dieser nicht sicher vorausweiß, wohl aber als Konsequenz seiner Praxis als unvermeidbar erwartet (Schürmann 1975, 16–66; Vögtle 1976, 79–98; Oberlinner 1980, 155–168). Die frühjüdische Weisheitstradition konnte Jesus aufnehmen, weil die Verschmelzung von weisheitlicher Ordnung der Welt und geschichtlichem Handeln Gottes in der Gesetzesoffenbarung am Sinai bereits vom Buch Jesus Sirach geleistet worden war (Sir 32, 14–33, 6; s. o. 2.2) und weil die Apokalyptik diese gesetzeskundige Weisheit mit der Prophetie verband.

Hellenistische Spruchweisheit konnte ebenfalls Analogien bereitstellen und zugleich als Auswahlfilter dienen. Allerdings fehlen der hellenistischen, philosophischen Religiosität der Anruf und die Führung durch einen monotheistischen, personalen Gott. Der unbewegte Beweger des Aristoteles (Metaphysik 12, 6–10) „kümmert sich so wenig um die Welt, wie umgekehrt der Mensch sich nicht opfernd und betend zu ihm verhalten kann" (Malter 1991, 63; s. u. 10.2.2).

Polytheismus und jüdischer Monotheismus bleiben unvereinbar. Der jüdische Monotheismus hält kompromißlos den Gegensatz zum Polytheismus aufrecht gegenüber hellenistischen Rettungsversuchen wie dem aristotelischen unbewegten Beweger oder dem stoischen Einheitsprinzip, dem Polytheismus ein theistisches Einheitszentrum zu geben. Als Lehrer kann aber Jesus von Nazareth den Geistbesitz des personalen, monotheistischen Gottes analog zu den göttlichen Kräften der Charismatiker des hellenistischen Polytheismus verstehen, mit Spruchweisheit umschreiben und sich entsprechend als „Rabbi" anreden lassen.

Die Personalisierung der kommenden Gottesherrschaft, die Aufnahme von prophetischen Zukunftsworten und die Verwendung von apokalyptischen Menschensohnerwartungen richten außerdem den Blick in die Zukunft. Denn zusätzlich zu seiner eschatologischen Weisheitslehre hat sich Jesus auf die Erwartung des eschatologischen Propheten nach dem Vorbild des Mose bezogen und sich als Prophet bezeichnet: „Einen Propheten wie dich will ich ihnen mitten unter ihren Brüdern erstehen lassen. Ich will ihm meine Worte in den Mund legen, und er wird ihnen alles sagen, was ich ihm auftrage" (Dtn 18, 18; Meyer 1970, 22 f.). Jesus lagerte Elemente aus dieser eschatologischen Prophetenrolle an seine Verkündigungen an (Meyer 1970, 120–133; Mk 6, 4 par: G 19). Er stellte sich bewußt in die Linie der großen Propheten der Vergangenheit, die er aus ihren Schriften kannte. Wie sie hielt er an Eigennamen, Geistbegabung und Sendung fest. Gleichzeitig griff er die großen Themen der Apokalyptik auf und akzentuierte die Eschatologie in neuer Weise auf die Gegenwart: Die Königsherrschaft Gottes bricht jetzt schon in ihm an und vollendet sich in der Zukunft des Menschensohnes. Die Königsherrschaft Gottes ist nicht mehr eine Größe der Zukunft, sondern erfahrbare Gegenwart.

Die Gnomen bildeten weiterhin das Fundament, nach Ostern zusätzlich zum Selbstverständnis Jesu als eschatologischer Weisheitslehrer und Prophet die eschatologische, weisheitliche Messiaserwartung als „Sohn Davids" auf Jesus zu übertragen. Denn Salomo, der erste königliche Sohn Davids, wurde im Frühjudentum zum Prototyp des weisen, endzeitlichen Messias, der Weisheit, Wunderkraft, Prophetie und Königtum miteinander verbindet (Berger 1973/74; ders. 1974; Schillebeeckx 1975, 404 ff.; Küchler 1979, 128–140).

Josephus schildert in den ›Antiquitates‹ Salomo als einen König, der an Weisheit „alle Menschen, die vor ihm gelebt hatten", überragte und zusätzlich die Gabe der Wunderheilung besaß (Jos, ant 8, 44–49, Kap. 2, 5). Im Frühjudentum konnte wie in den nachösterlichen, christlichen Wundergeschichten mit dem Namen Salomos und mit der Umschreibung „Sohn Davids" die Vollmacht zur Wunderheilung benannt werden (Jos, ant 8, 44–49, Kap. 2, 5; Mk 10, 47 par; de Jonge 1989, 100). Parallel zur Erwartung eines weisheitlichen und wundertätigen, davidischen Messias läuft die Erwartung eines machtpolitischen, nationalen davidischen Messias weiter (Ps Sal 17–18; Schillebeeckx 1975, 406).

Beide bezog Jesus nicht auf sich, obwohl die weisheitliche und wunderheilende Messiaserwartung eine größere Nähe zu ihm als die machtpolitische Messiaserwartung hatte. Jesus vermied es, sich als Sohn Davids zu bezeichnen, obwohl er mit großer Wahrscheinlichkeit biographische Verbindungen zur Davidsdynastie herstellen konnte (Röm 1, 3 f.; Hahn 1963, 250 f.; Karrer 1991, 294; Pixner 1991, 23). Vielmehr nannte er sich „Sohn der Maria" (Mk 6, 3 par), um den Bruch mit der patriarchalischen Familien- und Gesellschaftsordnung zum Ausdruck zu bringen (Dormeyer 1989a, 131 ff.).

Von Gottes *gegenwärtiger,* weisheitlich erfahrbarer Herrschaft aus werden die anderen apokalyptischen Heilserwartungen unwichtig. Der Messias ist lediglich eine mögliche, keine notwendige Mittlerfigur des Heils. Der vorösterliche Jesus hatte daher kein Interesse an diesem Heilstitel. Erst die nachösterliche Gemeinde übertrug diese Heilserwartung aufgrund des Kreuzestodes wegen messianischer Umtriebe („König der Juden" Mk 15, 26) und aufgrund der Auferweckungserfahrung auf Jesus (Hahn 1963, 193 ff.). Außerdem fügte sie die weiteren Hoheitstitel hinzu (Sohn Gottes, Sohn, Davidssohn) oder erweiterte ihren Gehalt (Menschensohn).

Der die Königsherrschaft Gottes bringende Jesus von Nazareth schuf eine fruchtbare Spannung von positiver Heilserfahrung der Gegenwart und positiver Vollendung der Heils- und Unheilsgeschichte der Menschen, wie sie neben ihm keinem Apokalyptiker, Propheten oder Weisheitslehrer gelungen war.

Die Urgemeinde erkannte dagegen sofort die Nähe des eschatologischen, prophetischen und wundertätigen Weisheitslehrers Jesus aus dem Hause Davids zur frühjüdischen eschatologischen, *weisheitlichen* Messiaserwartung. Aufgrund der Auferweckung konnte die Urgemeinde selbstsicher auch den Hoheitstitel „Sohn Davids" auf den irdischen Jesus übertragen. Später verdrängte der gleichzeitig Jesus zugesprochene, machtpolitische Hoheitstitel „Christus" den biographisch gebundenen Hoheitstitel „Sohn Davids" (Lohmeyer 1953, 76 ff.). Die erhöhende Singularisierung Jesu entfernte sich immer stärker von den vorösterlichen Grundlagen. Die nachösterlichen Worte sind daher deutlich von den vielfältigen Interessen der Gemeinde geprägt. Selbst wenn die traditionsgeschichtliche Differenzierung zwischen vorösterlichen und nachösterlichen Worten Jesu als hypothetisch in Frage gestellt wird, bleibt doch auf der synchronen Ebene aller vier Evangelien weiterhin die Spanung zwischen dem „irdisch" handelnden Jesus und dem nach Ostern sich offenbarenden Hoheitsträger göttlicher Würde weiter bestehen. Als „irdischer" Jesus bleibt der Jesus der Evangelien mit ost- und westantiken, prophetischen Weisheitslehrern und Männern mit berühmten Genealogien (Mt 1, 1–17) ständig vergleichbar, während sich Jesus als Träger der eschatologischen Hoheitstitel Christus, Sohn Gottes, Menschensohn und Herr von den hellenistischen Gründungsphilosophen deutlich unterscheidet (s. u. 10.2.2).

## 6. MÜNDLICHE APOSTOLISCHE WORTGATTUNGEN

Vornehmlich in der Briefliteratur finden sich kleine Wortgattungen, die als Zitate oder als stilgerechte Einlagen von Gemeindeüberlieferung markiert werden (Vielhauer 1975, 11). Wie bei den Herrenworten vermag nur eine sorgfältige literarische Analyse ein Wort als früher vorgeformtes Traditionsstück zu bestimmen (Seeberg 1903, 188 ff.; Dibelius 1931, 210 f.; Kramer 1963, 9 ff.; Vielhauer 1975, 12 f.). Auch die Terminologie ist wie bei den Herrenworten fließend.

### 6.1 Glaubensformeln und Akklamationen

Unmittelbar nach Ostern prägten die Anhänger Jesu Glaubensformeln und Bekenntnisse. Sie preisen die Person Jesu *(Homologien)* oder erinnern an zentrale Heilsereignisse *(Pistisformeln)*. „Denn wenn du mit deinem Mund bekennst: ‚Jesus ist der Herr' (= Homologie) und in deinem Herzen glaubst: ‚Gott hat ihn von den Toten auferweckt' (= Pistisformel), so wirst du gerettet werden" (Röm 10, 9). Literarisch sind diese Formeln als memorierfähige Sätze durch Parallelismus ihrer Glieder, Relativstil und Partizipialstil gekennzeichnet. Im Mittelpunkt stehen bei den Bekenntnissen Hoheitstitel wie „Christus, Sohn Gottes, Herr". Bei den Glaubensformeln geht es um Kreuz und Auferstehung, Parusie, Erhöhung, Sendung. Die beiden hier von Paulus zitierten Sätze repräsentieren zwei Untergattungen von Glaubensformeln, die in zwei unterschiedlichen Sprechakten ihren Sitz im Leben haben. Mit dem „Mund" (stoma) erfolgt das akklamierende Bekennen in der Taufliturgie und im Gottesdienst, mit dem „Herzen" (kardia) die Vergewisserung der Glaubensgrundlage für die Verkündigung, Predigt und Katechese (Vielhauer 1975, 21 f.). Die Verben dieser unterschiedlichen Sprechakte lassen sich entsprechend als differenzierende Gattungsbezeichnungen verwenden. „Bekennen" (homologeo) konstituiert die Homologie, „Glauben" (pisteuo) die Pistisformel (Kramer 1963, 15 ff.; Vielhauer 1975, 13 f.; dagegen Strecker 1992, 96; „künstliche Unterscheidung").

Das apostolische Glaubensbekenntnis des 2. Jh. und seine altkirchlichen Erweiterungen führen nur die Pistisformeln fort (Norden 1913,

169ff.; Frankemölle 1974, 71–106). Der lateinische Begriff „Credo" verengt durch seine Spitzenstellung als Einleitungswort den Glauben auf die konstatierende Sprechhandlung der Pistisformel. Die deutsche Übersetzung des *symbolum fidei* mit „Glaubensbekenntnis" entspricht daher nur mit der ersten Hälfte dem einleitenden lateinischen Wort *credo*. Der „akklamatorische" Gehalt der zweiten Hälfte „Bekenntnis" wird nicht eingelöst. Denn das Credo bleibt eine Aneinanderreihung von Glaubenssätzen, von Pistisformeln. Akklamationen fehlen völlig. Die griechische Differenzierung zwischen Homologie und Pistisformel gewährt dagegen einen Einblick in die Anfänge und Breite der urkirchlichen Glaubensentwicklung.

## 6.1.1 Pistisformeln

Vielhauer faßt die Diskussion um die Pistisformeln prägnant zusammen: „Man kann drei Ausprägungen feststellen: a) eine, die nur die Auferweckung Jesu, b) eine, die nur seinen Tod und c) eine, die Tod und Auferweckung (Auferstehung) nennt. Die beiden ersten sind älter als die dritte, die die beiden ersten kombiniert, und wohl auch verschiedener Herkunft" (Vielhauer 1975, 14). Von den beiden älteren Ausprägungen ist diejenige, die nur von der Auferweckung berichtet, die älteste (Vielhauer 1975, 15; Hoffmann 1979, 479ff.). Ihre Grundform lautet: „Gott hat Jesus (ihn; Christus) von den Toten auferweckt." Diese Grundform kann als Aussagesatz, als partizipiale Gottesprädikation, als Relativsatz und als passive Formulierung realisiert werden. Zwischen der partizipialen Gottesprädikation und der zweiten Bitte des jüdischen 18-Bitten-Gebets besteht eine große Nähe (Hoffmann 1979, 486f.). Der Glaube an die Auferweckung der Toten durch den einen Gott ist genuine, frühjüdisch-apokalyptische Hoffnung (Hoffmann 1979, 447f.).

Die literarische Gestalt der Pistisformeln entspricht aber gleichfalls hellenistischer Frömmigkeit (vgl. den Kleanthes-Hymnus s. o. 5.1.3 zu G 50; Plutarch, Moral. 108 C Cons. ad Apoll. 13; Berger/Colpe 1987, 210f.). Besonders der Prädikationsstil der Homologie steht dem hellenistischen Lobpreis eines Gottes nahe und kann mit den Pistis-Formeln kombiniert werden, wie bereits Norden nachwies: „Die Lobpreisung eines Gottes braucht nicht immer in direkter Apostrophe, also in der 2. Person, zu geschehen: er kann wegen seiner aretai auch in der Form einer Aussage, also in der 3. Person, prädiziert werden. Beide Formen gehen schon in alter Zeit nebeneinander her (für die zweite ist das erhabenste Beispiel Aisch. Ag. 149ff.), ja sie greifen gelegentlich ineinander, wie im Prooemium der hesiodeischen Erga, wo Zeus zunächst (V. 3–8) in 3. Person gepriesen, dann (9–10) mit klythi und tyne apostrophiert wird; ebenso Aratos (V. 1–13: ‚Zeus kann das und das', dann 14 chaire pater); auch Kallimachos wechselt zwischen der Schilderung der praxeis theon und ihrer Anrufung, und ein besonders schönes Beispiel ist das oben (S. 153) zitierte vergilische. Wir werden daher im folgenden auch diejenigen Stellen zu betrachten haben, in denen das 'Du' von einem 'Er' vertreten wird" (Norden 1913, 163).

Spezifisch frühjüdische Theologie bleiben dagegen die Themen der Pistisformeln von der Auferstehung und vom „Sterben für": „Christus ist für uns gestorben" (Röm 5, 8). Die Vorstellung vom stellvertretenden Sühnetod des Märtyrers ist besonders im hellenistischen Judentum in Weiterführung der Danielapokalypse (Dan 12) entwickelt worden (Wengst 1972, 61–75; Kellermann 1979, 81 ff.). Sie ist aber auch im palästinensischen Judentum aufgrund der Tradition vom leidenden Gerechten der Psalmen (Rose 1962, 297 ff.; Ruppert 1972, 74 f.) und vom Leiden des Gottesknechtes nach Jes 53 ansatzhaft vorhanden (Lohse 1955, 94–110; Schürmann 1983, 236–245).

Die judenhellenistische Märtyrertheologie (2 Makk 6, 18–31; 7; 4 Makk) steht wiederum den hellenistischen, biographischen Traditionen vom gewaltsamen Tod der Philosophen ab Sokrates nahe (Platon, Phaidon 113d–118a; Kellermann 1979, 46–54; s. u. 8.3). Epikur erklärt seine Bereitschaft, für einen Freund zu sterben: „Auch im Schlaf werde er sich gleich bleiben und werde unter Umständen für einen Freund in den Tod gehen" (Diogenes Laertius 10, 121). Allerdings fehlt dem hellenistischen Philosophentod die Vorstellung der Sühne für den anderen. Denn der Philosoph weiß sich für sein Handeln autonom verantwortlich und nicht von einem personalen Gott abhängig (Kellermann 1979, 52).

Die Kombination der eingliedrigen Formeln von der Auferweckung und dem Sühnetod bildet daher die spezifisch christliche Botschaft von der erlösenden Auferweckung Jesu (2 Kor 5, 15). In 1 Kor verwendet Paulus eine kunstvolle, umfangreiche Formel:

> Christus ist für unsere Sünden gestorben,
> gemäß der Schrift,
> und ist begraben worden.

> Er ist am dritten Tag auferweckt worden,
> gemäß der Schrift,
> und erschien dem Kephas, dann den Zwölf
> (1 Kor 15, 3b–5).

Die Formel besteht aus zwei parallel aufgebauten Strophen. Der allgemeine Schriftbezug bildet den mittleren Kehrvers, der Sühnetod und Auferweckung zur eschatologischen Erfüllung der Schrift erklärt. Der stellvertretende Sühnetod leitet Strophe 1 ein. Das Begräbnis schließt Strophe 1 ab. In den Pistisformeln spielt das Begräbnis sonst keine Rolle, wohl aber in den Passionserzählungen und Angelophanien (Mk 15, 42–16, 8 par; s. u. 8.4). Das gleiche trifft für den Schluß der zweiten Strophe zu. Die Erscheinungen werden sonst nicht mit den Pistisformeln kombiniert, sondern bilden einen eigenen Schwerpunkt der Ostergeschichten (Mt 28, 9–20; Lk 24, 13–53; Joh 20, 11–21, 23; s. u. 8, 4). Die Auferweckung wiederum eröffnet parallel zum Sühnesterben die Strophe 2.

Die kombinierte Formel vom Sühnesterben und der Auferweckung wurde um Bezüge zum irdischen Jesus und seiner Jünger und um den eschatologischen Schriftbeweis erweitert. Es findet mit Hilfe des allgemeinen Schriftverweises eine Biographisierung der Sterbe- und Auferstehungsformel statt. Jesu Tod wird dem Leiden des atl. und frühjüdischen Gerechten zugeordnet (Berger 1984a, 343 f.). Die Annäherung an das hellenistische Enkomion erfolgt dann noch deutlicher im Lied Phil 2, 5–11 (s. u. 6.2).

Die Pistisformel von der Auferweckung kann auch den Kern einer formelhaften Zusammenfassung der urchristlichen Missionspredigt bilden: „... und wie ihr euch zu Gott von den Götzen bekehrt habt, um dem lebendigen und wahren Gott zu dienen und seinen Sohn vom Himmel her zu erwarten, Jesus, den er von den Toten auferweckt hat und der uns dem kommenden Zorngericht Gottes entreißt" (1 Thess 1, 9b–10).

Die Themen, die zur Auferweckung hinzukommen, sind von der judenhellenistischen, apokalyptischen Missionspredigt geprägt: Monotheismus, Polemik gegen den Polytheismus, nahes Zorngericht Gottes, Rettung aus dem Zorngericht (Bußmann 1971, 54 ff.). Doch durch die Rettergestalt des himmlischen Sohnes Gottes erhält diese Zusammenfassung eine unverkennbare christliche Ausprägung. „Daß hier ,Gottessohn' statt ,Menschensohn' steht, erklärt sich leicht daher, daß der Menschensohntitel im griechischen Sprachbereich schnell unverständlich und darum durch andere Bezeichnungen ersetzt wurde" (Wengst 1972, 41). So fehlt ja Menschensohn gänzlich im paulinischen Briefkorpus. Die Ursprünglichkeit des Hoheitstitels „Menschensohn" bleibt allerdings umstritten (Hoffmann 1991, 199 f.).

Eine weitere, eigenständige Ausprägung der Pistisformel von der Auferweckung steht im Proömium des Römerbriefes. Die vorpau-

linische Eingangsformel zum Römerbrief bringt den ursprünglichen
Ansatzpunkt von Auferweckung und Schaffung von Hoheitstiteln am
deutlichsten zum Ausdruck (Barth 1922, 5ff.). Paulus setzt mit der Absenderangabe ein und zitiert dann die alte Formel als Inhalt des Evangeliums: „Paulus, Knecht Jesu Christi, berufen zum Apostel, auserwählt
zum Evangelium, das Gott durch seine Propheten im voraus verheißen
hat in den heiligen Schriften: (zum Evangelium) von seinem Sohn, der
dem Fleisch nach geboren ist als Nachkomme Davids, der dem Geist
der Heiligkeit nach eingesetzt ist als Sohn Gottes in Macht seit der Auferstehung von den Toten" (Röm 1, 1–4). Es handelt sich hier um eine
komplexe Formel. Zwei Stufen werden voneinander abgehoben –
1. Stufe: Jesus, der dem Fleisch nach geboren ist als Nachkomme Davids – 2. Stufe: Jesus, der dem Geist der Heiligkeit nach eingesetzt ist
als Sohn Gottes in Macht seit der Auferstehung. Sohn Gottes fungiert
hier als Zusatztitel des Königs, des Messias, da der alttestamentliche
König von Gott als sein Sohn adoptiert wird (1 Sam 7). Diese alte Formel ist der Kronzeuge für das frühe Stadium einer „Zweistufenchristologie" (Wrede 1901, 214f.; Schweizer 1962, 91ff.; Hahn 1963, 251ff.).
Vor Ostern ist Jesus von Nazareth ein charismatischer Wanderlehrer
mit prophetischen Zügen, der gemäß dieser Formel aus dem alten Königsgeschlecht der Daviden stammt (Kramer 1963, 105f.; Wengst 1973,
112–117; Berger 1973; Theobald 1981; Dormeyer 1989b; Karrer 1991,
272ff.). Nach Ostern wird Jesus zum eschatologischen König, zum
eschatologischen Sohne Gottes inthronisiert (Vielhauer 1975, 31). Es
handelt sich aber nicht um eine Niedrigkeitsstufe (so Schweizer 1962,
92), wohl aber um eine Zweistufenchristologie, in der die menschliche
Hoheit Jesu als (messianischer) Sohn Davids durch die Auferweckung
bestätigt und der Auferstandene zugleich in das eschatologische, neue
Stadium als messianischer Sohn Gottes inthronisiert wird (mit Schweizer 1962, 92f.; Zeller 1985, 35f.; de Jonge 1989, 101ff.). Durch Ostern
wird der auferweckte und erhöhte Jesus endgültig und letztgültig in
den Funktionsbereich göttlicher Messianität und Sohnschaft eingegliedert. Die Hoheitstitel Jesus der Christus und Jesus der Sohn Gottes sind
unmittelbar nach Ostern gemeinsam mit den Pistisformeln von den Jüngern gebildet worden (Hahn 1963, 179ff.; 288ff.; Kramer 1963, 9ff.).
Die komplexe Entstehungsgeschichte der Hoheitstitel Christus, Sohn
Davids und Sohn Gottes soll hier ausgeblendet bleiben (vgl. Hahn 1963,
133–347; Colpe, RAC 12 [1983], 19–58; Karrer 1991, 267–294).
Es bleibt nur anzumerken, daß die Pistisformeln Jesus mit diesen
drei Hoheitstiteln bezeichnen, ohne eine Begründung zu liefern. Die
biographische Abstammung Jesu von der untergegangenen Davids-

dynastie nach Röm 1, 3 f. bildet nur einen schwachen Anknüpfungs-
punkt, da Jesus selbst auf diese Herkunft keinen Wert legt (s. o. 5.1.3
G 17–19) und daher die Stammbaumtradition erst spät in den Kindheitsgeschichten ausgebaut wird. Die Formeln sind vielmehr Ausdruck
einer ersten, spontanen Identifizierung Jesu mit den vorgegebenen, jüdischen Modellen von endzeitlichen und innergeschichtlichen Heilsgestalten, und zwar explizit mit dem weisheitlichen und messianischen Davidssohn (Burger 1970, 25 ff.; Schillebeeckx 1975, 398–404; Karrer 1991,
272 ff.). In den Vordergrund rückt dann von Anfang an das Modell des
national-dynastischen, davidischen Messias. Der gekreuzigte Jesus ist die
unerwartete Erfüllung der Hoffnung auf den eschatologischen, machtpolitischen David*christus*. Jesus durchkreuzt mit seinem Todesschicksal
die frühjüdischen Hoffnungen auf eine machtpolitische Befreiung (1 Kor
1, 18–23) und eröffnet mit dem Leiden für andere ein menschenwürdige-
res Verständnis von Herrschaft (Röm 4, 25; Mk 10, 35–45).

Die Passionsgeschichte und die Evangelien werden den Widerstreit
von frühjüdischen Davidssohn- und Christus-Erwartungen einerseits
und jesuanischer Uminterpretation andererseits narrativ entfalten.
„Sohn Davids" wird in den Passions- und Wundergeschichten die pro-
phetisch-weisheitliche Linie des davidischen Messianismus ab Salomo
betonen (Berger 1973, 3 ff.; Karrer 1991, 272 ff.; s. o. 5.7). Im Tradie-
rungsprozeß der Gemeinde werden dann auch weitere frühjüdische
Modelle von Heilsgestalten explizit und implizit aufgenommen und
uminterpretiert werden. Die „Sohn Gottes"-Bezeichnung, die zunächst eine Würdebezeichnung des politischen Messias war, wurde bereits von den Pistisformeln in der Linie des leidenden Gerechten der
frühjüdischen Weish 2, 12–20; 5, 1–7 auf das Leiden Jesu hin erweitert.
Die Passionserzählungen werden ebenfalls diesen Bezug ausbauen.
Jesu Auftreten als Weisheitslehrer führt schließlich zur Identifizierung
der präexistenten Weisheit mit Jesus (Joh 1, 1–18). In Verbindung mit
den Homologien fällt aber schon früh der Hoheitstitel, der direkt vom
Judentum aus dem Hellenismus übernommen ist und in Entlehnung
von der Septuaginta von den Christen auf Jesus übertragen ist: Kyrios.

## 6.1.2 Homologien und weitere liturgische Formeln

Die Homologie besteht im Kern aus dem Akklamationsruf „Kyrios
Jesus" (1 Kor 12, 3; Röm 10, 9a; Phil 2, 11), mit dem die Gemeinde sich
ihrem Herrn Jesus in seiner gegenwärtigen Herrscherstellung unter-
ordnet (Kramer 1963, 61 ff.). „Die Formel ist ein Symbolon im antiken

Sinne des Wortes, ein Kennwort der Kultgenossen, wenn ihre Funktion auch umfassender und ihr Anspruch exklusiver ist. Die hellenistischen Christen verstanden die Akklamation kyrios Jesus so sehr als das für sie Charakteristische, daß sie die technische Bezeichnung dafür („den Namen des Herrn anrufen") zur Selbstbezeichnung der Gemeinde umformten: hoi epikalumenoi to onoma tou kyriou hemon Jesu Christu (1 Kor 1, 2; vgl. 2 Tim 2, 22; Apg 9, 14–21; 22, 16)" (Vielhauer 1975, 24). So geht die Formel auf die heidenhellenistische Gemeinde zurück und hat im Gottesdienst ihren ‚Sitz im Leben' (Vielhauer 1975, 24). Kyrios bezeichnete in der Septuaginta Jahwe. Jahwes Amt als zukünftiger Weltrichter und gegenwärtiger Weltherrscher wird auf Jesus übertragen, den Jahwe durch die Auferweckung in seine Existenzsphäre erhöht hat. Von hellenistischen Mysterienkulten aus kann dann die Kyrios-Verehrung Jesu ausgestaltet werden (Hahn 1963, 118 f.).

Weitere Homologien sind die *Heis*-Akklamationen wie: „Einer ist Gott: der Vater ... und Einer ist Herr: Jesus Christus" (1 Kor 8, 6). Diese Akklamation entstammt ebenfalls dem Heidenhellenismus, da sie eine geläufige hellenistische Allmachtsformel aufgreift (Norden 1913, 240–250). Der ‚Sitz im Leben' dieser Akklamationen ist die Liturgie (Vielhauer 1975, 35). Zusätzlich zu den Homologien werden in der Taufliturgie spezielle Tauformeln entwickelt: „Es gibt nicht mehr Juden und Griechen, es gibt nicht mehr Sklaven und Freie, es gibt nicht mehr Mann und Frau; denn ihr alle seid einer in Christus" (Gal 3, 28; McDonald 1980, 88). Den Gedanken der natürlichen Gleichheit aller Menschen vertreten auch die Stoiker (Seneca, Ep. 31, 11; Lukian, Ver. hist. 2, 32–35; Lohse 1968, 208 zu Kol 3, 11). Doch erst die Metonymie „in Christus sein" hebt radikal die natürlichen und sozialisierten Unterschiede, die für den Stoiker weiterbestehen, im Bereich der „korporativen Persönlichkeit" Christus Jesus auf (Mußner 1974, 265 f.).

Die Wirkung dieser radikalen Christozentrik auf die Antike weist Brown auf: „Paulus erwähnte in seinen Sendschreiben die überlieferten Gruppenstrukturen – Juden und Heiden, Sklaven und Freigeborene, Griechen und Barbaren, Männer und Frauen – und erklärte sie in der neuen Gemeinschaft für abgeschafft. Die Initiation – ein reinigendes Bad – beschrieb er als die Entkleidung von den früheren sozialen und religiösen Unterschieden und deren Aufhebung in Christus. Das hieß, daß jeder Gläubige eine einheitliche, ungeteilte Identität erlangte, die allen Mitgliedern der Gemeinschaft gemeinsam war, wie es sich für ‚Söhne Gottes' ziemte, die nun ‚in Christo' angenommen waren. Das leuchtende Wunschbild der Solidarität erhob sich vor den Augen von

Frauen und Männern, deren soziale Stellung in der römischen Gesellschaft solche Teilhabe zu einer Hoffnung machte, die auf ewig uner-
füllbar schien und die deshalb ihre moralischen Erwägungen um so
nachhaltiger besetzte" (Brown 1989, 248).

Weitere Einheits-Akklamationen finden sich in 1 Kor 8, 6: „... ein
Gott, der Vater, aus dem das Ganze ist und wir auf ihn hin, und ein
Herr Jesus Christus, durch den das Ganze ist und wir durch ihn."
Die pantheistische „heis kyrios"-Formel stammt wieder aus der Stoa
und der Vorsokratik (Norden 1913, 240ff.; 347ff.). Die parallele
Christus-Formel hingegen ist in der monotheistischen Missionspro-
paganda des Judenhellenismus entstanden (Kramer 1963, 91 ff.; Viel-
hauer 1975, 32).

Andere Akklamationen tradieren biblische Semitismen aus der synagogalen Liturgie: Amen (1 Kor 14, 16), Halleluja (Offb 19, 1. 3. 6) und
Hosianna (Mk 11, 9f.). Maranatha (1 Kor 16, 22) ist eine Prägung der
aramäisch sprechenden Urgemeinde (gegen Wengst 1972, 50 f.: Aus-
schlußformel aus hellenistischen Mysterienfeiern). In der Herrenmahl-
feier betet die Gemeinde die eschatologische Akklamation: „Unser
Herr, komm" (vgl. Offb 22, 20b; Did 10, 6; Hahn 1963, 100ff.; Kramer
1963, 97ff.). Die Gemeinde erwartet das unmittelbar bevorstehende,
endzeitliche Kommen ihres auferweckten Herrn Jesus (Hahn 1963,
108f.). Ob die Anrede „Mara" dagegen nur den eschatologisch ankommenden Menschensohn meint (Kramer 1963, 97ff.), muß aufgrund der
schmalen Textüberlieferung offenbleiben (1 Kor 16, 22; Did 10, 6;
Offb 22, 20b). Denn auch die früheste Herrenmahlüberlieferung hat
den eschatologischen Ausblick Mk 14, 25, ohne mit der Menschen-
sohnchristologie verbunden zu sein (Hahn 1963, 104f.; s. o. 5.2.3).
Heilsprophetien (Dormeyer 1974, 216f.), testamentarische Abschiedsworte, die den hellenistischen ipsissima verba nahestehen (Leon-Du-
four 1983, 217f.) und eschatologische Erwartungsrufe bilden in der
urchristlichen Apokalyptik Vorstellungskomplexe, die unabhängig
von der Menschensohnerwartung sind.

Zum eschatologischen Wort Mk 14, 25 schuf die Gemeinde für die
Feier des Herrenmahles Gebetsformulare, die von hellenistischen
Mysterienreligionen mitbeeinflußt waren (Mk 14, 22–24; Mt 26, 26–
28 in Variation zu 1 Kor 11, 23–25; Lk 22, 19–20; Klauck 1982,
316ff.). Ein eigenes, nicht sakramental formuliertes Eucharistiegebet
wurde von der ›Didache‹ (9, 1–4), der aus dem ersten Viertel des
2. Jahrhunderts stammenden ›Apostellehre‹, aufbewahrt. Taufe und
Taufgottesdienst führten zu weiteren Formularen wie dem Taufbefehl,
mit dem Matthäus sein Evangelium abschloß (Mt 28, 19). Aus der

jüdischen Tradition stammten ebenfalls die Doxologien (Gal 1,5; 2 Kor 1,3) und Gebete wie das Vaterunser (s. o. 5.4).

## 6.2 Lieder

Paulus erwartete von den Korinthern, daß beim Gottesdienst jeder etwas beitrage, „einer einen Psalm, ein anderer eine Lehre, der dritte eine Offenbarung; einer redet in Zungen, ein anderer deutet es. Alles geschehe so, daß es aufbaut" (1 Kor 14,26). „Psalm" kann sich auf den Psalter der Septuaginta, aber auch auf neu gedichtete Lieder beziehen (Eph 5,19; Kol 3,16: „Psalmen, Hymnen, geistliche Lieder singen"). Frühe urchristliche Lieder, deren Form sich an der Vorlage des Psalters orientiert, finden sich in der lukanischen Kindheitsgeschichte, z. B. im Magnifikat (Lk 1,46–55) und Benediktus (Lk 1,68–79), und in der Offenbarung (Offb 5,9–10 und öfter).

Die sogenannten „Christushymnen" wie Phil 2,6–11; Kol 1,15–20; 1 Tim 3,16 stehen unter hellenistischem Einfluß (Deichgräber 1967, 106–155; Wengst 1972, 144–181), entsprechen stilistisch aber nicht der hohen Poesie (Norden 1913, 250–263). Andererseits lassen sich diese Kompositionen auch nicht aufgrund des hellenistischen Einflusses den atl. Hymnen des Psalters zuordnen. Vielhauer wählt für sie zu Recht die „neutrale Bezeichnung ‚Lieder'" (Vielhauer 1975, 41). Lied ist umfassend als offene, lyrische Form zu verstehen. Weder bilden diese urchristlichen Lieder eine neue Gattung „Weglied" (so Wengst 1972, 149), noch sind sie schematische, rhetorische Enkomien (so Berger 1984a, 345).

Das älteste, vorpaulinische Christuslied Phil 2,6–11 zeigt deutlich einen zweistrophigen Aufbau mit den Themen „Erniedrigung" Vv 6–8 und „Erhöhung" Vv 9–11 (Gnilka 1968, 111 f.; Strecker 1992, 102 ff.). Parallelismen gliedern die beiden Strophen und geben dem Lied einen biblischen Klang (Jeremias 1963, 185 ff.; Schenk 1984, 186 ff.).

6  Der in der Daseinsweise *(morphe)* Gottes sich befand,
   hielt nicht als Raub daran fest, Gott gleich zu sein,
7  sondern er entäußerte sich,
   und nahm die Daseinsweise des Sklaven an,
   in der Gleichheit der Menschen wurde er;
   und im Äußeren *(schema)* wurde er gefunden als Mensch,
8  er erniedrigte sich selbst
   und wurde gehorsam bis zum Tod,
   (zum Kreuzestod).

9  Deshalb hat Gott ihn erhöht
   und ihm den Namen über jeden Namen geschenkt,
10 damit im Namen Jesu jedes Knie sich beuge
   der Himmlischen und Irdischen und Unterirdischen
11 und jede Zunge bekenne *(exhomologeo)*:
   Herr ist Jesus Christus
   zur Ehre *(doxa)* Gottes des Vaters

                                                    (Phil 2, 6–11)

Die literarische Herleitung der Erniedrigungs- und Erhöhungsmo-
tive ist schwierig (Gnilka 1968, 131–147: ›Exkurs 3: Das vorpaulinische
Christuslied‹). Die gnostische Interpretation (Wengst 1972, 153 ff.)
projiziert die gnostische Abstieg-Aufstieg-Thematik des 2. Jh. anachronistisch in die erste Hälfte des 1. Jh. Hellenistische Inschriften, die
Enkomien für Herrscher enthalten, zeigen hingegen zeitgleiche Parallelen: „Den Kaiser Tiberius, erhabener Gott, erhabener Götter Sohn,
Herrn der Erde und des Meeres, den Wohltäter und Retter der gesamten Welt (ehrte) das Volk von Myra" (Berger 1984, 1178). Berger erkennt in dieser Inschrift ein dreiteiliges Enkomion-Schema, das in ähnlicher Weise im hellenistischen Judentum (Sir 44–50; 1 Makk 2, 50–64)
und im frühen Christentum (Phil 2, 6–11; Hebr 1, 3) begegnet: „Der erste Abschnitt umfaßt die Nennung des Namens und die Darstellung
dessen, wer dieser Mann überhaupt gewesen ist. Dazu gehören auch
‚Hoheitstitel' und die Beschreibung des grundsätzlichen Verhältnisses
zu Gott, in dem der zu Lobende steht. In einem mittleren Abschnitt
werden die Werke und Taten aufgezählt, die Tugenden, die Erfüllung
des Gebotes und der Gehorsam gegenüber Gott. Ein dritter Abschnitt
schildert den Ruhm und den großen Namen, den sich der zu Lobende
im ganzen (nicht durch Einzeltaten) erworben hat" (Berger 1984, 1179).

Ein Zusammenhang von frühen, urchristlichen Liedern und hellenistischen Enkomien ist sicherlich zutreffend. Die Verwandtschaft zwischen Lied, Enkomien und Biographie erklärt dann auch die Entstehung eines Erzähl-Evangeliums als Biographie neben den Liedern
(Berger 1984, 1236 ff.; s. u. 10.1–2). Doch bleibt für die ntl. Präexistenzchristologie zu berücksichtigen, daß das Schema „Abstieg des
Gerechten aus himmlischer Präexistenz" in den atl. Enkomien nicht zu
erkennen ist. Die Weisheit ist zwar präexistent (Sir 24, 1–22; Weish
6, 22–8, 18), nicht aber der leidende Gerechte (Sir 44–50; Weish 2, 12–
20; 5, 1–7). Die Verschmelzung des Motivs vom leidenden Gerechten
und Märtyrer Jesus mit der präexistenten Weisheit wird erst zu einer
Leistung des judenhellenistischen Christentums (Phil 2, 6–11; Joh 1, 1–
18) und bestimmt noch nicht die synoptischen Evangelien (s. u. 10.3.3).

## 6.3 Paränetische (ermahnende) Formeln

Die Urgemeinde vermehrte nicht nur die ermahnenden Gnomen Jesu (s. o. 5, 1, 3–4), sondern erweiterte sie auch um neue Formen wie den Tugend- oder Lasterkatalogen, den Haustafeln und den Pflichtenkatalogen. Sie füllte diese Formeln in eigener, apostolischer Autorität mit dem neuen Gehalt der eschatologischen, christlichen Verkündigung. Die Formeln übernahm die Urgemeinde von der alttestamentlich-jüdischen Spruchweisheit und der hellenistischen Popularphilosophie. Nach Dibelius blieb dieser Adaptionsprozeß ein Notbehelf der Gemeinde für nebensächliche Alltagssituationen und daher ohne christliche Durchdringung: „Die Ausbildung einer christlichen Ethik, d. h. eines Neubaus der Welt vom Evangelium aus, lag also nicht in ihrem Interessenkreis" (Dibelius 1975, 141). Dieses Auseinanderreißen von ethischer Neugestaltung der Welt und hochgespannter Naherwartung läßt sich aber bereits von dem breiten Strom der Herrenworte her nicht halten. Schrage gibt den heutigen Konsens wieder, wenn er gegen Dibelius feststellt, daß die vorpaulinischen Judenhellenisten antike Formen und Inhalte der Ethik rezipiert, weiterentwickelt und in ihre eschatologische Verkündigung kritisch integriert haben (Schrage 1982, 125 f.; Strecker 1992, 106 ff.).

### Tugend- und Lasterkataloge

Die judenhellenistische Synagoge erwies sich dabei als Vermittlerin von Tugend- und Lasterkatalogen, deren Form aus der hellenistischen Popularphilosophie stammte (Vögtle 1936, 201 ff.). Die Herleitung aus der iranischen Kosmologie und dem hellenistischen Mysterienkult stellt eine unnötige Engführung dar (gegen Kamlah 1964, 214 ff.). Lasterkataloge finden sich u. a. in 1 Kor 5, 10 f.; 6, 9 f.; 2 Kor 12, 20 f.; Gal 5, 19–21; Röm 13, 12–14; Kol 3, 5–8; Mk 7, 21 f.; Eph 4, 31; 5, 3–5; 1 Tim 1, 9 f.; 6, 4; 2 Tim 3, 2–4; Offb 21, 7 f. Zu einer Diatribe gestaltete Paulus einen Lasterkatalog in Röm 1, 18–32 aus. Außerdem kombinierte er den Lasterkatalog Gal 5, 19–21 mit einem Tugendkatalog Gal 5, 22 f. und schuf damit die einzige unmittelbare Aufeinanderfolge von Laster- und Tugendkatalog (Vielhauer 1975, 51). Wie z. T. Jesu ermahnende Gnomen hatten die Tugend- und Lasterkataloge die Aufgabe, das neue Leben in der Gottesherrschaft an konkreten Verhaltensweisen zu veranschaulichen und durch die Katalogisierung mnemotechnisch einzuprägen.

Einen Tugendkatalog, in dem den vier Kardinaltugenden phronesis, sophrosyne, andreia und dikaiosyne jeweils weitere Tugenden zugeordnet sind, bietet Stobaeus „*te men oun phronesei hypotattesthai euboulian, eulogistian, agchinoian, nounecheian, (eustochian), eumechanian; te de sophrosyne eutaxian, kosmioteta, aidemosynen, egkrateian; te de andreia karterian, tharraleoteta, megalopsychian, eupsychian, philoponian; te de dikaiosyne eusebeian, chrestoteta …*" (ecl. II 60, 9 ff., in: StVF III 64, 20 ff.; Vögtle 1936, 59 f.). Die christlichen Tugendkataloge ersetzen zwar die hellenistischen Tugenden weitgehend durch die atl. und frühjüdischen, z. B. qumranischen Tugenden: „Die Frucht des Geistes aber ist *agape, chara* (Freude), *eirene, makrothymia* (Langmut), *chrestotes* (Freundlichkeit), *agathosyne* (Güte), *pistis* (Treue), *praytes* (Sanftmut), *egkrateia* (Selbstbeherrschung)" (Gal 5, 22 f.; Wibbing 1959, 120 ff.; Mußner 1974, 384 ff.). Immerhin decken sich *chrestotes, egkrateia* und *makrothymia,* das aequivok zu *megalopsychia* ist. In sachlicher Nähe zueinander stehen *aidemosyne* (Bescheidenheit) und *praytes* (Sanftmut), *eusebeia* (Gottesfurcht, Frömmigkeit) und *pistis* (Treue, Glaube). *Chara, eirene* und *agathosyne* haben zwar im Katalog von Stobäus keine Entsprechung, gehören aber zu den bevorzugten griechischen Tugenden im Umfeld der *dikaiosyne,* der Gerechtigkeit. Lediglich *agape* hat als Gegensatz zum griechischen *eros* eine spezifische, christliche Sinngebung.

Weitere christliche Tugendkataloge finden sich in Kol 3, 12–14; Eph 4, 2 f.; Phil 4, 8; 1 Tim 4, 12; 2 Tim 2, 22; 3, 10; 1 Petr 3, 8; 2 Petr 1, 5–7.

In den hellenistischen Regentenspiegeln werden die Tugend- und Lasterkataloge besonders ausgebaut (Dion Chrys. 1, 15–35; 3, 40–41). Die Regentenspiegel wiederum bilden die Grundlage für eine weite Form der Paränese, für die Pflichtenkataloge, wie sie sich in den Pastoralbriefen finden (Vögtle 1936, 74 ff.).

*Pflichtenkataloge*

Die Pastoralbriefe führen Pflichtenkataloge auf für das Amt des Episkopos (1 Tim 3, 1–7), des Presbyters (Tit 1, 5–9), des Diakons (1 Tim 3, 8–13) und der Witwe (1 Tim 5, 3–16). Noch immer gilt das Urteil von Vögtle: „Das Schema der Pflichtenlehren dürften die Past.-briefe ziemlich eindeutig aus dem Hellenismus übernommen haben" (1936, 237). Die populäre Moralphilosophie richtete nicht nur den Blick auf den Regenten, sondern auf alle Berufe und Stände (Dibelius 1966, 41 ff.; Vögtle 1936, 78 ff.). Die Verbindung von Berufseigenschaften mit allgemein menschlichen Qualitäten ist typisch für die Pflichtenkataloge (Lukian, De saltatione 81; Dibelius 1966, 41; 118 Nr. 4).

So gehen die Pflichtenkataloge der Pastoralbriefe auch kaum auf die spezifischen Qualifikationen der urchristlichen Ämter „Bischof", zu dem der „Presbyter" die sprachliche Variante bildet (Tit 1, 6 f.), „Diakon" und „Witwe" ein, sondern fordern Verhaltensweisen, die man „von jedem Menschen erwarten darf als Minimum rechtschaffenen Verhaltens und bürgerlicher Pflichterfüllung" (Brox 1969, 140): „5 Dazu ließ ich dich in Kreta zurück, damit du das, was noch zu tun ist, in Ordnung brächtest und in jeder Stadt *Presbyter* einsetztest, wie ich es dir aufgetragen habe, 6 wenn einer unbescholten ist, eines Weibes Mann, gläubige Kinder hat, denen man nicht Liederlichkeit oder Ungehorsam vorwerfen kann. 7 Denn ein *Episkopos* muß unbescholten sein als Hausverwalter (Ökonomos) Gottes, nicht anmaßend, nicht jähzornig, nicht trunksüchtig, nicht gewalttätig, nicht habgierig sein, 8 sondern gastfrei, das Gute liebend, besonnen, gerecht, fromm, beherrscht, 9 sich annehmend des wahren Wortes gemäß der Lehre, damit er in der Lage sei, in der gesunden Lehre zu unterweisen und die Widersprechenden zu überführen" (Tit 1, 5–9). Lediglich die Aufträge zur Verwaltung des „Hauses Gottes" und des „wahren Wortes" gehen auf die speziellen Aufgaben eines Gemeindeleiters ein (Brox 1969, 149). Die anderen Tugenden und Warnungen vor Laster kennzeichnen lediglich die normalen bürgerlichen Pflichten.

Trotz oder gerade wegen seiner Selbstverständlichkeit nimmt der Pflichtenkatalog einen zentralen Platz in der hellenistischen Moralphilosophie und Rhetorik ein (Vögtle 1936, 73 ff.). Er bildet das axiologische Grundgerüst, ein Enkomion oder eine Biographie normgerecht auszugestalten (Dibelius 1966, 41). In den Progymnasmata nehmen daher die Anleitungen einen zentralen Platz ein, nach einem feststehenden Tugendkatalog Enkomien auf bekannte Persönlichkeiten der Vergangenheit oder auf zu ehrende Personen der Gegenwart stilgerecht zu üben (Theon 9; Marrou 1977, 376 ff.; s. o. 3.4).

Den Zusammenhang zwischen dem Pflichtenspiegel des Bischofs und Presbyters mit den Überlieferungen vom Wirken Jesu deuten die beiden amtsspezifischen Tugenden an. Wer Ökonom Gottes und Verwalter des wahren Wortes sein will, hat in der ›Didache‹ und „hygienischen Didaskalia" zu bleiben, wie sie Jesus hinterlassen hat. Ohne auf die Evangelien explizit Bezug zu nehmen, wird schlaglichtartig deutlich, daß ein irdisches, ideales, „gesundes" Leben Jesu für einen juden- und heidenhellenistischen Verfasser nur in Übereinstimmung mit dem normativen Pflichtenkatalog erzählbar ist. Diese Nähe von Pflichtenkatalog und Enkomien bedeutet aber nicht, daß die Evangelien lediglich Illustrationen eines enkomischen Pflichtenkatalogs sind (s. u. 10).

*Haustafeln*

Haustafeln sind die Zusammenstellung von Pflichten der Mitglieder eines „Hauses": Es wird hierarchisch differenziert nach den Ebenen Mann – Frau, Kinder, Sklaven. Wie die Pflichtenkataloge finden sich die Haustafeln erst in den späten Briefen des Neuen Testaments: Kol 3,18–4,1 par; Eph 5,22–6,9; 1 Petr 2,18–3,12; 1 Tim 2,8–15; Tit 2, 1–9. Ob die Haustafeln aus der stoisch-kynischen Moralphilosophie (Weidinger 1928, 40–79; McDonald 1980, 72f.) oder aus der ökonomischen Oikos-Diskussion stammen (Thraede 1977, 115ff.; Müller 1989, 284ff.), soll hier nicht weiter verfolgt werden. Balch betont die apologetische Funktion der Haustafeln, die gegenüber der hellenistischen Kritik am Christentum die Normativität der hellenistischen Tugenden für das christliche Haus akzentuieren, so daß die ntl. Haustafeln sowohl auf die moralphilosophische wie auch auf die ökonomische Diskussion reagieren (Balch 1988, 29ff.).

Vermittlungsinstanz ist wieder das hellenistische Judentum. Wie bei den Pflichtenkatalogen findet auch bei den Haustafeln nur eine geringfügige Umgestaltung durch die Verchristlichung statt: „18 Ihr Frauen, ordnet euch den Männern unter, wie es sich im Herrn gebührt. 19 Ihr Männer, liebt die Frauen und seid nicht aufgebracht gegen sie. 20 Ihr Kinder, gehorcht den Eltern in allem, denn dieses ist wohlgefällig im Herrn. 21 Ihr Väter, erbittert nicht eure Kinder, damit sie nicht mutlos werden. 22 Ihr Sklaven, gehorcht in allem den irdischen Herren, nicht mit Dienst vor Augen, um den Menschen zu gefallen, sondern in der Einfalt des Herzens, indem ihr den Herrn fürchtet. 23 Alles, was ihr tut, das tut von Herzen wie für den Herrn und nicht für Menschen, 24 ihr wißt, daß ihr vom Herrn den Lohn des Erbes empfangen werdet. Dient Christus, dem Herrn. 25 Denn wer unrecht tut, wird empfangen, was er unrecht getan hat, ohne Ansehen der Person. 4,1 Ihr Herren, gebt den Sklaven, was recht und billig ist; ihr wißt, daß auch ihr einen Herrn im Himmel habt" (Kol 3,18–4,1). Innerhalb der Regeln für die Kernfamilie Eltern – Kind beschränkt sich die Verchristlichung auf zwei formale, affirmative Zusätze: „wie es sich im Herrn gebührt" (V 18), „wohlgefällig im Herrn" (V 20). Die Ermahnung der Sklaven und Herren ist zwar wesentlich breiter christlich ausgeweitet, beschränkt sich aber gesellschaftspolitisch ebenfalls auf die Bestätigung des vorgegebenen Status Sklave – Herr. Durch die Einfügung des Herrseins Christi wird allerdings im Binnenraum dieser Beziehung ein neuer Maßstab gesetzt. Als antike Parallele stellt Balch die englische Übersetzung eines Exzerptes aus Arius Didymus vor, dem philosophischen Lehrer des Augustus (Stobaeus 2,7 Nr. 26; Balch 1988, 41ff.).

Seneca bestätigt ebenfalls die Bedeutung von Haustafeln, kritisiert aber zugleich ähnlich wie Kol 3,18–4,1 ihre ökonomische Isolierung von den Grundsätzen der Philosophie: „Jene Sparte der Philosophie, welche sich mit den Regeln befaßt, die der Einzelperson angemessen sind und die davon absieht, den Menschen in den Rahmen des Großen und Ganzen einzuordnen, sondern statt dessen dem *Ehemann* rät, wie er sich gegen seine *Frau* verhalten, dem *Vater,* wie er seine *Kinder* erziehen und dem *Herrn,* wie er seine *Sklaven* leiten soll – dieses Stoffgebiet der Philosophie also nehmen manche als das allein Bedeutsame zur Kenntnis. Die anderen Disziplinen vernachlässigen sie hingegen, als schweiften sie von unseren praktischen Bedürfnissen ab. Als ob einer für einen Lebensausschnitt als Ratgeber in Frage kommen könnte, wenn er sich nicht vorher über die Summe des ganzen Lebens Gedanken gemacht hat!" (Seneca, Ep. 94, 1 f.; Müller 1989, 306).

Aufgrund der christologischen Interpretation nehmen die ntl. Haustafeln eine „humanisierende Mittelposition" zwischen ökonomischer Paränese und praxisbezogener Moralphilosophie in der Antike ein (Müller 1989, 318; Fiedler, RAC 13 [1986], 1069 f.; Gielen 1990, 546 ff.).

*Weitere Formen*

Die spezifisch frühjüdische, weisheitliche Zwei-Wege-Lehre findet sich im Neuen Testament nur in Andeutungen (Mt 7,13 f./Lk 13,24). Ein ausgeprägtes Schema liegt dafür in ›Didache‹ (1–6) und in dem um 130 geschriebenen ›Barnabasbrief‹ (18–20) vor (Vielhauer 1975, 52). Ein breiter Strom atl. und frühjüdischer Paränese wirkt auch auf den Jakobusbrief ein (Dibelius 1975, 146 ff.). Insgesamt nimmt die ntl. Paränese die hellenistischen und frühjüdischen paränetischen Gattungen affirmativ auf. Allerdings gelingt es dem Neuen Testament, durch die Tradierung der jesuanischen gesetzeskritischen und anderen Gnomen, der Gleichnisse, der Apophthegmen und der christologischen Formeln der rezipierten Paränese eine spezifisch christliche, eschatologische Prägung zu geben.

So radikalisierten und überschritten besonders die christliche Sexualmoral, die christliche Eheauffassung, die christliche Armenfürsorge (s. o. 5.1.3–4: G 16.29.30.56) und das christliche Verständnis der Gleichheit in der Taufe die hellenistischen und lateinischen moralphilosophischen Neudefinitionen von Sexualität, Ehe und Humanität der Prinzipatszeit (Brown 1989, 250 ff.).

# 7. MÜNDLICHE JESUANISCHE ERZÄHLGATTUNGEN: GLEICHNISSE

## 7.1 Gleichnis und Metapher

Vergleiche, Bilder und Metaphern spielen in den Gnomen Jesu eine große Rolle. Besonders in den indikativen und imperativen Sentenzen vom unbedingten Gottesglauben dominiert die analoge Rede (s. o. 4.2; 5.1.3–4: G 43–50.77–81). Denn von Gott läßt sich nicht direkt sprechen.

Die Metapher „Königsherrschaft Gottes" *(basileia tou theou)* ist für den Zusammenhang und die Differenz zwischen der Metaphorik der Gnomen und der Metaphorik der Gleichnisse zentral. Als Ziel oder „Sachhälfte" der Gleichnisse setzt Jesus die „Königsherrschaft Gottes", die ebenfalls das inhaltliche Zentrum der Gnomen bildet. Das Gleichnis als Bildspender (Subjekt) prädiziert auf die Gottesherrschaft solche Bedeutungssegmente, die die Begriffsforschung für die religiöse Erfahrung von „Gott" erarbeitet hat. So stehen in den Gleichnissen von der Gottesherrschaft die unterschiedlichen Erfahrungsmöglichkeiten von Gott im Mittelpunkt. Nur indirekt bringt sich Jesus als der Erzähler ins Spiel, indem er die von Gottes Herrschaft geprägte Welt der Gleichnisse bereits modellhaft vorlebt (Fuchs 1965, 139 ff.). Welche Segmente der Gotteserfahrung realisiert werden, entscheiden Text, Kontext und Kommunikationssituation. Metaphern und Gleichnisse zeichnen sich ja dadurch gegenüber dem Begriff aus, daß in ihnen Bildspender *und* Bildempfänger in Wechselwirkung ein neues „Bildfeld" aufbauen (s. o. 4.2). Doch während die religiöse Metapher die zwei Sinnbereiche Welt und Gott nur an einem Punkt miteinander identifiziert und nur an einem Wort produktiv ein neues Wortfeld aufbaut, bringt das Gleichnis eine gesamte menschliche oder naturhafte Handlung mit Gott in Verbindung. Es entsteht eine produktive Handlungssequenz zwischen Welt und Gott. Der Erzähler gestaltet auf der fiktionalen Ebene, wie seiner Meinung nach Gott eine weltliche Handlungssequenz gestaltet oder nicht gestaltet haben will (Weder 1978, 67 ff.). Die Gleichniserzählung entläßt so den indirekten Appell, die außertextliche Wirklichkeit nach dem von Gott gewollten Modell der Gleichnishandlung umzugestalten (Arens 1982, 42 ff. gegen Weder 1978, 65).

Die Metapher „Evangelium", die in den Gleichnissen nicht vor-
kommt, und rahmende Erzählhandlungen erweitern dann diese Erfahrungen zusätzlich um die Erfahrungen mit Jesus. Denn Jesus redet in
den Gleichnissen nie direkt von sich selbst, während er in den Prophe-
zeiungen und „Ich-Worten" durchaus sich selbst erwähnt. Nach
Ostern stellen ihn dann die Bekenntnisse und Erzählungen in den Mittelpunkt des Geschehens als denjenigen, der das Evangelium Gottes
verkündet hat und in dem sich dieses Evangelium verwirklicht hat. Die
Übertragung der Gleichnisse auf die Gottesherrschaft bezieht im Rahmen der nachösterlichen Evangelien die Person des irdischen Jesus
direkt mit ein.

## 7.2 Gleichnisse im Alten Testament und im Hellenismus

In neuartiger Weise entfaltete Jesus die Gnomen zu kleinen Erzählgleichnissen. Jesus gehört zu der ersten Generation der großen frühjüdischen Gleichniserzähler (Fiebig 1912, 269ff.; Flusser 1981, 22ff.).
Ausgearbeitete Gleichniserzählungen sind im Alten Testament selten:
der Fall vom Raub des Schafes, vorgetragen vom Propheten Nathan
vor David (2 Sam 12, 1–15); das Gleichnis vom Weinberg, vorgetragen
vom Propheten Jesaja (Jes 5, 1–7); die Fabel von der Wahl des Dornen-
strauches zum König, vorgetragen von Jotam aus Sichem (Ri 9, 7–15),
die Fabel von der Distel und der Zeder, zugesandt von König Joas von
Israel an König Amazja von Juda (2 Kön 14, 8ff.). Dafür gibt es in der
Gesetzes-, Propheten- und Weisheitsliteratur eine Fülle von Bildwor-
ten, Metaphern, Fragen und Vergleichen wie: „Die Lehre des Weisen
ist ein Lebensquell, um den Schlingen des Todes zu entgehen"
(Spr 13, 14), oder „Wie ein Hirt aus dem Rachen des Löwen (von
einem Schaf) nur zwei Wadenknochen rettet oder den Zipfel eines
Ohres, so werden Israels Söhne gerettet ..." (Am 3, 12; Westermann
1984, 13–27). In der Apokalyptik tauchen dann ausführliche Traumbil-
der auf, die nachträglich durch einen Deute-Engel allegorisiert werden
(Dan 7–8). Während die Gleichnisforschung ab Jülicher den Einfluß der atl.
und frühjüdischen Gleichnisse auf Jesu Erzählungen deutlich sah (Jülicher 2/1899 = 1976, 1, 38ff.; Fiebig [1904] in: Harnisch 1982, 30f.;
Bultmann 1957, 218ff.; Oesterley [1936] in: Harnisch 1982, 137ff.;
Dschulnigg 1988, 16ff.), blieb die Parallele zu den hellenistischen
Gleichnissen weitgehend unbeachtet (Eckart 1973, 60; Berger 1984,
1111ff.). Jülicher betonte zwar, daß er „ohne Rücksichtnahme auf

moderne Begriffsbestimmungen … aus dem vorliegenden Material die Begriffe sich erst beschafft und nur die Grundlage des antiken Sprachgebrauchs dabei fest im Auge behält" (Jülicher 1976, 1, 50). Als Gattungsparallele zitierte Jülicher jedoch die Fabeln des Aesop und deren Rezeption durch Aristoteles (Aristoteles, Rhetorik 2, 20; Jülicher 1976, 1, 94 ff.). Gegen diesen literaturhistorischen Vergleich protestierte aber Fiebig: „Jesus war kein Philosoph. Nirgends finden wir bei ihm abstrakte Ausführungen, wissenschaftliche Abhandlungen und ähnliches. Ebensowenig waren die Apostel oder die Evangelisten Philosophen. Ihre ganze Bildung, ihre Ausdrucks- und Denkweise trägt den Stempel jüdischer Eigenart an sich, die man nur verstehen kann, wenn man beachtet, wie der Hebräer, wie der Orientale, der Aramäer, der Syrer, der Araber redet und denkt. Der echte Jude und Orientale denkt konkret, anschaulich, nicht abstrakt. Er denkt nicht schulmäßig, schematisch, philosophisch, systematisch, sondern volkstümlich, lebendig, lebhaft, unsystematisch, haftet mit seinem Ausdruck am Einzelnen, schaut im Einzelnen, Konkreten das Allgemeine an, empfindet das Allgemeine, ist aber weder fähig noch gewillt, es in Worte zu fassen und zu Theorien zu verarbeiten" (Fiebig 1912, 126). Dieses Verdikt, das Herders Entgegensetzung von naivem, ursprünglichem Judentum und rationalisiertem Hellenismus auf die Gleichnisse anwandte, wirkte bis in die gegenwärtige Gleichnisforschung über Jeremias (1965, 13), Koep (RAC 7 [1969], 145 f.) bis zu Weder (1978, 5) nach (vgl. dazu Rau 1990, 14 ff.).

Bultmann verteidigte zwar Jülichers literarische Bestimmungen des Gleichnisses gegenüber Fiebigs unkritischer Vermischung des Gleichnisses mit der Allegorie, blieb aber an der Frage nach dem Fundament der Literaturtheorie Jülichers oder Fiebigs uninteressiert: „Vor allem ist von den Bestreitern Jülichers Klarheit der Begriffe zu fordern, und ob man sich dafür an Aristoteles oder sonstwie schult, ist grundsätzlich ganz gleichgültig" (Bultmann 1957, 214). So konnten einerseits Bultmann und die weiteren Form- und Redaktionsgeschichtler die literarischen Kriterien Jülichers anwenden, ausbauen und verfeinern und konnten zugleich mit Fiebig die aus dem Judentum herrührende Originalität der Gleichnisse Jesu behaupten.

Zwar wurden nach dem 2. Weltkrieg die Gleichnisse Jesu geradezu zum Paradefeld neuer literaturwissenschaftlicher Forschungsansätze (Harnisch 1982a, VII ff.), doch der Vergleich mit der antiken Rhetorik blieb weiterhin ausgespart. Lediglich die Parallele der paulinischen Leib-Christi-Metapher (1 Kor 12, 12–31a; Röm 12, 4 f.) zur Fabel vom Magen und den Gliedern, vorgetragen von Menenius Agrippa (Livius

2,32), wurde akzeptiert (Linnemann 1975, 29f.; Koep, RAC 7 [1969], 145f.). Eckart eröffnete die Kritik an dieser Ausblendung des literaturhistorischen Vergleiches: „Es ist lange her, daß Exegeten es wagten, solche literarischen Fragen zu stellen" (Eckart 1973, 60). Als signifikantes Vergleichskorpus stellt Eckart daher Plutarchs Schrift zum Eheleben ›Gamika Paraggelmata‹ mit ihren 74 Gleichnissen vor (a. a. O. 60–78; Plut., Moral. 138A–146A). Berger unternimmt es dann, im Anschluß an Quintilian und Lausberg die antike Theorie zum Gleichnis für die ntl. Gleichnisforschung erneut fruchtbar zu machen (Berger 1984, 1112f.; Lausberg 1960, §§ 410–426), während sich Jülicher ja stärker auf Aristoteles bezieht.

Aristoteles differenziert lediglich zwischen historischem und fiktivem Paradigma (Aristoteles, Rhetorik 2,20; s. o. 4.2). Das fiktive Paradigma unterteilt er dann in Gleichnis (Parabole) und Fabel (Rhetorik 2,20). Quintilian dagegen behält diese Differenzierung zwischen historischem Exempel (= historischem Paradigma) und fiktiver *similitudo* (= Parabole) zwar bei, nivelliert aber gleichzeitig diese Differenz: „Unsere lateinischen Schriftsteller bevorzugen in der Regel die Bezeichnung Ähnlichkeit *(similitudo)* für das, was im Griechischen parabole heißt, und *exemplum* für *paradeigma*, obwohl auch das Exemplum ähnlich ist und auch das Ähnliche ein Beispiel darstellt. Wir wollen, um im folgenden uns leichter verständlich machen zu können, annehmen, *paradeigma* enthalte beide Bedeutungen, und wollen es in diesem Sinn *exemplum* nennen" (Quintilian 5,11,1f.). Exempel *(paradigma)* bleibt wie bei Aristoteles der Oberbegriff für Exempel und Gleichnis.

Doch die Kritik an der scharfen, aristotelischen Differenzierung von historischem Paradigma einerseits und fiktiver Parabel und Fabel andererseits erlaubt es Quintilian, innerhalb des Gleichnisses zu weiterführenden Unterscheidungen zu gelangen. Er kann das historische Exempel aufgrund der Verschränkung von Ähnlichkeit und Beispielhaftigkeit zu einer fiktiven „Beispielsgeschichte" transformieren und diese als eine Untergattung des Gleichnisses bestimmen: „An Kraft steht dem *Beispiel (exemplum)* am nächsten die *Vergleichung (similitudo)* und besonders die Art, *die ohne Vermischung mit bildhaften Übertragungen* aus fast gleichliegenden Sachverhalten gewonnen wird ... Die *parabole* nämlich, die Cicero 'collatio' (Vergleichung) nennt, holt gewöhnlich die Dinge, die verglichen werden sollen, von weiter her" (Quintilian 5,11,22f.; Hervorhebung Verf.). Das *exemplarische Gleichnis (similitudo)* wird von der *Parabel* abgehoben, die sich wiederum in eine *bildhafte Vergleichung (= Gleichnis im engeren Sinne)* und eine *ferne Geschichte (= Parabel)* aufspaltet. Jülichers spätere Untergattung „Beispielerzählung" (= *exemplarisches Gleichnis)* geht also auf Quintilian zurück, den Jülicher allerdings in diesem Zusammenhang nicht zitiert (Jülicher 1976, 2, 585), obwohl erst Quintilian die Beispielgeschichte (*similitudo* = „exemplarisches Gleichnis") von der Parabel und dem Gleichnis im engeren Sinne abhebt. An der parabolischen Vergleichung von weit hergebrachten Ähnlichkeiten stellt Quintilian dann die weiteren Unterscheidungen fest von „Leistungen von Menschen . . ., von nicht mit Sprache begabten, und sogar von leblosen Wesen" (Quintilian 5, 11, 23).

Diese unterschiedlichen Handlungsträger konstituieren die weiteren unterschiedlichen Gattungen „ferne Geschichte (Parabel), Fabel und bildhafte Vergleichung (Gleichnis im engeren Sinne)". Zum Gleichnis im engeren Sinne führt Quintilian aus: „Z. B. kann man, wenn man sagen will, der Geist sei zu pflegen, die Ähnlichkeit mit der Erde verwenden, die ohne Pflege Disteln und Dornen, bebaut aber Früchte hervorbringt" (Quintilian 2, 11, 24). Das Sämannsgleichnis Jesu (Mk 4, 3–8) bildet eine eindrucksvolle Veranschaulichung eines Gleichnisses im engeren Sinne mit diesem Thema aus dem Agrarleben. Auch auf die erfundene, ferne Geschichte mit „Leistungen von Menschen" geht Quintilian ein, allerdings mit einer überraschenden Abwertung. Sie haben „weniger Beweiskraft" und müssen daher in der Rede mit besonderer Begründung eingeleitet werden: „Nicht ohne Grund, meine Herren Richter, haben deshalb auch in erfundenen Erzählungen (fictis fabulis) es die gebildetsten Menschen der Nachwelt überliefert, daß ein Mensch, der, um den Vater zu rächen, seine Mutter getötet hat, während die Urteile der Menschen auseinandergingen, nicht nur durch Göttliches, sondern durch der weisesten Göttin Urteilspruch freigesprochen wurde" (Quintilian 5, 11, 17 f.). Die Anspielung auf den Freispruch des Orest durch Athene kann in einer Prozeßrede als Argument eingesetzt werden, um die Sohnesliebe zum Vater in einem Streitfall herauszustellen. Umgekehrt kann die Vaterliebe zum Sohn in einer Gerichtsrede mit historischen Exempeln unterschiedlich beleuchtet werden: „. . . für die Unähnlichkeit: ,Brutus hat seine Kinder getötet, die Verrat gegen den Staat betrieben, Manlius die Mannhaftigkeit seines Sohnes mit dem Tod bestraft'" (Quintilian 5, 11, 7). Jesu zentrales Gleichnis vom „verlorenen Sohn" (Lk 15, 11–32) bildet eine eigenständige Variante zu diesen fiktiven, fernen Parabeln und zu diesen historischen, nahen Exempeln der Vater-Sohn-Beziehung.

Von den fiktiven Geschichten „Gleichnis (Parabel) im engeren Sinne" und „ferne Parabel" hebt Quintilian dann verächtlich als dritte Gattung die Geschichten (*fabellae)* des Aesop, Menenius Agrippa und anderer ab. Sie „pflegen auf die Herzen vor allem von Bauern und Ungebildeten zu wirken, die solche Erfindungen *(ficta)* in harmloserer Art anhören und voll Vergnügen leicht auch mit denen, denen sie den Genuß verdanken, einverstanden sind" (Quintilian 5, 11, 19). Jesus von Nazareth war nach Quintilian also gut beraten, Fabeln aus der Tier- und Pflanzenwelt nicht zu erzählen, dafür aber Gleichnisse im engeren Sinne anzubieten. Weniger erfreulich war nach Quintilian und dem Kunstgeschmack der Antike, daß Jesus poetische, ferne Geschichten erfand, um Bauern und Ungebildete zu überzeugen und an seine Person zu binden (s. o. 3.7).

Doch die atl. Gleichnistraditionen und die unmittelbar bevorstehende Vollendung der Gottesherrschaft befähigten Jesus, in poetisch freier Form den Anbruch der Gottesherrschaft schon jetzt in Geschichten zu gestalten und seine Hörer in diese Geschichten zu verwikkeln. Der Unterschied der fremdartigen, fernen Jesus-Parabeln zu den realitätsnahen „Exempla" = Beispielgeschichten und den Gleichnissen im engeren Sinne ist allerdings nicht so groß, wie die Antike meinte. Die *realistischen* Exempla Plutarchs, Quintilians und anderer teilen sich ja auf in fiktive „Gleichnisse im engeren Sinne" mit wiederholbarer Alltagssituation, in fiktive „Beispielgeschichten" mit einmaligen Begebenheiten von großer Erfahrungsnähe und in historische Beispielgeschichten, z. B. den Exempelreihen. Daß die Parabeln Jesu von der Antike nicht als realistische Beispielgeschichten rezipiert wurden, lag sicherlich an ihrer theologischen Fremdheit (s. u. 7.3). Daher differenzierten die Kirchenväter auch nicht zwischen den Parabeln Jesu einerseits und den Beispielgeschichten andererseits wie später Jülicher. Das Gleichnis vom barmherzigen Samariter Lk 10, 30–37 wurde von Origenes weiterhin als Parabel bezeichnet, blieb also ein Fall mit einmaliger Theologie (Orig., Luc. hom. 34; Lumpe, RAC 6 [1966], 1244).

Andererseits war der Sprung vom antiken nahen Exempel zur Parabel, zum erfundenen, fernen Exempel, ebenfalls nicht groß. Bei Plutarch beobachtet Eckart: „Nicht das Typische wird ihm dann zum Gleichnis, nicht das Allgemeine, das Alltägliche, sondern der interessierende Einzelfall fordert ihn zum Erzählen auf" (Eckart 1973, 76). Denn es folgen auf die nahen Beispielgeschichten ferne Parabeln vom persischen Königshof (Gamika Paraggelmata c. 16) und vom Hof Alexanders des Großen (Gamika Paraggelmata c. 23; Eckart 1973, 77 f.). Zwischen den Gleichnissen Jesu und den antiken Exempla mit ihren Untergattungen fiktive, nahe Beispielgeschichte, fiktives, fernes Gleichnis (= Parabel) im engeren Sinne, fiktive, ferne Parabel besteht also eine große formale Nähe (Berger 1984, 1113 ff.).

Die antiken Gleichnisgattungen nach Quintilian

Exemplum (Paradeigma)

Exemplum (Paradeigma)                          *similitudo*

historisches Exemplum          fiktives, nahes              fiktive, ferne
                               Exemplum                    Vergleichung

(„historischer Fall")          („Beispielerzählung")       („Parabole")
– Exempelreihe
                        bildhafte Vergleichung    ferne Geschichte      Fabel
                        („Gleichnis              („Parabel")
                        im engeren Sinne")

7.3 Die Gleichnisse Jesu in den Evangelien:
    Gleichnis im engeren Sinne und Parabel

Die rhetorisch begründete Unterteilung der Gleichnisse Jesu von
Adolf Jülicher in Gleichnisse im engeren Sinn, Parabeln, Beispielerzählungen, Allegorien hat sich mit Ausnahme der Beispielerzählungen bis
heute als fruchtbar erwiesen (Jülicher 1899 = 1976, 1, 111 f.). Jülichers
„eigentliche Gleichnisse" mit den Erfahrungen „aus dem Gebiet des
täglichen Lebens" (a. a. O.) entsprechen den Gleichnissen („Parabeln")
im engeren Sinne nach Quintilian, Jülichers „Parabeln" mit ihren „frei
erfundenen" Handlungen von Menschen (a. a. O.) entsprechen Quintilians fiktiven Exempla *und* fernen Geschichten. Jülichers „Beispielerzählungen" scheinen zwar Quintilians zusätzlicher Abhebung der fiktiven Exempla von den fiktiven Parabeln ebenfalls zu entsprechen.
Doch diese Differenzierung zwischen fiktivem Exemplum und fiktiver, ferner Parabel ist weiterhin näher zu beleuchten, da sie wichtige
Aufschlüsse über die Nähe und Differenz der Gleichnisse Jesu zu
Quintilians Auffassungen vermittelt. Quintilian hatte bereits zu Beginn seines Kapitels über die Exempla festgestellt, daß Exempel und
Gleichnis ineinander verschränkt sind (5, 11, 1 f.). Die anschließenden
Differenzierungen hatten daher nur den Wert von vorläufigen Hilfshy-
pothesen. Ähnlich hatte Jülicher für die Unterscheidung zwischen ›A.
Die Gleichnisse‹ und ›B. Die Parabeln‹ festgestellt: „Viel schwieriger
wird die Einreihung bei A und B, zumal die Grenze zwischen diesen
Gruppen sich nicht scharf abstecken läßt" (Jülicher 1976, 2, 2).
    Die dritte Gruppe, die vier Gleichniserzählungen des lukanischen
Sondergutes (Lk 10, 30–37; 12, 16–21; 16, 19–31; 18, 9–14), lassen sich

aber überhaupt nicht als eigene Gattung behaupten (Berger 1984, 1114; Harnisch 1985, 84–97; gegen Jülicher 1976, 2, 585–642; Linnemann 1975, 14f.). Denn entweder sind nach Quintilians formaler Bestimmung alle Parabeln Jesu mitsamt den sogenannten Beispielgeschichten „Exempla", also fiktive, realitätsnahe Erzählungen von Einzelfällen, die zum Vergleich herausfordern, oder sie sind aufgrund ihrer theologischen Fremdheit insgesamt „Parabeln" mit erfahrungsferner Fremdheit, die erst durch eine rahmende Einführung den Hörer zur Identifikation zu bewegen vermögen. Der ntl. Begriff *parabolé* (Mk 3,23 par; 4,2ff. par u. ö.; s. o. S. 80) zeigt an, daß Jesus mit den Gleichnissen und Gnomen bewußt die Vergleichung mit Ungewohntem und Entferntem bezweckte und die exemplarische Bestätigung des Bekannten und Gewohnten nur als korrelierende Basis benutzte. So fehlt auch der Begriff Paradeigma (Exempel) im Neuen Testament völlig. Jesu befreiende Praxis ist der erforderliche Rahmen für die Erschließung der Fremdheit seiner Gleichnisse. Ihre Botschaft von der angebrochenen Gottesherrschaft wird erst durch Jesu Handeln für die Unterdrückten und Ungebildeten verstehbar. Quintilian ahnte zu Recht, was solche fremdartigen Parabeln innerhalb einer fremden, aber glaubwürdigen religiösen Praxis zu bewirken vermochten. Sie öffnen den nicht oder nur wenig „Geschulten" die Augen für die Widersprüche und Möglichkeiten ihrer Wirklichkeit und leiten sie zu einem neuen Handeln an.

Die Gleichnisse Jesu lassen sich also mit der antiken Rhetorik auf zwei Untergattungen reduzieren, auf das Gleichnis im engeren Sinne und auf die Parabel. Das Gleichnis im engeren Sinne stellt eine typische, sich immer wiederholende Handlungsfolge aus dem Alltagsleben oder der Natur fiktiv auf der Erzählebene dar. Das Tempus ist normalerweise das Präsens und das Futur, während die Parabel das Präteritum hat (Jülicher 1,92f.; Rau 1990, 25ff.).

Die Themen des *Gleichnisses im engeren Sinne* sind das Haus und seine Bewohner, das Spiel der Kinder, Saat und Ernte, Viehzucht und Fischfang, Bau, Handel und Kriegsführung. Sie bleiben im Bereich der unmittelbaren und selbst herstellbaren Erfahrung. Lediglich das Gleichnis vom Kriegführen (Lk 14,31f.) gehört der fernen, exotischen Welt der Königshöfe an, kann aber von den Bewohnern der Randprovinzen wie Galiläa durchaus durchlitten werden. Herodes Antipas mußte z. B. mit dem autonomen Nabatäerkönig Aretas IV Krieg führen (Jos., ant 18, 109–115); zuvor hatten langjährige Bürgerkriege in der Endphase der Hasmonäerherrschaft und zu Beginn der Herodianer Palästina zerrüttet. Nach dem Tod Herodes' I gab es um die Thronbesteigung des Archelaos erneut gewalttätige Auseinandersetzungen, wie sie die allegorischen, lukanischen Zusätze in der Parabel von den anvertrauten Geldern andeuten (Lk 19, 11–27/Mt 25, 14–30).

Die *Parabeln* erzählen einen Einzelfall, der durch seine Ungewöhnlichkeit die gewohnte Erfahrung verfremdet und übersteigt. Die Themen bleiben zunächst die des Gleichnisses im engeren Sinne: Haus, Arbeit, Landarbeit. Doch dann weitet sich der Gesichtskreis. Es geht um die Pacht eines Weinberges, um ein Fest, um die Vermögensverwaltung, um Verschuldung, um Rechtsprechung, um Hochzeit, um Freundschaft, Lebensplanung, Armenfürsorge und Hilfeleistung. Die Erfahrungsbereiche bleiben jedem Leser zugänglich, doch die Vorgänge stellen entweder abschreckende Handlungsmuster vor, verlangen also den Schluß a minore ad maius (die Parabel von den Weinbergpächtern Mk 12, 1–12; die Parabel vom ungerechten Haushalter Lk 16, 1–13; die Parabel vom Richter und der Witwe Lk 18, 1–8; die Parabel vom törichten Reichen Lk 12, 16–21) oder erzeugen umgekehrt vorbildhafte Ausnahmesituationen, verlangen also den analogen Schluß auf den Bereich der Anwendung (die Parabel vom verlorenen Sohn Lk 15, 11–32 und die übrigen Parabeln).

Da der Übergang zwischen dem Gleichnis im engeren Sinne und der Parabel fließend ist, muß im Einzelfall diskutiert werden, ob bei einem Gleichnis eine Parabel oder ein Gleichnis im engeren Sinne vorliegt (Jülicher 1976, 2, 2). Bei den meisten Gleichnissen besteht über die Zuordnung weitgehend Einigkeit. Doch bei den Doppelgleichnissen, die denselben Grundgedanken durch zwei verschiedene Gleichnisse darstellen, bleibt grundsätzlich die Zuordnung zu beiden Untergattungen möglich, da der Schwerpunkt auf die doppelt vertretene Typik oder auf die variierende Einmaligkeit gelegt werden kann (Knoch 1983, 20).

Als Doppelgleichnisse können in der Verkündigung Jesu oder in der mündlichen Tradition folgende Gleichnisse zusammengestanden haben:
– vom Senfkorn und Sauerteig (Mk 13, 31–33; Lk 13, 18–21)
– vom Schatz und von der Perle (Mt 13, 44–46)
– vom verlorenen Schaf und von der verlorenen Drachme (Lk 15, 4–10)
– vom Turmbauen und vom Kriegführen (Lk 14, 28–32)
– vom Unkraut unter dem Weizen und vom Fischnetz (Mt 13, 24–30. 47–50)
(Bultmann 1957, 210: ohne Mt 13, 24–30. 47–50; Knoch 1983, 20: mit Mt 13, 24–30. 47–50).

Allegorien gehören zu einer anderen antiken Erzähltradition als die Exempla; sie gehören zu den Auslegungsmethoden (Klauck 1978, 32–67; s. o. 5.5). Allegorien lösen das Erzählgerüst in eine Aneinanderreihung von Einzelübertragungen auf; sie sind als sekunkäre Bearbeitungen jesuanischer Gleichnisse der nachösterlichen Zeit zuzuordnen (Bultmann 1957, 213 ff.). Sie haben aber bereits in den atl. Bezügen einzelner Gleichnisaussagen Jesu Anhaltspunkte für die spätere Allegorisierung (Klauck 1978, 354 ff.). Da Jesus keine Allegorien erzählt hat, bleiben sie in der synoptischen Tradition sekundäre Randerscheinungen: z. B. wird das Sämannsgleichnis Mk 4, 3–8 durch eine anschließende Belehrung allegorisiert (Mk 4, 13–20), ebenso die Parabel vom Unkraut unter dem Weizen (Mt 13, 36–43), und es hat die Parabel vom Festmahl Lk 14, 15–24 eine allegorische Parallele in Mt 22, 1–14.

## Die Gleichnisse Jesu in den Evangelien

### Die Gleichnisse im Markusevangelium

1. Das Gleichnis vom Sämann (Mk 4, 3–9 par)
2. Das Gleichnis von der selbstwachsenden Saat (Mk 4, 26–29)
3. Das Gleichnis vom Senfkorn (Mk 4, 30–32 par)
4. Die Parabel von den Weinbergpächtern (Mk 12, 1–12 par)
5. Das Gleichnis vom sprossenden Feigenbaum (Mk 13, 28 f. par)
6. Das Gleichnis vom Türhüter (Mk 13, 33–37 par Lk 12, 35–38)

### Die Q-Gleichnisse

7. Das Gleichnis vom Hausbau (Lk 6, 47–49; Mt 7, 24–27)
8. Das Gleichnis von den spielenden Kindern (Lk 7, 31 f.; Mt 11, 16 ff.)
9. Das Gleichnis vom Hausherrn und Dieb (Lk 12, 39 f.; Mt 24, 43 f.)
10. Das Gleichnis von dem mit der Aufsicht betrauten Knecht (Lk 12, 42–46; Mk 24, 45–51)
11. Das Gleichnis vom Sauerteig (Lk 13, 18 f.; Mt 13, 33)
12. Das Gleichnis vom verlorenen Schaf (Mt 18, 12–14; Lk 15, 4–7)
13. Die Parabel vom großen Mahl (Mt 22, 1–14; Lk 14, 15–24)
14. Die Parabel von den anvertrauten Geldern (Mt 25, 14–30; Lk 19, 11–27)

### Die Gleichnisse des Mt-Sondergutes

15. Die Parabel vom Unkraut unter dem Weizen (Mt 13, 24–30)
16–17. Das Gleichnis vom Schatz im Acker und von der Perle (Mt 13, 44–46)
18. Das Gleichnis vom Fischnetz (Mt 13, 47–50)
19. Die Parabel vom Schalksknecht (Mt 18, 23–35)

20.  Die Parabel von den Arbeitern im Weinberg (Mt 20, 1–16)
21.  Die Parabel von den ungleichen Söhnen (Mt 21, 28–32)
22.  Die Parabel von den zehn Jungfrauen (Mt 25, 1–13)

Die Gleichnisse des Lk-Sondergutes

23.  Die Parabel von den zwei Schuldnern (Lk 7, 41 f.)
24.  Die Parabel vom barmherzigen Samariter (Lk 10, 30–37)
25.  Die Parabel vom bittenden Freund (Lk 11, 5–8)
26.  Die Parabel vom törichten Reichen (Lk 12, 16–21)
27–28.  Das Doppelgleichnis vom Turmbauen und Kriegführen (Lk 14, 28–33)
29.  Die Parabel vom unfruchtbaren Feigenbaum (Lk 13, 6–9)
30.  Das Gleichnis von der verlorenen Drachme (Lk 15, 8–10)
31.  Die Parabel vom verlorenen Sohn (Lk 15, 11–32)
32.  Die Parabel vom ungerechten Haushalter (Lk 16, 1–8)
33.  Die Parabel vom reichen Mann und armen Lazarus (Lk 16, 19–31)
34.  Das Gleichnis vom Sklaven (Lk 17, 7–10)
35.  Die Parabel vom Richter und der Witwe (Lk 18, 1–8)
36.  Die Parabel vom Pharisäer und Zöllner (Lk 18, 9–14)

Die Zuordnung der Einzeltexte zum Gleichnis im engeren Sinne oder zur Parabel orientiert sich an Bultmann und Knoch, wobei die Beispielerzählungen gegen Bultmann (1957, 92 f.) und Knoch (1983, 60) den Parabeln zugerechnet werden. Die Parabel vom bittenden Freund (Nr. 25: Lk 11, 5–8) bestimmt Knoch unnötig gegen Bultmann (1957, 189) als Gleichnis im engeren Sinne, während die Zuordnung der Geschichte vom Sämann zu den Gleichnissen im engeren Sinne überzeugt (Nr. 1: Mk 4, 3–9; Knoch 1983, 71 ff. mit Linnemann 1975, 120 ff. gegen Bultmann 1957, 189: Parabel); auch fehlt bei Knoch in der sonst vollständigen Liste der Einzelauslegungen das Gleichnis vom Hausbau, das in Q die erste große Rede abschließt (Nr. 7: Lk 6, 47–49; Mt 7, 24–27; vgl. Bultmann 1957, 187).

## 7.4  Die Rückführung der Gleichnisse auf den vorösterlichen Jesus

Die Rückführung der Gleichnisse auf den vorösterlichen Jesus ist nur bei wenigen Erzählungen umstritten. Nach Bultmann sind die Parusiegleichnisse vom Dieb Lk 12, 39 f. (Nr. 9), vom Feigenbaum Mk 13, 28 f. (Nr. 5) und von dem mit der Aufsicht betrauten Knecht

Lk 12, 42–46 (Nr. 10) spezifisch jüdisch und daher sekundär (Bultmann 1957, 220). Die Möglichkeit späterer Bildung erwägt Bultmann auch für die Gleichnisse vom Unkraut und Fischnetz (Mt 13, 24–30. 47–50) (Nr. 15; 18), vom Hausbau (Mt 7, 24–27) (Nr. 7), von der selbstwachsenden Saat (Mk 4, 26–29) (Nr. 2), für die Parabel (Beispielerzählung) vom armen Lazarus (Lk 16, 19–26) (Nr. 33) und für die Endfassungen der Parabeln von den bösen Winzern (Mk 12, 1–9) (Nr. 4), den zehn Jungfrauen (Mt 25, 1–13) (Nr. 22), vom treuen Knecht (Lk 12, 35–38) (Nr. 6) sowie des Gleichnisses vom Türhüter (Mk 13, 33–37) (Nr. 6) (Bultmann 1957, 220 ff.). Das Gleichnis vom sprossenden Feigenbaum (Nr. 5) bietet allerdings keinen zwingenden Anhaltspunkt, es nicht auf Jesus zurückzuführen (Gnilka 2, 1979, 207), dagegen sind die anderen zwei Parusiegleichnisse Nr. 9.10 (Lk 12, 39 f. 42–46) derartig kommentiert, daß eine originelle jesuanische Erzählform nicht mehr erkennbar ist.

Die Möglichkeit späterer Überarbeitung wird bei den von Bultmann angeführten Endfassungen der Parabeln allgemein akzeptiert. Denn die Sprecher- und Hörerperspektive hat sich nach Ostern geändert und besonders in der Zufügung von Anwendungen niedergeschlagen. Über Bultmann hinaus wird diesen Parabeln aber eine traditionsgeschichtliche Vorstufe in der Verkündigung Jesu zugewiesen: so für die Parabel von den zehn Jungfrauen (Gnilka 2, 1988, 353 ff. gegen Linnemann 1975, 133) und für das Gleichnis vom Türhüter (Gnilka 2, 1979, 208 f.) mit der Variante vom treuen Knecht (Schneider 1977, 289). Die Rückführung einer Grundform der Parabel von den bösen Winzern auf Jesus ist dagegen umstritten (Gnilka 2, 1979, 148 f.).

Die Parabel vom armen Lazarus gilt mit Bultmann allgemein als gänzlich sekundär entstanden (Schneider 1977, 340 f.). Die Parabeln vom Unkraut, vom Hausbau und die Gleichnisse vom Fischnetz, von der selbstwachsenden Saat lassen sich dagegen in der Grundform wieder auf Jesus zurückführen.

Abgesehen von der Parabel vom armen Lazarus (Nr. 33), den beiden zersagten Parusiegleichnissen (Nr. 9.10) und den umstrittenen Parabeln von den bösen Weinpächtern (Nr. 4) und den zehn Jungfrauen (Nr. 22) besteht ein breiter Konsens, 31 Gleichnisse und Parabeln auf Jesus zurückzuführen. Die Gleichnisse im Johannesevangelium sind nicht mitgezählt, da sie weitgehend in den Redestil von Johannes aufgelöst sind.

## 7.5 Der Stil der Gleichnisrede Jesu

Die „Bildhälfte" aller dieser Gleichnisse verweist auf die in Jesus angebrochene Gottesherrschaft als „Sachhälfte", die der Hörer selbständig zu ergänzen hat. Doch was erfaßt das Vergleichen dieser „Bilder" mit der Sache „Gottesherrschaft" alles mit? Um diesen Fragekomplex kreist die Gleichnisdiskussion seit Aristoteles. Nach Jülichers berühmter These besteht die Vergleichung zwischen der Bildhälfte und der Sachhälfte lediglich in der Nebeneinanderstellung von zwei Sätzen aus unterschiedlichen Gebieten: „Ich definiere das Gleichnis als diejenige Redefigur, in welcher die Wirkung eines Satzes (Gedankens) gesichert werden soll durch Nebenstellung eines ähnlichen, einem anderen Gebiet angehörigen, seiner Wirkung gewissen Satzes" (Jülicher 1976, 1, 80). Daher „redet man auch bei ihm nur von einem *tertium comparationis* . . ., nicht von mehreren *tertia*" (Jülicher 1976, 1, 70). Die Bildhälfte wird auf einen Satz reduziert, der in der Rede als Beweismittel ein anderes Satzurteil unterstützen soll (Jülicher 1976, 1, 71; Rau 1990, 19). Jülicher bezieht sich hier zwar auf Aristoteles, übersieht aber dessen Bemerkungen: „. . . das Beispiel ist dem Induktionsbeweis ähnlich . . . Das Gleichnis aber ist der sokratische Gebrauch des Beispiels" (Aristoteles, Rhetorik 2, 20, 2–4). Aristoteles will auf gar keinen Fall das Gleichnis auf einen Satz reduzieren und mit diesem Satz ein Enthymem (Beweissatz) anreichern, sondern er will einen induktiven Denkakt in sokratischer Weise beim Hörer in Gang setzen, an dessen Ende die Aufnahmebereitschaft eines Enthymems stehen kann. Bei Quintilian wird diese Überzeugungsarbeit des Gleichnisses beim Hörer noch deutlicher herausgearbeitet. Jülichers Reduktion des Gleichnisses auf einen Satz entspricht dagegen der technologischen Engführung der Rhetorik in der Neuzeit aufgrund ihrer Verschulung (Barthes 1988, 45 ff.). Bereits Fiebig bemerkte die rationalistische Instrumentalisierung bei Jülicher und verwies darauf, daß das Gleichnis vielfältige Übertragungsmöglichkeiten bietet (Fiebig 1912, 128; s. o. 7.2).

In der gegenwärtigen Gleichnisdiskussion wird daher gegen Jülicher wieder auf die gesamte Kommunikationsbreite der Gleichnisrede verwiesen (Harnisch 1982a). Doch wie die Sprecherperspektive, die Hörerperspektive und die Struktur des Gleichnistextes adäquat beschrieben werden sollen, darüber gehen die Meinungen weiterhin noch völlig auseinander (Rau 1990, 35–44). Bultmann hat durch die gleichzeitige Einbeziehung der Volksdichtung (Olrik 1909) in gültiger Weise die Stilgesetze der Gleichnisse Jesu aufgelistet (Linnemann 1975, 21). „Charakteristisch ist die *Knappheit* der Erzählung. Es treten nur die notwendigen *Personen* auf . . . Es herrscht das Gesetz der *szenischen Zweiheit*, d. h. nur zwei Personen treten gleichzeitig redend oder handelnd auf. Sind andere anwesend, so bleiben sie unberücksichtigt. Müssen mehrere reden oder handeln, so geschieht es in einzelnen Szenen nacheinander . . . Ebenso herrscht *Gradlinigkeit bzw. Einsträngigkeit der Erzählung*, d. h. der Blick ruht nie auf zwei sich gleichzeitig nebeneinander abspielenden Vorgängen . . . Die *Charaktere* werden nur selten durch ein Attribut erschildert . . . *Aspekte und Motive* werden nur genannt, wo sie für die Handlung und die Pointe wesentlich sind . . . *Nebenpersonen* werden nur, soweit es notwendig ist, charakterisiert . . . *Motivierungen* fehlen vor allem in der Exposition, weil sie für die Pointe gleichgültig sind . . . *So fehlt* auch einigen Stücken, äußerlich betrachtet, *der Schluß* . . . Eine ähnliche Ökonomie waltet auch in der *Schilderung der Vorgänge und Handlungen* . . . Ihr entspricht auch die reiche *Verwendung der direkten Rede und des Selbstgesprächs* . . . Auch andere typische Stilformen volkstümlicher Erzählungsweise kann man beobachten wie das *Gesetz der Wiederholung* . . . Wichtig ist endlich zu beobachten, wofür und wie ein *Urteil des Hörers* provoziert wird . . . *Ein Urteil* überhaupt wird natürlich durch *alle* Gleichnisse herausgefordert, und der argumentative Charakter kommt in der Form ja, wie gezeigt, oft zum Ausdruck. Es dient diesem Zweck auch die häufige *Gegenüberstellung von zwei Typen* . . ." (Bultmann 1957, 203–208; Olrik 1909, 1–12).

Die weitere Diskussion der Gleichnisgestalt im Horizont von Hermeneutik und Literaturwissenschaft soll hier nicht mehr verfolgt werden (vgl. Harnisch 1982a; J. Delorme 1989; Ulonska 1991, 128 ff.). Es kann festgehalten werden, daß textimmanente, strukturale Lektüre und Übertragung der erzählten Welt auf die Hörersituation über springende Punkte, über Identifikationen mit erzählten Personen, über Zustimmung zu Werten und Wahrheiten sowie über die Auseinandersetzung mit der Sprecherargumentation keine sich ausschließenden Gegensätze, sondern ein zusammenhängendes Raster einer adäquaten Gleichnisinterpretation bilden. Textimmanenz, Hörersituation und Sprecherperspektive stehen in Wechselbeziehung. Des Vaters vorbehaltlose Liebe im Gleichnis vom verlorenen Sohn Lk 15, 11–32 erschließt textimmanent ohne Übergang auf die historische Situation Jesu die neue Wirklichkeit der Gottesherrschaft, erhält aber erst von der eschatologischen Vollmacht und vom Kreuzestod Jesu her ihre volle theologische Überzeugungskraft. Die dichterische Potenz der Gleichnisse findet ihre erste Realisierung und Bewährung in der historischen Erzählsituation Jesu von Nazareth.

## 7.6 Die Theologie der Gleichnisse Jesu

Der Gleichnistheorie Quintilians entsprechend, haben besonders die Gleichnisse im engeren Sinne Parallelen in der antiken Literatur. Auf die agrarischen Gleichnisse (Nr. 1–3: Mk 4, 1–34 par; Nr. 15: Mt 13, 24–30) spielt Quintilian ausdrücklich an (Quintilian 2, 11, 24; s. o. 7.2; vgl. auch Plutarch, Gamika Paraggelmata c. 42; Eckart 1973, 62). Auch Epiktet arbeitet mit diesen Erfahrungen: „Wenn du jetzt zu mir sagtest: ‚Ich will eine Feige‘, werde ich dir antworten: ‚Das braucht seine Zeit‘. Laß den Baum erst einmal blühen, dann die Früchte treiben, dann diese reif werden. Die Frucht des Feigenbaumes kommt nicht auf einmal und nicht in einer Stunde, du aber willst die Frucht der Einsicht eines Menschen so schnell und mühelos ernten" (Epiktet, diss 1, 15). Eine deutliche Parallele dazu ist Jesu Gleichnis von der selbstwachsenden Saat (Nr. 2: Mk 4, 26–29; Flusser 1981, 150). Aber auch das kleine Gleichnis vom sprossenden Feigenbaum hat eine thematische Nähe: „Vom Feigenbaum lernt das Gleichnis: Wenn schon sein Zweig saftig wird und Blätter treibt, wißt ihr, daß der Sommer nahe ist" (Nr. 5: Mk 13, 28 par). Die Handlung kennzeichnet den plötzlichen Wechsel vom Winter zum Sommer. Im Unterschied zu den immergrünen Bäumen Palästinas wirft der Feigenbaum im Winter sein Laub ab. Das Saftigwerden der Zweige zeigt kaum erkennbar das Ende des Winters an. Da auch die Blüte des Feigenbaumes unscheinbar ist und der Frühling nur eine kurze Zeitspanne umfaßt, kündigt das nach der Blüte sich anschließende, deutlich sichtbare Hervortreiben der Blätter offenkundig die Nähe des Sommers an (Gnilka 1, 1979, 205; Pesch 2, 1977, 307). Die Vollendung der Gottesherrschaft steht nach unscheinbarem Anfang unmittelbar in deutlicher Weise bevor. Während beim Gleichnis von der selbstwachsenden Saat der Kontrast den *kleinen Anfang* der Gottesherrschaft mit der Kleinheit des Saatkornes und die zukünftige, überwältigende Vollendung mit der Größe der Senfstaude betont, hebt das Feigenbaumgleichnis die offenkundige *Nähe* der Vollendung der Gottesherrschaft heraus. Als drittes Gleichnis läßt sich die Parabel vom unfruchtbaren Feigenbaum (Nr. 29: Lk 13, 6–9) diesem Themenkreis zuordnen.

Aus dem Bereich des Hauses, der Familie und des Krieges gibt es ebenfalls vielfältige antike Parallelen (Plutarch, Gamika Paraggelmata

c. 1 ff., Eckart 1973, 74; Flusser 1981, 148–158). Beliebt sind Gleichnisse von spielenden Kindern oder vom Flötespielen.

31 Womit soll ich also diese Generation vergleichen?

32 Kindern ist sie gleich,
   die auf dem Marktplatz sitzen und den anderen zurufen:
   Wir haben euch auf der Flöte gespielt,
   und ihr habt nicht getanzt,
   wir haben ein Klagelied angestimmt,
   und ihr habt nicht getrauert
   (Nr. 8: Q Mt 11, 16 ff.; Lk 7, 31 f.; Schenk 1981, 45; Bovon 1, 1989, 372 f.).

Eine Kindergruppe wirft einer anderen Kindergruppe vor, ihre beiden Spiele nicht mitgemacht zu haben (Jülicher 1976, 2, 25 f., gegen Bovon 1, 1989, 380: nur eine Gruppe). Die Gegenreaktion der anderen Kindergruppe bleibt eine Leerstelle, die der Leser aus den Handlungsverläufen der Vorwürfe ergänzen kann: Da die Gegenpartei die beiden gegensätzlichen Spielanregungen nicht akzeptiert hat, wird sie auch den implizierten Vorwurf der Spielverweigerung nicht anerkennen (Jülicher 1976, 2, 26).

Das Gleichnis ist mit den beiden Rückblenden nur aus der Perspektive *eines* Spielers gebildet; die Perspektive des potentiellen, anderen Spielers bleibt ausgeblendet. Die Ausklammerung verunmöglicht ein gemeinsames Spiel. Die Unfähigkeit, Spielregeln zwischen zwei gleichberechtigten, kompetenten Partnern auszuhandeln, wird vom Gleichniserzähler Jesus zunächst Kindern zugeschrieben, soll aber von den Hörern auf die Zeitgenossen in ihrer Interaktion mit Johannes dem Täufer und ihm übertragen werden (Lk 7, 31. 33–35 par). Herodot berichtet mit einer Fabel Äsops von einem ähnlichen Verhalten aus dem Bereich des Fischfangs (vgl. Nr. 18: Mt 13, 47–50), um den Konflikt zwischen Kyros und den kleinasiatischen Ionern und Äolern zu erhellen (Jülicher 1976, 2, 26 f.; Aly 1969, 53; Flusser 1981, 153): „‚Ein Flötenspieler' sagte er (Kyros), ‚sah die Fische im Wasser und fing an zu blasen, denn er meinte, sie würden zu ihm ans Land kommen. Als er sich in dieser Hoffnung getäuscht sah, nahm er ein Netz, fing eine große Menge Fische und zog sie heraus. Als er sie nun zappeln sah, sagte er: laßt nur jetzt das Tanzen, da ihr ja auch nicht herauskommen und tanzen wolltet, als ich die Flöte blies'" (Herodot 1, 141). Wie Kyros zunächt um die Griechen wirbt und nach ihrer Verweigerung kriegerisch gegen sie vorgeht (Herodot 1, 141), so wenden sich die jüdischen Zeitgenossen feindlich gegen Jesus, weil er ihre Erwartungen durchkreuzt (gegen Flusser 1981, 153: verschiedener Inhalt).

Die Unbeständigkeit im Spiel von Kindern streicht wiederum Epiktet heraus: „Denk daran, und wenn du es immer noch willst, dann geh in den Kampf. Wenn du das aber nicht tust, dann – paß nur auf – wirst du es treiben wie die Kinder: Bald spielen sie Athlet, bald Gladiator, heute haben sie Spaß an einer Trompete, morgen spielen sie Szenen aus einer Tragödie nach, die sie gesehen und gut gefunden haben. So bist auch du heute ein Athlet, morgen ein Gladiator, dann ein Philosoph und später ein Rhetor. Aber mit ganzer Seele tust du gar nichts, sondern benimmst dich wie ein Affe" (Epikt., diss. 3.15,5–7; vgl. Flusser 1981, 154).

Den Bereich des Hauses spricht Epiktet wiederholt ähnlich wie die Gleichnisse Jesu an: „Es fragte ihn, Epiktet, einmal einer seiner Schüler, der Sympathie für den Kynismus zu haben schien, welcher Art von Mensch der Kyniker sein müsse und was die Grundlage seiner Lehre sei. Darauf erwiderte Epiktet: Laß uns die Sache in Ruhe untersuchen. Soviel aber kann ich dir vorweg sagen, daß der Mann, der sich ohne Gottes Hilfe an eine solche Sache heranwagt, ein Gottverhaßter ist und sich nur öffentlich blamieren will. Denn auch in einem wohlgeordneten Haushalt kommt keiner so einfach daher und sagt zu sich selbst: ‚Hier muß ich Hausherr sein.' Täte er das aber doch, so würde ihn der echte Herr des Hauses, wenn er sich umdrehte und sähe, wie ein Hergelaufener in überheblichem Ton Anweisungen erteilte, einfach packen und verhauen lassen. So geht es einem auch in diesem großen Staat, der Welt. Denn auch hier gibt es einen Hausherrn, der alles anordnet" (Epikt., diss. 3,22,1 ff.). Zu diesem Gleichnis von der Haus- und Weltherrschaft des göttlichen Prinzips passen Jesu Gleichnisse vom mit der Aufsicht betrauten Knecht (Nr. 10: Lk 12,42–46; Mt 24,45–51), vom Türhüter (Nr. 6: Mk 13,33–37 par), vom Hausherrn und Dieb (Nr. 9: Lk 12,39f.; Mt 24,43f.), vom Sklaven (Nr. 34: Lk 17,7–10) und Jesu Parabeln von den ungleichen Söhnen (Nr. 21: Mt 21,28–32; Flusser 191, 148f.), vom Schalksknecht (Nr. 19: Mt 18,23–35), von den anvertrauten Geldern (Nr. 14: Mt 25,14–30; Lk 19,11–27) und vom ungerechten Haushalter (Nr. 32: Lk 16,1–8).

Gegenüber dem Ordnungsdenken Epiktets stellen die Gleichnisse Jesu allerdings die unmittelbare Nähe und das plötzliche Sichvollenden der alles verändernden Gottesherrschaft heraus. Die übrigen Gleichnisse wie die vom Hausbau (Nr. 7), vom Sauerteig (Nr. 11), vom verlorenen Schaf (Nr. 12), vom Schatz im Acker (Nr. 16), von der Perle (Nr. 17), vom Turmbauen (Nr. 27), vom Kriegführen (Nr. 28) und von der verlorenen Drachme (Nr. 30) sowie die übrigen Parabeln von dem großen Mahl (Nr. 13), den Weinbergpächtern (Nr. 4), den Arbeitern im Weinberg (Nr. 20), den zwei Schuldnern (Nr. 23), dem barmherzi-

gen Samariter (Nr. 24), dem bittenden Freund (Nr. 25), dem törichten
Reichen (Nr. 26), dem reichen Mann und armen Lazarus (Nr. 33), dem
Richter und der Witwe (Nr. 35) und dem Pharisäer und Zöllner
(Nr. 36) haben vielfältige Parallelen in der atl., frühjüdischen und hellenistischen Literatur (zur Parabel vom verlorenen Sohn Nr. 31 s. o.
7.2; vgl. weiterhin Schnur 1978, S. 51 zu Nr. 12; S. 79 zu Nr. 4, 16 und
20; S. 149 zu Nr. 26; Berger 1984, 1117 ff.). Aufgrund des literarischen
Vergleichs der Gleichnisse Jesu mit der hellenistischen Literatur gelangt Flusser zu der interessanten These, die palästinensische Gleich-
nisliteratur mit einer Wortprägung Oswald Spenglers als „Pseudomorphose" von „griechischer Aufpropfung" und „voller griechisch-jüdi-
scher Symbiose" abzuheben (Flusser 1981, 157). Wenn der negative
Begriff „Pseudomorphose" durch den ebenfalls von Flusser benutzten,
positiveren Begriff „Akkulturation" ersetzt wird, treffen Flussers Beobachtungen in ausgezeichneter Weise den Charakter der Gleichnisrede (und der Sentenzen) Jesu. „Daß es im Nahen Osten nach den
Eroberungszügen Alexanders des Großen vor allem zur Zeit der Herrschaft der Ptolemäer, Seleukiden und Römer eine hellenistische Akkulturation (gesperrt vom Verf.) gegeben hat, ist eine allgemein bekannte Tatsache. Es sollte auch bekannt sein, daß die Hellenisierung
bei vielen Völkergruppen und Kulturen nicht durchgreifend gewesen
ist, und daß manche östliche Kulturen und Sprachen die hellenistische
Infiltration überdauert haben. Auch das palästinensische Judentum,
das abseits von den Kraftzentren des Hellenismus lag, überdauerte den
Hellenismus. Es war kulturell und religiös so eigenbewußt und kräf-
tig, daß es durch den makkabäischen Aufstand auch die Gefahr der hellenistischen Anbiederung zu bannen vermochte. Der Hellenismus traf
im Judentum nicht auf eine absterbende archaische Kultur. Vielmehr
waren damals neue Kräfte hauptsächlich im palästinensischen Judentum am Werk. Als später das Christentum und der Islam aus dem
Judentum entstanden, wirkten diese Kräfte in die weite Welt hinaus.
Andererseits aber drang der Hellenismus wegen der langen griechischen
und römischen Herrschaft und wegen seiner zivilisatorischen und kulturellen Werte sozusagen in die Poren auch solcher Kultur- und Volks-
gemeinschaften ein, die ihm nicht entscheidend unterlagen. Besonders
die griechische Paideia, diese kostbare Frucht der griechischen Kultur,
übte größten Einfluß auf alle damaligen Völker aus. Die griechisch-phi-
losophischen Gleichnisbilder entstanden auf dem Boden der griechischen Paideia ... Wenn ich richtig sehe, ist die Entstehung der Gattung
der rabbinischen Gleichnisse ein vorzügliches Beispiel für die Aneignung fremder Impulse, die ein inneres Wachstum einer besonderen lite-

rarischen Gattung eingeleitet haben. Wenn es zu einem harmonischen Einfluß auf eine fremde Kultur kommen soll, muß eine Bereitschaft bestehen, beeinflußt zu werden. In unserem Falle konnte eine Bereitschaft u. a. gegenüber der Ethik der griechischen Popularphilosophie gezeigt werden. Hier sahen damalige Juden eine wesentliche Verwandtschaft zwischen Judentum und griechischem Denken. Das Judentum ist eine moralische Religion mit einem philosophischen Einschlag" (Flusser 1981, 157f.).

Jesu spezifisches Thema von der anbrechenden Gottesherrschaft stellte allerdings die jüdische Moralität mit ihrem speziellen Gesetzesverständnis in einen neuen, eschatologischen Interpretationsrahmen. Gott offenbart sich durch Jesu Botschaft schon jetzt in neuer, alle Vorstellungen sprengender Nähe. Jesus hob aber in seinem Wirken die tradierte moralische Religion mit dem Gesetz nicht auf, sondern interpretierte, intensivierte und radikalisierte die Gesetzesfrömmigkeit (s. o. 5.1.3–4; 5.2.5). Gleichzeitig erschloß Jesus mit seinen Gleichnissen ein neues Gottesbild. Die in familiären, häuslichen, ökologischen und gesellschaftlichen Beziehungen erfahrenen und erlernten Grundeinstellungen von Vertrauen, Liebe und Hoffnung werden vom schon jetzt verborgen wirkenden Vatergott bestätigt und vertieft. Die Vollendung der Herrschaft des liebenden Vatergottes steht unmittelbar bevor und eröffnet jetzt schon von dieser andrängenden Zukunft her eine wirksame Umgestaltung der beeinflußbaren Lebenswelten.

# 8. MÜNDLICHE APOSTOLISCHE ERZÄHLGATTUNGEN

## 8.1 Apophthegma (Chrie)

### 8.1.1 Gattung

Bultmann bezeichnete mit Berufung auf Wendland (1912, 261) die Traditionsstücke, „deren Pointe ein in einen kurzen Rahmen gefaßtes Jesuswort bildet, ... mit einem in der griechischen Literaturgeschichte gebräuchlichen und möglichst neutralen Terminus 'Apophthegma'" (Bultmann 1957, 8). Mit dieser Orientierung an der Nomenklatur der griechischen Literaturgeschichte erfaßte Bultmann die Jesus-Gespräche schärfer in ihrer literarischen Form als Dibelius mit der an der Erzählpragmatik orientierten Neuprägung „Paradigma" (Dibelius 1966, 24). Denn das Paradigma, das als unliterarische Kleingattung lediglich die Predigt zu illustrieren hat, umfaßt unterschiedslos die Gespräche und die Mischformen aus Apophthegma und Wundergeschichte (Dibelius 1966, 40ff.). Bultmann dagegen vermag die große Gruppe der reinen Apophthegmen weiter nach literarischen Kriterien zu untergliedern, nach Akteuren und Thematik:
1. Das „Streitgespräch" findet zwischen Jesus als apokalyptischem, prophetischem Weisheitslehrer und seinen religiösen Gegnern statt. Die Gegner eröffnen den Streit.
2. Das Schulgespräch ereignet sich zwischen Jesus und seinen Anhängern oder Sympathisanten. Die Schüler geben mit einer Frage oder Handlung den Anstoß.
3. Das biographische Apophthegma bringt wichtige Worte von Jesus und anderen bedeutenden Personen wie Johannes dem Täufer und den Aposteln mit einer Situation des Sprechers in Verbindung. Das Wort Jesu steht im Mittelpunkt.          (Bultmann 1957, 39–64)
Die Aufspaltung der Apophthegmen in 5 Gruppen nach Tannehill überzeugt nicht, da lediglich die thematischen Beziehungen zwischen der Situation (stimulating occasion) und der Antwort (response) die Kriterien bilden und die Akteure unbeachtet bleiben (Tannehill 1984, 1794ff.).

In der griechischen Literatur steht das Apophthegma in enger Nachbarschaft zur Gnome, zur Chrie und zum Apomnemoneuma.

Apomnemoneuma bezeichnet „einen wirklich oder angeblich auf persönlicher Erinnerung beruhenden, also in seiner Zuverlässigkeit besonders verbürgten Bericht über Ausspruch, Gespräch oder Handlung einer hervorragenden Persönlichkeit" (Klauser, RAC 1 [1950] 545). Justin nennt daher die Evangelien „Apomnemoneumata", um die Glaubwürdigkeit der apostolischen Erinnerungsliteratur „Evangelium" zu betonen (Justin, Apologie 1, 66, 3 u. ö.; Dormeyer 1989, 11–16). Chrie bezeichnet das, was man als Bedarf *(chreia)* nötig hat: Apophthegmen, Apomnemoneumata, Gnomen (Klauser, RAC 1, 546). Man darf den Unterschied zwischen diesen Kleingattungen nicht unnötig formalisieren (gegen Berger 1984, 1092 ff.; Mack/Robbins 1989, 7 f.), da die literaturtheoretischen Bestimmungen von Autor zu Autor schwanken und die schriftstellerische Praxis sich nicht eng an die schwach ausgeprägte Literaturtheorie zu halten pflegt (Klauser, RAC 1, 546). Zwei Sammlungen Plutarchs werden noch in antiker Zeit ›Apophthegmata‹ genannt: ›Apophthegmata Laconica‹ und ›Apophthegmata regum et imperatorum‹ (Klauser, RAC 1, 546), umgekehrt wird die Sammlung Hekatons vom Kyniker Metrokles als Chrie bezeichnet (Diogenes Laertius 6, 95).

Die Apophthegmen Jesu haben eine unverkennbare Nähe zur griechischen Literatur, haben aber auch eine Wurzel in den Gesprächen des Alten Testaments. Das Gespräch wurde im Alten Testament in unterschiedlichen Formen wiedergegeben. Die Formstrenge und Knappheit der ntl. Tradition gehen jedoch auf das protorabbinische Apophthegma zurück (Bultmann 1957, 42 ff.). Denn die frührabbinischen Gespräche haben sich der Form des griechischen Apophthegmas angeglichen und eine spezifisch knappe Form entwickelt (Mack/Robbins 1989, 8). Es hat bei den kleinen Erzählgattungen ein Austausch zwischen ostantiker und westantiker Literatur stattgefunden. Ob sich die Worte und Situationen der Apophthegmen auf den vorösterlichen Jesus zurückführen lassen, muß wiederum am Einzelfall geprüft werden.

Bultmann hatte die Apophthegmen der Wortüberlieferung zugerechnet und die Untersuchung der einzelnen Szenen an den Anfang seiner „Geschichte" gestellt (Bultmann 1957, 8). Im Unterschied zur reinen Spruchsammlung erzeugen aber die Apophthegmen, wenn sie um eine einzige Person kreisen, den Grundstock einer Biographie (Diogenes Laertius, Leben und Meinungen berühmter Philosophen; Lukian, Demonax; die Secundus-Biographie, ed. Perry 1964; Berger 1984, 1094 f.; Aune 1987, 31 ff.; Robbins 1984, 1 ff.; s. u. 10.2). Sentenzen unterschiedlichster Art einen narrativen Rahmen zu geben war eine Haupt-

aufgabe der Grammatikschule und des Rhetorikunterrichts. Die Progymnasmata lieferten die Anleitung (s. o. 3.4; Hock/O'Neil 1986,
1 ff.; Robbins 1984, 1 ff.). So sind die Apophthegmen und Chrien nicht
dem Besprechen zuzuordnen, wie Bultmann annahm, sondern dem
Erzählen. Im Unterschied zu den Gleichnissen gehören sie zu den
historischen Erzählungen. Ihre historischen Situationen sind zwar fik-
tional gebildet, sind „ideale Szenen" (Bultmann 1957, 41), aber gerade
diese historisierende Fiktionalität gehört zum schulischen Erlernen der
Gattung „Apophthegma". Es wird eine mögliche, realistische Szene
eines Lehrhauptes imaginiert. Philosophenschüler haben sich daher
nicht damit begnügt, nur „Worte" ihres Lehrers zu tradieren, sie haben
aufgrund ihrer frühen schulischen Tradition den Worten von Anfang
an einen erzählerischen Rahmen gegeben. Dieser Rahmen blieb bei der
Tradierung der „Worte" variabel.

Analog haben die Jünger Jesu nicht nur Worte zu Doppelsprüchen,
Reihungen, Mischkompositionen und Reden zusammengestellt, sondern haben von Ostern an einzelnen Sentenzen einen variablen Erzählrahmen gegeben. Daher haben die Apophthegmen Jesu keine kanonisch strenge, protorabbinische Form, wie Bultmann annahm (Bultmann 1957, 39ff.), sondern sind in ihrem Aufbau, ihrer Länge und
ihrer Thematik variabel (Mack/Robbins 1989, 6ff.). Neben knappen,
protorabbinischen Dialogen (z. B. Mk 2, 15–17) finden sich breit ausge-
führte Chrien (z. B. Lk 7, 36–50 par Mk 14, 3–9; Mack/Robbins 1989,
100ff.) und szenisch gerahmte, einfache Aussprüche (z. B. Mk 2, 13–
14). Bultmann bestimmte zwar konsequent Lk 7, 36–50 als Streitgespräch, sah aber aufgrund der Textlänge die Analyse als „schwierig und
unsicher" an (Bultmann 1957, 19f.). Sein Ergebnis lautete, daß es sich
bei dieser Szene um die Zusammensetzung eines ursprünglichen
Gleichnisses und seiner Anwendung (Vv 41–43. 47) mit einer späteren
apophthegmatischen Komposition in Parallele zur Salbung Mk 14, 3–9
handele (a. a. O.). Aufgrund der protorabbinischen Ideal-Gattung und
des vorherrschenden Interesses an traditionsgeschichtlicher Rückfrage
unterläßt Bultmann die literarische und theologische Beschreibung der
Endgestalt in ihrer Stimmigkeit. Robbins wirft Bultmann zu Recht
vor, daß er die literarische Beschreibung des Apophthegmas mit der
traditionsgeschichtlichen Frage vermischt hat (Mack/Robbins 1989,
6ff.).

Weiß holt zwar die synchrone Analyse der Streit- und Schulgespräche innerhalb des Markusevangeliums nach, setzt aber für die Traditionsgeschichte der Schulgespräche Bultmanns unbewiesene Annahme
einer protorabbinischen ursprünglichen Kurzform weiterhin voraus

(Weiß 1989, 312 ff.). Für die Traditionsgeschichte der Streitgespräche betont zwar Weiß die Nähe zur hellenistischen Literatur, verbleibt aber für die Formbestimmung des Dialogs ebenfalls beim Kurzschema der protorabbinischen Gespräche (Weiß 1989, 271 ff.; 283 ff.). Die traditionsgeschichtlichen Rekonstruktionen von Weiß bleiben daher wie die Bultmanns hypothetisch. Mit Mack/Robbins sind für die Apophthegmen Jesu schon auf der frühesten Stufe der nachösterlichen Bildung die Formvielfalt des knappen, gerahmten Ausspruchs und des umfangreichen, gerahmten Dialogs anzunehmen (Mack/Robbins 1989, 6 ff.). Dieser Gestaltungsreichtum schließt nicht aus, in der einzelnen Form später hinzugewachsene Ergänzungen auszumachen. In der Begegnung Jesu mit der Sünderin Lk 7, 36–50 läßt sich daher das Gleichnis Lk 7, 41–42 umgekehrt zu Bultmann als spätere Einfügung bestimmen, das die entsprechende Anwendung Lk 7, 43–47 zur Folge hat (Bultmann 1957, 19 f.). Und gegen Bultmann ist festzustellen, daß die Salbungsgeschichte unabhängig von dem parallelen Apophthegma Mk 14, 3–9 und seiner Vorform entstanden ist; denn die Thematik der markinischen Salbung ist der der lukanischen Salbung völlig entgegengesetzt. Das aus der Zeit des vorösterlichen Jesus stammende oder schon früh nach Ostern gebildete, rätselhafte Salbungsmotiv wird in seiner provokativen Wirkung in zwei voneinander unabhängigen Apophthegmaformen elaboriert und tradiert (Mack/Robbins 1989, 91 ff.). Die *schriftliche* Fixierung solcher Erzählformen erfolgte erst spät.

Für Markus sind zwar vormarkinische Sammlungen anzunehmen (Kuhn 1971, 85 ff.; Weiß 1989, 18 ff.). Auch für die Apophthegmen der Spruchquelle und des Sondergutes von Matthäus und Lukas lassen sich Vorstadien ausmachen. Es wird aber kaum zu klären sein, ob solche Sammlungen nur mündlich oder bereits schriftlich in unterschiedlichen kleinen Sondergutquellen wiedergegeben wurden. Denn die Apophthegmen konnten schriftlich wie mündlich tradiert werden. Die Verschriftung diente der Gedächtnisstützung, hob aber die Verpflichtung zum Auswendiglernen nicht auf. Erst in den Evangelien fanden die Apophthegmen ihre endgültige, schriftliche Form.

### 8.1.2 Stil der ntl. Apophthegmen

An den Apophthegmen Mk 2, 13 f. 15–17; 10, 13–16 läßt sich der Stil der Apophthegmen mit ihren Untergattungen „Streitgespräch, Schulgespräch und biographischem Apophthegma" beispielhaft aufzeigen (S = Sequenz).

Das biographische Apophthegma Mk 2, 13 f. ist mit dem Streitgespräch Mk 2, 15–17 zu einer Einheit verschmolzen worden. Das Schulgespräch Mk 10, 13–16 steht innerhalb weiterer Jüngerbelehrungen, die einen besonderen Bezug zu grundlegenden Gemeindefragen innerhalb von Mk 10, 1–45 haben (Gnilka 2, 1979, 105). Der Stil dieser Apophthegmata ist karg und knapp wie bei den Gleichnissen und den anderen Gesprächen Jesu. Die Situationsangaben sind „nicht fixiert oder höchstens sozusagen zufällig" (Bultmann 1957, 67). „An *Handlung* genügt, daß Menschen zu Jesus kommen und ihn fragen, oder daß ein charakteristisches Verhalten kurz beschrieben wird, das den Vorwurf der Gegner oder das Wort Jesu provoziert ... Die Charakteristik der Personen ist höchstens indirekt gegeben" (Bultmann 1957, 70). So reicht es für die Apophthegmen Mk 2, 13–17, in den Ortsangaben lediglich den „See" (V 13), den „Zoll" (V 14) und das „Haus" (V 15) anzugeben. Die einzige Zeitangabe „Essen" bleibt ebenfalls allgemein.

Mk 2, 13–17

V 13 Jesus ging wieder hinaus an den See.
S 1    Da kamen Scharen von Menschen zu ihm,
       und er lehrte sie.

---

V 14 Als er weiterging,
       sah er Levi, den Sohn des Alphäus, am Zoll sitzen
S 2    und sagte zu ihm: Folge mir nach!

---

S 3    Da stand Levi auf
       und folgte ihm.

---

V 15 Und als Jesus in seinem Haus beim Essen war,
S 4    aßen viele Zöllner und Sünder zusammen mit ihm
       und seinen Jüngern;
       denn es folgten ihm schon viele.

---

V 16 Als die Schriftgelehrten, die zur Partei der
       Pharisäer gehörten, sahen, daß er mit Zöllnern und
       Sündern aß,
       sagten sie zu seinen Jüngern:
       Wie kann er zusammen mit Zöllnern und Sündern essen?
S 5 V 17 Jesus hörte es
       und sagte zu ihnen: Nicht die Gesunden brauchen den Arzt, sondern
       die Kranken.
       Ich bin gekommen, um die Sünder zu rufen, nicht die Gerechten.

Mk 10, 13–16

S 1  V 13  Und sie brachten Kinder zu ihm,
　　　　　damit er ihnen die Hände auflegte,
　　　　　die Jünger aber fuhren die Leute an.

———————————

S 2  V 14  Jesus sah es
　　　　　und wurde unwillig
　　　　　und sagte zu ihnen:

– – – – – – – – – – – – –

2.1　　　Lasset die Kinder zu mir kommen,
　　　　　hindert sie nicht.
　　　　　Denn solchen (so Beschaffenen) ist die Königsherrschaft Gottes.

– – – – – – – – – – – – –

2.2  V 15  Amen, das sage ich euch:
　　　　　Wer das Reich Gottes nicht so annimmt
　　　　　wie ein Kind,
　　　　　der wird nicht hineinkommen.

———————————

S 3  V 16  Und er nahm die Kinder in seine Arme;
　　　　　dann legte er ihnen die Hände auf
　　　　　und segnete sie.

Es entsteht jeweils eine eigene Einleitungssequenz, die das Ereignis mit dem Wort oder Dialog vorbereitet. Die handelnden Personen bezeichnen Gruppen. Lediglich Jesus und Levi sind mit Eigennamen benannt. Das Berufungswort im biographischen Apophthegma ergeht in einer Interaktion zwischen zwei konkreten, singulären Personen. Im anschließenden Streitgespräch hingegen bleiben die Redner außer Jesus anonym. Akteure und Handlung sind auf das Wort Jesu hin ausgerichtet. Auch im Schulgespräch Mk 10, 13–16 werden die Sprecher außer Jesus nicht genannt. Die Worte Jesu zum Verhältnis von Kindern und Gottesherrschaft sind das Ziel des Gesprächs.

Während das biographische Apophthegma Mk 2, 13 f. und das Schulgespräch Mk 10, 13–16 einen eigenen Schluß haben, der den Erfolg des Jesuswortes wiedergibt (2, 14 de; 10, 16), endet das Streitgespräch offen. Der Leser muß den Schluß ergänzen. Er muß entscheiden, ob er sich auf die Seite Jesu oder der Gegner stellt.

Die hellenistischen Parallelen zu diesen Gesprächen sind bereits im Zusammenhang mit den Herrenworten vorgestellt worden. Zu Mk 2, 17 läßt sich u. a. Plutarch heranziehen (G 1; s. o. 5.1.3), zu Mk 2, 14 und zu Mk 10, 14 f. bilden die hellenistischen Philosophenberufungen eine Parallele (G 15; s. o. 5.1.3). Gegenüber den hellenistischen Chrien unterscheiden sich die Gespräche Jesu nicht in der Form, sondern in der theologischen Ausrichtung. An die Stelle der unbedingten Zuwendung Gottes für alle stellt der hellenistische Gründungsphilosoph die Entscheidung für ein autonomes, philosophisches Ideal.

### 8.1.3 Die Apophthegmen Jesu in den Evangelien

Leider fehlt noch eine monographische Beschreibung aller evangeliaren Apophthegmen, während zahlreiche Monographien für die Gleichnisse und die Wundergeschichten Jesu vorhanden sind. Die Diskussion um die Zuordnung der Apophthegmen nach ihren Untergattungen muß sich daher an Bultmann weiterhin orientieren (Bultmann 1957, 8–73). Bergers tabellarische Zusammenstellung der Apophthegmen innerhalb seiner ›Formgeschichte‹ ist leider unvollständig und rechnet willkürlich Reden, Wundergeschichten, Gleichnisse und Weissagungen zu den Apophthegmen oder Chrien (Berger 1984a, 80 ff.). Auf das Vorstellen einer eigenen Tabelle wird aus Platzgründen verzichtet. Insgesamt lassen sich rund 62 Apophthegmen in den synoptischen Evangelien ausmachen. Das Johannesevangelium hat die Apophthegmenform in seinen typischen Stil der Rätselrede aufgehen lassen. Zu den 62 Apophthegmen lassen sich noch 12 Texte der parallelen Gattung „apophthegmatische Weissagung" hinzurechnen (Aune 1983, 173–198). Sie bauen innerhalb der apophthegmatischen Weisheitslehre Jesu den prophetischen Akzent aus. Thematisch bringen die Apophthegmen gegenüber den Herrenworten wenig Neues, da sie ja ihre Thematik von den Gnomen oder Prophetien beziehen. Den Untergattungen „Streitgespräch, Schulgespräch und biographisches Apophthegma" entsprechend stehen das Gesetz, die Jüngerschaft oder die Vollmacht Jesu im Mittelpunkt. Allerdings sind die Untergattungen nicht thematisch rigide voneinander abgegrenzt, sondern behandeln diese Hauptthemen jeweils in unterschiedlicher Intensität. Es umfaßt das Apophthegma bzw. die Chrie in den Evangelien alle die Erzählgattungen, die nicht unter die Gleichnisse, Wundergeschichten, Ostergeschichten, Kindheitsgeschichten und Sammelberichte fallen. Die Wundergeschichten mit Apophthegma-Anteilen sind den Wundergeschichten zuzurechnen; die Gleichnisse mit Apophthegma-Einleitungen und -Schlüssen sind ebenfalls den Gleichnissen zuzuordnen; denn die Apophthegmen dienen der Explikation des realistischen Erzählrahmens, in dem die Gleichnisse Jesu grundsätzlich stehen. Auch bei redaktionellen Neubildungen halten sich die Evangelisten an die

geprägten Formen der kleinen Rede- und Erzählgattungen, z. B. beim
biographischen Apophthegma vom Aufbruch aus Kafarnaum (Mk
1, 35–39; Gnilka 1, 1978, 87 f.). So führen die Tradition und die Evangelisten bewußt die im Judentum und Hellenismus anerkannten Muster
der Wort- und Erzählüberlieferung weiter und ermöglichen den Hörern beider Kulturen eine schnelle Rezeption. Gleichzeitig bieten sie
mit den kleinen Gattungen geeignete Texte zur Verlebendigung des
mündlichen Vortrags an, z. B. für die Predigt, Missionsrede, Apologetik oder Katechese. Es bleiben die kleinen Gattungen jederzeit aus dem
Rahmen des Evangeliumbuches herauslösbar. Die altkirchlichen Lek-
tionare sind Ergebnisse der isolierten Verwendung der kleinen Texteinheiten. Der Reiz der Apophthegmen liegt darin, daß wie bei den parallelen hellenistischen Apophthegmen der konkrete Anlaß der Frage
durch die Allgemeingültigkeit der antwortenden Gnome überschritten
wird. Doch zielen die Apophthegmen Jesu nicht auf allgemeingültige,
philosophische Wahrheiten, sondern auf die neue Sichtweise und Um-
organisation der Lebenswelt aufgrund der angebrochenen Gottesherrschaft.

## 8.2    Wundergeschichten

### 8.2.1 Gattung

Die Wundergeschichten haben von den ntl. Gattungen die größte
Nähe zu einer hellenistischen Gattung, und zwar zur hellenistischen
Wundergeschichte (Weinreich 1909 = 1969, V; Bultmann 1957, 236 ff.;
Theißen 1974, 230 ff.; Weiser 1975, 149 ff.). Allerdings nimmt auch die
atl. Tradition Einfluß auf die ntl. Wundergeschichten. Besonders in der
Exodustradition und in den Erzählzyklen zu den Propheten Elija und
Elischa sind Wundergeschichten enthalten (1 Kön 17, 1–2 Kön 14, 21).
Die dort berichteten Wunder wirken motivlich auf die ntl. Wunderge-
schichten ein, verändern aber nicht wesentlich deren *hellenistische* Gestalt (Kertelge 1970, 53, 209). Bultmanns Schluß bleibt daher gültig:
„Im übrigen dürfte der *hellenistische* Ursprung der Wundergeschichten
überwiegend wahrscheinlich sein" (Bultmann 1957, 256). Mit diesem
Urteil ist der Einfluß der protorabbinischen Wundergeschichten nicht
ausgeschlossen (Bultmann 1957, 255; Fiebig 1911, 7). Ähnlich wie bei
den Apophthegmen und Gleichnissen bleibt noch zu klären, inwieweit
die hellenistische Wundergattung auf die Bildung der protorabbinischen Wundergeschichten eingewirkt hat.

Wie jede gestaltete Kurzgeschichte, z. B. Gleichnis und Apophthegma, ist auch die Wundergeschichte aus Einleitung, Hauptteil und Schluß aufgebaut.

*Struktur*
- Exposition:
Die Einleitung schildert die Art des Leidens.
Die Begegnung mit dem Wundertäter kommt hinzu, wenn das Wunder nicht an einer festen Heilstätte, sondern durch einen umherziehenden Thaumaturgen wie Apollonios von Tyana bewirkt wird (Philostratos, Apollonius 4,45; Weinreich 1909, 171 ff.; Theißen 1974, 231). Beim Aufenthalt in einer Heilstätte wird der Inkubationstraum betont (Weinreich 1909, 76–137).
- Wunderhandlung als Hauptteil:
Es erfolgt der heilende Eingriff in Form einer Geste (Weinreich 1909, 1–76).
Das deutende Wort tritt hinzu oder ersetzt die Geste (Weinreich 1909, 110–137).
Geste und/oder Wort haben Erfolg (Bultmann 1957, 240).
- Schluß:
Der Heilerfolg wird öffentlich festgestellt (Bultmann 1957, 241).
Die meisten Wundergeschichten, die in Epidaurus auf Stelen eingemeißelt wurden, um für das Heiligtum zu werben (Herzog 1931, 1 ff.), haben unverkennbar diese elementare Grundstruktur einer Heilungsgeschichte. Bis auf den heutigen Tag bleibt diese elementare Struktur

| Struktur | Text von Epidauros | Text des Evangeliums |
|---|---|---|
| 1. Art des Leidens | Euhippos trug eine Lanzenspitze sechs Jahre im Kiefer. | Die Schwiegermutter des Simon lag mit Fieber im Bett. Sie sprachen mit Jesus über sie, |
| 2. Heilender Eingriff | Während des Schlafes im Heilraum nahm ihm der Gott die Lanzenspitze heraus und gab sie ihm in die Hände | und er ging zu ihr, faßte sie bei der Hand und richtete sie auf, |
| 3. Feststellung des Heilerfolges | Als es Tag geworden war, ging er gesund heraus, die Lanzenspitze in Händen. | und das Fieber verließ sie und sie diente ihnen (Mk 1, 29–31). |

(Weiser 1975, 41; Wunder 12 in Herzog 1931, 15)

umgangssprachlich erzählbar (Dormeyer 1974a, 68 ff.; Fohrbeck/Wiesand 1983, 97 ff.; Berg 1991, 169 ff.). Weiser hat einige Wundergeschichten von Epidaurus nach dieser Struktur untergliedert und mit einer ntl. Wundergeschichte verglichen (Mk 1, 29–31).

*Topik*
Die Struktur der Wundergattung wird durch motivliche Topoi aufgefüllt. In der Exposition werden die Dauer der Krankheit, ihr schrecklicher oder gefährlicher Charakter oder der vergebliche Versuch der Ärzte geschildert; es werden auch Zweifel oder verächtliche Äußerungen gegenüber dem Wundertäter geäußert (Bultmann 1957, 236). Der berühmte Redner Aristides (ca. 117–ca. 181) gibt in seiner Autobiographie ›Heilige Berichte‹ ein beredtes Zeugnis über die Dauer seiner Krankheiten, ihren schrecklichen und gefährlichen Charakter, die vergeblichen Versuche der Ärzte (Aristides 1, 57) und die vielen Erfolge des Heilgottes Asklepios in seinem Heiligtum in Pergamon.

Die Begegnung zwischen Wundertäter und Krankem erhält außerdem bei den Besessenenheilungen (Exorzismen) eine besondere Topik. „Der Dämon wittert seinen Herrn, er kennt die Macht des Beschwörers ... bittet um Gnade (Mk 5, 7; Thomasakten 76 p. 190, 18; Philostratus, Apollonius 4, 20), oder wenigstens um Konzedierung eines Rechts (Mk 5, 12) ...“ (Bultmann 1957, 239).

Im Hauptteil der Wundergeschichte hat besonders die Geste eine vielfältige Topik: Handaufheben, Handausstrecken, Handüberhalten, Handauflegen, Berühren, Fußaufsetzen von seiten des Wundertäters; Handauflegen, Anrühren und Küssen von seiten des Kranken (Weinreich 1909, 1–76).

Das wunderwirkende Wort „wird gerne in *fremde, unverständliche Laute* gekleidet bzw. in fremdsprachlicher Form weiter überliefert: Mk 5, 41; 7, 34; Josephus, Ant 8, 2, 5; Lukian, Philopseudes 9 und 31; Philostratus, Apollonius 4, 45; Origenes, Celsus 1, 24; 5, 45“ (Bultmann 1957, 238; vgl. Hengel 1969, 440 ff.). Bei den Exorzismen werden Geste und Heilwort durch Ausfahrbefehl, Beschwörungsformeln und -praktiken des Exorzisten ersetzt. Die Heilung erfolgt als Ausfahrt mit Demonstration (Weiser 1975, 87; Bultmann 1957, 240; Annen 1976, 115 ff.; vgl. Philostratos, Apollonios 4, 20). Sonst wird beim Erfolg des Wunders die „Plötzlichkeit“ hervorgehoben (Weinreich 1909, 197 f.; Bultmann 1957, 240).

Im Schlußteil wird das Wunder durch das anwesende Publikum mit Admirationen und Akklamationen begleitet oder durch die Entlassung des Geheilten festgestellt; eine Demonstration kann zusätzlich von der Realität der Heilung überzeugen (Bultmann 1957, 240f.).

## 8.2.2 Die ntl. Wundergeschichten

Innerhalb der hellenistischen Topik entwickeln die ntl. Wundergeschichten ein eigenständiges Motiv- und Themenfeld. Für die synoptischen Wundergeschichten ermittelte Theißen ein Inventar von 33 Motiven, die jeweils in unterschiedlicher Intensität Parallelen in der hellenistischen Literatur haben: „1. Das Kommen des Wundertäters, 2. Das Auftreten der Menge, 3. Das Auftreten des Hilfebedürftigen, 4. Das Auftreten von Stellvertretern, 5. Das Auftreten von Gesandtschaften, 6. Das Auftreten von Gegnern, 7. Motivierung des Auftretens von Gegenspielern, 8. Charakterisierung der Not, 9. Erschwerung der Annäherung, 10. Niederfallen, 11. Hilferuf, 12. Bitten und Vertrauensäußerung, 13. Mißverständnis, 14. Skepsis und Spott, 15. Kritik durch Gegner, 16. Gegenwehr und Unterwerfung des Dämons, 17. Pneumatische Erregung, 18. Zuspruch, 19. Argumente, 20. Sich-Entziehen des Wundertäters, 21. Szenische Vorbereitung, 22. Berührung, 23. Heilende Mittel, 24. Wunderwirkendes Wort, 25. Gebet, 26. Konstatierung des Wunders, 27. Dokumentation, 28. Entlassung, 29. Geheimhaltungsgebot, 30. Admiration, 31. Akklamation, 32. Ablehnende Reaktion, 33. Ausbreitung des Rufes" (Theißen 1974, 57–82).

Aus diesen Motiven bildete Theißen ein Inventar von 6 Themen: „1. Exorzismus, 2. Therapien, 3. Epiphanien, 4. Rettungswunder, 5. Geschenkwunder, 6. Normenwunder" (Theißen 1974, 94–129). Der Oberbegriff Thema ist ungewöhnlich. Sachlich bezeichnet er die Untergattungen in den ntl. Wundergeschichten. Sosehr die Motivanalyse Theißens überzeugt, so kann die Gattungsbildung durch die Themeneinteilung nicht unbesehen akzeptiert werden.

Noch immer bewährt sich die Gattungseinteilung von Bultmann nach den Tätigkeitsbereichen des Wundertäters: somatische Krankheit = „Heilungswunder", psychische Krankheit = „Dämonenaustreibung", außermenschliche Naturvorgänge = „Naturwunder" (Bultmann 1957, 241ff.; Weiser 1975, 37–120). Die Totenerweckung gehört zu den Heilungen und ist nicht als eigene Untergattung auszugrenzen (gegen Weiser 1975, 120–134). Theißens Begriffe „Exorzismus" und „Therapien" decken sich mit den „Dämonenaustreibungen" und „Heilungen". Die Naturwunder hat Theißen in „Rettungswunder" und „Geschenkwunder" aufgeteilt. Innerhalb der Naturwunder setzen sie in der Tat unterschiedliche Akzente, doch erzeugen sie noch keine eigene Gattung. Die Epiphanien wiederum sind den Angelophanien und Christophanien als einer eigenen Gattung zuzurechnen (s. u. 8.4). Die „Normenwunder" sind nachträgliche Interpretationen von Heilwundern. Deutlich bleiben die Heilwunder als Basis der Übertextung sichtbar; so sind diese Geschichten weiterhin vom Leser auf die Heilung hin zu interpretieren. Die Normenwunder schaffen daher keine eigene Untergattung. Theißen macht auf zusätzliche Akzente und Verwendungsformen der ntl. Wundergeschichten aufmerksam, verdoppelt aber unnötig die drei Untergattungen Bultmanns zu sechs Untergattungen (so auch Knoch 1986, 50ff.). Insgesamt finden sich in den Evangelien 31 voneinander unabhängige Wundergeschichten (vgl. Knoch 1986, 525–535). Sie haben ihren Schwerpunkt in der Heil- und Exorzismustätigkeit Jesu (24). Nur knapp ein Viertel der Wundergeschichten sind Naturwunder (7). Die Wundergeschichten insgesamt veranschaulichen umfassend die ganzheitliche, heilschaffende Verkündigung der Gottesherrschaft durch Jesus.

## 8.2.3 Entstehung und Funktion der ntl. Wundergeschichten

Die Wundergeschichten sind nachösterliche Bildungen, die ihren Haftpunkt in der charismatischen Therapie- und Exorzismustätigkeit des vorösterlichen Jesus haben. Seine Heilungen und Dämonenaustreibungen symbolisieren den Anbruch der Gottesherrschaft, die die Macht der Dämonen bricht, die Besessenheit und Krankheit verursachen: „Wenn ich aber die Dämonen durch den Finger Gottes austreibe, dann ist die Gottesherrschaft zu euch gekommen" (Lk 11, 20; s. o. 5.3; 5.1.3 G 7–10). Die befreiende Erinnerung an Jesu Heiltätigkeit wird nach Ostern auf den Grenzbereich des Todes und der auf die Menschen einwirkenden Naturmächte erweitert. Von Erweckungen aus dem Tod, dem mächtigsten Dämon, wird aber nur dreimal erzählt (Mk 5, 21–24 a. 35–43 par; Lk 7, 11–25; Joh 11, 17–44). Der Wundervorgang in den Naturereignissen bleibt knapp oder unanschaulich. Diese Geschichten übertragen die Macht des Auferstandenen über Tod und Kosmos auf den irdischen Jesus zurück. Als Träger des Geistes Gottes und endzeitlicher Bote der Gottesherrschaft überragt er die anderen jüdischen und hellenistischen Wundertäter. Die Brechung der Dämonenmacht erfaßt den gesamten Kosmos und ermöglicht eine einmalig neue, ganzheitliche, unwiderrufbare Heilung von Mensch und Welt. Der Glaube an Jesu Wunderkraft als Auswirkung christologischer Vollmacht bestimmt daher die Gestaltung aller Wundergeschichten (s. u. 8.2.4). Die Bildung und Tradierung der Wundergeschichten erfolgt wieder in der nachösterlichen Spannung von Schriftlichkeit und Mündlichkeit. Dibelius nimmt für die Wundergeschichten einen eigenen, nachösterlichen Stand „der Erzähler und der Lehrer" an, die die Kunst des Erzählens von solchen „Novellen" besessen haben (Dibelius 1959, 66 f.). Theißen hebt die Kontinuität in den Motivfeldern und Untergattungsstrukturen heraus. Wie Matthäus und Lukas schriftliche und mündliche Versionen der Wundergeschichten des Markus, der Spruchquelle und des Sondergutes nach den Gattungsstrukturen und Motivkombinationen aufnehmen und neu erzählen konnten, so konnten auch Markus und die Spruchquelle mit ihren mündlichen oder schriftlichen Vorlagen selbständig umgehen (Theißen 1974, 194 ff.). Die Kontinuität in der Gattungstiefenstruktur der Einzelform schafft den Rahmen für die individuelle Diskontinuität in der Oberflächenstruktur. Der Erzähler kann die Vertrautheit der Zuhörer mit dem Gattungsrepertoire nutzen, um eine spezifische christologische Interpretation vorzunehmen.

Den Hauptanteil der Wundergeschichten enthält das Markusevangelium (18). Die anderen Synoptiker übernehmen diesen mit zwei Ausnahmen bei den Heilungen (Heilung eines Taubstummen 7,31–37; Heilung eines Blinden 8,22–26), wobei je einen Exorzismus Matthäus (1,21–28) und Lukas (7,24–30) zusätzlich streichen und Lukas drei weitere Naturwunder (6,45–52; 8,1–10; 11,12–14) ausläßt. Beide erweitern den Bestand um die zwei Heilungen der Spruchquelle und fügen eigenes Sondergut ein (Matthäus: 1 Heilung; Lukas: 5 Heilungen, 1 Naturwunder; vgl. die vorzügliche synoptische Tabelle in Knoch 1986, 536 f.).

Trotz der Streichung von 3 Wundern gelangt Matthäus durch die Aufnahme der 2 Wunder von Q und einem Wunder aus dem Sondergut sicherlich nicht unbeabsichtigt wieder zu der gleichen Wunderzahl von Markus (18 Wunder). Lukas kürzt radikaler die Markusvorlage um 6 Wundergeschichten, erhöht aber aufgrund von Q (2 Wunder) und Sondergut (6 Wunder) die Anzahl der Wundergeschichten auf insgesamt 20.

Die Bedeutung der Wundergeschichten einschließlich der Sammelberichte und Hinweise in Logien und Apophthegmen sinkt insgesamt in Matthäus und Lukas gegenüber Markus, da ja beide an Umfang Markus fast verdoppeln, die Zahl der Wundergeschichten aber stagniert (Matthäus) oder nur geringfügig zunimmt (Lukas). Gegenüber Mar-

kus steigt in Matthäus und Lukas der Anteil des Reseguts gegenüber
den Wundergeschichten und -hinweisen um das Doppelte an, während
bei Markus im Unterschied zu Q fast ein Gleichgewicht gegeben ist
(vgl. die Tabelle zu Versumfängen in Knoch 1986, 556).

Johannes hat nur 7 Wundergeschichten, gibt diesen aber durch ausführliche Reden ein gleich starkes Gewicht in seinem Evangelium wie
Markus (Knoch 1986, 556).

So nehmen die Wundergeschichten und die Hinweise auf Wunder
in den Evangelien und in der Apostelgeschichte in unterschiedlicher
Intensität einen breiten Raum ein. In der Erzählzeit des *öffentlichen
Wirkens* Jesu (ohne Kindheitsgeschichten, Taufszenen, Passions-
und Nachgeschichten) beträgt ihr Anteil bei Markus 38 %, bei
Matthäus 32 %, bei Lukas 25 % und bei Johannes 53 % (Knoch
1986, 556).

Bei Johannes dominieren die Semeia und die mit ihnen verbundenen
Reden das Wirken des irdischen Jesus (Joh 2–12), bei Markus bilden sie
neben den Apophthegmen den Hauptblock der Erzählgattungen, bei
Matthäus behaupten sie trotz der Erweiterung des Markusaufrisses um
fünf große Redeeinheiten, um zusätzliche Gleichnisse, Apophthegmen
und Kurzreden weiterhin ein Drittel der Erzählzeit, bei Lukas beherrschen sie noch ein Viertel der Erzählzeit. Die Bildung von Wundergeschichten hat also nach Ostern eine fast gleich große Bedeutung wie die
schöpferische Tradierung von Logien, Gleichnissen und Apophthegmen erhalten und hat sich in den Evangelien mit abnehmender Ten-
denz behaupten können.

Wird Jesus durch diesen massiven Einbruch einer hellenistischen
Gattung, die atl. und frühjüdische Motive mühelos aufzusagen vermochte, zum *theios aner,* zu einem der vielen Wundertäter der hellenistischen Welt (Bieler 1935–36 = 1976, 103–113)?

### 8.2.4 Theologie der Wunder

Die Formen der jesuanischen Wundergeschichten fallen zwar nicht
aus dem Gattungskanon der hellenistischen Wundergeschichten heraus. Doch die Kompositionen der Motive geben den ntl. Wundergeschichten ein eigenständiges Profil. Theißen betont den „grenzüberschreitenden" Charakter der Motive „Überwindung der Erschwernis
(Glaube)", „Hilferufe", „Bitten und Vertrauensäußerung", „Admiration" und „Akklamation" im Gegensatz zu grenzbetonenden Motiven
aus der Perspektive der um Hilfe bittenden Menschen.

Das Feld der Motive (menschliche Perspektive)

|  | grenzbetonende Motive | grenzüberschreitende Motive |
|---|---|---|
| voluntativer Aspekt | Erschwernis | Überwindung der Erschwernis (Glaube) |
| kognitiver Aspekt | Mißverständnis Skepsis und Spott Kritik | Hilferufe Bitten und Vertrauensäußerung |
| affektiver Aspekt | Ablehende Reaktion | Admiration Akklamation |

(Theißen 1974, 86)

Aus der Sicht des Wundertäters stellt sich die Komposition der grenzbetonenden und grenzüberschreitenden Motive noch einmal anders dar.

|  | grenzbetonende Motive | grenzüberschreitende Motive |
|---|---|---|
| voluntativer Aspekt | Sich-Entziehen | Initiative Wunderhandlung |
| kognitiver Aspekt | Absonderung des Publikums, Geheimhaltungsverbot | Zuspruch Argumentation |
| affektiver Aspekt | Pneumatische Erregung (negativ getönt) | Mitleid Staunen |

Feld der Motive (Perspektive des Wundertäters)

(Theißen 1974, 87)

Mit der Spannung von grenzbetonend und grenzüberschreitend und der Beachtung der Rollenperspektive (Menschen; Wundertäter) gelingt es Theißen, das Christliche der ntl. Wundererzählungen nicht nur an den inhaltlichen Ausgestaltungen einzelner Motive festzumachen, sondern auch aus der Gesamtkomposition der Einzelform zu entwickeln. Der Vertrauensglaube an Jesus als dem Bringer der Gottesherrschaft führt zur Überschreitung „der Schranken des Legitimen" hinweg (Theißen 1974, 137). Bereits Bieler hatte anerkannt, daß „die Bedingung des Glaubens" nur in der christlichen Literatur ausgeprägt ist (Bieler 1976, 113). Die handlungswirksamen Folgen dieses spezifisch christlichen Motivs, das ein variabler Teil der umfassenden Motive „Bitten und Vertrauensäußerung", „Hilferufe", „Überwindung der Erschwernis" ist (Theißen 1974, 64f.), werden in der Motivfeldanalyse

Theißens besonders deutlich. Die blutflüssige Frau (Mk 5, 24b–34 par) z. B. weiß um das Berührungsverbot bei kultischer Unreinheit und berührt dennoch aufgrund ihres aktiven, grenzüberschreitenden Vertrauens Jesus (Theißen 1974, 136 ff.; Trummer 1991, 93 f.). Das „Schweigegebot" wiederum gehört zwar als grenzbetonendes Motiv des Wundertäters zum Inventar der hellenistischen Wundergeschichte. Der Wundertäter stellt einen Einzelvorgang oder ein Einzelobjekt unter die Geheimhaltung. Die Endredaktion des Markus macht aber aus der Geheimhaltung des Einzelvorganges oder -objekts zusätzlich ein Schweigegebot über die Personenwürde Jesu (Theißen 1974, 152 ff.). Jesus kann erst als Gekreuzigter in seinem wahren Wesen als leidender Christus und Sohn Gottes anerkannt werden (Suhl 1980, 4 ff.). Er setzt dem Verstehen als irdischer Wundertäter eine christologische Grenze, die erst im vollen Bekenntnisglauben an den leidenden Sohn Gottes (Mk 15, 39) überschritten wird. Der erste Exorzismus im Markusevangelium (Mk 1, 21–28) z. B. führt gleich das grenzbetonende Schweigegebot ein. Da der Besessene nicht volle Verfügungsgewalt über seine geistigen Fähigkeiten hat, wird das voluntative Glaubensmotiv nicht ausgestaltet. Es liegt die hellenistische Form eines Exorzismus vor.

| | |
|---|---|
| 0. Einleitung | 21 Und sie gingen nach Kafarnaum hinein. Und alsbald am Sabbat ging er in die Synagoge und lehrte. 22 Und sie gerieten außer sich über seine Lehre; denn er lehrte sie wie einer, der Vollmacht hat, und nicht so wie die Schriftgelehrten. |
| 1. u. 2. Schilderung der Situation und Zustand des Besessenen; Begegnung zwischen Exorzist und Besessenem | 23 Und alsbald war da in ihrer Synagoge ein Mensch mit einem unreinen Geist; |
| 3. Abwehrversuch des Dämons | der schrie laut auf: 24 Was haben wir und du miteinander zu tun, Jesus von Nazaret? Du bist gekommen, um uns zu verderben. Ich weiß, wer du bist: Der Heilige Gottes. |
| 4. Ausfahrbefehl | 25 Da fuhr ihn Jesus an und sprach: Schweig und fahre aus von ihm! |

| 5. Ausfahrt mit Demonstration | 26 Da zerrte ihn der unreine Geist hin und her, schrie laut und fuhr von ihm aus. |
|---|---|
| 6. Reaktion der Zuschauer | 27 Da gerieten alle in Staunen und sprachen zueinander: Was ist das? Eine neue Lehre in Vollmacht! Sogar den unreinen Geistern gebietet er und sie gehorchen ihm. 28 Und die Kunde von ihm verbreitete sich alsbald überallhin in die ganze Umgebung von Galiläa (Mk 1, 21–28). |

(vgl. Weiser 1975, 88)

Die Dämonen offenbaren zu früh die exklusive Gottesbeziehung Jesu. Sie wollen mit ihrem übermenschlichen Wissen Gewalt über Jesus gewinnen. Das Schweigegebot bricht ihren Angriff. Zugleich untersagt es den Zuhörern, aus den richtigen Dämonenbekenntnissen und den machtvollen Ereignissen die falschen Schlüsse für Jesu Person zu ziehen. Jesus vollendet noch nicht machtvoll die Gottesherrschaft, sondern bringt sie erst verborgen zur Erscheinung (zur „geheimen Epiphanie": Dibelius 1966, 90ff.; Koch 1975, 185ff.). Erst im Gekreuzigten wird die Gottesherrschaft unverborgen sichtbar. Mit dem grenzüberschreitenden Glaubensmotiv (Vertrauensglaube) und dem grenzbetonenden Schweigegebot (Mißverständnis mit defizientem Glaubensbekenntnis vor Ostern) sind die beiden Pole benannt, die zueinander in fruchtbarer Spannung stehen, den Leser auf den Schluß des Evangeliums verweisen und gleichzeitig die ntl. Wundergeschichten von hellenistischen Parallelen abheben.

Auch in den Schlüssen der Wundergeschichten können die Demonstration des Heilerfolgs, die Admiration und die Akklamation den besonderen christologischen Gehalt des Wunders zusätzlich herausstreichen. In der Heilung der Schwiegermutter des Petrus (Mk 1, 29–31) fehlen das Schweigegebot, da das Wunder unbemerkt von der Öffentlichkeit im Hause des Petrus stattfindet. Auch das Glaubensmotiv ist noch nicht entfaltet, da hier beim ersten „Tag in Kapharnaum" die Jünger noch kein Unverständnis entwickeln und noch keine Hürden zu überwinden haben (Pesch 1, 1976, 124ff.). „Die Grundstruktur des Textes entspricht durchaus dem Schema außerbiblischer antiker Wunderberichte" (Weiser 1975, 42; s. o. 8.2.1). Nur der Schlußsatz erhält einen Doppelcharakter: „und sie bediente (diakonéo) sie" (Mk 1,31d). Einerseits wird die Demonstration der Heilung geschildert. Die

Schwiegermutter kann aufstehen und den Haushalt wieder führen. Andererseits besagt diese Bemerkung: „Der Dienst der Frau ist ihre Antwort auf das ihr von Jesus geschenkte Erbarmen" (Weiser 1975, 42). Der „Dienst" kennzeichnet die Art und Weise der Nachfolge Jesu (G 20–28, 65–76) und reiht die Schwiegermutter in den Kreis der Jünger und Jüngerinnen Jesu ein (Mk 15,41; Schenke 1974, 111 f.; Fander 1989, 32 ff.).

In den Naturwundern spielt ebenfalls das Schweigegebot keine Rolle. Dafür ist das Glaubensmotiv ausgestaltet. Der Wundervorgang selbst ist bis zur Unerkennbarkeit reduziert (Mk 6,30–44 par; 8,1–10 par; 11,12–14 par; Lk 5,1–11; Joh 2,1–12). Nur bei den Wasserwundern werden Abflauen des Sturmes (Mk 4,35–41 par) und Wandeln auf dem See (Mk 6,45–52 par) knapp geschildert. Der Akzent der Erzählung liegt auf der Not und der Rettung bei den „Rettungswundern" (Mk 4,35–41; 6,45–52) und auf der Not und dem Geschenk bei den „Geschenkwundern" (Mk 6,30–44; 8,1–10; Lk 5,1–11; Joh 2,1–12) zur Stärkung des Glaubens (Theißen 1974, 107–114).

Entsprechend der Gesamtkonzeption der Evangelien unterscheidet sich auch die Theologie der Wundergeschichten deutlich voneinander (Suhl 1980, 2 ff.; vgl. die Bibliographie von Knoch 1986, 565 f.). Doch nicht nur in der Christologie, auch in der Anthropologie entwickeln die Evangelisten spezifische Sichtweisen. Hier dürfte der Grund zu suchen sein, weshalb die nachösterlichen Wundergeschichten einen so dominierenden Raum in den Evangelien erhielten. Bultmann betont zwar: „Wie wenig die pistis aus psychologischem Interesse, gar als psychische Bedingung der Möglichkeit der Heilung, genannt ist, zeigt, daß es gar nicht die pistis der Kranken zu sein braucht, auf Grund deren Jesus die Heilung gewährt, sondern es kann die pistis derer sein, die für einen Kranken Heilung erbitten (Mk 2,5; 9,24; Mt 8,10; 15,28)" (Bultmann 1957, 234 f.). Wie Bultmann bei den Fernheilungen den engen, interaktionalen Zusammenhang zwischen dem Bittsteller und dem Kranken übersieht, so wehrt er sich zu Unrecht gegen die unauflösbare Wechselwirkung von Vertrauensglauben an einen Wundertäter und dessen Aktivierung von somatischen Heilungskräften in einem Kranken. Weinreich stellte schon 1909 fest: „Uns erscheinen Wunder und ein nach unwandelbaren Gesetzen sich vollziehendes Naturgeschehen als Gegensätze. Die Alten dagegen konnten jedes göttliche Handeln als Wunder bezeichnen, auch wenn es in natürlichen Bahnen verlief. Alles was geschah, konnte als Wunder aufgefaßt werden. Die Grenzlinie zwischen Wunder und Nicht-Wunder ist in der Antike keine feste, die Entscheidung darüber liegt im Menschen" (Weinreich

1909, VIIf.; vgl. Weiser 1975, 13ff.; 150ff.; Trummer 1991, 13–45).
Dem anthropologischen Zusammenhang von Einstellung, Krankheit
und Gesundung soll hier nicht mehr nachgegangen werden (vgl. Overbeck 194, 1ff.).

Doch bildet dieser anthropologische Zusammenhang den Ausgangspunkt für gegenwärtige neue Wege der Schriftauslegung wie der tie-
fenpsychologischen, interaktionalen und linguistischen Schriftauslegung und erklärt gleichzeitig das große Interesse der nachösterlichen
Tradition und Evangelienschriften an Wundergeschichten von Jesus
(Kassel 1982, 102–110; Drewermann 1985, 141–309; Dormeyer 1987a,
274–279; Löning 1987, 215–240; Berg 1991, 119–196).

## 8.3 Passionsgeschichte

### 8.3.1 Entstehung der Gattung „christliche Märtyrerakte"

Die Passionsgeschichten der Evangelien stehen in der Linie der frühjüdischen Martyrien (Martyrium Jesaja; 2 Makk 6; 7; Surkau 1938,
82ff.; Dormeyer 1974, 43f.; Kellermann 1979, 35ff.), der hellenistischen Märtyrerakten (Acta Alexandrinorum; Musurillo 1954; Dormeyer 1974, 44ff.), der Philosophenmartyrien (Kellermann 1979,
46ff.) und der ›Exitus illustrium virorum‹ (Ronconi RAC 6 [1966],
1264ff.; Berger 1984, 1257ff.).

Bereits Schmidt stellte zur mk. Passionsgeschichte fest: „Sie ist das
älteste und vornehmste Dokument aus dem Kranze der christlichen
Märtyrerakte" (Schmidt 1919 = 1969, 305). Doch von welchen literarischen Gattungen her die Passionsgeschichte ihre Form entwickelte,
ließ Schmidt offen. Dibelius bestätigte das Urteil, daß mit der Leidens-
geschichte im Unterschied zu anderen Stationen des Lebens Jesu „eine
geschlossene Folge" vorliegt. Ihre Entstehungsgeschichte erklärte er
genetisch: „Denn was wir vom Kerygma wissen, läßt eine Darstellung
der ganzen Passion in der Predigt, zum mindesten in Umrissen, erwarten. Alle kerygmatischen Formulierungen erwähnen die Tatsachen der
Leidens- und Ostergeschichte" (Dibelius 1959, 179). Die Kurzformeln
von Kreuzestod, Auferweckung und stellvertretendem Sterben (s. o.
6.1.1) werden mit Hilfe der atl. Leidenspsalmen narrativ entfaltet ohne
Anspruch auf Historizität (a. a. O., 187ff.). Die Ähnlichkeit der ntl.
Leidensgeschichten zu den frühjüdischen Martyrien stellt erst Lukas
her (a. a. O., 202). Den Gegenpart zu Dibelius bildete wieder Bultmann. Er vermutete, „daß es einen: *alten Bericht* gab, der ganz kurz

Verhaftung, Verurteilung durch das Synhedrium und Pilatus, Abführung zum Kreuz, Kreuzigung und Tod erzählte" (Bultmann 1957, 301 f.). Den möglichen literarischen Parallelen ging er ebenfalls nicht nach. Doch läßt sich eine Verbindung zwischen der umfangreicheren Fassung eines solch alten, historische Erinnerungen enthaltenden Berichts, den frühjüdischen Martyrien und den hellenistischen Märtyrerakten durchaus herstellen (Dormeyer 1974, 238–258). Die älteste Gestalt der mk. Passion ist eine christliche Märtyrerakte, in der Elemente der frühjüdischen Martyrien und der hellenistischen Akte miteinander verschmolzen sind (Dormeyer 1974, 238–244).

Denn im frühen Prinzipat entstand eine neue Gattung der hellenistischen Literatur, die Märtyrerakte (Bauer 1901, 29–47; Wilcken 1909, 839; Reitzenstein 1913, 40; Holl 2, 1928, 79). Frühestes Zeugnis dieser Gattung sind die ›Acta Alexandrinorum‹, deren Entstehung für die Zeit der ersten Hälfte des 1. Jh. (41 oder 52/53) bis Ende des 2. Jh. n. Chr. angesetzt wird. Das hohe Alter der erhaltenen Papyri, die ebenfalls aus der ersten Hälfte des 1. Jh. bis zur 1. Hälfte des 3. Jh. stammen, sichern diese Datierung (Musurillo 1954, 83 ff.). Die Gerichtsverhandlung und das Urteil über den Märtyrer bilden den Inhalt der Akte. In der Form entspricht die Akte dem Protokoll der Gerichtsverhandlung und Urteilsverkündigung. Denn es wurde während der früheren Kaiserzeit üblich, in Rom und in den Orten der Provinzverwaltungen öffentliche Archive einzurichten, in denen die Protokolle von den Gerichtsverhandlungen aufbewahrt wurden (Wilcken 1894, 109 f.; Mommsen 1955, 519 f.; Niedermeyer 1918, 69). Das Tagebuch des Aurelius Leontas, des Strategen von Omboi, Oberägypten, aus dem Jahre 232 n. Chr., enthält die Bruchstücke eines solchen Gerichtsprotokolls (Wilcken 1894, 109 f.). Eine Inschrift von Caere 113/4 n. Chr. verpflichtet den römischen Beamten zur Führung des Tagebuches (CIL XI 3614). Die im Archiv gelagerten Gerichtsprotokolle waren jedem Interessenten zugänglich und konnten von diesem abgeschrieben werden. Eine solche Abschrift des amtlichen Gerichtsprotokolls liegt ursprünglich der Märtyrerakte zugrunde (Niedermeyer 1918, 57 ff.). Die Protokollabschriften bemühen sich aber nicht um eine wortgetreue Wiedergabe, sondern geben das Protokoll nach literarischem Stilempfinden frei wieder (Niedermeyer a. a. O.). Das amtliche Protokoll enthält einen Kopf, in dem die Formalien, d. i. das Datum mit Jahresangabe, Monat und Tag, angeführt sind, und einen Hauptteil, der den Dialog des Prozesses wiedergibt, und zwar die Worte des Gerichtsherrn in direkter Rede, die der Parteien ebenfalls in direkter Rede oder in indirekter Rede. Diese Formalien können in den Abschriften gekürzt oder gar fortgelassen werden, die Reden des Richters und der Parteien können gestrafft oder erweitert, in indirekter Rede oder direkter Rede wiedergegeben werden. Diese Freiheit in der Abschrift läßt Raum für eine literarische Gestaltung des Protokolls. So drängen in den Acta Alexandrinorum die Reden der Angeklagten an Umfang und Gewicht die Reden des Richters zurück (Musurillo 1954, 262).

Zu dieser literarisch gestalteten Abschrift wird entweder von dem Abschreiber selbst oder von einem späteren Verfasser ein Rahmen geschaffen. Vorgeschichte, Anlaß, Art und Zusammensetzung des Gerichtes können die Einleitung bilden (Niedermeyer 1918, 24). Die ›Acta Hermaisci‹ der ›Acta Alexandrinorum‹ leitet die Gerichtsverhaltung mit dem Bericht von der Aufstellung der Gesandtschaft der alexandrinischen Juden an den Kaiser ein, die ›Acta Isidori‹ schaltet der Verhandlung vor dem Kaiser ein kaiserliches, geheimes Consilium vor, das unhistorisch ist (abgedruckt in Musurillo 1954 und in Dormeyer 1974, 291 ff.). Durch diese literarische Bearbeitung verselbständigt sich die Märtyrerakte gegenüber der reinen Protokollabschrift, die lediglich einen juristischen Sachverhalt wiedergibt. Es ist die neue Literaturgattung „Märtyrerakte" entstanden, die aus zwei großen Teilen besteht, dem Protokoll der Gerichtsverhandlung und dem Rahmen.

Zwischen den beiden Gattungen der Märtyrerliteratur, der hellenistischen Akte und dem frühjüdischen Martyrium, lassen sich Berührungspunkte, aber in noch stärkerem Maße Unterscheidungsmerkmale aufzeigen. Inhaltlich gleichen sich beide Gattungen: Der Märtyrer stirbt für ein Ideal und entwickelt während seines Martyriums Redegewandtheit gegenüber seinen Gegnern. Formal aber unterscheiden sie sich außerordentlich. Die hellenistische Akte beschränkt die Darstellung des Märtyrers auf seinen Prozeß, das frühjüdische Martyrium dagegen stellt das Sterben des Märtyrers dar: Die Vorgeschichte des Martyriums findet nur kurze Erwähnung – so fehlt die Darstellung eines Prozesses –; der Anlaß des Vorgehens gegen den Märtyrer wird nur knapp skizziert; darauf folgt die Hinrichtung mit dem Bericht der Marterqualen, der Furchtlosigkeit und Eloquenz des Märtyrers, seiner Unempfindlichkeit gegenüber Schmerzen, seiner Überlegenheit gegenüber der Bosheit der Feinde und seiner Frömmigkeit, die sich in der Zitierung des Alten Testaments äußert (Surkau 1938, 74 ff.). Die Wiedergabe des Prozesses in der hellenistischen Akte schildert dagegen das Verhalten des Märtyrers unter einem anderen Aspekt. Es ist nicht mehr der Märtyrer wehrlos der Bosheit seiner Gegenspieler preisgegeben, sondern er verteidigt sich nach den Regeln des Prozeßrechtes gegen eine ungerechte Anklage. Die Verurteilung kommt zwar auch durch

die Voreingenommenheit, Beeinflußbarkeit und Ungerechtigkeit des
Richters zustande, aber diese Willkür beeinträchtigt nicht die persönliche Integrität des Märtyrers während des Prozeßverlaufes. Das Bekenntnis geht nicht aus der Überwindung einer leiblichen Tortur hervor, sondern entwickelt sich als rationaler Dialog unter annähernd normalen Gegebenheiten (Holl 2, 1928, 81 ff.). So liegt das Gewicht der
Akte auf der rationalen Apologetik des Märtyrers, während das frühjüdische Martyrium das vorbildliche Verhalten analog zu den späteren
hellenistischen ›Exitus illustrium virorum‹ (s. u. 8.3.2) beschreibt.

Diese unterschiedlichen Elemente der hellenistischen Märtyrerakte
und des frühjüdischen Martyriums finden sich in der frühesten, vor-
markinischen und allen folgenden ntl. Darstellungen der Passion Jesu.
Einerseits wird ein Gerichtsverfahren referiert, andererseits das Sterben
Jesu ausführlich geschildert (Dormeyer 1974, 238 ff.; Berger 1984,
1255 f.; Mack 1988, 269 ff.; Myllykoski 1991, 191 ff.). Die Vermischung
des frühjüdischen Martyriums mit der hellenistischen Märtyrerakte
wird dadurch möglich, daß beiden Gattungen nur eine lockere Formgesetzlichkeit zugrunde liegt. Das frühjüdische Martyrium kann be-
liebige Formen wie die Akte übernehmen und unter inhaltlichen Gesichtspunkten umformen und erweitern; die hellenistische Märtyrerakte wiederum hat im Rahmen ein formales Element, das beliebig
erweiterbar ist, also gemäß der inhaltlichen Struktur des frühjüdischen
Martyriums ausgestaltbar ist.

Zu den ntl. Passionsgeschichten kommt als weitere Linie noch die
späte, prinzipatzeitliche Gattung ›Exitus illustrium virorum‹ hinzu.
Besonders Diogenes Laertius hat in seinen Philosophenbiographien
großen Wert auf die Schilderung von deren Tod mit den Begleitumstän-
den gelegt und die Sammlung solcher *teleutai* für Rhetoren belegt
(7, 184). Anreger dieser Gattung war wieder der Tod des Sokrates, und
zwar die imponierende Darstellung des Todes des Sokrates in Platons
›Phaidon‹ (Ronconi 6 [1966], 1258 ff.).

Zur Gattung „Exitus" gehören Sterben eines großen Mannes, seine
Abschiedsworte und -reden, seine exemplarischen Handlungen (Exempla; s. o. 7.2) und seine Hinweise auf das Ende mit entsprechenden
Vorzeichen (Ronconi RAC 6 [1966], 1258 ff.). Die Bedeutung der
Worte Jesu am Kreuz nach Markus, deren Vermehrung durch die
nachfolgenden Evangelien, die genaue topologische und szenische
Schilderung des Sterbens, die Vorschaltung und der Ausbau von exemplarischen Handlungen wie der Salbung in Betanien, der Herrenmahl-
einsetzung in Jerusalem und dem Gebetskampf in Getsemani, die
mehrfachen, prophetischen Orakel von Verrat und Abfall (s. o. 8.1.3)

zeigen deutliche Parallelen zu den Motiven der Exitus-Gattung (Berger 1984, 1258).

Die frühjüdische Personallegende hat ebenfalls Ähnlichkeiten zur Passionsgeschichte (Dibelius 1959, 182; Dormeyer 1974, 39 ff.; 273 ff.). Doch ist die Nähe der ntl. Passionsgeschichten zu dem Strom der Philosophenmartyrien mit der Aktaliteratur und den Exitus-Geschichten deutlicher als zu den protorabbinischen Personallegenden. Die christliche Passionsakte wird dann zur Keimzelle der christlichen Ideal-Biographie „Evangelium", auf die wiederum die atl. Prophetenbiographie und die antike Biographie einwirken (s. u. 10).

Prozesse und Martyrien in urchristlicher (Apg) und altkirchlicher Zeit wurden dann nach den Vorlagen der evangeliaren Passionsgeschichten, aber auch weiterhin nach hellenistischen und frühjüdischen Mustern gestaltet. Es entstanden die christlichen Märtyrerakten (Ronconi RAC 6 [1966] 1266 f.). Mit der ›Akte des Justin‹ († nach 165) lag die erste christliche Märtyrerakte vor, die deutlicher als die Martyrien der Evangelien und der Apostelgeschichte (Apg 6,8–7,60) Bezug auf die amtlichen Protokolle nahm. Von den Martyrien der apostolischen Literatur übernahm die christliche Märtyrerakte außerdem die Ausgestaltung des Sterbens. Das Martyrium des Polykarp († nach 156) stellte in Brieform das Sterben Polykarps in den Mittelpunkt (in Eusebius, Kirchengeschichte 4, 15,3–45). Für die christlichen Martyrien blieb zwar die hellenistische Form der Akte beherrschend, die Ausgestaltung jedoch nahm das frühjüdische und jesuanische Leiden „für die anderen" zur thematischen Richtschnur. So konnten die Akten der Gemeinde den Trost spenden, daß das Leiden der kirchlichen Blutzeugen zur Nachfolge des Herrn gehört. Gleichzeitig prangerten sie die Unrechtmäßigkeit der juristischen Prozeßführung an. Sie bestärkten die Gemeinde in ihrer Distanz zum Staat und verpflichteten sie mit der Leidenstheologie gleichzeitig zum bürgerlichen Gehorsam. Von gewaltsamer Gegenwehr oder Drängen zum Martyrium wurde abgeraten, dagegen galt die gewaltlose Flucht als legitimer Ausweg, den punktuellen Verfolgungen sich zu entziehen, um für das Wohl der Ortskirche weiterhin zur Verfügung zu stehen (vgl. Eusebius, Kirchengeschichte 7, 32,27 f.; 8, 13,7 f.). In der Spätantike gingen die Märtyrerakten in die hagiographische Legendenschreibung über große Heilige über (s. u. 10.4).

## 8.3.2 Historizität

Die Rückfrage nach der Historizität bleibt für die Markuspassion und der auf ihrer Endgestalt (Matthäus, Lukas) oder ihren Vorstufen (Johannes, z. T. Lukas) aufbauenden Passionen äußerst umstritten (Limbeck 1981, 6 ff.). Während der erste Teil der Passion den einen, historisch unproblematischen Themenkreis bildet, ob das letzte Mahl Jesu ein Paschamahl (Mk 14, 1–52 par) oder ein Abschiedsmahl (Joh 13, 1–18, 11) war, erzeugt der zweite Teil den bis heute folgenreichen Fragekomplex nach dem Prozeß Jesu und den daraus resultierenden Umständen der Hinrichtung (Mk 14, 53–72; 15, 1–47 par Mt 26, 57–75; 27, 1–61; Lk 22, 54–65; 23, 1–5.13–56; differierend zu Joh 18, 12–40; 19, 1–42; Lk 22, 66–71; 23, 6–12). Limbeck faßt die Fragen zu dem zweiten Komplex zutreffend zusammen:

„a) Wurde Jesus am 14. Nisan, dem Rüsttag des Paschafestes, oder am 15. Nisan, dem Paschafest selbst, verurteilt und hingerichtet? Ist also die im Johannesevangelium oder die bei den Synoptikern vorausgesetzte Chronologie zutreffend?

b) Wurde die Gefangennahme und Verurteilung Jesu von der jüdischen Obrigkeit oder von den Römern betrieben?

c) Hatten die Juden zur Zeit Jesu das Recht, ein Todesurteil auszusprechen und zu vollziehen? Wenn ja, weshalb wurde Jesus dann aber von den Römern hingerichtet?

d) Wurde überhaupt ein formelles Todesurteil durch das jüdische Gericht gefällt? Gab es also zwei Prozesse, einen jüdischen und einen römischen? Oder beschloß das Synhedrium nach der Feststellung der Todeswürdigkeit Jesu nur, Jesus vor dem römischen Gericht anzuklagen?

e) Wurde der Prozeß gegen Jesus nach sadduzäischem Recht oder nach dem in der Mischna kodifizierten pharisäischen Recht geführt?" (Limbeck 1981, 8; vgl. Kertelge 1988, 5 ff.).

Die Verhandlungsprotokolle und die Darstellung des Sterbens sind zwar literarisch geschaffen, lassen aber Traditionen mit historischen Erinnerungen erkennen. Die Personennamen geben die beteiligten Figuren und Augenzeugen an, deren Existenz überprüfbar ist; die mit Ortsnamen bezeichneten Plätze sind gleichfalls kontrollierbar (Schille 1966, 100 ff.; Ritt in Kertelge 1988, 184 ff.). So stehen als beteiligte Personen und Gruppen Jesus, die Hohenpriester, das Synhedrium, der Prokurator Pilatus und römische Soldaten fest. Auch die Verurteilung im römischen Prozeß zur Geißelung und Kreuzigung ist sicher. Denn zur Kreuzesstrafe konnte nur der römische Prokurator Pilatus verurteilen, weil diese Strafart römisch war, dem jüdischen Strafrecht widersprach und damals dem Synhedrium die Kapitalgerichtsbarkeit entzogen war (Blinzler 1969, 229–244; Gnilka in Kertelge 1988, 28 ff.). Die Geißelung gehörte als Begleitstrafe zur Kreuzigung (Billerbeck 1, 1974, 1033 ff.). Da die Kreuzesstrafe von den Römern gegen Aufständische angewandt wurde (Josephus, bell 5, 449 ff.; 7, 202), paßt die Beschuldigung „König der Juden" zu dieser Bestrafung Jesu. Jesu Wirken konnte aufgrund seiner davidischen Abstammung (Röm 1, 3 f.; s. o. 6.1) und seiner weisheitlichen und prophetischen Ausstrahlung (s. o. 5; 7; 8, 1–2) messianisch mißdeutet werden. Der prophetische, zeichenhafte Akt der Tempelreinigung (Mk 11, 15–19) wird dem Synhedrium den letzten Anstoß gegeben haben (Dormeyer 1979, 29 f.; Gnilka 2, 1979, 130 f.). Daß nach der johanneischen und lukanischen Prozeßdarstellung, der ein frühes Stadium der markinischen Tradition entspricht (Dormeyer 1974, 267; Mohr 1982, 406 ff.), das Synhedrium nur ein Verhör durchführte und nicht einen förmlichen Prozeß mit einem Todesurteil (so Mk 14, 53–65 par, Mt 26, 57–68), hat angesichts der Rechtslage die größere Wahrscheinlichkeit für sich (Dormeyer 1974, 267; Gnilka in Kertelge 1988, 38 f.; gegen Blinzler 1969, 174 ff.; Mohr 1982, 275). Den weiteren Fragen nach der Paschaamnestie, nach dem vorherrschenden jüdischen Recht und nach dem Datum 14. oder 15. Nisan soll hier nicht mehr nachgegangen werden, da sie für den Vorgang der Kreuzigung nicht zentral sind.

## 8.3.3 Theologie

Hinter dem frühjüdischen Martyrium und hinter den hellenistischen Märtyrerakten stehen wiederum parallele theologische bzw. philosophische Traditionen. Das Motiv des leidenden Gerechten aus den Leidenspsalmen, das im Motiv des verfolgten und getöteten Gesetzestreuen in der Weisheit Salomos seine erste biographische Ausgestaltung findet (Weish 2, 12–20; 5, 1–7; Ruppert 1972, 23 f.; 40 f.), das Motiv vom leidenden Propheten, das im Sühneleiden des Gottesknechts (Jes 53) und in der dtr. Theologie vom Prophetenmord seine unterschiedlichen Entfaltungen hat (s. o. 5.7), und das hellenistische Motiv vom Martyrium des Philosophen, das mit der Hinrichtung des Sokrates einsetzt (Leo 1901, 87 ff.; Dihle 1956, 57 ff.; Ronconi RAC 6 [1966], 1258 f.), zeigen deutliche Ähnlichkeiten miteinander. Daher werden sie bereits im Frühjudentum miteinander verbunden.
Die Darstellung des Martyriums der Sieben Söhne mit ihrer Mutter

(2 Makk 7) wird zum „Begegnungsfeld jüdisch-chasidischer und hellenistischer Rhetorik. Unser Text bleibt eine Mischform, in der die Kombination von Märtyrerbericht und Lehrerzählung durch literarische
Topoi des Hellenismus bereichert wurde" (Kellermann 1979, 53). Die
ntl. Passionsgeschichten werden aus der jüdischen Tradition vom
Motiv des leidenden Propheten zusätzlich bereichert (s. o. 5.2.2).
Dibelius hat zu Recht auf die Einflüsse der atl. Leidenspsalmen, der
atl. Gottesknechtlieder, der urchristlichen Credo-Formeln und der urchristlichen Herrenmahlliturgie hingewiesen, diese Motive aber zu wenig voneinander differenziert und zu monokausal als gattungsbildend
gesehen.

Die weit stärkere Linie als die der Formeln und Lieder ist die akten-
mäßige Darstellung des Leidens und Sterbens Jesu als leidender Gerechter und leidender Lehrer und Prophet. Das Martyrium 2 Makk 7
macht deutlich, daß wie bei Jesu Sentenzen die Rolle des leidenden Gerechten des Judentums und des gesellschaftskritischen Philosophen des
Griechentums vom Judenhellenismus wie auch vom palästinensischen
Judentum unter Spannungen miteinander parallelisiert und vermischt
werden können. Der unzutreffende Verurteilungsgrund „König der Juden" (Mk 15, 26), die Erinnerung an das heilvolle Auftreten und Leiden
Jesu und die Ostererfahrung geben den Anstoß, den Prozeß und Ver-
brechertod Jesu am Kreuz mit Hilfe der hellenistischen Märtyrerakte,
dem frühjüdischen Martyrium und der gesamten Schrift als Heils-
geschehen umzudeuten und mit entsprechender Uminterpretation die
messianische Königstitulatur auf Jesus zu übertragen: Jesus ist der gekreuzigte *und* auferstandene, eschatologische Messias (s. o. 6.1).

## 8.4 Angelophanie, Theophanie, Christophanie
und weitere Gattungen

Angelophanien (Engelserscheinungen) und Theophanien (Gotteser-
scheinungen) finden sich besonders in den frühen Überlieferungen des
Alten Testaments (Gen 15, 1–21 u. ö.), in den Prophetenbiographien
und in der späteren Apokalyptik (Dan 7, 1–28 u. ö.). Gott setzt selbst
oder durch einen Engel den prophetischen Führer ein und bringt sich
in anderen Situationen machtvoll zur Geltung.

Theophanien sind auch dem Hellenismus bekannt. Götter können
sich jederzeit in menschlicher Gestalt den Menschen nähern. Athene
eilt in menschlicher Gestalt dem heimkehrenden Odysseus zur Hilfe
(Od 13, 217 ff.). Zeus hat seine Liebesaffären, Hermes ist der bevor-

zugte Götterbote. Im kleinasiatischen Lystra nennen daher die lykaonisch sprechenden, einfältigen Stadtbewohner „den Barnabas Zeus, den Paulus aber Hermes" (Apg 14, 12). Doch die Form der ntl. Erscheinungen weist deutlich auf die atl. Vorbilder zurück und hat mit solchen Mißverständnissen nichts zu tun (Apg 14, 13–18).

Nur in den lukanischen Himmelfahrtsgeschichten ist eine Nähe zu hellenistischen Apotheosen und Entrückungen erkennbar (Lk 24, 50–52; Apg 1, 9–11; Lohfink 1971, 35 ff.), ebenso im Motiv der Jungfrauengeburt zu hellenistischen Kindheitsgeschichten (Mt 1, 18–25; Lk 1, 26–38; Brown 1981, 80 ff.).

*Angelophanien*

Das Formschema der atl. Geburtsankündigung (G A) wirkt in den ntl. Geburtsankündigungen besonders deutlich nach: „Zunächst werden die Familienverhältnisse kurz angedeutet. Meist ist das Paar kinderlos. Einem der Eltern erscheint der Engel Gottes. Nach einleitenden Worten, in denen er den Offenbarungsempfänger auf seine Situation anspricht, eine diesbezügliche Weisung erteilt oder ihn ermutigt (so bei Lk), folgt – meist als Begründung fungierend – die eigentliche G A. Sie besteht gewöhnlich aus drei Teilen:
1. Ansage von Schwangerschaft und Geburt, eingeführt mit ‚siehe‘,
2. Auftrag der Namensgebung,
3. Begründung dafür in einer Aussage, die sich auch verselbständigen kann. Im Futur sagt sie die künftige Bedeutung des Kindes voraus"
(Zeller 1981, 27).

Dieses Schema findet sich im Alten Testament bei der Ankündigung des Ismael (Gen 16, 7–16); des Simson (Ri 13, 2–24), des messianischen Kindes (Jes 7, 10–17) und anderer Propheten; im Neuen Testament wirkt es weiter bei der Ankündigung des Johannes (Lk 1, 5–23) und Jesu (Lk 1, 26–38; Mt 1, 18–25; Lk 2, 8–20; Zeller 1981, 30–38).

Die Gattung der Angelophanie kann unabhängig von den erst spät entstandenen Kindheitsgeschichten (des Lukas und Matthäus) auch den Anstoß gegeben haben, eine Angelophanie zu der Tradition vom Gang der Frauen zum Grab Jesu neu zu schaffen. Denn ein direktes atl. Vorbild einer Engelserscheinung am Grab eines Propheten fehlt. Aber es gibt analoge Situationen wie die Opferung Isaaks (Gen 22, 11–13 u. a.; Dormeyer 1974, 229). So hat das Formschema in Mk 16, 1–8 eine große Ähnlichkeit mit den atl. und späteren ntl. Geburtsankündigungen, aber auch mit anderen atl. Angelophanien. Da den Frauen eine Auferweckung und nicht eine Geburt angesagt wird, hat die Angelophanie am leeren Grab bezeichnende Eigenheiten.

0. Erscheinung des Engels vor Nicht-Familienmitgliedern
1. Ansage der Auferweckung mit dem beglaubigenden Zeichen des leeren Grabes
2. Auftrag zur Verkündigung an andere Jünger
3. Begründung und Ansage der Erscheinung als weiteres beglaubigendes Zeichen

(Dormeyer 1974, 229 ff.).
Eine literarische und symbolische Nähe zu den atl. Geburtsankündigungen bleibt erkennbar. Den drei Jüngerinnen wird die Auferweckung als neues Leben des Gekreuzigten in Gott angesagt und mit dem Zeichen des Fehlens des irdischen Leichnams bekräftigt. Die Pistisformel von der Auferweckung des Gekreuzigten (s. o. 6.1) ist in Mk 16,6 aufgenommen, mit einem Hinweis auf den ganzheitlichen Vorgang der Auferweckung verbunden und zur Angelophanie ausgestaltet worden. Eine ähnliche Kombination bietet Paulus im 1. Korintherbrief, dessen letztes Kapitel um die Auferweckung Jesu kreist. Paulus stellt zuerst das von ihm verkündete Evangelium mit einer umfangreichen Pistisformel von der Auferweckung vor (1 Kor 15,1–5, s. o. 6.1) und geht an späterer Stelle auf das „Wie" der Auferweckung ein (1 Kor 15,35–50). Auferweckungsformel und Frage nach dem Vorgang der Auferweckung bilden in der paulinischen Tradition eine Einheit und wirken so auf die vormarkinische Tradition und Markus selbst ein. Die atl. Gattung der Angelophanie ermöglicht es, Auferweckungsformel und ganzheitliche Neuschöpfung durch Gott in Analogie zur Geburt und anderen Taten Gottes auszusagen, ohne die mythisch aufgeladenen Begriffe „Wiedergeburt" oder Neugeburt zu verwenden. Denn anstelle einer zyklischen Wiedergeburt zu einem ewigen Leben handelt der monotheistische Gott in der Auferweckung Jesu mit einem singulären, eschatologischen Akt. Die endzeitliche Totenauferweckung wird an Jesus in einem geschichtlichen Akt der Auferweckung vorweggenommen und zugleich eschatologisch in Gang gesetzt. Die Ansage der Erscheinung bedeutet für die Jüngerinnen und Jünger die Zusage der künftigen Begegnungen mit dem Auferweckten und die anfanghafte Teilhabe an seiner eschatologischen Auferstehungsexistenz.

Matthäus und Lukas fiel es dann nicht schwer, bei der Übernahme der markinischen Angelophanie am leeren Grab die Analogie der atl. Geburtsankündigungen zu erkennen und mit dieser Gattung die Einzeltraditionen von der Geburt Jesu literarisch in eigenen Kindheitsgeschichten in Analogie zur Kindheitsgeschichte des Täufers zu gestalten.

Weitere Angelophanien enthält dann noch die Apostelgeschichte.
Ein Engel beauftragt den heidnischen Hauptmann Kornelius, Simon
Petrus zu sich kommen zu lassen (Apg 10, 1–8); dem Paulus spricht
während des Seesturms ein Engel Mut zu (Apg 27, 23 f.); Türöffnungs-
wunder werden durch Engel bewirkt (Apg 5, 17–21a; 12, 6–10). Lukas
setzt die Angelophanie gezielt als Stilmittel ein.

## Theophanien

Theophanien in der ursprünglich atl. Form mit begleitenden Naturereignissen (Jeremias 1965, 7 ff.) markieren zentrale Offenbarungen
im Heilshandeln Jesu: Nach der Taufe durch Johannes sieht Jesus den
Himmel sich spalten und hört die Himmelsstimme mit einer prädikati-
ven Einsetzungsformel (Mk 1, 9–11 par), und auf einem Berg erfährt er
eine Verklärung und hört wieder die Himmelsstimme mit einer prädi-
kativen Bestätigungsformel (Mk 9, 2–8 par; ähnlich Joh 12, 27 f.). In
beiden Erzählungen dient die Theophanie dazu, der Einsetzung und
Proklamation Jesu als messianischer und prophetischer Sohn Gottes
den Rang einer apokalyptischen Offenbarung zu geben (Vielhauer
1975, 343 ff.). Markus hat diese kleinen, apokalyptischen Erzählungen
vorgefunden (Gnilka 1, 1978, 49 ff.; 2, 1979, 30 ff.; Pesch 1, 1976, 94; 2,
1977, 80 f.). In der Apg wirken die Epiphanien in der Verleihung des
Geistes: zu Pfingsten (Apg 2, 1–13), in Gemeindeversammlungen (Apg
4, 31; 13, 1–3), bei der Heidenmission (Apg 10, 44–46) und bei der Mission noch nicht getaufter Jünger (Apg 19, 1–7).

## Christophanien

Auf die Auferstehungsexistenz Jesu wird die Epiphaniegattung
übertragen. Aus den Elementen der Angelophanie und Theophanie
entstehen die Christophanien. Die fiktionale Gestaltung der Erschei-
nungsgeschichten ermöglicht es, Auferstehungsformeln und Interak-
tionserfahrungen wie Grablege, Erinnerung, Lehre und Herrenmahl
miteinander zu verschränken, so in der Erscheinung Jesu vor den Frauen
(Mt 28, 9–10; Joh 20, 11–18), vor den beiden Emmausjüngern (Lk
24, 13–35), vor dem Jüngerkreis (Lk 24, 26–53; Mt 28, 16–20; Joh
20, 19–29; 21, 1–23), vor Paulus und anderen (Apg 9, 1–9.10–19; 18, 9 f.;
22, 17–21; 23, 11; 2 Kor 12, 1–10; Offb 1, 10–3, 22). Die historischen Be-
gegnungserfahrungen mit dem Auferstandenen werden zu Erschei-
nungsvisionen ausgestaltet.

*Weitere Gattungen*

Neben den Angelophanien enthalten die Kindheitsgeschichten noch die Gattungen Geburtsgeschichten und Verfolgung des Thronprätendenten. Sammelberichte und Itinerare bilden weitere, kleine Gattungen, die geeignet sind, die anderen, dominierenden Kleingattungen miteinander zu verbinden.

*Geburtsgeschichten und Verfolgung des Thronprätendenten*

Erst spät kommen in der mündlichen Traditionsbildung die Geburtsgeschichten auf. Anregung geben die Geburtsankündigungen und -verkündigungen der Schrift, aber auch die Kindheitsgeschichten des Hellenismus. Am Mose-Roman des Josephus (Antiquitates 21, 9) zeigt sich die Einwirkung hellenistischer Biographieschreibung auf die Ausgestaltung der biblischen Tradition. Die Verfolgung des Thronprätendenten und das wunderbare Sternzeichen bei der Geburt weisen in Mt 2 deutliche Parallelen zur antiken Biographie auf (Broer 1981 79 ff.). In der lukanischen Geburtsgeschichte (Lk 2, 1–7) ist die Parallele zur Proklamation des kaiserlichen Geburtstages ebenfalls deutlich, wie die Inschrift von Priene (s. o. 4.2) oder die 4. Ekloge von Vergil sie vornehmen. Die Beziehung zur Schrift wird durch die Kombination mit der Kindheitsgeschichte des Johannes des Täufers gewahrt (Lk 1, 5–25; 57–80), zu der in überbietender Parallelität die Kindheitsgeschichte Jesu hinzukomponiert ist (Lk 1, 26–38, 39–56; 2, 1–20; 21–40). Diese späten Erzählgattungen schufen mit den Angelophanien Raum, die nachösterlichen Hoheitstitel Christus und Sohn Gottes auf den Zeitpunkt der Empfängnis und der Geburt des irdischen Jesus zurückzudatieren. Späteres Schicksal und universale Bedeutung Jesu Christi wurden prologartig der hellenistischen Biographie entsprechend den Traditionen vom öffentlichen Auftreten vorangestellt.

*Itinerar*

Die Aneinanderreihung von Stationsangaben und Reisenotizen zu einem Itinerar ist als mündliche Traditionsvorlage der Paulusreisen in der Apostelgeschichte (16–21) eruierbar. Paulus bricht von der Missionszentrale Antiochien zu seiner selbständigen Missionsreise auf, durchzieht Kleinasien, setzt in Troas nach Griechenland über, gründet dort Gemeinden in Philippi, Thessaloniki, Korinth, setzt nach Ephesus über, kehrt von dort nach einem längeren Aufenthalt nach Antiochien zurück, besucht noch einmal seine Neugründungen zu einer Kollektensammlung und überbringt den Ertrag nach Jerusalem (Dibelius 1953a, 167 ff.; Weiser 2, 1985, 388 ff.).

Solche umfassenden Itinerare lassen sich von Jesu öffentlichem Auftreten nur mit Vorbehalt rekonstruieren. Der geographische Rahmen der Evangelien ist Werk der einzelnen Redaktoren. Der geographische Wechsel von Galiläa nach Jerusalem läßt sich aber aus den Ortsangaben der Passionsgeschichten und der anderen Erzähltraditionen indirekt erschließen. So müssen die Reise Jesu ins Heidenland nach Markus (5, 1–20; 7, 24–8, 1) und der genaue Verlauf der Wege von Galiläa nach Jerusalem als selbständige Itinerare unsicher bleiben. Doch die redaktionell geschaffenen Rahmenitinerare der Evangelien und der Apostelgeschichte werden für die spätantike Pilgerliteratur zu Palästina den Leitfaden bilden.

*Sammelberichte und Summarien*

Sammelberichte sind Zusammenfassungen und Typisierungen der Tätigkeiten einer Hauptperson. Diese Kleingattung ist besonders geeignet, Intentionen und Kommentare des redigierenden Autors einer Großgattung zu bündeln (Egger 1976, 155 ff.). Ob es vor der Bildung der Evangelien selbständige Sammelberichte gegeben hat, ist umstritten. Egger nimmt für die Sammelberichte Mk 1, 32–34; 6, 63–65 selbständige Traditionen an (Egger 1976, 155 f.), doch diese Rekonstruktionen bleiben unsicher (Gnilka 1, 1978, 85 f.; 271 f.). Die Summarien der Apg verdienen hingegen größeres Vertrauen in vorgängige Traditionsstufen (z. B. Apg 4, 32–37; Weiser 1, 1981, 135 f.).

Wie aus den vielfältigen Wort- und Erzählgattungen die eigenständigen Großgattungen Brief, Evangelium, Apostelgeschichte und Apokalypse entstehen, ist nur aus dem Zusammenspiel von Einzelgattungen und Großgattungen zu verstehen. Die bewußte Wahl der Großgattung wird unerläßlich, um den tradierten, isolierten Einzelgattungen oder Gattungssammlungen und den redaktionell neugeschaffenen, isolierbaren Kleingattungen einen Interpretationsrahmen zu geben.

# 9. DIE BRIEFE

## 9.1 Die Form der antiken Briefe

Die Briefliteratur hängt enger als die Erzählgattungen mit der Rede zusammen. Der Brief ersetzt die persönliche Anwesenheit des Schreibers, wie es die beliebte Paradoxie apon – paron (abwesend – anwesend 1 Kor 5,3–5; vgl. Cicero, Epistula ad Familiares 12,30,1) zum Ausdruck bringt (Thraede 1970, 97ff.). Der abwesende Schreiber benutzt den Brief, um fiktiv eine Rede zu halten (Demetrios 223; Malherbe 1977, 15). Doch aufgrund der Fiktionalität ist der Brief nicht einfach die zweite Hälfte eines mündlichen, rhetorischen Dialogs, sondern gehört schon zum eigenständigen Bereich der schriftlichen Literatur (Cicero, Ad Att. 8,14,1; Malherbe 1977, 25). Unterliegt der Brief als fiktive Rede der aristotelischen Einteilung der Redegattungen (s. o. 3.2)?

In der gegenwärtigen Exegese der ntl. Briefliteratur zeichnen sich zwei Tendenzen ab. Die eine Richtung spricht sich für eine direkte Zuordnung der einzelnen Briefe zu einer der aristotelischen Gattungen aus (Betz 1988, 69ff.), die andere bevorzugt eine größere Distanz der Gattung Brief von der Redegattung (Berger 1984, 1326ff.; Classen 1991, 7ff.). Diese Streitfrage ist nur im Rahmen der gesamten antiken Briefliteratur zu beantworten.

Als fiktive, schriftliche Literatur unterscheiden sich die Briefe grundlegend von direkter, mündlicher Rede (s. o. 3.3). Die aristotelische Einteilung ordnet außerdem die Gattungen der mündlichen Rede jeweils einem eindeutigen Sitz im Leben zu: Gerichtsprozeß = genus iudicale, Ratsversammlung = genus deliberativum, Festrede = genus laudativum oder demonstrativum (Aristoteles, Rhetorik 1,3,1). Die „Sitze im Leben" der Briefe sind aber gerade nicht diese eindeutig soziologisch definierten Situationen, da diese die Ersetzung der zentralen mündlichen Rede durch einen schriftlichen Brief nicht zulassen. Denn kein Prozeß, keine Ratsversammlung, keine öffentliche Ehrung kann bis auf den heutigen Tag auf die rhetorisch gestaltete, mündliche Rede verzichten (Eisenhut 1982, 4ff.). Die Fiktion eines rhetorischen Sitzes im Leben wie des Gerichtsprozesses schafft wohl einen spezifischen literarischen Rahmen für einen Brief, aber keine echte Gerichtssituation (gegen Betz 1988, 69f.).

Briefe wirken auf andere, komplexere Situationen mit schriftlicher Kommunikation ein, in denen es um Rechtsfragen, Beratung und Ehrung zugleich gehen kann. Ein Schwerpunkt kann dominieren, ohne daß die fiktive Gestaltung des Briefes zum Abbild einer mündlichen Redegattung wird. Wie für die Erzählliteratur legen die aristotelischen Gattungen auch für die Briefe nur eine Basis, auf der sich die neue Gattung Brief konstituiert (Dormeyer 1989b, 153). Die Gattung „Brief" vermischt dann ständig die genera dicendi und schafft weitere, vielfältige Untergattungen (Deißmann 1923, 160; mit Forschungsbericht Strecker 1992, 89–95). Deißmann schlug deshalb vor, zwischen Brief und Epistel zu unterscheiden; der Brief ist ein echtes Privatschreiben an Einzelgemeinden oder Privatpersonen, die Epistel dagegen ein Traktat mit fiktiven Adressen (Deißmann 1908, 157–172; ²1923, 193–208). Allerdings bleibt einzuwenden, daß auch die Privatschreiben fiktiv gestaltet sind und über den aktuellen Anlaß hinaus als grundsätzliche Stellungnahmen gedacht sein können (1 Thess 5,27), während die „Episteln" konkrete Gemeinden als Adressaten haben können (Eph 1,1f.; Wendland 1912, 344ff.; Schneider RAC 2 [1954], 574f.; Vielhauer 1975, 58ff.; s. o. 1–2).

Zutreffender ist es daher, mit Cicero den *literarischen* Brief von anderen möglichen Gattungen abzuheben, z. B. vom rein *privaten* Brief oder vom *offiziellen* Brief der Behörden, der *epistula principum* und dem *rescriptum* (Cicero, Epistulae ad Familiares 2,4,1; Schneider RAC 2 [1954], 568ff.; Aune 1987, 162–169; Berger 1984, 1326ff.).

Für das formgerechte Verfassen von literarischen und privaten Briefen entstanden wegen der möglichen Vielfalt von Briefmotiven eigene Lehrbücher wie Pseudo-Demetrios, der 21 „Untergattungen" vorstellt (Malherbe 1977, 3ff.). Doch diese „Untergattungen" bieten lediglich 21 stilistische Muster für bestimmte Themen an und erweisen sich so nur als Stilübungen zu einzelnen Topoi (Kytzler, dtv-Lexikon der Antike. Literatur 1 [1969], 261; Malherbe 1977, 8f.).

Pseudo-Demetrios setzt mit dem literarischen Freundschaftsbrief ein (Ps-Demetrios 1). Der Topos des „kultivierten Freundschaftsbriefes" gilt in der Antike als „Inbegriff der Epistolographie" (Thraede 1970, 3). Für die ntl. Briefe ist daher der Typ des literarischen Freundschaftsbriefes, den besonders Cicero gepflegt hat, dominant geworden (Cicero, Epistulae ad Familiares; Malherbe 1977, 6; Vielhauer 1975, 61f.; Bünker 1984, 47; Schoon-Janßen 1991, 39ff.; vorsichtig Thraede 1970, 95). Ps-Demetrios' Ausführungen zum Freundschaftsbrief können als Programm für die paulinischen Briefe gelten: „Der freundschaftliche ‚Typ' (typos) ist derjenige, der von einem Freund zu einem

Freund geschrieben zu sein scheint. Aber es schreiben (ihn) nicht Freunde allein. Denn oft erwarten einige in ehrenvoller Weise von Mächtigen, daß sie Freundschaftliches zu Unbedeutenderen und zu anderen Gleichrangigen schreiben, zu Feldherren, Kriegsführern, Verwaltern. Es kommt vor, wenn sie schreiben, daß sie sich nicht kennen. Sie handeln nicht so, weil sie eng befreundet sind oder nur einen Weg haben (zu schreiben); aber weil sie glauben, daß keiner das zurückweisen, sondern das dulden und tun wird, was sie schreiben, schreiben sie in freundschaftlicher Weise. Dieser Brief-‚Typ' nun wird der freundschaftliche genannt, als ob er zu einem Freund geschrieben ist. Er ist solcher Art:

Wenn ich von Dir zufällig für eine lange Zeit getrennt bin, leide ich dieses nur mit dem Leib. Denn niemals kann ich Dich und unser gemeinsames, unzertrennliches Aufwachsen von Kindheit an vergessen. Ich weiß, daß ich mich echt in Deine Dinge versetzt habe und das Dir Zuträgliche völlig unbedingt getan habe, und ich habe so unterstellt, daß auch Du über mich dieselbe Meinung hast und mir nichts abschlagen wirst. Gut wirst Du also tun, daß Du stärker darauf achtest, daß die Hausgenossen (Freunde) nicht einen Mangel haben, daß Du ihnen das bereitest, was sie entbehren, und daß Du uns über das schreibst, was Du unternehmen möchtest" (Ps-Demetrios 1).

Der 1. Hauptteil des 1. Thessalonicherbriefes ist unverkennbar von dieser freundschaftlichen Erinnerung an die gemeinsame Anfangszeit der Evangeliumsverkündigung geprägt (1 Thess 2, 17–3, 10; Malherbe 1987, 72 ff.). Auch die anderen Protopaulinen haben deutlich solche freundlichen Erinnerungen an den Beginn der Evangeliumsverkündigung und entsprechende Bitten um Freundschaftsdienste (1 Kor 1, 10–4, 21; 2 Kor 1, 12–3, 3; Gal 1, 6–11; 3, 1–5; Phil 1, 18b–2, 4; Phlm 8–20). Im Römerbrief dagegen ist der Rückblick auf die freundschaftliche Verbundenheit seit der Verkündigung des gemeinsamen Christusglaubens so knapp, weil Paulus diese Gemeinde nicht gegründet und auch noch nicht persönlich kennengelernt hat (Röm 1, 8–17). Die besondere Freundschaft muß erst durch die Verkündigung des paulinischen Evangeliums eigens hergestellt werden (Röm 1, 15).

## 9.2 Die Form der ntl. Briefe

Die ntl. Briefe überschreiten nun nicht nur wie die antike Briefliteratur die aristotelische Redeeinteilung und mischen diese, sie halten sich auch nicht streng an den Standard des literarischen antiken Briefes. Da

Ps-Demetrios unterschiedliche Typen erlaubt, stellt es für die ntl. Briefschreiber kein grundsätzliches Problem dar, die Haupttypen der Briefkorrespondenz miteinander zu vermischen und spezifische Schwerpunkte zu setzen. So ist es wieder typischer christlicher Stil, die literarische Gestaltung eines Briefes nach den Gesetzen der literarischen Koine und z. T. der ästhetischen Kunstprosa auszurichten und mit den stereotyp gestalteten Partien eines Privatbriefes, der nach den Gesetzen der mündlichen Koine gestaltet wird, zu verbinden (s. o. 3.3; 4.3). Es entsteht ein eigenständiger Typ eines christlichen, literarischen Briefes (Wendland 1912, 344 ff.; Vielhauer 1975, 62 f.; Hübner 1992, 175 ff.; gegen Dihle 1989, 217: unliterarische Fortsetzung von Predigt und Seelsorge).

„Offizielle Schreiben" der Regierung, die dritte Gruppe der antiken Briefe, finden sich nicht im ntl. Briefkorpus, da sich Paulus und die anderen pseudepigraphischen Schreiber nicht als hierarchisch übergeordnete Administratoren verstehen. Wohl hat der Beschlußbrief der Apostelversammlung in Jerusalem (Apg 15,23–29), der in das ntl. Geschichtswerk der Apostelgeschichte eingebettet ist, den Charakter eines offiziellen „Edikts", einer *epistula principum* (Aune 1987, 128; 164 f.).

Inzwischen liegen zu fast jedem ntl. Brief Untersuchungen des rhetorischen Aufbaus vor. Besonders durchgearbeitet sind die echten Briefe des Paulus, die Protopaulinen. Sie alle gehören zur neuen christlichen Gattung des literarischen Briefes, der Partien mündlicher Rede enthalten kann wie die Pistisformeln, Homologien, Gebete, Lieder, paränetischen Muster (s. o. 6), Dialoge, insbesondere Diatriben, und Peristasenkataloge (Strecker 1992, 82 ff.). Auch die ungewöhnlich langen Danksagungen im Exordium leben von der mündlichen, christlichen Gebetssprache (Vielhauer 1975, 65 f.). Spezifische Gemeindetermini und -metaphern prägen die Narratio, Argumentatio und Exhortatio (Kitzberger 1986, 304 f.; s. o. 4.2; 6; s. u. 10.1).

*Die Protopaulinen*

Der älteste Brief, der 1. Brief an die Thessalonicher (um 50 n. Chr.), ist schwerpunktmäßig ein beratender, deliberativer Freundschaftsbrief (Schoon-Janßen 1991, 45 ff.). Abweichend von den antiken, deliberativen Freundschaftsbriefen enthält er einen paränetischen Schlußteil (4,1–5,22).

Dieser erste Brief entwickelt das typisch paulinische Briefformular:
        Präskript 1,1
        Exordium 1,2–10
        (Propositio) (1,8–10)

Argumentatio 2, 1–3, 13
Exhortatio 4, 1–5, 22
Postskript mit Salutatio 5, 23–28
(Wuellner 1990, 128–135).

Das Präskript enthält die üblichen drei Elemente: Name des Absenders *(superscriptio)*, Name des Adressaten *(adscriptio)*, Gruß *(salutatio)*: „Paulus, Silvanus und Timotheus an die Gemeinde der Thessalonicher in Gott, dem Vater, und dem Herrn Jesus Christus, Gnade euch und Friede" (1 Thess, 1, 1). Abweichend vom westantiken, einteiligen Basissatz, der aus Absender (Subjekt), Gruß (Verb) und Adressat (Akkusativobjekt) besteht, liegt hier der zweiteilige Satz des ostantiken Briefeingangs vor. Die Anrede ist nicht mehr mit dem Gruß verbunden; es folgt vielmehr auf die Anrede als zweiter Teil ein Doppelgruß, der dem üblichen jüdischen Doppelwunsch „Barmherzigkeit und Heil" entspricht (2 Makk 1, 10; Vielhauer 1975, 65). Mit Ausnahme des untypischen Jakobusbriefes und zweier Briefe innerhalb der Apostelgeschichte (Apg 15, 23; 23, 26) halten sich alle ntl. Briefe an die orientalische Grußform (Schnider/Stenger 1987, 3 ff.).

Der unmittelbare Übergang vom orientalisierenden Präskript und Exordium mit Gebet und Erinnerung zur Argumentatio im 1. Thessalonicherbrief entspricht wiederum dem üblichen antiken Briefformular. Die Narratio, die normalerweise auf Exordium und Propositio folgt, kann als eigener Teil fehlen. Das Anschließen einer Exhortatio hingegen ist unüblich. Es handelt sich um einen typisch christlichen Anhang. Die Exhortatio wird normalerweise innerhalb der Argumentatio mitabgehandelt. Wuellner sieht daher in diesem ersten Brief des Paulus Argumentatio und Exhortatio noch als einen einheitlichen Part, in dem aber die spätere Zweiteilung sich schon deutlich abzeichnet (Wuellner 1990, 130 ff.). Während allgemein für den 1. Thessalonicherbrief die Trennung zwischen Hauptteil und Exhortatio anerkannt wird, liegen zur rhetorischen Gliederung des Hauptteils 1, 1–3, 13 unterschiedliche und sich widersprechende Gliederungen vor: 1, 1–5 Exordium; 1, 6–3, 13 Narratio (Jewett 1986, 72 ff.), 1, 2–3, 13 "Predominant Expressive Function" (Johanson 1987, 67 ff.) bzw. lange „Danksagung" (Strecker 1992, 78).

Paulus hält sich nicht eindeutig an das antike Schema der Redeeinteilung, so daß unterschiedliche Einteilungen für den ersten Hauptteil mit dem Zentralthema Evangeliumsverkündigung möglich bleiben. Doch wird Paulus mit der Anfügung der Exhortatio als zweitem Hauptteil zum Schöpfer des neuen, christlichen Briefformulars, in dem nach der Argumentatio die christliche Paränese als Exhortatio fogt. Der deuteropaulinische, 2. Thessalonicherbrief folgt dem 1. Thessalonicherbrief im rhetorischen Aufbau (Trilling 1980, 23 ff.; Hughes 1989, 80 ff.). Der 1. und 2. Korintherbrief weichen von dieser neuen Form ab. Sie sind singuläre, umfangreiche Kompositionen. Doch zeigt sich, daß der 2. Korintherbrief eine sekundäre, nachpaulinische Zusammenstellung von mehreren originären Paulusbriefen ist, die wiederum jeder für sich dem ursprünglichen paulinischen Schema entsprechen:

1. 2 Kor 10–13 = „Tränenbrief" (2 Kor 2, 4) über Konflikte mit der Gemeinde über den Aposteldienst
2. 2 Kor 1, 1–6, 14; 7, 2–16 „Versöhnungsbrief"
3. 2 Kor 8 = Kollektenbrief
4. 2 Kor 9 = Kollektenbrief
5. 2 Kor 6, 14–7, 1 = nachpaulinischer Zusatz

(Lang 1986, 13 f.).

Der Tränenbrief (10–13) ist in der Tradition der sokratischen, ironischen, judikalen Apologie geschrieben (Betz 1972, 13 f.). Er imaginiert eine Gerichtssituation und pointiert den judikalen Stil, ohne aber die „freundschaftliche", deliberative Beziehung zu den Korinthern aufzugeben. Es handelt sich um einen deliberativen Brief mit judikaler Färbung. Der später folgende Versöhnungsbrief (1, 1–6, 14; 7, 2–16) ist durchgängig im deliberativen Stil des Freundschaftsbriefes gehalten. Die zwei kurzen Kollektenbriefe sind ebenfalls deliberative Schreiben (8; 9) und noch von Paulus an den Versöhnungsbrief angehängt. Der nachpaulinische Sammler stellte den Tränenbrief an den Schluß, um der Apologie das Hauptgewicht in der neu geschaffenen Komposition zu geben. Mit dieser Umakzentuierung verdeckte er allerdings die geschichtliche Abfolge der paulinischen Korrespondenz mit den Korinthern.

Auch der 1. Korintherbrief besteht aus mehreren Briefteilen zu aktuellen Gemeindefragen. Diese sind aber schon von Paulus bewußt zu einer Großkomposition zusammengestellt worden (Lang 1986, 6 f.). Sie sprengt zwar das übliche Maß eines antiken, literarischen Briefes, entspricht aber mit dem sich wiederholenden Briefaufbau der Einzelteile den antiken Briefsammlungen (Probst 1991, 369). Mit dem letzten Brief an die Römer wird Paulus erneut die unübliche Großform wählen. Paulus setzt sich bewußt über literarische Konventionen hinweg und liefert damit den späteren Kollektoren ein Vorbild für die redaktionelle Zusammenstellung von originären, paulinischen Einzelbriefen.

Der Brief an die Philipper ist ebenfalls wie der 2. Korintherbrief eine nachpaulinische Zusammenstellung:

1, 1–3, 1a; 4, 2–7.10–23 = Gefangenschaftsbrief
3, 1b–4, 1.8 f. = Warnbrief vor Falschlehrern

(Gnilka 1968, 10f.; abweichend Schenk 1984, 334ff. und Aune 1987, 210: 4, 10–23: eigener Dankbrief; dagegen Strecker 1992, 65: Philipper insgesamt eine ursprüngliche Einheit).

Der Gefangenschaftsbrief mit seiner intensiven Christusmystik hat den typischen Aufbau eines deliberativen Freundschaftsbriefes:

Präskript: 1, 1–2
Exordium: 1, 3–11
Narratio = 1, 12–18a
Argumentatio = 1, 18b–2, 11
Exhortatio = 2, 12–30
Postskript = 3, 1a; 4, 2–7.10–23
(ähnlich Schenk 1984, 29–248).

Auch der autobiographisch erzählende und argumentierende Warnbrief hat den Aufbau eines deliberativen Freundschaftsbriefes:

Exordium: 3, 2–3
Narratio: 3, 4–11
Argumentatio: 3, 12–21
Exhortatio: 4, 1–3.8–9
(Dormeyer 1989b, 152f.; anders Schenk 1984, 277–280: judikale Apologie).

Der Galaterbrief wiederum ist ein einheitlicher, formvollendeter deliberativer Brief (Hübner 1984, 249f.; Aune 1987, 206ff. gegen Betz 1988, 55–72; Berger 1984, 128ff.: judikale Apologie). Er zeigt am deutlichsten den Aufbau eines am antiken Briefschema orientierten paulinischen Briefes:

Präskript: 1, 1–5
Exordium: 1, 6–11
Narratio: 1, 12–2, 14
Propositio: 2, 15–2, 21
Probatio (Argumentatio): 3, 1–4, 31
Exhortatio: 5, 1–6, 10
Postskript 6, 11–18
(Betz 1988, 57–68).

Die Argumentatio ist im Stil der Diatribe gehalten und diskutiert die Aufhebung des atl. Gesetzes. Die Narratio enthält gegenüber den Narrationes in den anderen paulinischen Briefen den ausführlichsten, autobiographischen Part. Paulus stellt sich selbst als Beispiel für das richtige, freiheitliche Gesetzesverständnis dar.

Der Brief an Philemon ist der kürzeste, selbständige Brief des Paulus. Er zeigt noch deutlicher als die anderen kurzen Schreiben im 2. Korintherbrief und im Philipperbrief die rhetorische Eleganz eines kleinen

literarischen Briefes, der für die Öffentlichkeit geschrieben ist. Denn
Philemon fungiert als Vorsteher einer Hausgemeinde (Phlm Vv 1–2).

Präskript: Vv 1–3
Exordium: Vv 4–7
Argumentatio: Vv 8–16
Peroratio (Exhortatio): Vv 17–22
Postskript: Vv 23–25
(Gnilka 1982, 7ff.; Aune 1987, 211).

Paulus bespricht den Fall des entlaufenen und bei ihm Schutz
suchenden Onesimos in einem freundschaftlichen, deliberativen Für-
bittschreiben an den Herrn, wie es in einem solchen Fall in der Antike
üblich war (Plinius, Briefe 9,21 an Sabinianus). Konsequenter als Plinius legt Paulus dem christlichen Hausvorsteher Philemon nahe, dem
Sklaven zu verzeihen und ihn Paulus als Helfer zu überlassen. Die Entscheidung, ob Onesimos in der Rechtsstellung eines Freigelassenen
oder eines Haussklaven Paulus zu Diensten sein soll, beläßt Paulus bei
Philemon; doch deutet er an, daß er eine Freilassung wünscht (Vv 13–
20; Dormeyer 1983, 223f.; s. o. 6).

Der Römerbrief als der letzte Brief des Paulus verläßt die Gattung
des freundschaftlichen, deliberativen Briefes. Er orientiert sich für die
Entfaltung des Evangeliums stärker an der epideiktischen Rede, behält
aber auch deliberative Elemente bei, die besonders in der abschließenden Exhortatio (12,1–15,13) deutlich werden (Wuellner 1976, 34ff.;
Aune 1987, 219; Botha 1991, 142f.). Der Aufbau des epideiktischen
Briefes entspricht wiederum dem üblichen paulinischen Briefschema:

Präskript: 1,1–7
Exordium: 1,8–17
Argumentatio: 1,18–11,36
Exhortatio: 12,1–15,13
Postskript: 15,14–16,23
(Zeller 1985, 8f.; Aune 1987, 219; Hübner 1992, 169).

Noch deutlicher als in Gal 3,1–4,31 prägt die Diatribe den umfangreichen Argumentationsteil über Gericht und Rechtfertigung (1,18–11,36;
Bultmann 1984, 103). Auch das Präskript ist überlang, da Paulus sich den
ihm nicht persönlich bekannten Christen in Rom anempfehlen muß.

Paulus verfaßt, sicherlich ungewollt, mit dem Römerbrief sein theologisches Testament. Denn sein Plan, nach seinem ersten Besuch in
Rom in Spanien das Evangelium zu verkünden (Röm 15,24), scheitert
durch seine Festnahme in Jerusalem (Apg 21,27–40). Als Gefangener
kommt er schließlich in Rom an (Apg 28,16–31) und erleidet dort den
Märtyrertod (Apg 20,23ff.; 1 Klem 5,2).

Die deuteropaulinischen Briefe an die Kolosser und Epheser behalten den typischen paulinischen Aufbau des freundschaftlichen, deliberativen Schreibens mit angehängter Exhortatio bei. Das gleiche gilt für die deuteropaulinischen Pastoralbriefe (1–2 Timotheus; Titus). Eine Sonderrolle nimmt der anonym verfaßte Hebräerbrief ein. Es handelt sich bei ihm um eine epideiktische Predigt in Briefform (Aune 1987, 212f.).

Die sogenannten 7 katholischen Briefe realisieren im Unterschied zu den Proto- und Deuteropaulinen unterschiedliche Gattungen. Die pseudepigraphischen Johannesbriefe 2–3 sind literarische, deliberative Schreiben an konkrete Personen und Gemeinden. Der pseudepigraphische 1. Johannesbrief und 1. Petrusbrief sind dagegen wieder deliberative paränetische Predigten (Klauck 1991, 74ff.). Deutlicher als der 1. Johannesbrief hat der 1. Petrusbrief gottesdienstliche Traditionen aufgenommen (s. o. 6). Er hat außerdem durch die Zweiteilung in Argumentatio und Exhortatio, durch das Anfügen eines Postskripts und durch das Vorschalten eines Präskripts den Charakter eines christlichen Briefformulars erhalten, während der 1. Johannesbrief lediglich einen knappen, paränetischen Abschluß zeigt (Strecker 1992, 67–71).

Der pseudepigraphische 2. Petrusbrief und Judasbrief, von dem der 2. Petrusbrief abhängt, sind wiederum christliche Briefformulare.

Der pseudepigraphische Jakobusbrief dagegen ist eine weisheitliche Schrift ohne echten Briefcharakter, doch mit anspruchsvoller, rhetorischer Durcharbeitung der Paränese (Frankemölle 1990, 195ff.).

In Aufnahme der mündlichen, apostolischen Traditionen mit ihren Formen, Themen, Innovationen (s. o. 6) und in kreativer Umprägung des antiken Briefformulars für die eigenen Anliegen gelang es Paulus und den nachfolgenden pseudepigraphischen Autoren, eine eigene Theologie zu entwickeln, die für das junge Christentum grundlegend wurde (zum Briefstil s. o. 4.3).

# 10. EVANGELIEN UND APOSTELGESCHICHTE

Das Evangelium ist „die einzige originelle Form ..., mit welcher das Christentum die Literatur bereichert hat" (Overbeck 1882 = 1966, 36). Dieses Urteil von Overbeck gilt noch immer mit Abstrichen. Allerdings ist der mit Overbeck einsetzende Streit, ob die Gattung „Evangelium" eine originäre Schöpfung des Urchristentums (Overbeck 1966, 36 f.; Schmidt 1985, 137 ff.) oder eine analoge Bildung zu anderen Erzählgattungen wie der Spruchsammlung, der Biographie (Norden 1974, 480 f.; ders. 1913, 306 ff.), der Aretalogie, dem Roman oder dem Volksbuch (Deißmann 1923, 210; Wendland 1912, 266 ff.) ist, noch nicht entschieden (s. o. 1). Hier soll diese Diskussion weiter nicht vorgestellt werden (vgl. Dormeyer 1989, 48–190; Strecker 1992, 128–148). Es soll vielmehr knapp skizziert werden, wie die Entwicklung von der mündlichen Metapher zum schriftlichen Buch verlaufen sein kann, welche Untergattungen des „Evangeliums" sich herausgebildet haben und welche Analogien die einzelnen Untergattungen zu hellenistischen Gattungen haben.

Es sind im Neuen Testament zwei Untergattungen des Evangeliums zu unterscheiden, das Spruch-Evangelium und das Erzähl-Evangelium.

Die apokryphe Literatur knüpft an die kanonischen Erzähl-Evangelien an und verändert sie, schafft aber keine eigenständige Gattung (Schneemelcher 1987, 72). So gibt es bei den Apokryphen die Evangelien mit Ergänzungsabsichten wie die Kindheitsevangelien des Jakobus und Thomas. Diese schaffen aber nicht die eigene Gattung „Evangelium als Aretalogie", deren Existenz auch nicht an anderen urchristlichen Werken nachweisbar ist (gegen Theißen 1974, 211 ff.).

Auch das Spruchevangelium hat eine Weiterentwicklung erfahren. Von der Gnosis wurde es zum „Dialogevangelium" erweitert (Dialog des Erlösers; Apokryphon des Jakobus; Robinson 1964, 90; Köster 1984, 1518 ff.). Doch die Dialogisierung kann man mit Köster lediglich für eine „Auslegung" und nicht für eine eigene Gattung halten (Köster 1984, 1512).

Aufgrund der Kanonisierung der vier urgemeindlichen Evangelien und der Apokryphisierung der nachfolgenden großkirchlichen und heterokirchlichen Evangelien bleibt das Evangelium als Mischgattung der atl. Idealbiographie und hellenistischen Philosophenbiographie auf den Zeitraum des 1. und 2. Jh. beschränkt.

## 10.1 Von der Metapher zur Gattung Evangelium

„Evangelium Gottes" (1 Thess 2,2 u. ö.; Mk 1,14), „Evangelium Christi" (Röm 15,19 u. ö.), „Evangelium" (Röm 1,16; 1 Kor 15,1 u. ö.) ist kein Begriff mit festgelegtem Inhalt, sondern eine neue nachösterliche Metapher der urchristlichen Verkündigung (Michel RAC 6 [1966], 1111; Strecker EWNT 2 [1981], 177; Frankemölle 1988, 204 ff.; Strecker 1992, 123 f.; s. o. 4.2). Paulus bezieht sich mit seinem häufigen Gebrauch (48mal) immer auf das eine Evangelium, definiert aber nicht exakt den Inhalt des Evangeliums (Köster 1989, 362; ders. 1990, 4 ff.). Die Glaubensformel 1 Kor 15,3–5 wird von Paulus ausdrücklich „Evangelium" genannt (1 Kor 15,1); die Glaubensformel 1 Thess 1,9 f. wird indirekt mit dem „Evangelium" (1 Thess 1,5) in Verbindung gebracht. Beide Formeln aber wollen den Gehalt von „Evangelium" nicht festschreiben. Daher scheiterte Seebergs Versuch, aus den verstreuten Glaubensformeln und -darstellungen in der ntl. Briefliteratur den „Katechismus" des Urchristentums als das urchristliche Evangelium zusammenzustellen (Seeberg 1903, 45–86; 200 f.).

Evangelium bezeichnet in den Briefen das Heilshandeln Gottes an Jesus insgesamt mit dem Zentrum von Kreuz und Auferweckung (s. o. 4.2; 6.1). Mit dem „offenen Gebrauch" von Evangelium (Strecker EWNT 2 [1981], 177) wird weiterhin die Engführung Bultmanns überwunden, Evangelium bezeichne allein das „hellenistische(n) Kerygma von Christus, dessen wesentlicher Inhalt der Christusmythos ist, wie wir ihn aus Paulus kennen (bes. Phil 2,6 ff.; Röm 3,24)" (Bultmann 1957, 372; s. o. 6.2).

Bultmann knüpft mit dem Hinweis auf das Lied in Phil 2,6 ff. und auf die soteriologische Pistisformel in Röm 3,24 an Harnacks These vom „doppelten Evangelium" an. Das paulinische Evangelium bezeichnet den Christusmythos von Kreuz und Auferweckung Jesu, und dieses objektive Evangelium von Christi Kreuz und Auferstehung ist vom subjektiven Evangelium abzuheben, das die Botschaft Jesu vom Reiche Gottes beinhaltet (Harnack 1911, 215 ff.). Harnack hat die Spannung zwischen der Verkündigung *des* irdischen Jesus und der Verkündigung *von* Gottes Heilshandeln an Jesus wohl zutreffend erkannt, aber zu formelhaft eng beschrieben und zu antithetisch voneinander abgesetzt (Frankemölle 1988, 94 ff.). Denn die Botschaft Jesu von der

Gottesherrschaft ist von der nachösterlichen Heilserfahrung weiterhin tradiert ünd entfaltet worden, und umgekehrt ist das Evangelium von Gottes Heilshandeln von Anfang an für Traditionen vom irdischen Jesus offengewesen (v. Dobschütz 1912, 364 ff.; Friedrich, ThWNT 2 [1935], 724 ff.; Wegenast 1962, 44; Michel RAC 6 [1966], 1117 f.; Stuhlmacher 1968, 231 f.; Frankemölle 1988, 208 ff.). Einzelne Ereignisse wie Auferweckung und Kreuzestod explizieren das Evangelium, können aber auch unabhängig von der Evangeliumsmetapher zitiert werden. Bei den Deuteropaulinen setzt sich bis zu Ignatius von Antiochien der offene Gebrauch von Evangelium fort (Koester 1989, 365 f.). Bei den Erzählbüchern wird die Metapher „Evangelium" an die exponierteste Stelle gesetzt, die möglich ist, und zwar in die Überschrift des ältesten Evangeliums (Mk 1,1), die mit dem angeschlossenen Schriftzitat zugleich ein sehr knappes Proömium bildet (Kampling 1992, 25 ff.; s. o. 3.8). Handelt es sich in Mk 1,1 bereits um eine Bezeichnung einer literarischen Gattung (Schenk 1983, 47 f.; Hengel 1984, 27; Dormeyer 1987, 456 ff.) oder bezeichnet Evangelium weiterhin in ganz offener Weise die Freudenbotschaft von Gottes Handeln in Jesus Christus (Lohmeyer 1963, 10; Koester 1989, 370 f.; Strecker 1992, 125 ff.)? Koester verlegt die Übertragung der Metapher Evangelium auf eine Schrift erst in die Mitte des 2. Jh. (Koester 1984, 1468 f.). Doch warum soll nicht bereits Markus die Metapher Evangelium zum literarischen Metonym für sein Buch gemacht haben? Metonymie benennt einen sachlich gegebenen Zusammenhang (Jakobson 1971, 329), während die Metapher zwei unabhängige Sinnhorizonte miteinander verschmilzt (s. o. 4.2).

Die komplexe Kompositionsmetapher „Evangelium Jesu Christi, des Sohnes Gottes" (Mk 1,1) verliert ja nicht insgesamt ihren metaphorischen Gehalt, sondern erhält durch den Zusatz „Anfang" eine metonymische Nebenbedeutung. Mit der Überschrift 1,1 beginnt die Erzählfolge, die die Metapher „Evangelium …" in Worten und Handlungen entfaltet und an das Alte Testament zurückbindet. Lohmeyer z. B. sieht diesen von Mk 1,1 angezeigten Vorgang zwar ausschließlich metaphorisch: „Die Überschrift bezieht sich also nicht auf das Buch eines Evangelisten, sondern auf das Geschehen des Evangeliums" (Lohmeyer 1963, 10). Dagegen setzt Arnold: „arché meint dann den Ausgangs- und Anfangspunkt einer schriftlichen Darstellung und euaggelion sowohl ein Geschehen, dessen Anfang im AT verheißen ist (Mk 1,2 f.), als auch bereits den schriftlichen Bericht über dieses Geschehen. euaggelion in Mk 1,1 belegt den Übergang von einem reinen Geschehensbegriff zu einem literarischen Terminus für ein Evangelienbuch, wie er bei Justin (Apol 1, 66) dann klar vollzogen ist" (Arnold 1977, 126 f.). Evangelium ist also metonymische Bezeichnung des Buches, und zwar seines Inhaltes, und theologische Metapher zugleich. In dieser Doppelfunktion von Mk 1, 1 als Metapher und Metonymie dürfte der Grund liegen, weshalb bis heute die Erzählbücher des Viererkanons „Evangelien" genannt werden. Während der Schriftwerdung des Neuen Testaments bis zur Mitte des 2. Jh. wurden dann die offene Evangeliummetapher und der metonymische Buchtitel parallel nebeneinander gebraucht, wie sie sich ja auch im Markusevangelium parallel zueinander verhalten. Denn innerhalb des Buches wird das Lexem Evangelium zunächst wieder zur offenen Metaphorik ohne metonymische Nebenbedeutung: „Nachdem man Johannes ins Gefängnis geworfen hatte, ging Jesus nach Galiläa und verkündete das Evangelium Gottes" (Mk 1, 14).

Die Verkündigungen Jesu von Gottes ankommender Herrschaft (1, 15) und die Handlungen Gottes an Jesus verschränken sich als zwei Handlungsbögen. Erzählfolge und Erzählinhalt qualifizieren dann wieder ab der Mitte das Erzählwerk als „Evangelium" mit metonymischer Nebenbedeutung, da ab 8, 35 das absolut gebrauchte Evangelium sich auf Jesu Verkündigung und auf Handlungen an Jesus bezieht (10, 29; 13, 10; 14, 9; Dormeyer 1987, 453 ff.; Scholtissek 1992, 26 f.).

Das *Buch* des Markus gewährt in Aufbau und Inhalt umfassenden Zugang zum Evangelium Gottes in Jesus Christus und kann daher selbst als „Evangelium" bezeichnet werden. Für die Gemeinde eröffnet das erfahrungsorientierte Lesen des Buches „Evangelium" und der frühen Briefe die vielfältigen Möglichkeiten, das Evangelium selbst durch die Identifikation mit den Rollen, durch Auffüllen der Gattungsformen, Rollen, Sprechakte, Argumentationen, Wortfelder, Themen, Normen, Wahrheiten und Metaphern mit denotativer und konnotativer Bedeutung und durch Konstruktion fiktiver und historischer Situationen kritisch in den eigenen, kommunikativen Handlungen wirksam werden zu lassen. Entsprechend der Pluralität der Gemeinden entstehen im 1. Jh. die vier Evangelien und die unterschiedlichen Briefkorpora zu dem „Evangelium".

Es unterscheidet allerdings die Briefe von den Evangelien, daß die Traditionen vom irdischen Jesus in breitem Umfang nur von den Evangelien aufgenommen werden. Hierfür ist die Wahl der Gattung Philosophenbiographie und Prophetenbiographie verantwortlich. Wie die wenigen Jesustraditionen in den Briefen neben den Kurzformeln und Argumentationen zum „Evangelium" zählen (1 Kor 15, 1–5), so lassen sich dann erst recht in den Evangelien alle Jesustraditionen dem Evangelium zurechnen. Doch diese weite, handlungsorientierte Metaphorik von „Evangelium" ist von Anfang an bedroht. Nur Matthäus übernimmt von Markus die Metapher und Metonymie Evangelium in sein „Erzählbuch". Er reduziert zwar die Verwendung von „Evangelium" gegenüber Markus (7mal) auf 4 Stellen, erweitert aber „Evangelium" dreimal zu der neuen Kompositionsmetapher: „das Evangelium von der Königsherrschaft" (Mt 4,23; 9,35; 24,14). An der vierten Stelle gebraucht er Evangelium wie Markus (5mal) absolut und fügt ein Demonstrativum hinzu: „dieses Evangelium" (Mt 26,13). Evangelium bezeichnet noch kohärenter als bei Markus die Verkündigung der Königsherrschaft Gottes und die an Jesus sich ereignenden Taten der Menschen und Gottes als Evangelium. Evangelium stellt mit dem demonstrativen „dieses" (Mt 26,13) eindeutiger den metonymischen Bezug zum Biblos des Matthäus her (Mt 1,1) (Luz 1, 1985, 28; 182; Frankemölle 1988, 149ff.).

Lukas vermeidet in seiner „Erzählung" (*diegesis* Lk 1,1) das Substantiv Evangelium, gebraucht aber dafür das Verb *euaggelizomai*. In der Apostelgeschichte verwendet er jedoch zusätzlich zweimal das Substantiv in der alten, missionssprachlichen Bedeutung (Apg 15,7; 20,24). Er übernimmt offensichtlich nicht von Markus den metonymischen Gebrauch von Evangelium, andererseits läßt sein Vorwort 1,1–4 erkennen, daß er seine Erzählung als sorgfältiges Aufschreiben der Überlieferung der Evangeliumspredigt des Petrus (Apg 15,7) und Paulus (Apg 20,24) auffaßt. Aber gemeinsam mit den deuteropaulinischen Briefen, mit Johannes und mit Ignatius hütet er sich, seiner Erzählung den neuen Gattungsnamen „Evangelium" zuzulegen.

Diese Spannung zwischen Evangelium als Buch- und Gattungsbezeichnung und Evangelium als offener Heilspredigt bleibt bis heute trotz des Sieges der metonymischen, literarischen Gattungsbezeichnung ein Grundthema der ntl. Theologie (v. Dobschütz 1912, 365f.). Denn die metonymische Verwendung von „Evangelium" als Buchtitel bleibt mißverständlich. Nicht nur die Hellenisten der Urgemeinde hatten Schwierigkeiten mit dem Sonderbegriff „Evangelium", sondern auch die Christen der alten Kirche. Nachdem sich ab der Mitte des 2. Jh. die Buchbezeichnung Evangelium durchgesetzt hatte, mußte sich Origenes dagegen verwahren, daß nur noch die Aufzeichnung der Evangelisten und nicht mehr die Briefe des Paulus als Evangelium bezeichnet wurden (Dormeyer 1989, 21f.). Denn, so betonte Origenes, auch die Briefe enthalten Worte, durch die das Evangelium wirklich Evangelium ist, auch wenn „die Briefe nicht die Überschrift 'Evangelium' tragen" (Orig, Joh 1,3).

Die lange Suche im 1. und 2. Jh. nach Buchtiteln, bei denen sich schließlich Markus durchgesetzt hat (Kühschelm, NBL 1 [1991], 622 f.), zeigt an, daß die Schaffung eines umfangreichen Erzählwerkes über Jesus von Anfang an als problematisch und neuartig wahrgenommen worden ist.

So erklärt sich auch, daß von Anfang an die gegensätzlichen Konzeptionen eines Spruchevangeliums und eines biographischen Erzählevangeliums miteinander konkurriert haben und daß das Spruchevangelium während der Kanonbildung verdrängt worden ist. Im Unterschied zu den Briefen sind die Evangelien nicht nur anonym verfaßt, sondern auch von den üblichen Gattungen stärker abweichend gestaltet worden. So sind sie in der literarischen Form origineller als die Briefe, bleiben aber in der Form weiterhin mit anderen, hellenistischen Gattungen vergleichbar. Denn andererseits verstanden Matthäus, Lukas und Johannes Markus nicht so, daß er mit seinem Buch eine neue, originäre Sondergattung schaffen und für diese den Sonderbegriff „Evangelium" einführen wollte. Das metonymische „Buchevangelium" des Markus erhält seine Bedeutung vornehmlich von seinem Gehalt, vom metaphorischen Evangelium, und kann daher durch beliebig andere Buchtitel und andere Gattungen wie die nachpaulinischen Briefe ersetzt werden, allerdings mit der entsprechenden Veränderung von Form und Inhalt.

Die Wahl der atl. Prophetenbiographie und der hellenistischen Philosophenbiographie als Rahmengattung für die eigene Jesusdarstellung ist daher die entscheidende Vorgabe des Markus, die für die Zukunft der Erzählbücher von Jesus die Weichen stellt (Vorster 1984, 2 ff.; Dormeyer 1989, 131 ff.; Köster 1990, 26 ff.; Fendler 1991, 78 ff.; Strecker 1991, 355 f.; Strecker 1992, 139–148). Der Buchtitel „Evangelium" bleibt zweitrangig, nicht aber der metaphorische, offene Gebrauch von Evangelium innerhalb seines Werkes und der Werke seiner Nachfolger. Die Wahl der Spruchsammlung als Rahmengattung durch die Spruchquelle Q ist ebenfalls folgenreich, kann sich aber als eigene Gattung erst spät und nur außerhalb des Kanons durchsetzen.

Origenes hat klar erkannt, daß durch die (spätere) Bezeichnung aller Erzählbücher als Evangelien (durch die Überschriften des 2. Jh.) eine fragwürdige Überbewertung gegenüber den Briefen eingeleitet wurde. Die Behauptung der analogielosen Originalität der Gattung „Evangelium" in der Neuzeit setzt diese Überbewertung mit anderen Mitteln fort. Der historische Gattungsvergleich hat daher die Aufgabe, den Blick für die Möglichkeiten und Grenzen der Gattung „kerygmatische, ideale Jesusbiographie" mit den Untergattungen „Spruch-Evangelium" und „Erzähl-Evangelium" wieder zu öffnen.

## 10.2   Die Form der Idealbiographie

### 10.2.1   Biographie und hellenistische Geschichtsschreibung

Die griechische Geschichtsschreibung enthält biographische Partien. So konnte Herodot als der Vater der griechischen Geschichtsschreibung *und* Biographie bezeichnet werden; denn Charakterbeschreibungen der Hauptakteure der historischen Ereignisfolge waren für ihn grundlegend (Momigliano 1971, 12 f.). Thukydides unterließ es normalerweise, biographische Hintergründe für die geschichtlichen Bewegungen auszumalen. Doch finden sich bei ihm einige biographische „Digressionen" (z. B. 1, 126, 3–12 zu Kylon; 1, 128–134 zu Pausanias; 1, 138 zu Themistokles; Aune 1987, 29). Später trennen die Geschichtsschreiber ausdrücklich zwischen *historia* und Biographie.

Plutarch (45–125 n. Chr.) läßt seine Doppelbiographie über die Städtegründer Theseus und Romulus beginnen mit einer Reflexion über das Verhältnis von Biographie zur wissenschaftlichen Historie und sagenhaften Urzeit: „Wie auf den Erddarstellungen, mein lieber Sosius Senecio, die Gelehrten das, was sich ihrer Kenntnis entzieht, an die äußersten Ränder ihrer Karten drängen ... so könnte auch ich wohl, nachdem ich mit meiner Arbeit an den vergleichenden Lebensbeschreibungen die Zeit durchmessen habe, welche wissenschaftlicher Erforschung zugänglich ist und wirklicher Geschichte festen Boden bietet, über das darüber hinaus Liegende einfach sagen: ‚Was dann noch kommt, ist sagenhaft und voll von Wundern; nur Dichter und Sagenforscher hausen da, nichts ist mehr beglaubigt und klar erkennbar' ... Sei es mir also gestattet, mit verstandesmäßiger Kritik das Sagenhafte auszuscheiden und den historischen Kern lauschend zu erfassen; wo aber die Sage allzu selbstherrlich das Glaubhafte überwuchert und die Anwendung der kritischen Methode nicht mehr zuläßt, da werd ich freilich mild gesinnte Leser brauchen, die die Erzählung von der alten Zeit wohlwollend aufnehmen" (Plutarch, Theseus 1). Man meint, einen modernen Mythologen und Historiker zu hören.

Der Biographie gelingt es, die Grenze, den Zaun zwischen historischer Zeit und mythischer, wilder Urzeit zu überspringen. Die historische, wissenschaftlich erforschbare Zeit ist eintragbar in die Urzeit und umgekehrt, die Urzeit ist ein Wirkfaktor in der historischen Zeit. Diese Umkehrung, die hier noch fehlt, bringen Vorwort und Zeugungsgeschichte der Alexanderbiographie (Plutarch, Alexander 1–3). Die Biographie von Personen und Städten schließt diachron und synchron erfahrungskritisches und mythisches Denken zu einer Einheit zusammen.

Romulus und Alexander gehen in geheimnisvoller Weise aus der Verbindung von Göttern mit den Frauen historischer Königshäuser hervor (Alexander 2–3; Romulus 2–4). Die Göttlichkeit ihres Ursprungs wird in ihrem späteren Auftreten und Wirken epiphan (Alexander 4–8; 27f.; 75; Romulus 6–8). Wer's nicht glaubt, dem erläutert Plutarch: „Manchem ist das Dramatische und nach Erdichtung Klingende daran verdächtig. Man sollte aber nicht so mißtrauisch sein, wo man doch sieht, was für Gedichte das Schicksal zur Wirklichkeit werden läßt, und die Geschichte Roms überdenkt, daß es doch nicht zu der gegenwärtigen Machtfülle emporgestiegen wäre, wenn es nicht einen göttlichen, mit großen und wunderwürdigen Vorgängen verbundenen Ursprung gehabt hätte" (Romulus 8).

Nicht das Vertrauen in die Überlieferung der Urzeit rechtfertigt die Wahrheit der Mythen, sondern die gegenwärtige Machtfülle macht es erforderlich, die mythischen Kräfte aufzuspüren, die diese Machtfülle gegenwärtig garantieren und sie in der Vergangenheit immer wieder hergestellt haben. Die Machtfülle schafft sich ihre eigene Legitimation, ihren eigenen Mythos.

Der griechische Heroenkult ist der Horizont für diese personale und mythische Sicht der Geschichte. Der Heros ist ein Mensch aus historischer Zeit, der nach dem Tode zum Gott im Olymp (Herakles) oder zum Gott in der Unterwelt, dem Hades (so Achill in Homer, Od 11, 467ff.) oder der Insel der Seligen, wurde und dem eine Stadt einen Kult weihte (Vernant 1987, 109; Kerényi 1966 II, 11). Während Jean-Pierre Vernant die Heroisierung in „religiösen Sekten oder philosophischen Schulen" für eine „abweichende Einstellung" innerhalb der Religiosität des Griechentums hält (Vernant 1987, 109), verbinden sich nach Karl Kerényi im Heroenkult Religion und Philosophie zu einer Einheit: „Der Heros, wie er uns in seinen ‚Geschichten' entgegentritt, gehört sicherlich noch mehr als die Götter der Griechen in eine philosophische Menschenlehre" (Kerényi 1966 II, 12). Kerényi fährt fort: „Im Menschen selbst angelegt, nährt er sich aus dem Doppelbereich der Mnemosyne: dem Totenreich, dem der Kult auf den Gräbern zugewandt war, und der Vergangenheit, die durch die Erinnerung gegenwärtig blieb und eine Idealität gewann, welche göttliche Menschen auszeichnen durfte" (a.a.O. 18).

Der Verweis auf die „Erinnerung" verleiht dem Heroenmythos packende Aktualität (Blumenberg 1988, 301ff.). Als Sonderweg griechischer Religiosität gelingt dem Heroenmythos „eine eigentümliche

Steigerung auf der Seite des Menschlichen" (Kerényi 1966 II, 1), die in der abendländischen Kultur untergründig bis heute anhält. Familien-, Volks- und Menschheitserinnerung heben noch heute die Idealität von Menschsein heraus, die der geliebte Tote zu verwirklichen vermochte. Die Vorstellungen von Idealität wandeln sich dabei, wie auch der griechische Heroenkult Veränderungen unterlag. Macht hat sich daher im abendländischen Raum als Ideal zu mythisieren. Nur der ideale Mensch ist der von den Göttern gewollte und getragene Führer. Im Ideal-Menschen wird der Ursprung des Menschen wieder anwesend, wandelt sich Chaos zur Ordnung und wird Chaos wirksam abgewehrt. Der König ist tot – es lebe der König. Daher parallelisiert Plato seine diskursive Forderung nach der Leitung des Staates durch Philosophen im Dialog ›Politeia‹ mit der narrativen Idealisierung des „Staatslehrers" Sokrates im Erzählrahmen der anderen Dialoge. Der Philosoph ist der kritische, heroische König mit göttlichen Kräften.

Die Heroisierung von Helden aus der vorgeschichtlichen Frühzeit, der sich Kerényi zuwandte, ging zur Heroisierung historischer politischer Führer wie Alexander des Großen oder philosophischer Lehrer wie Sokrates über (Momigliano 1971, 88; Aune 1987, 35 f.). Besonders die Peripatetiker pflegten die Biographie (Leo 1901, 87 ff.), obwohl der unbewegte Beweger kein Interesse an personalen Beziehungen erkennen ließ (Malter 1989, 63). Göttliche Kräfte stellten über bedeutende Menschen die ersehnten Beziehungen zum Göttlichen her. Plutarch, zeitgleich zum Neuen Testament, steht am Ende dieser Entwicklung und umfaßt mit seinen Biographien den gesamten Zeitraum, angefangen mit dem mykenisch-athenischen Theseus als Gründer Athens und endend mit den Zwischenkaisern nach Neros Sturz, Galba und Otho. Nicht jeder Biographisierte wird heroisiert. Er muß nach Plutarch Gründer einer politischen und/oder philosophischen Machtfülle sein, die in der Gegenwart als bestimmend und moralisch erstrebenswert erfahren wird (Dihle 1989, 203 ff.). Der Mythos wird instrumentalisiert zur Stützung der rational erkannten Idee und Moral (Mack 1988, 283 f.).

Die hellenistische und später die ntl. Biographie behalten so eine deutliche Nähe zur Geschichtsschreibung, aus der sie allmählich als eigene Gattung entwickelt wurden.

Weitere Differenzierungen innerhalb der historisierenden Biographie sind überflüssig. Leos Unterscheidung der historisierenden Biographie in einen alexandrinischen und einen peripatetischen Zweig ist nicht haltbar (Leo 1901, 85–136). Denn der alexandrinische Typ, den Leo u. a. in Satyros, Antigonos und Sueton zu finden meinte (a. a. O., 118–139), ist lediglich eine Variante des peripatetischen Typs, der mit

Platons ›Apologie‹ einsetzte (Dihle 1956, 57–116). Andererseits kann
sich das Enkomion als Leos dritter Typ der Biographie weiter behaupten (Leo 1901, 90 f.). Denn das Enkomion gehört nicht zur erzählenden Geschichtsschreibung, sondern zur Rede innerhalb der Rhetorik
im engen Sinne. Doch vermag das Enkomion im Neuen Testament
keine ausführlichen Erzählevangelien zu schaffen, sondern lediglich
kurze Formeln (Schenk 1983, 83 f.; Berger 1984, 1236; s. o. 6).
Jesus von Nazareth allerdings widersprach dem Maßstab der my-
thisierenden Biographie. Er fiel weder unter das Idealmuster des Philosophen, das Plutarch noch in anderen Einzelbiographien darstellte
(Krates von Theben), noch erfüllte er das Idealmuster des politischen
Gründers, obwohl seine Anhänger ihn als Christus = „Gesalbten" bezeichneten. So wurde er von Plutarch wie von allen anderen Biogra-
phen der Antike übersehen und von anderen Gebildeten, z. B. von
Celsus, bespöttelt. Dennoch trat das Christentum mit seiner idealen
Gründungsgestalt Jesus Christus den unaufhaltsamen Siegeszug durch
die Antike an.

Zerbrach der gekreuzigte Jesus Christus den religiösen Glauben an
den Heroenmythos, um so Offenheit für den unverfügbaren, wahren,
eigentlichen christlichen Glauben zu schaffen? So lautet die übliche
christliche Erklärung. Oder hat die Idealgestalt Jesus Christus aufgrund der jüdischen Tradition eine Radikalisierung der anthropologischen Dimension an sich gezogen, die bis heute den antiken Heroenmythos am Leben erhält und zugleich durchkreuzt? Diese anthropologische Erklärung soll nun nicht in Gegensatz zur theologischen
Erklärung von der Unverfügbarkeit des christlichen Gottes treten.
Vielmehr sind beide Erklärungen zwei Seiten einer Medaille. Gerade
weil der frühjüdische monotheistische Gott die Trennung zwischen
göttlicher und menschlicher Sphäre noch strikter als die griechische
Götterwelt aufbaute, mußte die anthropologische Idealisierung des
einzigen „Gottmenschen/göttlichen Menschen" Jesus Christus radikaler ausfallen (H. D. Betz, RAC 12 [1983], 234–290). Das Christentum
schuf den letzten, absoluten und daher singulären Gründungsmythos,
den Mythos vom idealen, gekreuzigten Menschen Jesus Christus, der
beides umgreift, das eschatologische Gründungswirken des vorösterlichen Jesus und die nachösterliche Interpretation.

## 10.2.2 Biographie, alttestamentliche Geschichtsschreibung und ntl. Christologie

Biographien als selbständige Bücher finden sich nicht im Kanon des Alten Testaments. Allerdings stellt Baltzer heraus, daß in den atl. Geschichtsbüchern biographische Partien eingebettet sind parallel zur ostantiken und westantiken Geschichtsschreibung. Da diese Biographien am typischen Schicksal einer führenden Persönlichkeit, dem Propheten, interessiert sind, nennt Baltzer diese Gattung „Ideal-Biographie" (Baltzer 1975, 28). Den Ausgang nimmt die Biographie von Mose, dem ersten prophetischen Führer Israels (Ex 1, 1–18, 27 u. ö.; Dtn 18, 18). Für Israel haben die Gründungsereignisse der Väterüberlieferungen und Überlieferungen von Mose und Josua, nämlich Auszug, Bundesschluß und Landnahme, eine urzeitliche Funktion (Pannenberg 1973, 32 ff.). Noch stärker als bei den Griechen wurden herausragende Ereignisse menschlicher Geschichte zur begründenden Urzeit.

Die Vergöttlichung der Gründergestalten unterblieb aber, da Jahwe schon in der Väterzeit als radikal getrennt von der Welt des Menschen erfahren wurde. Später wurde der König als Christus und Sohn Gottes adoptiert, aber niemals mit göttlichem Sein erfüllt wie in der altorientalischen Umwelt (Gese 1977).

Im Frühjudentum setzte dann unter griechischem Einfluß die Heroisierung der Gründergestalten ein. Philo von Alexandrien und Josephus gestalteten beide Mose zu einem „göttlichen Menschen oder Gottmenschen" aus (Philo, Leben Moses; Josephus, Ant 2, 1,1–4, 8; bes. 2, 9, 1–2; Fendler 1991, 66 ff.). Das Heroenmuster lag im Frühjudentum bereit, als Jesus von Nazareth in Palästina auftrat und die Königsherrschaft Gottes ankündigte. Allerdings hatte das Frühjudentum mit der Apokalyptik die Urzeit auf die Zukunft projiziert. Die Kräfte der begründeten Ordnung wurden nicht mehr aus der Vergangenheit, sondern aus der Zukunft abgeleitet. Denn der Traditionsfluß zu den heilvollen Gründungszeiten war durch die Unheilsgeschichte Israels nach Mose gebrochen und bedroht. Der Völkerengel Menschensohn wird nach Daniel 7 aus dem Himmel kommen und als das eschatologische Urbild das gläubige Israel zu den Heiligen Jahwes umformen (s. o. 5.3.1). Das spätere, christliche Jerusalem lebt nicht wie in Rom von der Urzeit seiner historischen Gründer, für das atl. Jerusalem David und Salomon mit Tempel und Palast, sondern lebt vom tempel- und palastlosen Urbild im Himmel, das am Ende der Zeit auf die neue Erde herabschweben wird (Offb 21–22, 5; s. u. 11.2). Trotz Kultzentralismus in der späten Königzeit wurde der Kult bereits durch die Propheten und Deuteronomisten in seiner Gründungsfunktion angefochten.

Die neue, apokalyptische Spannung nach dem Exil zwischen geschichtlicher, gestörter Urzeit und eschatologischer, vollendeter Urzeit wird von Jesus von Nazareth aufgenommen (s. o. 2.1; 5.7). Mit dem Anbruch der Gottesherrschaft in Jesu Verkündigung beginnt die erwartete, eschatologische Urzeit schon jetzt, aber in unvollendeter Weise. Gott tritt zu Jesus in eine singuläre, personale Beziehung und ermächtigt ihn, seine mythisch-metaphorischen Erfahrungen zu einer singulären, personalen Beziehung zu transzendieren. Der metaphorischen Suche der großen Gründergestalten nach dem absoluten Göttlichen steht die jesuanische, theologische Gewißheit eines personalen, monotheistischen Vatergottes gegenüber (Frye 1982, 93 f.). Wie beim griechischen „göttlichen Menschen" bindet sich an Jesus eine Urzeit, die aber gemäß jüdischer Eschatologie nicht beliebig vervielfältigbar ist, sondern einmalig bleibt. Die eschatologische gründende Urzeit der angebrochenen Gottesherrschaft kommt aus der Zukunft und vollendet die vorangegangenen Gründungen Israels endgültig. Während Jesus von Nazareth gemäß jüdischer Religiosität seine menschliche Person von der Person des Gott-Vaters unterscheidet, gliedert die nachösterliche Gemeinde aufgrund der Auferweckungserfahrung Jesus als Christus, Sohn Gottes und Menschensohn in den Bereich Gottes ein. Aus dem Verkünder wird der Verkündigte. Aus dem endzeitlichen Ideal-Propheten und Ideal-Lehrer der Gottesherrschaft wird der gekreuzigte göttliche Sohn des himmlischen Vaters (s. o. 5.7; 6.1). So wird auf den irdischen Jesus, also den Jesus in der erzählten Historie der Evangelien, der Gründungslehrer übertragen, der bereits für Jünger und Zeitgenossen auf den vorösterlichen Lehrer und Propheten Jesus anwendbar war. Auch der erzählte, irdische Jesus wird erst durch die Auferweckung am Ende seiner Lebensgeschichte zum Inhaber des göttlichen Seins. Die Bekenntnis- und Erzählgattungen des Hellenismus werden zwar den menschlichen und göttlichen Bereich in der Gründungsgestalt Jesu von Nazareth ineinanderfließen lassen. Denn im Hellenismus wird die Grenzüberschreitung geprobt. Kommen nicht schon dem lebenden König, Kaiser, Philosophen göttliche Seinsweisen zu? Trotz Kaiserkults im Prinzipat bleiben die Gebildeten wie Plutarch aber kritisch. Divinisierungen Lebender sind nur Metaphern für die Gunst der Götter und die Kalokagathia (Schönheit und Gutheit) des Erwählten (Plutarch, Alexander 28; 75). Der jüdisch-christliche Interpretationshorizont kann erst recht die göttlichen Prädikate für den irdischen Jesus nur metaphorisch verstehen. Die ontologische Füllung kommt allein dem Auferstandenen zu (Sellin 1988, 222; s. o. 4.2). Die Differenzierung des Gründungsgeschehens in Jesus von Nazareth in Metaphorik und Ontologie kann das Christentum aufgrund seiner Theologie vornehmen, während Plutarch die Philosophie zu Hilfe nimmt. Der Gründungsmythos gehört einer Zeit an, in der mythische Erfahrungen nicht nur in Mythologie, sondern gemäß der Emanzipation des Geistes in Theologie oder Philosophie reflektiert werden (Malter 1989, 57 ff.).

So halten sich die synoptischen Evangelien Markus, Matthäus und Lukas deutlich an den Zweistufenaufbau des alten Bekenntnisses Röm 1, 3 f.: Sein Sohn ... geboren dem Fleische nach als der Sohn Davids, eingesetzt zum ontologischen Sohn Gottes durch die Auferweckung (s. o. 6.1). Metaphorisch gelten die Hoheitstitel dann schon vor Ostern für den irdischen Jesus. Gott unterstützt mit seinem Geist die menschlichen Fähigkeiten Jesu, die das Gründungswerk zu einem vorläufigen Ausdruck der Gottesherrschaft werden lassen. Ab Taufe (Markus), ja schon ab der Geburt (Matthäus, Lukas) wird Jesus zum Christus und Sohn Gottes. Durch Kreuzestod und Auferweckung wird sein Gründungswerk endgültig Ausdruck der aus der Zukunft kommenden Gottesherrschaft und Abschluß der atl. Offenbarungsgeschichte. Die mythische Deutung von Kreuzestod und Auferweckung wird also nicht erst später nachgetragen (so Pannenberg 1988, 117), sondern bestätigt direkt im Ostergeschehen alle vorhergehenden Ereignisse des irdischen und vorösterlichen Jesus als eschatologische, gründende Urzeit für jeden Christen und die gesamte Menschheit.

Der Zusammenhang von göttlicher Metaphorik und Gründungsmythos ist zum letzten, singulären und absoluten Idealmythos bei Jesus von Nazareth radikalisiert worden. Der monotheistische Gott offenbart nur ihn als singulären Menschen zu einem singulären historischen Zeitpunkt als eschatologische Erfüllung der gründenden Urzeiten Israels. Vor Jesus von Nazareth gab es wohl leidende Gerechte, aber keinen eschatologischen Messias, Sohn Gottes und Menschensohn. Nach Jesus Christus kann es keinen Christus, Sohn Gottes und Menschensohn mehr geben. Statt Mythologie und Philosophie kann sich nun auf der Grundlage der atl. Geschichtstheologie eine christliche Theologie über das einmalige Handeln des monotheistischen Gottes mit dem absoluten Heilbringer Jesus von Nazareth entwickeln (Rahner 1972, 24; Hauser 1989, 136 f.). Die Evangelien erzählen in plausibler, nicht abgeschlossener Weise die einmalige Radikalisierung der Gottesbeziehung Jesu von Nazareth, des Christus, Sohnes Gottes und Menschensohnes als Nacheinander von göttlicher Metaphorik und Ontologie.

Die Narrativität der evangeliaren Biographien bleibt genuiner Ausdruck der singulären Lebensgeschichte zwischen Jesus von Nazareth und seinem und dem späteren christlichen monotheistischen Gott. Die narrative, zirkuläre Logik des Gründungsmythos greift weiter als die lineare Logik des diskursiven Denkens (Sylvan 1987, 146 ff.). Gemäß der später kanonisierten Vierzahl der Evangelien ist daher diese Lebensgeschichte Jesu Christi immer wieder neu aus der eigenen Lebenserfahrung nachzuerzählen (Kaufmann 1985). Im Zuhören und Weitererzählen werden Metaphorik, Gründungsmythos und Theologie von Jesus Christus zur erfahrbaren, bestimmenden Wirklichkeit.

## 10.3 Die Evangelien und die Spruchquelle Q als kerygmatische Idealbiographien

Sowohl die hellenistische wie die alttestamentliche und frühjüdische Biographie haben keine feste, sich konsequent durchhaltende Gesetzmäßigkeit. Ihre Elemente bilden vielmehr einen lockeren Zusammenhang, treten variabel in Erscheinung, gehen mit anderen Großgattungen Verbindungen ein, wie mit der Geschichtsschreibung und z. T. dem Roman, und nehmen wie diese kleine Gattungen auf wie Gnomen aretalogische Wundergeschichten, Apophthegmata, Gleichnisse, Passionsberichte und Theophanien. Diese Varianz und Offenheit machen die Biographie geeignet für die Herausbildung einer originellen Variante mit kurzer Lebensdauer. Zugleich aber erschweren sie die eindeutig literarische Charakterisierung der Variante (s. o. 10.2.1). Die ntl. Evangelien stellen daher einen eigenständigen Zweig der hellenistischen Biographie dar. Sie führen die atl. Prophetenbiographie in späthellenistischer Formgebung weiter und schaffen so die kerygmatische Idealbiographie von Jesus von Nazareth auf dem mittleren Niveau der literarischen Koine (gegen Dihle 1989, 220 f.: unliterarischer, heilsgeschichtlicher Notizbuch-Kodex von Ungebildeten; s. o. 3.5). Deutlicher als die antiken Biographien lassen das Markusevangelium und die nachfolgenden Evangelien eine Identifizierung ihrer Quellen zu (Köster 1990, 286 ff.). Allerdings stellt auch Philostratos seine „Damis-Quelle" für die Apollonios-von-Tyana-Biographie heraus (Philostratos, Apollonios 1, 3). Auch Diogenes Laertius verweist ständig auf seine Quellen. Doch handelt es sich bei diesen expliziten Rückverweisen auf Quellen um eine Ausnahmeform in der antiken Biographie. Markus wie auch die anderen Evangelisten überformen zwar ihre Quellen durchgängig mit ihrem Stil (Dschulnigg 1984, 589 ff.; Zwick

1989, 607 ff.; s. o. 4.4). Doch bleibt es möglich, den traditionsgeschichtlichen Kern der aufgenommenen Gattungen nach den strukturalen Kriterien von Gattungen, Personen-Rollen, Ereignisfolge, Raum, Zeit, Umständen, Erzählperspektive, semantischem Feld und fiktivem, kerygmatischem Realismus zu bestimmen (Dormeyer 1979, 93–111; Egger 1987, 176 ff.; s. o. 4.2). So bleibt eine Erschließung der vorgegebenen Traditionen möglich, wie sich ja aus dem Matthäus- und Lukasevangelium die vorgegebenen Traditionskomplexe Markusevangelium, Spruchquelle Q und Sondergut rekonstruieren lassen. Dabei zeigt sich, daß auch Lukas und Matthäus wie später Johannes ihre Quellen durchgehend stilistisch bearbeitet, gleichwohl aber ihre Erzählstruktur „konserviert" haben (Theißen 1974, 226 f.).

Mit den Herrenworten und Gleichnissen halten die Evangelien eine Kontinuität zum vorösterlichen Jesus aufrecht und lassen deren Porträt Jesu als wundertätiger, prophetischer, eschatologischer Weisheitslehrer weiter zur Geltung kommen. Die nachösterlichen Überarbeitungen und Erweiterungen der jesuanischen Wort- und Erzähltradition finden ihre abschließende, prägende Formgebung, ihren „dritten Sitz" im Leben, im schriftlichen Evangelium (Marxsen 1956, 12 ff.). Doch beschränkt sich der Redaktor nicht auf die erkennbar bleibenden, stilistischen Zutaten, sondern prägt entweder die gesamte Form nach seinem Stil um (Johannes) oder richtet seinen Stil ganzheitlich nach der vorgegebenen Formsprache aus (Synoptiker) (Dormeyer 1989, 108–131; gegen Marxsen 1956, 14 ff.; s. o. 4.4).

Das gleiche gilt für die Aufnahme der nachösterlich gebildeten Worte und Erzählgattungen. Der Evangelist verleiht diesen Traditionen eine einheitliche Gestalt, indem er im Stil der überlieferten Kleingattungen die tradierten Einzelformen überarbeitet und neue Erzählungen hinzufügt. Die frühe, nachösterliche Christologisierung Jesu in Apophthegmen, Wundergeschichten, Passionsgeschichten und Epiphanien wird fortgeschrieben und mit der jesulogischen Tradition (Logien; Gleichnisse) zu einem einheitlichen Porträt in der Idealbiographie „Erzählevangelium" verbunden. Auch wenn der Evangelist des Johannesevangeliums die Worte und Erzählungen weitgehend in seinen originellen Stil eingeschmolzen hat, läßt er weiterhin deutlich erkennen, daß auch er als historisierender Biograph Traditionen aufgegriffen und ihnen eine große Nähe zu den ursprünglichen Kleingattungen belassen hat (Beutler 1985, 2544–2561; Strecker 1992, 219–231).

So ergibt es sich, daß die formale Gestalt der synoptischen Traditionen, d. s. die Gattungen, *und* der Glaube an die Auferweckung Jesu auf die kerygmatischen Varianten der Biographie einen maßgeblichen

Einfluß gehabt haben. Das heißt aber nicht, daß diese beiden Faktoren ausreichen, Gestalt und Entstehung der Evangelien zu erklären. Weder ergibt eine Addition von überlieferten Perikopen automatisch eine Biographie, noch setzt der Auferstehungsglaube aus sich heraus eine eigene Großgattung (Best 1983, 9–16; Dormeyer 1989, 143–156). Die Einwirkung des Auferweckungsglaubens auf die Form der Jesus-Biographien ist vielmehr analog zu seinem Einfluß auf die Kleingattungen der synoptischen Tradition zu sehen. Als Traditionsträger waren solche Gattungen von der Gemeinde ausgewählt worden, die die theologische Verkündigung in besonderer Weise ermöglichten. Diese Affinität wurde durch Umformungen und Mischbildungen verstärkt. Eine völlige Neuschöpfung erfolgte dagegen nicht (s. o. 5–8). Entsprechendes läßt sich auch für das Evangelium feststellen. Die antike und atl. Biographie ist ausgerichtet auf die Verkündigung eines bedeutenden Menschen. Ihre lockere Formgesetzlichkeit ist offen für Umformungen und Mischbildungen und eröffnet damit die literarische Möglichkeit, von der theologisch einmaligen Gestalt Jesu von Nazareth zusammenhängend in neuer Weise zu erzählen (Dormeyer 1984, 1596–1599).

Innerhalb dieser Idealbiographie bilden sich wiederum die Formen der kerygmatischen Spruch-Biographie und der kerygmatischen Erzähl-Biographien aus. Die kerygmatische, pathetische Geschichtsschreibung über die nachösterlichen Lebensverläufe der Apostel und über die Gesamtentwicklung der Kirche schließt sich als dritte Sonderform der ntl. hellenistischen Geschichtsschreibung, als „Apostelgeschichte", an.

### 10.3.1 Die Spruchquelle Q als ideale Spruch-Biographie

Die Spruchquelle Q hat die geringste Nähe zur historisierenden, hellenistischen Biographie. So hält die Diskussion an, welcher Gattung die Spruchquelle Q zuzurechnen ist oder ob Q eine eigene Gattung konstituiert. Die Gültigkeit der Zwei-Quellen-Theorie wird hier vorausgesetzt; Q ist von den Erzähl-Evangelien des Matthäus und Lukas aufgesogen worden (Kümmel 1973, 13–53; Schmithals 1985, 182–229; Köster 1990, 128ff.; Strecker 1992, 148ff.; s. o. 2.3).

Dibelius ordnete die Spruchquelle Q der „Paränese" zu und bemerkte zur quellenkritischen Erschließung von Q aus Matthäus und Lukas, „daß in anderer Beziehung die Quelle Q uns ein völliges Rätsel geblieben ist" (Dibelius 1959, 234). So erheben sich bei ihm „allerstärkste

Bedenken ... wenn wir die Gattung von Q überdenken. Denn wir haben überhaupt keine Vorstellung davon, ob und in welcher Weise diese stückweise erschlossenen Texte ein Buch gebildet haben könnten. Vor allem ist nichts Sicheres auszumachen über die geschichtliche oder biographische Rahmung, die einzelne Redestücke wahrscheinlich gehabt haben" (Dibelius 1959, 235). Q ist also weder in der Anordnung der ermittelten Textstücke festlegbar, noch in der literarischen Rahmung dieser Texte bestimmbar. Daher schlägt Dibelius vor, „eher von einer *Schicht* als von einer *Schrift* zu reden" (Dibelius 1959, 236). Ähnlich argumentiert Bultmann. Q ist „ein Stadium" innerhalb der „Sammlung" des synoptischen Redestoffs (Bultmann 1957, 354).

Die Vorsicht von Dibelius bei der Rekonstruktion von Q ist ernst zu nehmen. Dennoch hat sich in der folgenden Q-Forschung der Konsens herausgebildet, in der Anordnung von Q den Q-Anteilen im Aufriß von Lukas zu folgen (Taylor 1953, 27ff.; Kümmel 1973, 39; Schenk 1981, 21f.; Laufen 1985, 281ff.; gegen v. Harnack 1907, 175–188: Anordnung nach Matthäus). Wenn die „bewahrende" Einordnung der Q-Texte in den Markusaufriß durch Lukas akzeptiert wird (s. u. 10.3.3), ergibt sich bei der Herauslösung und Aneinanderreihung der Q-Texte aus Lukas eine literarisch gestaltete Rahmung, die mit Parallelen aus Frühjudentum und Hellenismus verglichen werden kann. Außerdem wird ein Vergleich mit dem zeitlich späteren Markusevangelium möglich (vgl. die Anordnung in Taylor 1953, 29f.; Kümmel 1973, 39; Schenk 1981, 136; Laufen 1985, 281–291; Sato 1988, 18f.).

Jülicher/Fascher messen Q Lk an der Form des Markusevangeliums. Es lasse sich Q aus Lk und Mt nicht mehr sicher in seiner „Anlage" rekonstruieren; es fehlen sowohl in Q Lk wie in Q Mt die Leidens- und Auferstehungsgeschichten; Erzählungen sind nur am Anfang mit der Taufe des Johannes, den Versuchungen und der Wundergeschichte vom Hauptmann von Kafarnaum vertreten (Jülicher 1894, 222; Jülicher/Fascher 1937, 337ff.). So handelt es sich um „ein allmähliches Anwachsen von Q aus losen Spruchreihen zu dem *Halbevangelium*, als das es dann in der Literaturgeschichte auf uns stößt" (Jülicher/Fascher 1937, 347; Hervorhebung Verf.). Schulz schließt sich der These vom „Halbevangelium" Q an (Schulz 1972, 24f.). Auch Schmithals folgt dieser These und übernimmt sogar Jülichers These von der Spätdatierung, daß nämlich auf die Endredaktion von Q der Markus-Plan eingewirkt habe (Jülicher/Fascher 1937, 347; Schmithals 1985, 228f.).

Wie es bei der kurzen Zeit zwischen der Abfassung des Markusevangeliums einerseits und der beiden anderen Synoptiker andererseits zu einer Beeinflussung von Q durch Markus gekommen sein soll, die dann in Matthäus und Lukas eingegangen ist, bleibt ungeklärt und völlig hypothetisch. Es gilt außerdem zu klären, ob die Endgestalt von Q wirklich nur eine defizitäre Gattungsform gegenüber dem Markusevangelium darstellt.

Gegen die literarische Unterbewertung von Q als „Halbevangelium", „Schicht" oder „Stadium" arbeitet Robinson die literarische Eigenständigkeit von Q als „Spruchsammlung" heraus. Robinson weist am gnostisch bearbeiteten Thomasevangelium des frühen 2. Jh. nach, daß dieses Evangelium die urchristliche Gattung „Spruchsammlung" als „Evangelium" fortgesetzt hat: „Denn wenn auch das Thomasevangelium seine Sprüche zum großen Teil aus den Evangelien schöpfte, hat es die Gattung der Spruchsammlungen, wenn auch steif und rationalisiert, noch beibehalten ..." (Robinson 1964, 90). Die Einleitung der Thomasschrift heißt entsprechend: „Das sind die geheimen Worte, die der lebendige Jesus sagte und die Didymos Thomas aufschrieb" (ThEv 80, 10–11). Die Unterschrift am Ende des Werkes trägt wiederum den Titel, wie er Anfang des 2. Jh. für die Evangelienbücher üblich wurde: „Das Evangelium nach Thomas" (ThEv 99, 27–28; Hengel 1984, 18 f.). Die Gattung „Worte" = Spruchsammlung wurde der Großgattung Evangelium zugerechnet (Robinson 1964, 81).

Früher als das Thomasevangelium sind die protorabbinische Spruchsammlung ›Pirqe Aboth‹ (Sprüche der Väter), die frühjüdischen Testamente der 12 Patriarchen (Dan 1, 1 f.; Naph 1, 5 u. ö.), die atl. Sprüche Salomos (Spr 1, 1) und das atl. Spruchbuch Kohelet (Koh 1, 1; Robinson 1964, 92 ff.). Diesen Spruchsammlungen von „Weisen" ist Q zuzurechnen (vgl. Küchler 1979, 174 f. mit weiteren frühjüdischen Schriften). Entsprechend wird von Q „ein Verständnis Jesu als eines sophos suggeriert" (Robinson 1964, 96; Kloppenborg 1987, 317 ff.). Robinson ist es zweifellos gelungen, an die Stelle der literarischen Mangelgattung „Halbevangelium" die damals übliche Gattung „Spruchsammlung" zu setzen. Daß die Spruchsammlung im 2. Jh. auch als Evangelium bezeichnet werden konnte, liegt allerdings nicht nur an den nachträglichen Evangelienüberschriften, sondern auch an der Verwendung des Verbs euaggelizo in Q. Das Apophthegma von der Frage des Täufers nach der Identität Jesu endet mit dem Zitat Jesu aus Trito-Jesaja 61, 1: „... und Armen wird das Evangelium verkündet" (Lk 7, 22; Mt 11, 5).

Da in den Gnomen und anderen Worten Jesu die Metapher Evangelium fehlt (s. o. 5), ist dieses Apophthegma in Q die einzige Schlüsselstelle, den Evangeliumsbegriff über den Verbgebrauch auf den vorösterlichen Jesus zurückzuführen (Friedrich ThWNT 2 [1935], 725;

vorsichtig Stuhlmacher 1968, 223 f.; 143 f.). Während die Erschließung des Selbstbewußtseins Jesu als eschatologischer Freudenbote aufgrund der singulären Zitierung von euaggelizo unsicher bleibt (Frankemölle 1988, 137 f.), nimmt dieser einmalige Gebrauch in Q eine zentrale Stellung ein. Dieses Zitat greift unmittelbar auf die Wundergeschichte vom Hauptmann von Kafarnaum und auf die programmatische Eröffnungsrede zurück. Mit dem Zitat wird an dieser Stelle die Erfüllung der Heilserwartungen ausgesagt, die am eschatologischen Freudenboten des Trito-Jesaja hängen. Jesus erweist sich durch Rede und Tat als dieser letzte, das Heil endgültig bringende Freudenbote. Jesu Worte und Taten sind damit wie bei den späteren Synoptikern „Evangelium".

Über Robinson hinaus läßt sich festhalten, daß der Evangeliumsbegriff bereits in Q zentral verankert ist und daß Q über die Rolle des Weisheitslehrers hinaus Jesus mit dem prophetischen, eschatologischen Freudenboten identifiziert. Außerdem ist das Vergleichsmaterial um hellenistische Spruchsammlungen wie die Worte der 7 Weisen, das Encheiridion Epiktets, die Gnomen des Sextus, des Pseudo-Phokylides und des Menander u. a. zu erweitern (Küchler 1979, 236–318).

Ist Q aufgrund der prophetischen Anteile ein prophetisches Buch? Sato erhebt eine Reihe von Bedenken gegenüber dem weisheitlichen Charakter von Q:

„a Q schreibt alle Worte Jesu zu ..."

„b Die meisten Q-Sprüche zeigen bestimmte Adressaten ..."

„c Ein anderes Moment ist die einzigartige endzeitliche Gesamtausrichtung ..."

„d In Q steckt am Anfang ein chronologisch-biographisches Moment ..."

„e Manche Spruchsammlungen haben eine Einleitung für jeden Vers ... Aber bis auf eine Ausnahme – das Gleichnispaar Lk 13, 18 f. 20 f. par – findet sich solches bei Q nicht."

„f In Q gibt es viele prophetische Mikrogattungen ..."

(Sato 1988, 4 f.).

Mit Ausnahme des letzten Arguments überzeugen diese Einwände nicht. Es ist richtig, daß die Gnomen Jesu eschatologisch ausgerichtet und von der Person Jesu abhängig sind und bestimmte Adressaten wie die Jünger meinen können. Doch diese Eigenart macht die weisheitlichen Sentenzen noch nicht zu prophetischen Aussprüchen, sondern weist Jesus in Analogie zu hellenistischen Philosophen die einmalige Vollmacht als eschatologischer Weisheitslehrer zu (s. o. 5.1.3–4; 5.7; Kloppenborg 1987, 319 ff.). Das Bedenken „e" mit den stereotypen

Einleitungen trifft sowieso nur für einige Sammlungen zu und hat daher für Q keine Aussagekraft. Biographische Apophthegmata („d") wiederum können in jeder Spruchsammlung auftauchen. Epiktet z. B. nimmt auf das Leben des Sokrates Bezug (Epiktet, Encheiridion 51–53). Diogenes Laertius schließt an seine Epikur-Biographie (Buch 10) die „Hauptlehren" Epikurs an, die aus 40 Sentenzen bestehen (Diogenes Laertius 10, 139–154). Die spezifische biographische *Gestaltung* des Anfangs von Q: „das Auftreten des Täufers – seine Rede – Jesu Taufe – der Gang in die Wüste/Versuchung" weicht allerdings deutlich von den hellenistischen Spruchsammlungen ab (Sato 1988, 4). Darin ist Sato recht zu geben. Denn der Anfang von Q verläuft ja parallel zum Anfang der späteren Erzählbiographie des Markus.

Beide greifen sie in den Eröffnungsszenen auf die Gattung der atl. Ideal-Biographie der Propheten zurück. Denn sie beginnen wie die atl. Biographien, angefangen von Mose bis Nehemia, mit der Einsetzung (Baltzer 1975, 185 f.: nur Markus). Allerdings muß gegen Sato festgehalten werden, daß der atl. Prophetentitel weit mehr als nur die sogenannten „Schriftpropheten" umfaßt. Alle charismatischen Führer des Anfangs Israels, beginnend mit Mose, fallen unter den Begriff Prophet (Dtn 18, 15). Erst mit David setzt die Aufspaltung in ein Königsamt und ein Prophetenamt ein. David ist als König kein Prophet, aber Nathan ist ausschließlich Prophet (Baltzer 1975, 86). In Nehemia kommen in der Nachexilszeit prophetisches Charisma und politische Führung zwar wieder zusammen, aber in neuer Weise. Nehemia ist idealer, charismatischer „Statthalter" (Neh 10, 2), aber weder König noch Prophet (Baltzer 1975, 180 f.).

„Prophetenbuch" als Gattung für Q läßt sich also keineswegs mit Sato auf die Bücher der Schriftpropheten einengen (Sato 1988, 4), sondern muß alle biographischen Partien des Pentateuchs und der Geschichtsschreibung zusätzlich miteinbeziehen.

Das letzte Argument „f" von Sato, die Fülle von prophetischen Mikrogattungen in Q, ist aus der nachexilischen Situation der Schriftbildung zu verstehen, wie auch Sato einräumt (Sato 1988, 336 ff.). In der Apokalyptik ab dem 2. Jh. v. Chr. findet eine Vermischung von weisheitlichen und prophetischen Kleingattungen statt (s. o. 5.7; s. u. 11). Weisheitliche Legenden wie die vom Pagen Daniel am persischen Hof werden mit prophetischen Visionen aufgefüllt (Koch 1980, 88 ff.). Umgekehrt werden die Bücher der Schriftpropheten erst im 3.–2. Jh. v. Chr. abgeschlossen (s. o. 2.2). Apokalyptische Partien wie Jes 24–27 werden kurz davor eingeschoben. Aber auch weisheitliche Sprüche und Erzählungen werden eingefügt. In Amos, das ungefähr so umfang-

reich wie Q ist und mit Hosea die Schriftprophetie eröffnet, gehört das
weisheitliche Gleichnis Am 3, 12 der nachexilischen Schicht an ebenso
wie die indikativen und imperativen Mahnsprüche Am 5, 13–15 (diese
Hinweise verdanke ich der ausgezeichneten Examensarbeit von Fr. Ul-
rike Strobach; vgl. zu 3, 12 Westermann 1984, 13–27 gegen Wolff 1969,
234 ff.: „Disputationswort" des vorexilischen Amos; zu 5, 13–15 Wolff
1969, 293 f.: „Weisheit" der vorexilischen Amosschule). Auch haben
die umfangmäßig „kleinen" Bücher der „Zwölfpropheten" keine Ein-
setzungsberichte, sondern nur die drei „großen" Propheten Jesaja
(Jes 6), Jeremia (Jer 1) und Ezechiel (1, 1–3, 15) in Fortsetzung der Idealbiographie (Baltzer 1975, 107 f.).
   Der Redaktor von Q hat daher nicht auf eine schematisierte, atl.
Gattung „Prophetenbuch" zurückgreifen können (gegen Sato 1988,
83–96), sondern hat die Mischverfahren der Nachexilszeit weitergeführt. Er hat in Analogie zu frühjüdischen und hellenistischen Spruchsammlungen unter Einbeziehung der atl. Ideal-Biographie eine eigene
Gattung der Ideal-Biographie geschaffen; das „Spruch-Evangelium"
mit der Einsetzung als Erzählrahmen und weiteren Erzählungen im
Hauptteil (Köster 1984, 1515; Kloppenborg 1987, 325 ff.; Strecker
1992, 168 ff.; gegen Aune 1987, 52: kein Evangelium). Sachlich trifft
Sato diese Entwicklung mit der Differenz zwischen der apokalyptischen Vermischung von Weisheit und Prophetie (Sato 1988, 344 ff.) und
den prophetischen Neuakzentuierungen in der Zeitenwende: „Johannes der Täufer stellt eine prophetische ‚Mutation' innerhalb der apokalyptischen Strömung dar. Jesus steht in derselben Linie und führt diese
*Re-prophetisierung der Apokalyptik* zu ihrem Höhepunkt" (a.a.O.,
373).
   Doch wie in Jesu Rede die weisheitlichen Gattungen Gnomen und
Gleichnisse noch immer wie in der Apokalyptik dominieren, so bleiben auch in Q trotz überproportionaler Vermehrung der prophetischen Mikrogattungen nach Ostern die weisheitlichen Kleingattungen
deutlich in der Überzahl.
   Der Redaktor von Q steht nicht unter dem „Zwang" der Gattung
Prophetenbuch, wenn er wie diese die Passionsgeschichte ausläßt
(a.a.O., 383), sondern schließt aufgrund seiner Menschensohnchristo-
logie mit dem Ausblick auf die Parusie des zum Menschensohn erhöhten Jesus (s. o. 5.3.1) und verweist vorher mit einer Weisheitssentenz
(Lk 14, 27 par) auf sein irdisches Leiden (Strecker 1992, 168). Den unterschiedlichen Konzeptionen von Spruch- und Erzähl-Evangelium
entsprechen auch unterschiedliche Konzeptionen der Christologie.
   Jesu Reprophetisierung und das verstärkte Weitergehen der Prophe-

tie bei den Wandercharismatikern von Q führt nicht zur anachronistischen Imitierung der atl. prophetischen Mikro- und Makrogattungen, sondern bleibt im großen Strom der apokalyptischen, weisheitlich-prophetischen Literatur weiterhin eingebettet. Aufgrund der gattungsmäßigen Nähe der Spruchbiographie Q zu der erzählenden Idealbiographie konnten die späteren Redaktionen des Matthäus und Lukas Q in den Rahmen des Markus einordnen (s. u. 10.3.3).

## 10.3.2 Das Markusevangelium als erzählende Idealbiographie

Der Anfang des Markusevangeliums mit der Einsetzung Jesu zum Gottessohn entspricht dem Anfang der atl. Prophetenbiographie mit dem Berufungsbericht (Baltzer 1975, 185f.; Robbins 1984, 76–82). Die Kontrastierung von Johannes dem Täufer und Jesus, die das ganze Evangelium durchzieht, findet ebenfalls in den Prophetenbiographien von Elija und Elischa, Samuel und Eli, David und Saul ihre Vorbilder (Dormeyer 1984, 1588).

Nach dem Anfang fällt noch deutlicher die biographische Prägung des Abschlusses des Markusevangeliums auf. Der Tod ist die entscheidende Grenzsituation; er diktiert der Biographie zwangsläufig das Ende. Umgekehrt läßt sich sagen, daß eine Erzählung, in der das Sterben und der Tod der Hauptperson den Abschluß und den Schwerpunkt bilden, biographische Züge tragen muß (Dihle 1956, 7–12; Petersen 1985a, 103; Schenke 1988, 145ff.; Strecker 1992, 128–148). Markus stellt das „Messiasgeheimnis" in den Mittelpunkt (Wrede 1901, 22–150; Minette de Tillesse 1968, 223–396). Die Gottessohnschaft wird zu Beginn nach der Johannestaufe von Gott allein Jesus geoffenbart, dann in der Mitte des öffentlichen Wirkens anläßlich des Messiasbekenntnisses des Petrus von Gott drei Jüngern verkündet, im Prozeß und während der Kreuzigung öffentlich unter Unverständnis von Menschen gefragt und bekannt und dann wieder vom Engel vor den Frauen am Grab bestätigt. Es findet eine zunehmende Epiphanie der verborgenen, einmaligen, heilstiftenden Gottesbeziehung Jesu durch Gott selbst statt, die erst vom Kreuzesleiden her richtig verstanden werden kann. Auch die von Anfang an öffentliche und immer umfassender werdende Selbstbezeichnung Jesu als der apokalyptisch bevollmächtigte, leidende, auferstehende und in Zukunft herrscherlich in Erscheinung tretende Menschensohn bleibt bis zur Auferweckung unverstanden (näher zur Christologie: Dormeyer 1984, 1601–1632).

Das Personengeheimnis der Hoheitstitel Sohn Gottes und Christus bleibt also bis zur Passion als Offenbarungsgeheimnis gewahrt, während die Geheimhaltung der Heilungswunder als paradoxer Verweis auf den noch verborgenen, vollen Sinn der Wunderhandlungen von den Hörern übertreten werden darf (Luz 1979, 217). Denn bis zur Auferweckung bleibt das Leiden Jesu als Element der Wunderheilung, der gesamten, offen verkündeten Lehre und des Menschensohntitels unverstanden, während diese öffentlichen Handlungen Staunen hervorrufen und in die Entscheidung von Glauben und Unglauben stellen. So erhält die Passion ein solches Gewicht, daß das ganze Buch als eine „Passionsgeschichte mit ausführlicher Einleitung" bezeichnet worden ist (Kähler 1969, 59f.). Auch wenn diese Charakterisierung die Stellung der Passion überpointiert, so verdeutlicht sie, daß der Kreuzestod Jesu eine Folge der gesellschaftlichen Konflikte ist, die bald nach dem Prolog einsetzen (2, 1 ff.) und das vollmächtige Auftreten Jesu, das den Hauptteil bestimmt, auf die Passion hinordnen. Dabei bleibt aber das Markusevangelium eine Idealbiographie mit den polaren Spannungsbögen von geheimer, göttlicher Offenbarung und öffentlicher Vollmacht, die ihre Höhepunkte jeweils in der Verklärung und im Messiasbekenntnis haben und so eine Zentralkomposition schaffen, die der Passionsgeschichte gleichgewichtig vorangeht.

Innerhalb der Konflikte gibt es keine dramatische Steigerung. Die Todfeindschaft der Pharisäer entsteht gleich zu Anfang des Streits (3, 6) und hält sich über die Gruppe der pharisäischen Schriftgelehrten bis zum Schluß durch. Auch das Mißverständnis des Volkes gegenüber Wirken und Person Jesu und das Unverständnis der Jünger bleiben durchgängig bestehen (Minette de Tillesse 1968, 264–278). In epischer Breite wird die geheimnisvolle Sonderstellung Jesu ständig umkreist. Wohl aber wandelt sich der Gehalt der Konflikte und Einsichten, so daß deutlich Abschnitte entstehen. Die Mitakteure Jesu sind komplexe Charaktere mit begrenzten Entwicklungsmöglichkeiten.

Nach Robbins werden die *Jünger* im 1. Teil (1, 16–3, 6) in die Gemeinschaft mit Jesus eingeführt. Im 2. Teil (3, 7–12, 44) werden sie zum Zwölferkreis berufen und lernen in aufeinanderfolgenden Sequenzen das Geheimnis der Gottesherrschaft (3, 7–5, 43), üben selbständig die Lehre Jesu in Wort und Tat aus (6, 1–8, 26), werden von Jesus über den Sinn des Leidens belehrt (8, 27–10, 46) und repräsentieren gemeinsam mit Jesus in der Öffentlichkeit das neue System von Ideen, Ethik und Handeln (11, 1–12, 44) (Robbins 1984, 125f.). Das Unverständnis gehört zum Lernwiderstand und signalisiert nicht völlige Handlungsunfähigkeit (Best 1983, 47ff.).

Auch die *Gegner* „lernen", obwohl sie sich nach den ersten Konflikten zur Todfeindschaft gegen Jesus verhärten (3, 6). Es geht zunächst nicht um den messianischen Anspruch, sondern um Fragen des Gesetzes. Ein deutliches Beispiel dafür ist sogleich der erste Konflikt: der Streit um die Sündenvergebung im Rahmen eines Heilungswunders (Mk 2, 1–12). Es läßt sich im Markusevangelium folgende Verschiebung der Konflikte festhalten:

| Schriftgelehrte | Hohepriester | |
|---|---|---|
| Pharisäer | Älteste | Prokurator |
| Gesetzesinterpretation | Messiaserwartung | |
| Gottesverständnis | (Tempelkult) | Königsanspruch |
| (Messiaserwartung) | 11, 1–14, 72 | 15, 1–47 |
| 2, 1–10, 52 | | |

Die Verschiebung wird dadurch möglich, daß die einzelnen Gruppen, die zugleich Institutionen repräsentieren, sukzessiv eine Koalition aufbauen. Die unvorhersehbare prophetische Zeichenhandlung Jesu, den Tempelvorhof vom Opferhandel zu reinigen (11, 15–19) und sich damit in prophetischer und indirekt messianischer Weise über die Hohenpriester zu stellen (s. o. 8.3.2), wird zufälliger Anlaß zu der verhängnisvollen Koalitionsbildung. Allerdings ist diese Koalition eine konsequente Folge der Verstockung gegenüber Jesu Botschaft von der Gottesherrschaft (4, 10–12). Gott deckt im apokalyptischen „Muß" der Leidensweissagungen (8, 31–33 u. ö.) die Gewalt gegen Jesus als Konsequenz der Ablehnung seiner Botschaft auf. Pharisäer, Schriftgelehrte und die anderen herrschenden Gruppen vertiefen im Verlauf des Wirkens Jesu die Verstockung und wechseln von der Dialogbereitschaft zu gewalttätigem Handeln.

Unter einem Spannungsbogen des Lernens steht auch das *Volk*. Es verhält sich durchgängig positiv gegenüber Jesus. „Es kommentiert und unterstreicht Jesu Wirken" (Schenke 1988, 95). Daher erhält es Anteil an der Jüngerbelehrung. In deutlicher Nähe zu den Jüngern hält es Gemeinschaft mit Jesus, erfährt voll Vertrauen und Staunen über seine Wundertaten und durchbricht den Geheimhaltungsauftrag der Wunder, ohne aber Jesu endzeitliches messianisches Amt und endzeitliches Leiden zu erkennen und zu vestehen (1, 21–3, 6). Es wird in einem Apophthegma mit den Jüngern zur erweiterten Familie Jesu erklärt (3, 31–35) und erhält in Gleichnissen und in allegorischer Auslegung gemeinsam mit dem Zwölferkreis „das Geheimnis der Gottesherrschaft" anvertraut (4, 1 f. 10–12. 33 f.). Nach dem Messiasbekenntnis des Petrus gibt Jesus Volk und Jüngern gemeinsam Anweisungen zur Nachfolge im Leiden (8, 34–38). Gemeinsam mit den Jüngern bereitet das Volk Jesus den feierlichen Einzug in Jerusalem und repräsentiert so in der Öffentlichkeit das neue System von Ideen und Handeln (11, 1–12, 44). Es vertraut auf Jesus als dem zu Wunder und Weisheit befähigten, außergewöhnlichen Nachkommen der Davidsdynastie (Sohn Davids) innerhalb dieser Weltzeit (10, 47.48; 11, 10; 12, 35–37), gelangt aber nicht zum Glauben an die eschatologische messianische Gottesherrschaft. Entsprechend verängstigt rechnen die Gegner Jesu das Volk zu seiner Anhängerschaft (11, 18). In der Passion gelingt es allerdings den Hohenpriestern, das Volk auf ihre Seite zu ziehen (15, 8). Das Volk bleibt auf die Anwesenheit, das „Mit-Sein" der Jünger angewiesen (3, 14; 4, 10.34; 6, 10.30.40; 13, 37). Verlassen die Jünger wie in der Passion Jesus und das Volk, so verläßt auch das Volk Jünger und Jesus. Simon von Cyrene bildet am Schluß die exemplarische Ausnahme, weil er zur Kreuzesnachfolge bereit ist (15, 21).

Das Volk ist der Pool, der Jesu Botschaft mit Staunen aufnimmt und das Geheimnis der Gottesherrschaft mitverwaltet, der die zur Umkehr und Kreuzesnachfolge Entschlossenen als Jünger bereitstellt, der aber auch für die Propaganda der Gegner anfällig bleibt (15, 8). Die volle Integration des Volkes in die angebrochene Gottesherrschaft ist die gemeinsame Aufgabe von Jesus und Jüngern (Kampling 1992, 215f.).

Die biographische *Familie* verhält sich quer gegenüber Jüngern und Volk. Sie stellt sich in der Frage nach der Wundervollmacht Jesu auf die Seite der gegnerischen Schriftgelehrten (3, 20–35). In der Abschlußrede Kapitel 13 läßt Jesus es aber offen, ob seine biographische Familie in der apokalyptischen Feindschaft verharren wird (13, 12). Vielmehr läßt er sich provokativ nach seiner Mutter „Sohn der Maria" (6, 3) nennen. Die biographische Familie ist in die Entscheidung gestellt, mit den Jüngern und dem Volk die erweiterte Familie Jesu zu bilden oder sich dem „Willen Gottes" in Jesus zu verweigern (3, 31–35) (Dormeyer 1989a, 122f.; s. o. 5.1.3: G 18).

Zugleich ist die biographische Familie der Ideenspender für die Sohn-Gottes-Metaphorik, die mit 1, 1.11 einsetzt. Gott beruft Jesus von Nazareth zu seinem „geliebten Sohn" (1, 11). Jesus überträgt biographische Urerfahrungen auf Gott (Vater) und Anhänger (Brüder, Schwestern) und gestaltet die familiale Primärsituation aufgrund der Gottes-Metaphorik um (Lategan 1989; s. o. 5.1.3–4; 5.4). Jesus wird zum „Sohn der Maria", weil er biographische Beziehungen nur innerhalb der in ihm angebrochenen Gottesherrschaft akzeptiert. Anstelle des herrschenden Patronyms setzt Jesus vollmächtig das ungewöhnliche Matronym „Sohn der Maria" (Dormeyer 1989a, 127ff.). Als „geliebter Sohn" des göttlichen Vaters (1, 11) lebt Jesus eine Autonomie, die der Autonomie als der biographische Sohn der Maria entspricht (vgl. den Bruch mit der Familie 3, 21 f., 31–35). Er rechtet mit dem Vater (14, 32–42) und stirbt mit der Klage über das Verlassen-Sein am Kreuz (15, 34).

So gibt es von Kapitel zu Kapitel im Rahmen von Raum und Zeit eine Veränderung, eine Transformation der Verkündigung Jesu und der Interaktionen der Akteure, die eine „historisch-biographische Ordnung" erzeugen (Kühschelm, NBL 1 [1991], 618). Nach der geheimen Einsetzung (1, 2–15) erlebt Jesus einen erfolgreichen Anfang in der heimatlichen Nachbarstadt Kafarnaum (1, 16–45). Es folgten die Rückschläge, Konflikte und Vertiefungen seiner Verkündigung in Galiläa (2, 1–8, 26; 8, 27–9, 50). In Peräa, Judäa und Jerusalem wiederholen sich erfolgreicher Anfang und Konfliktaustragung in neuer Weise (10–13) (ähnlich Schenke 1988, 61 ff.). Die Passion bildet den gewaltsamen Abschluß der Verkündigung und das biographische Ende (14, 1–16, 8). Dazu erstreckt sich ein unverkennbarer, unter Geheimhaltung stehender Spannungsbogen von der geheimen Einsetzung Jesu zum Sohne Gottes mit dem vollmächtigen Verkündigungsauftrag bis zum öffentlichen Bekenntnis beim Kreuzestod und nach der Auferweckung (Best 1983, 128–134; Robbins 1984, 197–215).

Mit dieser Gliederung verbleibt das Markusevangelium innerhalb der Möglichkeiten der atl. und antiken Biographie. Es braucht in dieser Gattung keine Entwicklung der Charaktere vorgestellt werden. Wenn Plutarch oder Sueton bei einzelnen Lebensläufen dem Leser eine Persönlichkeitsentwicklung in ihren Möglichkeiten und Grenzen aufgezeigt haben, so handelt es sich um das beiläufige Ergebnis einer literarisch anspruchsvollen Schreibweise, nicht um das Erfordernis der Gattung. Was die karge, aber durchaus komplexe Beschreibung der mit Amt, Geist und Vollmacht ausgestatteten Persönlichkeit Jesu angeht, so ist das Evangelium in diesem Punkt eher mit der volkstümlichen Apollonius-Biographie des Philostratos, mit den Pythagorasviten des Jamblichus und Porphyrius, mit den Biographien des Lukian oder mit den Apomnemoneumata des Xenophon zu vergleichen (Burridge 1992, 128–191).

Sie alle folgen dem Prinzip der peripatetischen Biographie, die Persönlichkeit aus ihren Handlungen (Tat und Rede) zu charakterisieren. Und Jesus tritt uns in seinen Handlungen nicht als Exempel menschlicher Entwicklungsmöglichkeiten entgegen – das wäre erst das Ideal des neuzeitlichen Entwicklungsromans –, sondern als ‚Amtsträger' einer einmaligen, theologischen Vollmacht, die mit den Hoheitstiteln ‚Sohn Gottes, Christus' und der Tätigkeit ‚Evangelium verkünden' zu

Anfang charakterisiert wird. Im Verlauf des Buches treten dann weitere Hoheitstitel (Menschensohn) und Tätigkeiten (Lehren, Wundertätigkeiten, Prophezeien) hinzu. Das apokalyptische Geheimnis des Amtes wird stufenweise gelüftet, erst den unverständigen Jüngern, dann den unverständigen Frauen. Die öffentlichen Handlungen Jesu füllen diese göttlichen Offenbarungen der Verklärung und der Auferweckung zusätzlich mit geschichtlichen Erfahrungen auf. Mit diesem Amtsverständnis ist die Nähe zu den Biographien atl. und frühjüdischer Amtsträger und zu den Biographien antiker Philosophen, deren Amt ebenfalls ‚göttliche‘ Legitimation trug, erneut gegeben (Philostratos, Apollonius 4,4.39; Berger 1984, 1242; Köster 1990, 26ff. 292). Der Aufbau des Markusevangeliums ist eine individuelle Leistung der Verbindung der ostantiken Prophetenbiographie mit der hellenistischen Philosophenbiographie. Auch diese Verschmelzung paßt zur Gattung, weil z. B. Plutarch und Sueton jeweils ein individuelles Formschema für ihre Biographie entwickelt haben (Dihle, 1983; zum spezifischen Autorstil s. o. 4.4).

### 10.3.3 Die Evangelien nach Matthäus, Lukas und Johannes als erzählende Idealbiographien

Alle vier Evangelien werden von zwei sich wechselseitig beeinflussenden Handlungsbögen geprägt. Das Verhältnis zwischen Gott und Jesus von Nazareth konstituiert den christologischen Handlungsbogen, das Verhältnis zwischen Jesus und den Interaktionspartnern konstituiert den biographischen Handlungsbogen.

Die literarische Gestalt der Markus nachfolgenden Evangelien kann hier nur angedeutet werden. Den Aufriß des Markus erweitert *Matthäus* (Neirynck 1982, 22ff.; Dormeyer 1984, 1630ff.; Luz 1, 1985, 24; Strecker 1991, 133ff.). Er gibt in der Kindheitsgeschichte den Christustitel öffentlich bekannt, begrenzt aber während des öffentlichen Wirkens die Weitergabe des Christus- und Sohn-Gottes-Titels auf den Jüngerkreis. Erst nach Ostern setzt die weltweite Mission ein. Nur der zur Passion bereite Leser vermag hoheitsvolle Gottesbeziehung und Kreuz als Einheit zu sehen und zu verkünden.

Luz erkennt daher als tragendes Handlungsgerüst des Matthäusevangeliums ebenfalls einen doppelten Handlungsbogen: „Er hat die ethische Verkündigung Jesu vom Gottesreich an die Geschichte von Gottes Handeln mit Jesus gebunden" (a. a. O., 26; dazu näher Dormeyer 1992, 1366 ff.). Während Matthäus den markinischen, göttlichen Handlungsbogen nur mit geringfügigen Änderungen beibehält, vermehrt er den menschlichen Interaktionsbogen um eine Fülle von Material und gibt ihm eine selbständige Prägung. Besonders bestimmend für die Gliederung werden die fünf großen Reden, die Matthäus selbständig schafft. Die Bergpredigt (5, 1–7, 29) leitet nach der Kindheitsgeschichte, der Taufe, der Versuchung und der ersten Jüngerberufung das öffentliche Wirken programmatisch ein. Die Aussendungsrede (10, 1–11, 1) schließt die Wunder und Berufungen ab, die die Bergpredigt in Handlungen umsetzen. Der neu gebildete Zwölferkreis ruft ganz Israel zur Umkehr auf. Doch der volle Erfolg bleibt aus wie bei Markus für Galiläa. Auf die Apophthegmen über Johannes den Täufer und die Streitgespräche mit den Pharisäern, den Schriftgelehrten und der Familie folgt wie bei Markus die Rede über das Himmelreich (13, 1–13, 53), die anhand von Gleichnissen die Spannung von unscheinbarem Anbruch der Gottesherrschaft in Jesus und nahe bevorstehender Vollendung aufzeigt. Danach geht es, der markinischen Zentralkomposition entsprechend, weiter bis zum Messiasbekenntnis des Petrus, der Verklärung und Epiphanie auf dem Berge, den Leidensvoraussagungen und den abschließenden Wundern in Galiläa. Vor die Wanderung Jesu durch den Jordangraben auf dem Gebiet Peräas nach Jerusalem schiebt Matthäus die vierte Rede über die ideale Jüngerschaft ein (18, 1–18, 35). Die markinische Rede über die nachösterliche Zeit am Ende des öffentlichen Wirkens in Jerusalem übernimmt er an der entsprechenden Stelle und erweitert sie um eine Weherede gegen die Pharisäer und Schriftgelehrten und um eine Parabelrede (23, 1–25, 46). Durch diese fünf großen Redekomplexe wird Jesus in seiner Funktion als Gründungslehrer betont. Er liefert seiner Gemeinde in Wort und Tat ein Vorbild für die Nachfolge (Strecker 1962, 184 ff.).

*Lukas* erweitert die Zentralkomposition des Markus zur biographischen Dreiergliederung Galiläa – Reisebericht – Jerusalem. Der Reisebericht (9, 51–19, 27) gestaltet die markinische Wallfahrt durch den Jordangraben auf der Seite Peräas nach Jerusalem (Mk 10, 1–52) zu einem eigenen Hauptteil aus, der gleiches Gewicht wie die vorhergehende Zeit in Galiläa und die nachfolgende Zeit in Jerusalem erhält. Jesus wiederholt und vertieft bei der Reise sein Auftreten als wundertätiger, prophetischer Weisheitslehrer mit den Reden und Taten, die Lukas außerhalb von Markus in der Spruchquelle Q und in Sonderquellen vorgefunden hat. Die nachfolgende Zeit in Jerusalem orientiert sich wieder an Markus. Der markinische, göttliche Handlungsbogen bleibt ebenfalls gewahrt. In der zusätzlich vorgeschalteten Kindheitsgeschichte werden zwar Christus- und Sohn-Gottes-Titel unterschiedlichen Personen verkündet (Lk 1,32–2,49), dann aber werden sie während der öffentlichen Epiphanie bei der Taufe nur von Jesus gehört und aufgenommen (3,21 f.). Mit den Leidensweissagungen werden sie nach der zweiten Epiphanie auf dem Berg ebenfalls unter das „Leidensgeheimnis" gestellt (9,43b–45). Erst aufgrund der Auferstehung können Hoheit und Leiden von der Öffentlichkeit als Einheit verstanden werden.

*Johannes* stellt in seinem Prolog die Präexistenzchristologie an den Anfang, die in den Glaubensformeln und Liedern schon anklingt (s. o. 6.1–2), ohne die Idealbiographie zu sprengen (Zeller 1988, 173 f.). Der Logos Gottes steigt herab und inkarniert sich in Jesus von Nazareth. Doch proklamiert Jesus nicht seine Würde aus eigener Vollmacht, sondern unterzieht sich wie bei Markus der Johannestaufe, um sein öffentliches Wirken zu eröffnen. Die sich dabei ereignende Epiphanie wird von Johannes dem Täufer wahrgenommen und bezeugt (Joh 1,29–34). Der göttliche Handlungsbogen bleibt mit der Verherrlichungs-Proklamation der Himmelsstimme in Jerusalem unmittelbar vor der Passion (12,28 f.) und mit den Erscheinungen des Auferstandenen nach dem Kreuzestod (20–21) erhalten. Während des öffentlichen Auftretens geht Jesus allerdings andere Wege als in den synoptischen Evangelien. Er pendelt beständig zwischen Galiläa, Jerusalem und Samaria hin und her, so daß aufgrund der Raum- und Zeitangaben nach Johannes ein dreijähriger Wirkungszyklus entsteht (Kümmel 1973, 166), während die Synoptiker nur einen einjährigen Zeitraum schaffen.

Auf der zwischenmenschlichen Ebene findet ein Prozeß der wachsenden Bekanntwerdung des Christus- und Sohn-Gottes-Anspruchs Jesu statt. Er kulminiert in dem Doppelbekenntnis der Martha 11,27, das das letzte Bekenntnis anderer gegenüber Jesus bleibt. Diese Vertiefung des Glaubens in der sich ausbreitenden Schar der Anhänger (1,41 Andreas, 1,49 Nathanael, 4,29 die Samariterin, 7,41 Teile des Volkes [Ochlos], 11,27 Martha) – Johannes der Täufer nimmt als „Zeuge" (martys) eine Sonderrolle ein – wird kontrapunktiert von dem sich steigernden Unverständnis der immer stärker und entschlossener werdenden Gegner. 7,26–29 zeigen das „Jerusalemer" Unverständnis, aber noch nicht Todfeindschaft. 7,40–44 spaltet sich das Volk in Bekennende und Unverständige. 10,24 fordern die „Juden" (Sammelbezeichnung für die jüdischen Autoritäten) ein Messiasbekenntnis in aller Offenheit (parresia). 12,34 schließt sich das Volk insgesamt endgültig dem Unverständnis der jüdischen Autoritäten an. Die öffentliche Verkündigung der Hoheit Jesu stößt ständig auf Mißverständnisse. Diese führen schließlich zur Passion, die auch die Proklamation der Himmels-

stimme nicht aufhalten kann, da sie mißverstanden wird. Als zukünftiges Mitglied der himmlischen Welt mit der Gewißheit künftiger Ver-
herrlichung sagt Jesus in den Abschiedsreden (13, 1–17, 26) sein Leiden, seinen Tod und seine Erhöhung voraus und durchleidet anschließend vorbildlich seine Passion. Der auferstandene Jesus von Nazareth
geht dann in die Herrlichkeit des Vaters endgültig ein und bleibt für die
Welt und besonders für seine Gemeinde der Lebensspender.

## 10.4 Die Apostelgeschichte als hellenistische Geschichtsschreibung

In dem lukanischen Doppelwerk werden die einzelnen Bücher durch
die Vorworte (Lk 1, 1–4; Apg 1, 1–8) klar voneinander getrennt. Lukas
wird vom ntl. Kanon zu Recht als Evangelium klassifiziert und bereits
in der Mitte des 2. Jh. mit den anderen Evangelien zum Viererkanon
zusammengestellt (Irenäus, adv. haer. 3, 11, 8; s. o. 2.3; gegen Aune
1987, 77: Lukas sei im Unterschied zu den anderen Evangelien eine Geschichtsschreibung). Die Apostelgeschichte erhält ebenfalls im 2. Jh.
den unterscheidenden Titel ›praxeis apostolon‹, der nicht auf die
Praxis-Literatur von Alexander (Alexanderroman 3. Jh. n. Chr.) oder
von Hannibal (Sosylos 2. Jh. n. Chr.) eingeengt werden darf, sondern
umfassend Taten und Worte von Personen innerhalb von Geschichts-
werken bezeichnet (Polybios 1, 1, 1; 9, 1, 5–6; Aune 1987, 78 gegen die
Mehrheit der Kommentare: ungeeignete Überschrift; s. o. 3.8).
Mit der ›Apostelgeschichte‹ greift Lukas die pathetische Geschichtsschreibung mit dramatischem Episodenstil in Parallele zum Zweiten
Makkabäerbuch auf (Plümacher 1978, 513 ff.; Strecker 1992, 234–258).
Er stellt in idealtypischer Weise die Ausbreitung des Logos von Jesu
Worten und Taten von der Urgemeinde in Jerusalem bis zur Reichshauptstadt Rom vor. Besonders Paulus steht als Werkzeug, Zeuge und
Apostel des Auferstandenen im Mittelpunkt der Heidenmission (Apg
13–28). Die ausgearbeiteten Reden des Petrus, Paulus und anderer deuten dem berühmten Methodenkapitel des Thukydides (1, 22) gemäß
programmatisch die Ereignisse. Die literarische und theologische Intention der Apostelgeschichte ist in Analogie zum ersten Buch, der Erzählung von Jesu Handlungen, zu verstehen. Gleichzeitig ist in Differenz
zur kerygmatischen Idealbiographie von Buch 1 das zweite Buch umfassender als theologisch akzentuierte Geschichtsschreibung über die
Erfüllung der ganzen Ökumene mit dem Evangelium zu lesen.
Dibelius behält mit seinem Urteil recht nur für die Apostelgeschichte: „Dort arbeitet er als Schriftsteller, hier, im Evangelium, viel

mehr als Sammler und Bearbeiter" (Dibelius 1959, 3). In der Apostelgeschichte gestaltete Lukas als selbständiger Historiker, im Evangelium aber ebenfalls nicht nur als Sammler, sondern als selbständiger
Biograph (Dormeyer 1989, 79ff.). Aune bestätigt den literarischen
Rang beider Werke: „Lukas – Apostelgeschichte sind volkstümliche
‚allgemeine Geschichte', geschrieben von einem amateurhaften hellenistischen Geschichtsschreiber, der sich in der hellenistischen Rhetorik
auskennt" (Aune 1987, 77).

In Jerusalem werden die Apostel wie der irdische Jesus Geistträger
(Apg 2, 1–13), halten deshalb wie er ausführliche Missionsreden (2, 14–
36 u. ö.), haben wie er Erfolge der „Umkehr" (2, 37–41 u. ö.), führen
wie zuvor mit ihm ein ideales Gemeinschaftsleben (2, 42–47; 4, 32–37
u. ö.), wirken wie er Wunder (3, 1–10 u. ö.; s. o. 8.2), beherrschen wie
er die Schlagfertigkeit der Chrien (4, 1–22 u. ö.), leiden wie er, nun für
„seinen Namen" (5, 41 u. ö.).

Doch über diese typologische Wiederholung, diese „Nachfolge" des
Lebensweges Jesu hinaus bezieht Lukas die veränderten, nachösterlichen, historischen Situationen deutlich ein. Neu auftretende Gemeinde-
probleme werden mit Hilfe Gottes und seines Geistes gelöst wie die Zu-
wahl des 12. Apostels für den Verräter Judas (1, 15–26) oder die Einsetzung des Siebener-Kreises für die „Hellenisten", d. s. die hellenistischen
Judenchristen in Jerusalem in Abgrenzung von den „Hebräern" (6, 1–7).

Nach dem Martyrium des Siebener-Kreis-Mitglieds Stephanus (6, 8–
8, 1a) wird durch die Verfolgung der Hellenisten die „Kirche" in die
Gegend von Judäa, Samaria, Phönizien, Zypern und Antiochia zer-
streut (8, 1b–3; 11, 19), so daß von diesem Zeitpunkt an auch diese
Gebiete missioniert werden können (8, 4–12, 23). Der Judenverfolger
Saulus beteiligt sich am „Mord" an Stephanus (7, 58–8, 1a), wird bei
der Verfolgung der Gemeinde bekehrt (9, 1–31), läßt sich von Barnabas
in die neu entstandene Gemeinde von Antiochia einführen (11, 25 f.)
und zum Beauftragten für deren Hilfsaktion für Jerusalem ernennen
(11, 30). Nach der Rückkehr aus Jerusalem sendet ihn der Geist zusammen mit Barnabas zur sogenannten ersten Missionsreise aus (12, 25;
13, 1–14, 28). Bis zum Abschluß der Apg steht nun das missionarische
Wirken des Paulus im Mittelpunkt, der wie die anderen Apostel Geistträger, Redner, Wundertäter, Beherrscher von Chrien und Gemeinde-
gründer ist (14, 4. 14). Die Zurückweisung des Beschneidungsverbots
für heidenhellenistische Christen und die Klärung der Regeln für eine
gemeinsame Tischgemeinschaft zwischen allen Christen (Judenpalästinenser, Judenhellenisten, Heidenhellenisten) führen zur letzten Ver-
sammlung aller Apostel mit Paulus und Barnabas und den Presbytern

von Jerusalem (15, 1–35). Danach hat es Paulus nur noch mit der Gründung von Einzelgemeinden auf der sogenannten zweiten Missionsreise zu tun (15, 36–18, 22). Anschließend sorgt er auf der sogenannten dritten Missionsreise für die Kollektensammlung für Jerusalem (18, 23–21, 17) und hat in Jerusalem selbst Verhaftung, Prozeß und Überstellung nach Rom durchzustehen (Apg 21, 18–28, 31).

Der Auferstandene hat Paulus zum „Werkzeug" auserwählt (9, 15) und bringt durch ihn das Evangelium im heidenhellenistischen Teil der Ökumene zur Verkündigung, wie zuvor Petrus, die anderen Zwölfer-Apostel und die Siebener-Kreis-Mitglieder das Evangelium im judenpalästinensischen und judenhellenistischen Teil der Ökumene verkündet haben (2, 1–15, 35; s. o. 3.6; 4.2). Die Gründungszeit des irdischen Jesus wird um die nachösterliche Ausbreitung des Evangeliums von Jerusalem nach Rom verlängert und idealtypisch nach Adressatenkreisen (Judenpalästinenser, Judenhellenisten, Heidenhellenisten) räumlich und zeitlich gegliedert (Löning 1985, 2638).

In den nachfolgenden apokryphen Apostelakten wurde diese klassische Gestalt der lukanischen Apostelgeschichte aufgelöst. Die Stoffliebe des antiken Romans gestaltete die Lebensschicksale der Einzelapostel zu vulgären Unterhaltungsromanen aus. Es entstanden 5 große Akten im 2./3. Jh.: die Johannesakten, Petrusakten, Paulusakten, Andreasakten, Thomasakten. Sie umfassen Auftreten, Predigt und Martyrium der Apostel. Einerseits beabsichtigten sie, die Apostelgeschichte zu ergänzen. Andererseits setzten sie auch abweichende theologische Akzente mit der Betonung von Askese und gnostischem Dualismus zwischen göttlicher Lichtmaterie und satanischer Finsternis. Dem erbaulichen, aretalogischen Interesse an Wundern kamen sie mit der Vermehrung und Steigerung von Wundergeschichten entgegen (Hägg 1983, 154–165). Ab dem 4./5. Jh. ging die Abfassung von Apostelakten gleitend in die Hagiographie über. Das erbauliche Interesse an den bedeutenden Namen der apostolischen Gründungszeit wandte sich den herausragenden Märtyrern der Verfolgungszeit zu.

## 11. APOKALYPSEN

### 11.1 Apokalyptik in den nachösterlichen Gemeinden

Die Anfänge der jüdischen Apokalyptik gehen auf die bedrückende Zeit nach dem Exil zurück (ab 538; s. o. 2.2). Aber auch die griechische Literatur kennt apokalyptische Vorstellungen, z. B. den Vier-Reiche-Mythos von Hesiod (Hesiod, Werke und Tage, 175–179; s. o. 5.1.4: G 6–10). Nach von Rad haben nachexilische, weisheitliche Kreise die altorientalische, iranische und hellenistische Kosmologie aufgenommen, mit der vorexilischen Prophetie verbunden und ein neues Geschichtsverständnis konzipiert (v. Rad 1982, 361 f.). Iranisches und griechisches Geschichtsdenken, die die Entstehung der atl. Apokalyptik anregen, laufen aber nicht parallel, sondern haben unterschiedliche Schwerpunkte. Die iranische Awesta denkt ethisch-religiös ohne eine deutliche Kosmologie, die griechischen Vorsokratiker dagegen entwickeln nach Hesiod die Anfänge unserer wissenschaftlichen „Weltkunde" (Burkert 1983, 242; Widengren 1983, 122–127).

So leitet der Vorsokratiker Parmenides (515–ca. 445) seine wissenschaftlichen Überlegungen mit einer kosmischen „Himmelsreise" ein, ein Motiv, das in der biblischen Apokalyptik eine große Rolle spielen wird: „Die Rosse, die mich dahintragen, zogen mich fürder, soweit nur die Lust mich ankam, als mich auf den Weg, den vielberühmten, die Dämonen (die Göttinnen) führend gebracht, der über alle Wohnstätten hin trägt den wissenden Mann. Auf dem wurde ich dahingetragen; auf dem nämlich trugen mich die vielverständigen Rosse, den Wagen ziehend, und die Mädchen wiesen den Weg. Die Achse in den Naben entsandte der Pfeife Ton, sich glühend erhitzend (denn von doppelten gewirbelten Kreisen wurde sie beiderseits getrieben), sooft sich zum Geleit beeilten die Heliadenmädchen, die das Haus der Nacht vorher verließen, lichtwärts, wobei sie vom Haupte mit den Händen die Hülle zurückstießen. – Dort (am Haus der Nacht) ist das Tor der Bahnen von Tag und Nacht, und Türsturz und steinerne Schwelle umfaßt es (hält es auseinander), das Tor selbst, das ätherische, hat eine Füllung von großen Türflügeln; davon verwaltet Dike, die vielstrafende, die wechselnden Schlüssel. Ihr nun sprachen die Mädchen zu mit weichen Worten und beredeten sie kundig, daß sie ihnen den verpflöckten Riegel geschwind vom Tore wegstieße. Da öffnete dieses weit den Schlund der Türfüllung, auffliegend, wobei es die reich mit Erz beschlagenen Pfosten, die mit Zapfen und Dornen eingefügten, in ihren Pfannen wechselweise drehte. Da nun mitten durchs Tor lenkten die Mädchen stracks dem Geleise nach Wagen und Rosse. – Und es nahm mich die Göttin huldreich auf, ergriff meine rechte Hand mit der ihren, und so sprach sie das Wort und redete mich an: ,Jüngling, der du unsterblichen Wagenlenkern gesellt mit den Rossen, die dich dahintragen, zu unserem Hause gelangt, Freude dir! Denn keinerlei schlechte Fügung entsandte dich, diesen Weg zu kommen (denn fürwahr außerhalb von der Menschen Pfade ist er), sondern Gesetz und Recht. Nun sollst du alles erfahren, sowohl der wohlgerundeten Wahrheit unerschütterlich Herz wie auch der Sterblichen Schein-Meinungen, denen nicht innewohnt wahre Gewißheit. Doch wirst du trotzdem auch dieses kennenlernen, und zwar so, wie das ihnen Scheinende auf eine probehafte, wahrscheinliche Weise sein müßte, indem es alles ganz und gar durchdringt" (Parmenides fr. 1, in: Vorländer I, 1963, 201).

Allerdings geht es Parmenides nicht um eine Zukunftsschau durch Dike, der Göttin des Rechts, die ihm den himmlischen Bereich eröffnet, sondern um die zeitlose, philosophische Einsicht in das Wesen des Seins (Burkert 1982, 239; vgl. Derrida 1985, 58f.). Mit dem Traum des Scipio findet dann das Motiv von der kosmischen Reise und Weltdeutung Eingang in die lateinische Literatur (Cicero, De re publica 6,9–26).

Es wird zur großen Leistung der biblischen Apokalyptik, die kosmologischen Theorien der Griechen mit der ethischen Geschichtsdeutung der Iraner zu verbinden. Die Explosion des Wissens in den hellenistischen Weltreichen wird einem ethisch verstandenen Geschichtsprozeß unterstellt. Wissen ist nicht neutral, sondern geschichtsbestimmend. Jahwe wird am Ende der Geschichte Rechenschaft für die Weltgestaltung verlangen (s. o. 5.2). Die weisheitliche Einsicht in den Schöpfungswillen Jahwes ist mit der prophetischen Kritik verbunden worden.

Die hohe Literatur der hellenistischen Oberschicht ignoriert freilich die apokalyptische Geschichtsdeutung der Juden. Zu sehr ist der Hellenist von dem kulturellen Herrschaftswissen geprägt, daß außerhalb des Griechentums nur chaotische Barbarei herrscht. Die Wahrnehmung der eigenen Ambivalenz als „Tier aus dem Abgrund", wie Daniel den griechischen Staat schaut, der andere Völker mit Eisenzähnen zermalmt, frißt und mit Füßen tritt, ist blockiert. Das spätere, römische

Imperium stellt daher den Besitz apokalyptischer Literatur wie der
›Orakel der Sibylle‹ unter schwere Strafen (Treu 1989, 593).

Israel dagegen hat auf die hellenistische Herausforderung antworten
müssen und gerade so erst eine Antwort gefunden, die die vorhergehenden großen Antworten der Jahwe-Verehrung und des theoretischen
Monotheismus gültig weiterführt: die weisheitliche-prophetische Apokalyptik. So meint Apokalyptik die biblische Literatur, die als Ge-
heimwissen das nahe Ende der Welt und das Gericht Gottes offenbart.
Es handelt sich um eine literarische Strömung, die fast alle religiösen
Gruppen zur Zeit Jesu beeinflußt und entsprechend auf die Literatur
des Neuen Testaments eingewirkt hat. Entstehung und Ausbreitung
der Apokalyptik ereignen sich im gesamten Raum des Alten Orients
und der Antike. Differenzierungen erfolgen in der Qualifizierung der
Gegenwart. Eine Richtung der neutestamentlichen Apokalyptik setzt
deutlich die atl. Weisheitsliteratur fort, indem sie in der Gegenwart die
Chance gewahrt sieht, das Schöpfungs- und Geschichtshandeln der
Weisheit Gottes glaubend zu erkennen und als Richtschnur (Gesetz,
Kanon) des Handelns zu leben, allerdings unter extremer Gefährdung
durch Verfolgung und gleichzeitig starker Hoffnung auf die nahe
Rettung im Weltgericht (Daniel). Die betonte Fortführung der atl.
Unheilsprophetie führt hingegen zu einer radikalen Ablehnung der
Gegenwart und zu einem ethischen Dualismus, der das Heil nur von
dem zukünftigen Weltgericht noch erwartet (Johannes der Täufer,
4 Esra).

Jesus von Nazaret und die Urgemeinde führen beide Erwartungs-
linien, die weisheitliche und die gerichtsprophetische, weiter und radi-
kalisieren zusätzlich die Heilsprophetie des Deuterojesaja mit dem
„Evangelium" von dem Anbruch der Gottesherrschaft. Die Gegenwart des „Eschatologischen" in der Verkündigung und Person Jesu
wird als qualitativer Sprung der Weltgeschichte, als „Äonenwende", erfahren (1 Kor 2,6–8). Die christliche Apokalyptik vermag mit dem
Heilszuspruch der Gottesherrschaft „schon jetzt" für alle den ethischen Heilsdualismus der frühjüdischen Apokalyptik zu einer univer-
salen Offenheit zu überwinden (s. o. 5.1.3–4).

Der nachösterliche Einfluß der archaisierenden und verfremdenden
Schriftapokalyptik auf die Evangelien wird am deutlichsten in Jesu
letzter Rede vor seinem Leiden: Mk 13; Mt 24–25; Lk 21,5–36. Der
Rede Mk 13 lag ein jüdisches oder judenchristliches, apokalyptisches
Flugblatt zugrunde, das aus einem aktuellen Anlaß 70 n. Chr. verfaßt
worden war (Pesch 1968, 207–218; Brandenburger 1984, 41 f.). Die
Eroberung Jerusalems durch die Römer stand unmittelbar bevor.

Das Flugblatt kündigte das nahe Weltende an, spendete Trost und gab Anweisungen für das Verhalten beim Weltuntergang. Das apokalyptische Flugblatt aktivierte in der Krisensituation der Belagerung Jerusalems die den Juden gemeinsame apokalyptische Tradition. Judenchristen vermögen mit der Gewißheit, daß die Königsherrschaft Gottes in Jesus von Nazaret schon angebrochen ist, die apokalyptische Drangsal gelassener zu ertragen als der jüdische Seher von 4 Esra. Doch sie leiden gemeinsam mit ihrem Volk an dem Zerbrechen aller lebensgeschichtlich gewachsenen Hoffnungen. Ihre Hoffnung auf den Menschensohn gründet zwar in der gemeinsamen Hoffnung aller Juden, weiß sich aber durch die Identifikation des Menschensohnes mit dem irdischen Jesus deutlich in der Gewißheit der Rettungszusage zu unterscheiden (s. o. 5.3.1). Die Endzeitrede des Markusevangeliums, die das Flugblatt nach dem Fall Jerusalems zur Jesus-Rede an alle Juden- und Heidenchristen des römischen Weltreichs umarbeitet, bleibt zugleich die Hoffnung für alle zukünftigen Untergangsmöglichkeiten der Menschheitsgeschichte.

So bringt die Parusieverzögerung, die Verzögerung der Wiederkunft Christi, für die Jesus-Gemeinde keine tiefgreifende Krise. Die Parusieverzögerung bezeichnet das Ausbleiben der Eschata, der „letzten Dinge" Weltgericht und neue Welt, die von den Apokalyptikern als unmittelbar bevorstehend erwartet werden. Die Enttäuschung solcher apokalyptischen Naherwartung ist dem vorösterlichen Jesus wie der nachösterlichen Gemeinde unterstellt worden (Gräßer 1977, passim). Allerdings hat der vorösterliche Jesus den Anbruch der Gottesherrschaft „schon" für die Gegenwart verkündet, so daß berechtigterweise nur von einer Dehnung der Naherwartung gesprochen werden kann. Jesus von Nazaret und die nachösterliche Gemeinde leben in der Spannung zwischen dem Anbruch des Eschaton in der Gegenwart und seiner nahen Vollendung in der Zukunft. In den theologischen Entwürfen dominiert einmal die Gegenwart des Heils (Johannesevangelium), zum anderen die unmittelbare Nähe der Heilsvollendung (Offenbarung), doch in allen Schriften bleibt die eschatologische Spannung zwischen Anbruch des Heils und noch ausstehender Vollendung gewahrt. Entsprechend lebt der Gläubige in der Spannung von Heilsgewißheit und Vorläufigkeit der Gegenwart in ihrer kulturellen Gestaltung.

Apokalyptik bleibt die Grundlage des christlichen Selbstverständnisses, weil sie einerseits die Gegenwart des Heils, andererseits die Hoffnung auf die Vollendung des Heils zuspricht. Apokalyptische Weltsicht befreit zur Wahrnehmung und Bearbeitung von Unheilszuständen, ohne auf weltimmanenten Erfolg angewiesen zu sein. Apokalyptik bietet den Unterdrückten eine archaische, fremdartige Symbolwelt an, die die Entfaltung von Identität unter Verfolgung und Todesbedrohung ermöglicht. Apokalyptik ist Widerstandsliteratur von unten (Vielhauer 1975, 492 f.; Derrida 1985, 75 f.; Treu 1989, 593).

## 11.2 Die Offenbarung des Johannes

Zwei Jahrzehnte nach Markus werden die gewaltigen Bilder und Mythen der literarischen Apokalyptik vom „Propheten" Johannes (um 90 n. Chr.) in einem umfangreichen, eigenen „Offenbarungsbuch" umfassend gesammelt. Die atl. und zwischentestamentliche Buchapokalyptik ist vom jungen Christentum inzwischen voll aufgenommen worden.

*Das Vorwort 1, 1–8*

In seiner Überschrift macht Johannes klar, daß er mit der neuen Heilsgewißheit des Christen schreibt. Deutlicher als der anonyme Lukas mit seinem Vorwort (Lk 1, 1–4) charakterisiert Johannes sein Werk als ein neues, „prophetisches Offenbarungsbuch" (s. o. 3.8).

Jesus Christus ist der alleinige Mittler der Offenbarung. Er kann – wie früher Jahwe – Engel als Überbringer zu Hilfe nehmen. Hinter Jesus Christus geht der Prophet nicht mehr zurück, so daß er weder ein Pseudonym noch eine Offenbarungssituation der Vergangenheit als Deckmantel benötigt. In der mit Jesus Christus angebrochenen Endzeit behalten die Christen wie Johannes und Antipas Eigennamen und Historizität (1, 1; 2, 13; gegen Strecker 1992, 274 f.: Johannes als Pseudonym). Ihre individuelle Situation wird vom Auferweckten angenommen und bestätigt.

So fährt Johannes mit Grüßen an die „sieben Kirchen in der Asia" fort (V 4). Die Buch-Überschrift Verse 1–3 wird um eine Briefeinleitung verdoppelt. Das prophetische Offenbarungsbuch wird zum brieflichen Sendschreiben an konkrete, christliche Gemeinden erweitert. Nicht nur Typisches aus der Vergangenheit erfüllt sich, sondern sieben individuellen Gemeinden wird Sicherheit und Trost in ihrer jeweiligen bedrängten Lage zugesprochen (Strecker 1992, 264 ff.). Was der Schreiber von 4 Esra für das 70 n. Chr. zerstörte Judäa nur versteckt als Zukunftsweissagung unterbringen konnte, vermag der christliche Prophet Johannes offen als Gegenwart auszusprechen. Seit Jesus Christus weicht das Heil nicht mehr aus der Gegenwart. Die Königsherrschaft Gottes bleibt unter den Gläubigen erfahrbar. Weltuntergang und Tod haben ihren Schrecken verloren. Über den Brief kann sich deshalb der Prophet wie der Apostel Paulus in seinen Gemeinden für anwesend erklären.

Wie Paulus ruft Johannes in der Verfolgungssituation seinen Gemeinden die Glaubensgrundlage ins Gedächtnis. Er nennt nach dem Gruß als Thema seines Briefes ein geläufiges Taufbekenntnis (Vv 5–6; Schüssler-Fiorenza 1972, 203 ff.).

Mit dem Ausblick auf die Vollendung der Königsherrschaft Gottes durch die Wiederkunft des Menschensohnes schließt der Doppel-Prolog (V 7 f.). Die folgenden Visionen füllen einen Zeitraum, der von Gottes Gegenwart gegen alle aktuellen, negativen Erfahrungen und Ängste geprägt bleibt.

## Die Berufungsvision 1, 9–20

Der Prophet beginnt seine Einzel-Offenbarungen mit einer autobiographischen Erzählung. Er teilt mit der Gemeinde das Schicksal der Verfolgung und Unterdrückung. Als er auf die Insel Patmos verbannt war, wurde er vom Geist ergriffen und hörte den Auftrag: „V 11 Schreib das, was du siehst, in ein Buch und schick es an die sieben Gemeinden: nach Ephesus, nach Smyrna, nach Pergamon, nach Thyatira, nach Sardes, nach Philadelphia und nach Laodicea." Wie bei den atl. Propheten fällt die Berufung auf einen authentischen Betroffenen, nicht auf einen pseudepigraphischen Schreibtischtheologen. Daher legt Johannes sich mit Recht den Titel „Prophet" zu (V 3). Wie Jesus von Nazaret steht er als individuelle Person für seine Zukunftsvisionen ein. Wie die Apostel in ihrer prophetischen Funktion ermahnt er die Kirchen Jesu Christi mit den anschließenden sieben Sendschreiben (2, 1–3, 22). Trotz Übernahme der Buchapokalyptik wahrt Johannes die Individualität des apokalyptischen Propheten. Er steht in der Nachfolge Jesu von Nazaret und der christlichen Apostel. Mit dem apostolischen Johannes aus dem Kreis der Zwölf setzt er sich allerdings nirgends gleich. Er ist eine individuelle Prophetengestalt der kleinasiatischen Gemeinden (Lohse 1971, 6; Müller 1984, 46–52).

Das innere Hören des Auftrags schließt mit der Vision vom Menschensohn ab (Verse 12–20). Weil Johannes Jesus Christus als den Menschensohn geschaut hat, kann er die Gemeinden zur Standhaftigkeit aufrufen. Die atl. apokalyptische Prophetenvision wird vom Propheten Johannes zur beherrschenden Gattung seines Buches. In der apokalyptischen Prophetenvision findet die Vision gegenüber den knappen, symbolischen Schauungen der vorexilischen Schriftpropheten eine breite Ausgestaltung, die von den vorexilischen weisheitlichen Träumen, wie sie sich bei Joseph finden (Gen 37–50), ausgeht (Koch 1983). In das Unbewußte gesunkene Erfahrungen überwinden im Traum die Zensur des Bewußtseins und verschlüsseln sich in der Traumvision zu realitätsübersteigenden Symbolen und Ereignisabläufen (Freud 1972). Bereits der Alte Orient wußte vortheoretisch um diese aufdeckende Kraft der Träume. Spezialisierte Traumdeuter erklärten den Betroffenen ihre Träume wie Joseph dem Bäcker und dem Mundschenk des Pharao und anschließend dem Pharao selbst (Gen 39,22–44,36). In der Apokalyptik übernimmt ein Engel die Aufgabe der Deutung. Gott selbst interpretiert die von ihm ausgelösten Traumvisionen.

Für die Interpretation der apokalyptischen Traumvisionen erweist sich heute die tiefenpsychologische Schriftauslegung in der Nachfolge von Freud und Jung als hilfreich und notwendig. Aus dem Unbewußten steigt der Archetyp des göttlichen Menschen auf (Drewermann 2, 1987, 550ff.). König, Prinz, Held, Messias, Führer, Gold, Leuchter, weiße Wolle, Schnee, Feuer, Wasserrauschen, Sterne, Schwert, Sonne – alle diese Hoffnungsbilder und Träger atl. Gefühle versammeln sich in Jesus Christus. Johannes versenkt sich in sein Inneres und läßt die Assoziationen des Unbewußten, in das sich der Bilderschatz des Alten Testaments eingeprägt hat, sich zu einem Tag-Traumbild verbinden.

So hält die Apokalyptik das Träumen für Judentum, Christentum und Hellenismus wach. Der atl. Prophet war überzeugt, daß der Hörer seinen Traum unmittelbar zu deuten versteht. Diese Sicherheit vermag der Apokalyptiker nicht mehr zu teilen. Er übernimmt aus der atl. und antiken Traumdeutung das Deuten. Meint er, daß sein Leser zu einer eigenen Deutung unmündig und unqualifiziert ist? „19 Schreib auf, was du gesehen hast: was ist und was danach geschehen wird. 20 Das ‚Geheimnis‘ der sieben Sterne, die du auf meiner rechten Hand gesehen hast, und der sieben goldenen Leuchter: Die sieben Sterne sind die Engel der sieben Gemeinden, und die sieben Leuchter sind die sieben Gemeinden."

Der Prophet macht ein Deutungsangebot, das nur einen Teil der Visionssymbolik auswertet und auf die Lesersituation hin aktualisiert. Der Leser kann sich von dieser Deutung anregen lassen, kann aber auch seiner eigenen Deutung freien Lauf lassen. Allerdings ist er nicht berechtigt, seiner individuellen Deutungskompetenz Offenbarungsrang für die Gesamtkirche zuzuschreiben. Im Schlußwort warnt Johannes eindringlich davor (22,18–21; s. o. 3.8).

Um die Unversehrtheit seines Buches für die Gesamtkirche geht es Johannes, nicht um ein Verbot von kreativem Weiterträumen und Ausdeuten seiner Offenbarungen. Trotz des nahen Weltendes muß das Buch eine gesicherte Grundlage der Offenbarungsüberlieferung bleiben. Träume, Visionen und Deutungen bedürfen eines gemeinsamen Bezugsfeldes, wenn sie sich nicht in einer chaotischen Unverbindlichkeit auflösen wollen. Bereits Paulus warnte im 1. Korintherbrief vor Zungenreden ohne Auslegung. Er ordnete an, Zungenreden auszulegen und die Offenbarungen der Propheten aufeinander zu beziehen zur Erbauung der Gemeinde (1 Kor 14). Der Kanon als Sicherung der gemeinsamen Offenbarungstradition kündigt sich an. Die nicht als kanonisch akzeptierte Offenbarungsliteratur bleibt jedoch als erbauliches, „apokryphes" Schrifttum weiterhin ein Leseangebot (s. o. 2.2). So lädt Johannes seine Leser zum Mitträumen und Mitdeuten ein in einer Situation, die von Angst und Unterdrückung geprägt ist.

*Die Offenbarung des Himmelsbuches 4,1–22,5*

Die Offenbarung des Himmelsbuches wird Rahmen und Grundlage des visionären Hauptteils Kap 4–22 (Hellholm 1982, 184f.; Dormeyer 1993). Nach den ermahnenden sieben Sendschreiben erfolgt eine Wiederholung und Steigerung der ersten Vision in der Reise zum himmlischen Thronsaal (4,1–5,14), die das Himmelsbuch einleitet. Die Thronsaalvision gibt eine zeitlose, ewige Liturgie wieder. Doch das *Buch,* das sich in der rechten Hand Gottes befindet, trägt die „Zeit" als neues Element in die Vision ein. Das Buch ist eine Doppelrolle. Innen ist es unter siebenfachem Siegel geheim, von außen ist es öffentlich lesbar, ganz so wie die antiken „Doppelurkunden" (Bornkamm 1932, 204f.). Dieses Himmelsbuch enthält den künftigen göttlichen Weltplan. Er muß in Szene gesetzt werden, damit die geschaffene, irdische Welt eine himmlische Zukunft erhält. Das Lamm mit der Todeswunde, der gekreuzigte Jesus Christus, hat für die irdische Welt schon die Zukunft bereitet und kann daher den göttlichen Plan in Gang setzen.

*Die sieben Siegel, die Buchübergabe an den Propheten und die sieben Posaunen (6,1–11,19)*

Das Lamm öffnet die sieben Siegel der Buchrolle der Reihe nach. Die erste Serie der Weltplagen, die außen auf die Rolle geschrieben ist, tritt in Kraft (6,1–7.17) (Bornkamm 1937). Nach Aufbrechen des siebten Siegels wird der Inhalt auf der Innenseite der Rolle offenbar. Die sieben Posaunen wiederholen und variieren die Plagen der sieben Siegel (8,1–11,14). Die Plagen der Siegel und der Posaunen laufen parallel (Müller 1984, 153). Beim Blasen der sechsten und siebten Posaune ereignen sich die Zwischenspiele mit der Buchrolle, den beiden Zeugen, der Frau und dem Drachen, den beiden Tieren, dem Gericht des Lammes und Menschensohnes, den sieben Schalen und der Hure Babylon (9, 13–19, 10). Danach kommt die Neuordnung des Kosmos (19, 11–22, 5) (Hellholm 1982, 185 ff.). Prophet und Leser befinden sich in der Zeit der sechsten und siebten Posaune (10, 1–11). Denn dem Propheten wird nach dem Blasen der sechsten Posaune ebenfalls ein Himmelsbuch gebracht – natürlich nicht die Weltplanrolle mit den sieben Plagesiegeln, sondern das Büchlein mit den sieben „Donner"-Siegeln (10, 1–7). Dieses „Büchlein" ist das Abbild des himmlischen Urbildes. Es enthält nicht einen Einschub (so die Kommentare), sondern alle Beobachtungen der Himmelsreise, also das ganze Buch „Offenbarung" (Mollat 1986, 92 f.; ähnlich Drewermann 2, 1985, 558). Allerdings vermag es die Erfahrungen der Himmelsreise nicht vollständig wiederzugeben. Nicht die Schrift, sondern der Donner offenbart beim Aufrollen des Buches alle Geheimnisse ganz. Nicht der Buchstabe, der Geist Gottes spricht aus dem Buch und führt aus dem Buch heraus zu wahrem Verstehen.

Und das Buch bleibt nicht außerhalb des Offenbarers, sondern wird von ihm „verschlungen" – spannend im ersten Augenblick – „im Munde süß wie Honig" – zwingt es zur spannungsgeladenen Verkündigung an alle Welt – „bitter im Magen" (10, 8–11). Das Geschäft des kritischen Propheten und Theologen ist packend erfaßt. Gelesen wird, was gefällt. Bleiben wird, was nachdenklich macht. Phantasie und Geist, literarischer Glanz und Gedankentiefe, sie sind nicht nach antikem Wunschdenken in die Wiege gelegt und werden auch nicht antikem Bildungsideal entsprechend durch Oberschichtenerziehung sozialisiert, sondern sind Ergebnis angestrengter Schriftauslegung von Glaubenden mit geringer Schulbildung. Magenschmerzen hat der Prophet bei der Abfassung seines Buches. Magenschmerzen hat er seinen antiken Lesern bereitet. Bis ins 5. Jahrhundert war im griechisch geprägten Osten umstritten, ob die Offenbarung überhaupt zum Kanon gehören darf. Doch dann trat die Offenbarung ihren Siegeszug durch die Kirchen des Ostens und Westens an. Ihre Bildwelt traf die Erfahrungen und Gefühle der entrechteten, spätantiken Land- und Stadtbewohner, der bäuerlichen „Colonen", städtischen Verwaltungs-„Kurialen" und Handwerks-„Collegiaten" (Maier 1968, 90 ff.), und gestaltete ihre subversive Abwehr des übermächtigen Verwaltungsstaates des „Dominats".

*Die Frau-Symbolik 12, 1–18*
Wie im Traum verändert sich die Vision zu einer weisheitlichen
Schau von Welt- und Heilsgeschichte. Auf den Tempel Gottes folgt die
Frau am Himmel (12, 1–18). Sie symbolisiert die kosmische Ordnung
in der Gestalt der „Himmelskönigin" (Müller 1984, 232). Die Schwangerschaft erhält durch die Versetzung auf die Erde Sinn. Israel wird zur
Himmelskönigin. Als Gottes auserwähltes Volk wird Israel Mittelpunkt des Kosmos und gebiert den Messias, der schon vorher in der
Thronsaalvision als geschlachtetes Lamm den Mittelpunkt der Huldi-
gungen bildete. In der Erzählmitte der Offenbarung tritt zum erstenmal eine Frau in
den Visionen auf. Bisher war der Himmel von Gott, den männlichen
Engelwesen („Älteste") und dem männlichen „Lamm" beherrscht,
nun tritt die Frau als Gebärerin des Lamm-Sohnes in Erscheinung. Sie
wird als Negativbild in der „Hure Babylon" wiederkehren und vernichtet werden, als Braut des Lammes aber die ewige himmlische
Hochzeit feiern (17, 1–19, 10). Der zweite Erzählteil der Offenbarung
wird von der weiblichen Symbolik beherrscht (Drewermann 2, 1985,
568 ff.; Trummer 1987, 199 f.).
Gleichzeitig hat sich die Beobachterrolle des Propheten im himmlichen Hofstaat zur Aktivität in Buchschreiben, prophetischem Zeugnis und Liturgie mit gemeindlicher, elementarer Symbolik weiterentwickelt (10–11). Die Selbstfindung bleibt ein lebenslanger Prozeß des
Wachsens und Reifens (Kassel 1982, 9 ff.).

*Die weiteren Ereignisse und die Herabkunft der himmlischen Stadt 13, 1–22, 5*
In der folgenden Vision entläßt der Drache am „Strand des Meeres"
weitere Unheilstiere, die die Gemeinde Jesu Christi bedrängen (13, 1–
18). Das Tier mit den 10 Hörnern und 7 Köpfen symbolisiert die kaiser-
liche Herrschaft, die im Aufstand gegen Gottes Herrschaft göttliche
Verehrung beansprucht. Das Gegen-Lamm mit 2 Hörnern und der
Drachenstimme symbolisiert die religiöse Propagierung des Kaiserkultes. Die Herabkunft des Lammes vom Himmel auf den Berg Zion bereitet den Endkampf des Weltgerichtes vor (14, 1–20). „Die sieben
Schalen mit dem Zorn Gottes" (15, 1–16, 21) stellen zum drittenmal die
Plagen dar. Dann erfolgen Babylons Sturz und das Endgericht (17–20).
Alles Böse wird im Feuerpfuhl verbrannt. Das „Tausendjährige Reich"
bildet eine Vorphase zwischen erster Auferweckung der Märtyrer und
zweiter Auferweckung aller übrigen Toten. Erst nach der zweiten Auferweckung findet das allgemeine Gericht über die Toten statt und die
Vernichtung derer, die nicht im Buche des Lebens aufgezeichnet sind.

Denn sie haben es abgelehnt, die christliche Offenbarung als Abbild des himmlichen Buches anzuerkennen (20, 1–15).

Mit dem neuen Himmel und der neuen Erde steigt das neue Jerusalem von Gott aus dem Himmel herab, angefüllt mit den neuen Bewohnern, die die Braut des Lammes sind (21, 1). Die heilige Hochzeit zwischen Lamm und auferweckter Gemeinde findet in immerwährender Liturgie statt. In direkter Gemeinschaft mit Gott und dem Lamm ohne Vermittlung eines Tempels vollendet sich die antike Stadtkultur zu einem immerwährenden Frieden. In der neuen Weltstadt leben die Tätigkeiten des untergegangenen Babylons, Jerusalems und der kleinasiatischen Städte in verwandelter Reinheit wieder auf (21, 2–22, 5). Die Utopie des demokratischen Stadtbürgers hat sich erfüllt.

# ABKÜRZUNGSVERZEICHNIS

*1. Abkürzungen der biblischen Bücher nach den Loccumer Richtlinien*

*Altes Testament*

| | |
|---|---|
| Gen | Das Buch Genesis |
| Ex | Das Buch Exodus |
| Lev | Das Buch Levitikus |
| Num | Das Buch Numeri |
| Dtn | Das Buch Deuteronomium |
| Jos | Das Buch Josua |
| Ri | Das Buch der Richter |
| Rut | Das Buch Rut |
| 1 Sam | Das erste Buch Samuel |
| 2 Sam | Das zweite Buch Samuel |
| 1 Kön | Das erste Buch der Könige |
| 2 Kön | Das zweite Buch der Könige |
| 1 Chr | Das erste Buch der Chronik |
| 2 Chr | Das zweite Buch der Chronik |
| Esra | Das Buch Esra |
| Neh | Das Buch Nehemia |
| Tob | Das Buch Tobit |
| Jdt | Das Buch Judit |
| Est | Das Buch Ester |
| 1 Makk | Das erste Buch der Makkabäer |
| 2 Makk | Das zweite Buch der Makkabäer |
| Ijob | Das Buch Ijob |
| Ps | Die Psalmen |
| Spr | Die Sprichwörter |
| Koh | Das Buch Kohelet |
| Hld | Das Hohelied |
| Weish | Das Buch der Weisheit |
| Sir | Das Buch Jesus Sirach |
| Jes | Das Buch Jesaja |
| Jer | Das Buch Jeremia |
| Klgl | Die Klagelieder |
| Bar | Das Buch Baruch |

| Ez | Das Buch Ezechiel |
|---|---|
| Dan | Das Buch Daniel |
| Hos | Das Buch Hosea |
| Joel | Das Buch Joel |
| Am | Das Buch Amos |
| Obd | Das Buch Obadja |
| Jona | Das Buch Jona |
| Mi | Das Buch Micha |
| Nah | Das Buch Nahum |
| Hab | Das Buch Habakuk |
| Zef | Das Buch Zefanja |
| Hag | Das Buch Haggai |
| Sach | Das Buch Sacharja |
| Mal | Das Buch Maleachi |

*Neues Testament*

| Mt | Das Evangelium nach Matthäus |
|---|---|
| Mk | Das Evangelium nach Markus |
| Lk | Das Evangelium nach Lukas |
| Joh | Das Evangelium nach Johannes |
| Apg | Die Apostelgeschichte |
| Röm | Der Brief an die Römer |
| 1 Kor | Der erste Brief an die Korinther |
| 2 Kor | Der zweite Brief an die Korinther |
| Gal | Der Brief an die Galater |
| Eph | Der Brief an die Epheser |
| Phil | Der Brief an die Philipper |
| Kol | Der Brief an die Kolosser |
| 1 Thess | Der erste Brief an die Thessalonicher |
| 2 Thess | Der zweite Brief an die Thessalonicher |
| 1 Tim | Der erste Brief an Timotheus |
| 2 Tim | Der zweite Brief an Timotheus |
| Tit | Der Brief an Titus |
| Phlm | Der Brief an Philemon |
| Hebr | Der Brief an die Hebräer |
| Jak | Der Brief an Jakobus |
| 1 Petr | Der erste Brief des Petrus |
| 2 Petr | Der zweite Brief des Petrus |
| 1 Joh | Der erste Brief des Johannes |
| 2 Joh | Der zweite Brief des Johannes |
| 3 Joh | Der dritte Brief des Johannes |

Jud          Der Brief des Judas
Offb         Die Offenbarung des Johannes


## 2. Abkürzungen der Zeitschriften, Lexika und Quellenwerke

Nach S. Schwertner: IATG. Internationales Abkürzungsverzeichnis für Theologie und Grenzgebiete, Berlin/New York (1974) ²1992, nach TRE (Abkürzungsverzeichnis) 1976, ergänzt durch die Aufnahme anderer und neuerer Abkürzungen.

| | |
|---|---|
| AGSU | Arbeiten zur Geschichte des Spätjudentums und Urchristentums |
| ANRW | Aufstieg und Niedergang der römischen Welt, hrsg. von H. Temporini/W. Haase, Bde. I, 1–3; II, 1 ff. |
| AThANT | Abhandlungen zur Theologie des Alten und Neuen Testaments |
| ATD | Altes Testament Deutsch |
| BBB | Bonner biblische Beiträge |
| BEvTh | Beiträge zur evangelischen Theologie |
| BEThL | Bibliotheca ephemeridium theologicarum Lovaniensum |
| Bib | Biblica. Roma |
| BiKi | Bibel und Kirche |
| BK | Biblischer Kommentar |
| BKV | Bibliothek der Kirchenväter |
| BU | Biblische Untersuchungen |
| BWANT | Beiträge zur Wissenschaft vom Alten und Neuen Testament |
| BZ | Biblische Zeitschrift |
| BZNW | Beihefte zur Zeitschrift für die neutestamentliche Wissenschaft |
| CBQ | Catholic biblical quarterly |
| EHS.T | Europäische Hochschulschriften. Reihe 23, Theologie |
| EKK | Evangelisch-katholischer Kommentar zum Neuen Testament |
| es | edition suhrkamp |
| EtB | Études bibliques |
| EThSt | Erfurter theologische Studien |
| EvErz | Der evangelische Erzieher |
| EvTh | Evangelische Theologie |
| FAT | Fischer Athenäum Taschenbücher |
| FRLANT | Forschungen zur Religion und Literatur des Alten und Neuen Testaments |

| | |
|---|---|
| FTS | Frankfurter theologische Studien |
| FzB | Forschung zur Bibel |
| HNT | Handbuch zum Neuen Testament |
| HThK | Herders Theologischer Kommentar zum Neuen Testament |
| HUTh | Hermeneutische Untersuchungen zur Theologie |
| JAC | Jahrbuch für Antike und Christentum |
| JBL | Journal of biblical literature |
| KAT | Kommentar zum Alten Testament |
| KuD | Kerygma und Dogma |
| LEC | Library of Early Christianity |
| LeDiv | Lectio divina |
| LingBibl | Linguistica biblica |
| MBTh | Münsterische Beiträge zur Theologie |
| MThA | Münsteraner theologische Abhandlungen |
| NT | Novum Testamentum. Leiden |
| NTA | Neutestamentliche Abhandlungen |
| NTD | Das Neue Testament Deutsch |
| NTOA | Novum Testamentum et orbis antiquus |
| NTS | New testament studies. London |
| NTTS | New testament tools and studies |
| OA | Orbis academicus |
| OBO | Orbis biblicus et orientalis |
| ÖTK | Ökumenischer Taschenbuch-Kommentar (zum Neuen Testament) |
| QD | Quaestiones disputatae |
| RNT | Regensburger Neues Testament |
| SBB | Stuttgarter biblische Beiträge |
| SBL | Society of Biblical Literature |
| SBS | Stuttgarter Bibelstudien |
| SCHNT | Studia ad corpus Hellenisticum novi testamenti |
| StANT | Studien zum Alten und Neuen Testament |
| StNT | Studien zum Neuen Testament |
| StTh | Studia theologica. Lund |
| StUNT | Studien zur Umwelt des Neuen Testaments |
| stw | Suhrkamp Taschenbuch Wissenschaft |
| TB | Theologische Bücherei |
| ThBer | Theologische Berichte |
| ThBl | Theologische Blätter |
| ThR | Theologische Rundschau |
| ThRE | Theologische Realenzyklopädie, Bde. 1 ff. |

| ThHK | Theologischer Handkommentar zum Neuen Testament |
|------|--------------------------------------------------|
| ThZ | Theologische Zeitschrift. Basel |
| UNT | Untersuchungen zum Neuen Testament |
| WMANT | Wissenschaftliche Monographien zum Alten und Neuen Testament |
| WUNT | Wissenschaftliche Untersuchungen zum Neuen Testament |
| ZNW | Zeitschrift für die neutestamentliche Wissenschaft |
| ZRGG | Zeitschrift für Religions- und Geistesgeschichte |
| ZThK | Zeitschrift für Theologie und Kirche |

# LITERATURVERZEICHNIS

*Griechische und lateinische Quellentexte mit Übersetzung*

Achilleus Tatios, Leukippe und Kleitophon, eing., üb. u. erl. v. K. PLEPELITS (BGrL 11), Stuttgart 1980.

Ders., üb. v. F. AST, hrsg. v. M. FUHRMANN (dtv 2246), München 1990.

Äsopische Fabeln. Gefolgt v. e. Abhandl.: Die Äsoplegende, Urtext u. Übertr., hrsg. v. A. HAUSRATH, München 1940.

Aesopica, hrsg. u. engl. v. B. E. PERRY, Illinois 1952, darin: Vita Aesopi, S. 35–77.

Aischylos, Tragödien und Fragmente, hrsg. u. üb. v. O. WERNER, München/Zürich ⁴1988.

Aischylos, Tragödien, üb. v. O. WERNER, hrsg. v. M. FUHRMANN (dtv 2251), München 1990.

Leben und Taten Alexanders von Makedonien. Der griechische Alexanderroman nach der Handschrift, hrsg. u. üb. v. H. VON THIEL, Darmstadt 1974.

Altjüdisches Schrifttum außerhalb der Bibel, üb. v. P. Riessler, ¹1928, Darmstadt ²1966.

Ammianus Marcellinus, Römische Geschichte, hrsg. u. üb. v. W. SEYFARTH, 2 Bde., Darmstadt 1970.

Aratos, Sternbilder und Wetterzeichen, üb. v. A. SCHOTT (Wort der Antike 6), München 1958.

Archilochos, üb. v. M. TREU, München 1959.

Publius Aelius Aristides, Heilige Berichte, üb. v. H. O. SCHRÖDER (WKgCS), Heidelberg 1986.

Aristophanes, Komödien, üb. v. L. SEEGER, hrsg. v. H. J. NEWIGER u. M. FUHRMANN (dtv 2254), München 1990.

Aristoteles, Fragmente, üb. v. P. GOHLKE (Die Lehrschriften I, 2), Paderborn 1960.

Aristoteles, Poetik, üb. v. O. GIGON (Reclam 2337), Stuttgart 1964.

Aristoteles, Metaphysik, üb. v. P. GOHLKE (Die Lehrschriften V), Paderborn ³1972.

Aristoteles, Rhetorik, üb. v. F. G. SIEVEKE (UTB 159), München 1980.

Arrian, Der Alexanderzug. Indische Geschichte, griech. u. dt., hrsg. u. üb. v. G. WIRTH u. O. VON HINÜBER, München–Zürich 1985.

Artemidor von Daldis, Das Traumbuch, üb. v. K. BRACKERTZ (dtv 6111), München 1979.

Auctor ad Herennium, transl. by H. CAPLAN, London 1954.

Augustinus, Bekenntnisse, Lat./Dt., üb. v. J. BERNHART (Insel-Tb 1002), Frankfurt 1987.

Augustinus, Vier Bücher über die christliche Lehre (de doctrina christiana), üb. v. S. MITTERER (BKV 49), München 1925, 1–227.

Augustinus, Vom ersten katechetischen Unterricht, neu üb. v. W. STEINMANN, bearb. v. O. WERMELINGER (Schriften der Kirchenväter 7), München 1985.

Basilius von Cäsarea, Mahnreden. Mahnwort an die Jugend und drei Predigten, üb. v. A. STEGMANN, bearb. v. Th. WOLBERGS (Schriften der Kirchenväter 4), München 1984.

Cassius Dio, Römische Geschichte I–V, üb. v. O. VEH, Zürich–München 1985–1987.

Chariton von Aphrodisias, Kallirhoe, üb. v. K. PLEPELITS (BGrL 6), Stuttgart 1976.

Cicero, Über die Rechtlichkeit (De legibus), üb. v. K. BÜCHNER (Reclam 8319), Stuttgart 1969.

Cicero, De re publica. Vom Gemeinwesen, hrsg. u. üb. v. K. BÜCHNER (Reclam 9909), Stuttgart 1979.

Cicero, An seine Freunde, hrsg. u. üb. v. H. KASTEN, München–Zürich 1989.

Cicero, Atticus-Briefe, hrsg. u. üb. v. H. KASTEN, München–Zürich ⁴1990.

Des hl. Johannes Chrysostomus, Büchlein über Hoffart und Kindererziehung, samt einer Blumenlese über Jugenderziehung aus seinen Schriften, üb. u. hrsg. v. L. HAIDACHER, Freiburg i. Br. 1907.

[Didaskalia] Achelis, H./Flemming, J., Die ältesten Quellen des orientalischen Kirchenrechts, Bd. 2: Die syrische Didaskalia, Leipzig 1904.

Diodorus Siculus, hrsg. u. engl. v. C. H. OLDFATHER (Loeb Classical Library), London ²1946.

Diogenes Laertius, Leben und Meinungen berühmter Philosophen, üb. v. O. APELT, Berlin 1955. ²1967.

Dion Chrysostomos, Sämtliche Reden, üb. v. W. ELLIGER, Zürich–Stuttgart 1967.

Epiktet, Dissertationes, 2 Bde., hrsg. u. eingl. v. W. A. OLDFATHER, Cambridge 1925–1928.

Epiktet, Handbüchlein der Ethik, üb. v. E. NEITZKE (Reclam 2001), Stuttgart 1958.

Epiktet, Teles und Musonius. Wege zum Glück, üb. v. W. CAPELLE u. R. NIKKEL, Zürich–München 1987.

Eusebius von Caesarea, Kirchengeschichte, hrsg. u. eingel. v. H. KRAFT, üb. v. Ph. HAEUSER u. H. A. GÄRTNER, Darmstadt 1967.

Heliodor, Die äthiopischen Abenteuer von Theagenes und Charikleia, üb. v. H. GASSE (Reclam 9384–88), Stuttgart 1972.

Der Hirt des Hermas (BKV 35), Kempten–München 1918.

Herodot, Historien, 2 Bde., hrsg. u. üb. v. J. FELIX, München–Zürich ⁴1988.

Herodot, Historien, üb. v. A. HORNEFFER, hrsg. v. W. HAUSSIG, Stuttgart ¹1971.

Hesiod, Werke und Tage, hrsg. u. üb. v. A. VON SCHIRNDING, München 1966.

Hesiod, Theogonie, hrsg. u. üb. v. K. ALBERT (Texte zur Philosophie 1), St. Augustin 1983.

Hesiod, Theogonie/Erga, hrsg. u. üb. v. A. v. SCHIRNDING, München–Zürich 1991.

Hieronymus, Briefe. Über die christliche Lebensführung, üb. v. L. SCHADE, bearb. v. J. B. BAUER (Schriften der Kirchenväter 2), München 1983.

Hock, R. F./O'Neil, E. N., The Chreia in Ancient Rhetoric, Vol. 1: The Progymnasmata (Texts and Translations 27), Atlanta Scholar Press 1986.

Homer, Ilias, üb. v. J. H. VOSS (Reclam 249), Stuttgart 1976.

Homer, Ilias, hrsg. u. üb. v. H. RUPÉ, München–Zürich ⁹1989.

Homer, Odyssee, üb. v. J. H. VOSS (Reclam 280), Stuttgart 1977.

Homer, Odyssee, hrsg. u. üb. v. A. WEIHER, München–Zürich ⁹1990.

Homerische Hymnen, üb. v. A. WEIHER, hrsg. v. M. Fuhrmann (dtv 2242), München 1990.

Irenäus, Fünf Bücher gegen die Häresien, üb. v. E. KLEBBA, 2 Bde. (BKV), Kempten–München 1912.

Josephus Flavius, De bello Judaico (Der jüdische Krieg). Zweisprachige Ausgabe der sieben Bücher, hrsg. u. üb. v. O. MICHEL/O. BAUERNFEIND, 3 Bde., Darmstadt 1963–1982.

Josephus Flavius, Jüdische Altertümer, üb. v. H. CLEMENTZ, Wiesbaden o. J. = Düsseldorf o. J.

Josephus Flavius, Des Flavius Josephus kleinere Schriften: Selbstbiographie; Gegen Apion, üb. v. H. CLEMENTZ, Halle 1901.

Jüdische Schriften aus hellenistisch-römischer Zeit, hrsg. v. W. G. Kümmel u. a., Gütersloh 1973.

Justin, 1–2 Apologie, üb. v. G. RAUSCHEN, in: Frühchristliche Apologeten und Märtyrerakten I (BKV 12), Kempten–München 1913, 65–139. 139–157.

Justin, Dialog mit dem Juden Tryphon, üb. v. Ph. HAEUSER (BKV 33), Kempten–München 1917.

Klemens von Alexandrien, Teppiche (Stromata), üb. v. O. STÄHLIN (BKV 17.19–20), München 1936–1938.

Longos, Daphnis und Chloe, üb. v. F. JACOBS, hrsg. v. M. FUHRMANN (dtv 2246), München 1990.

Die Hauptwerke des Lukian, hrsg. u. üb. v. K. MRAS, München ¹1954. ²1980.

Lukian, Demonax, in: J. Werner/H. Greiner-Mai, Lukian. Werke in drei Bänden, üb. v. Chr. M. WIELAND, Berlin/Weimar ²1981, Bd. II: 110–124.

## 252 Literaturverzeichnis

Lukian, Wie man Geschichte schreiben soll, hrsg. u. üb. v. Helene HOMEYER, München 1965.

M. Minucius Felix, Octavius, hrsg. u. üb. v. B. KYTZLER (Reclam 9860), Stuttgart 1977.

Musonius, in: Epiktet. Teles und Musonius, üb. v. W. CAPELLE u. R. NICKEL, Zürich–München 1987.

Origenes, Acht Bücher gegen Celsus, üb. v. P. KOETSCHAU (BKV 52–53), München 1926–1927.

Origenes, Vier Bücher von den Prinzipien (peri archon; De principiis) (Texte zur Forschung 24), hrsg. u. üb. v. H. GÖRGEMANNS/H. KARPP, Darmstadt ²1985. ³1992.

Origenes, Das Evangelium nach Johannes, üb. v. R. GÖGLER, Einsiedeln u. a. 1959.

Origenes, Der Kommentar zum Evangelium nach Matthäus. Erster Teil (Buch X–XIII), hrsg. u. üb. v. H. J. VOGT (BGrL 18), Stuttgart 1983.

Pausanias, Beschreibung Griechenlands (Bibliothek der Alten Welt), üb. v. E. MEYER, Zürich/München ²1967 = dtv 6008–6009, München 1972.

Petron, Satyricon, üb. v. H. C. SCHNUR (Reclam 8533–35), Stuttgart 1968.

Philo von Alexandrien, Die Werke in deutscher Übersetzung, 7 Bde., üb. v. L. COHN u. a., Breslau–Berlin 1909–1964. ²1962–1964.

Philostratos, Das Leben des Apollonios von Tyana, hrsg. u. üb. v. V. MUMPRECHT, München–Zürich 1983.

Physiologus, Naturkunde in frühchristlicher Deutung, hrsg. u. üb. v. U. TREU, Hanau ²1987.

Platon, Sämtliche Werke, üb. v. Fr. Schleiermacher, hrsg. v. W. OTTO u. a., Bd. 1–6 (Rowohlts Klassiker), Hamburg 1957.

Plinius d. J., Briefe, hrsg. u. üb. v. H. KASTEN, München ¹1968. ⁴1979.

Plutarch, Große Griechen und Römer, 6 Bde. (dtv 2068–2073), üb. v. K. ZIEGLER/W. WUHRMANN, München 1979–1980.

Polybios, Geschichte (Historiae, dt.). Gesamtausgabe in 2 Bänden, eingel. u. üb. v. H. DREXLER, Zürich–Stuttgart 1961–1963.

The Progymnasmata of Theon: A New Text with Translation and Commentary, hrsg. v. J. R. BUTTS (Ph. D. dissertation; Claremont), Claremont Graduate School 1986.

Ps.-Demetrios, Typoi epistolikoi, griech. u. engl. in: A. J. MALHERBE, Ancient Epistolary Theory, Ohio Journal of Religious Studies 5 (1977) 28–39.

Ps.-Longinos, Vom Erhabenen, hrsg. u. üb. v. R. BRANDT (Texte zur Forschung 37), Darmstadt 1983.

Ps.-Phokylides, s. o. Altjüdisches Schrifttum, S. 862–871.

Ps.-Plutarch, Über Kindererziehung, in: Plutarch, Von der Ruhe des Gemüts und andere philosophische Schriften, üb. u. eingel. v. B. SNELL, Zürich 1948, 108–129.

Quintilianus, M. F., Ausbildung des Redners, 12 Bücher, hrsg. u. üb. v. H. RAHN, Darmstadt 1972–1975. ²1988.

Rahner, H., Die Märtyrerakten des zweiten Jahrhunderts, Freiburg ²1954.

Schnur, H. C., Fabeln der Antike, München 1978.

Schriften des Urchristentums, 3 Teile und Index, griech. u. dt., Darmstadt 1963 –; Bd. 1: Die Apostolischen Väter, hrsg. u. üb. v. J. A. FISCHER, 1970. ⁹1986; Bd. 2: Didache (Apostellehre), Barnabasbrief, Zweiter Klemensbrief, Schrift an Diognet, hrsg. u. üb. v. K. WENGST, 1984; Clavis Patrum Apostolicorum, hrsg. v. H. KRAFT, Darmstadt 1964.

Seneca, Philosophische Schriften, üb. v. O. APELT, 4 Bde., Leipzig 1923/ 1924.

Seneca, Drei Bücher vom Zorn, in: Seneca, Philosophische Schriften, Bd. I, S. 61–201.

Seneca, Briefe an Lucilius, in: Seneca, Philosophische Schriften, Bde. 3–4.

Snell, B., Leben und Meinungen der Sieben Weisen. Griechische und Lateinische Quellen aus zweitausend Jahren mit deutscher Übertragung, München ¹1938. ³1952.

Sophokles, Dramen, hrsg. u. üb. v. W. WILLIGE/K. BAYER, München–Zürich ²1985.

Sophokles, Tragödien, üb. v. W. WILLIGE/K. BAYER, hrsg. v. M. FUHRMANN (dtv 2252), München 1990.

Tertullian, Apologetikum, in: ders., Apologetische, dogmatische und montanistische Schriften, üb. v. H. KELLER, hrsg. v. G. ESSER (BKV 24), Kempten–München 1915.

Tertullian, ›Über den Götzendienst‹, in: Tertullians private und katechetische Schriften (I. Band), üb. v. H. KELLNER (BKV 7), Kempten–München 1912.

Tertullian, ›Das Zeugnis der Seele‹ (BKV 7), Kempten–München 1912.

Thukydides, Geschichte des Peloponnesischen Krieges, üb. v. G. P. LANDMANN, (dtv 6019 = Zürich 1960), München 1973.

Traditio apostolica. Apostolische Überlieferung, lat., griech., dt., üb. v. W. GEERLINGS (Fontes Christiani 1), Freiburg u. a. 1991, 143–314.

Vorländer, K., Philosophie des Altertums. Geschichte der Philosophie I (rde 183/184), Hamburg 1963.

Die Vorsokratiker, hrsg. u. üb. v. J. MANSFELD, 2 Bde. (Reclam 7965–66), Stuttgart 1983–1986.

Walzer, R., Galen on Jesus and Christians, Oxford 1949.

Xenophon, Erinnerungen an Sokrates, üb. v. R. PREISWERK (Reclam 1855), Stuttgart 1977.

Xenophon, Erinnerungen an Sokrates, hrsg. u. üb. v. P. JAERISCH, München–Zürich ⁴1987.

Xenophon von Ephesos, Abrokomes und Anthia. Die Liebenden von Ephesos, üb. v. B. KYTZLER, Leipzig 1981.


## Grundlegende Literatur und Literatur zu Kapitel 1

Alter, R./Kermode, F., The Literary Guide to the Bible, Harvard University Press 1987.

Andresen, C., Antike und Christentum, TRE 3 (1978) 50–99.

Auerbach, E., Mimesis, Bern ¹1946 = ²1959.

Aune, D. E., The New Testament in Its Literary Environment (Library of Early Christianity 8), Philadelphia 1987.

Ders. (ed), Greco-Roman Literature and the New Testament: Selected Forms and Genres, Atlanta 1988.

Baltzer, K., Die Biographie der Propheten, Neukirchen 1975.

Bauer, B., Kritik der evangelischen Geschichte der Synoptiker (Bd. 3 und des Johannes), 3 Bde., Leipzig 1841/42 = Hildesheim 1974.

Baur, F. Chr., Kritische Untersuchungen über die kanonischen Evangelien, ihr Verhältnis zueinander, ihren Charakter und Ursprung, Tübingen 1847.

Ders., Vorlesungen über Neutestamentliche Theologie, hrsg. v. F. L. Baur, Leipzig 1864 = Darmstadt 1973.

Berger, K., Hellenistische Gattungen im Neuen Testament, ANRW II 25.2, Berlin 1984, 1031–1432.

Ders., Formgeschichte des Neuen Testaments, Heidelberg 1984 = 1984a.

Berger, K./Colpe, C. (Hrsg.), Religionsgeschichtliches Textbuch zum Neuen Testament (NTD, Textreihe 1), Göttingen 1987.

Bultmann, R., Die Geschichte der synoptischen Tradition, Göttingen ¹1921. ²1931. ³1957.

Burridge, R. H., What are the Gospels? A Comparison with Graeco-Roman Biography, Cambridge 1992.

Deißmann, A., Licht vom Osten. Das Neue Testament und die neuentdeckten Texte der hellenistisch-römischen Welt, Tübingen ¹1908. ⁴1923.

Delling, G., Bibliographie zur jüdisch-hellenistischen und intertestamentarischen Literatur 1900–1965, Berlin 1969.

Dibelius, M., Die Formgeschichte des Evangeliums, Tübingen ¹1919. ²1933. ³1959.

Ders., Geschichte der urchristlichen Literatur I/II (Theol. Bücherei 58) (¹1926), München 1975.

Dihle, A., Die griechische und lateinische Literatur der Kaiserzeit. Von Augustus bis Justinian, Darmstadt 1989.

Dölger, F. J., Antike und Christentum: Kultur- und religionsgeschichtliche Studien, 6 Bde., Münster 1929–1950 = 1974.

Dormeyer, D., Evangelium als literarische und theologische Gattung (Erträge der Forschung 263), Darmstadt 1989.

Epp, E. J./MacRae, G. W., The New Testament and Its Modern Interpreters (SBL.CP), Philadelphia 1989.

Fowler, R. M., Loaves and Fishes. The Function of the Feeding Stories in the Gospel of Mark (SBL S54), Chico 1981.

Friedrich, G. (Hrsg.), Auslegungen der Reformatoren (NTD. Texte z. NT 3), Göttingen 1984.

Frye, N., The Great Code. The Bible and Literature, New York–London 1982.

Fuerst, N., Der Schriftsteller Paulus, Darmstadt 1989.

Gabel, J. B./Wheeler, Ch. B., The Bible as Literature. An Introduction, Oxford University Press 1986.

Gerhardsson, B., Die Anfänge der Evangelientradition, Wuppertal 1977.

Güttgemanns, E., Offene Fragen zur Formgeschichte des Evangeliums, München 1970.

Hahn, F., Christologische Hoheitstitel. Ihre Geschichte im frühen Judentum (FRLANT 83), Göttingen ¹1963. ⁴1974.

Hengel, M., Judentum und Hellenismus. Studien zu ihrer Begegnung unter besonderer Berücksichtigung Palästinas bis zur Mitte des 2. Jh. v. Chr. (WUNT 10), Tübingen ¹1969.

Ders., Die Evangelienüberschriften (SHAW.PH 3), Sitzungsberichte der Heidelberger Akademie der Wissenschaften. Philosophisch-historische Klasse, Heidelberg 1984.

Herder, J. G., Vom Erlöser der Menschen. Nach unseren drei ersten Evangelien, 1796, Herder SW 19, hrsg. v. B. Suphan, Berlin 1880. Hildesheim 1967, S. 135–252.

Ders., Regel der Zusammenstimmung unserer Evangelien aus ihrer Entstehung und Ordnung, 1797, in: Herder SW 19, a. a. O., S. 380–424.

Ders., Volkslieder. Nebst untermischten anderen Studien. Zweiter Teil, 1779, Herder SW 25, a. a. O., S. 311–334.

Ders., Abhandlungen über den Ursprung der Sprache, ¹1771. ²1788, Herder SW 5, a. a. O. 1 ff.

Hilgenfeld, A., Die Evangelienforschung nach ihrem Verlauf und gegenwärtigen Stande, Zfwiss Th 4 (1861), S. 1–27; 137–204.

Hoffmann, P., Der garstig breit Graben. Zu den Anfängen der historisch-kritischen Osterdiskussion, in: FS A. Goergen, München 1985, S. 80–106.

Holtzmann, H. J., Die synoptischen Evangelien. Ihr Ursprung und geschichtlicher Charakter, Leipzig 1863.

Judge, E. A., Antike und Christentum: Towards a Definition of a Field. A Bibliographical Survey, ANRW II 23,1 (1979), 3–58.

Kant, I., Die Religion innerhalb der Grenzen der bloßen Vernunft, 1973, in: Werkausgabe VIII, hrsg. v. W. Weischedel (Wiesbaden 1956), Frankfurt 1968, S. 649–883.

Kennedy, G. A., New Testament Interpretation through Rhetorical Criticism, Chapel Hill, NC 1984.

Kingsburg, J. D., Matthew as Story, Philadelphia 1986.

Köster, H., Einführung in das Neue Testament im Rahmen der Religionsgeschichte und Kulturgeschichte der hellenistischen und römischen Zeit, Berlin–New York 1980.

Ders., Ancient Christian Gospels: Their History and Development, London 1990.

Kümmel, W. G., Das Neue Testament. Geschichte der Erforschung seiner Probleme (OA 3,3), Freiburg-München [1]1958. [2]1970.

Ders., Einleitung in das Neue Testament, Heidelberg [17]1973.


Lategan, B. C./Vorster, W. S., Text and Reality. Aspects of Reference, Atlanta 1985.

Lausberg, H., Handbuch der literarischen Rhetorik. Eine Grundlegung der Literaturwissenschaft, Bde. 1–2, München 1960.

Ders., Elemente der literarischen Rhetorik, München [1]1963. [8]1984.

Leo, F., Die griechisch-römische Biographie nach ihrer litterarischen Form, Leipzig 1901.

G. E. Lessings Werke, hrsg. v. K. Wölfel, Bd. 3 (= Schriften II), Frankfurt 1967: – Eine Duplik, S. 319–387; – Über den Beweis des Geistes und der Kraft, S. 307–313; – Neue Hypothese über die Evangelisten, S. 387–407.

Ders., Theologiekritische Schriften II (Lessings Reimarus-Veröffentlichungen), 1774–1778, in: Werke 7, hrsg. v. H. Göbel, München 1976, S. 311–605.

Luther, M., Werke. Kritische Gesamtausgabe, Bd. 1 ff., Weimar 1983 ff.


McKnight, E. V., Post-Modern Use of the Bible. The Emergence of Reader-Oriented Criticism, Nashville 1988.

Moore, St., Literary Criticism and the Gospels, Yale University Press 1989.


Norden, E., Die antike Kunstprosa. Vom VI. Jahrhundert v. Chr. bis in die Zeit der Renaissance, 2 Bde., [1]1898. [2]1909. [3]1915. Darmstadt 1974.

Ders., Agnostos Theos. Untersuchungen zur Formengeschichte religiöser Rede, [1]1913. Darmstadt 1974.


Origenes, Acht Bücher gegen Celsus (BKV 52–53), übers. v. P. Koetschau, München 1926–1927.

Ders., Der Kommentar zum Evangelium nach Matthäus. Erster Teil (Buch X–XIII), hrsg. u. übers. v. H. J. Vogt (BGrL 18), Stuttgart 1983.

Overbeck, Fr., Über die Anfänge der patristischen Literatur, Darmstadt 1966.

Powell, M. A., The Bible and Modern Literary Criticism. A Critical Assessment and Annotated Bibliography, New York u. a. 1992.

Reents, Ch., Die Bibel als Schul- und Hausbuch für Kinder. Werkanalyse und Wirkungsgeschichte einer frühen Schul- und Kinderbibel im evangelischen Raum: Johann Hübner, Zweymal zwey und funffzig Auserlesene Biblische Historien, der Jugend zum Beten abgefasset . . . Leipzig 1714 bis Leipzig 1874 und Schwelm 1902 (Arbeiten zur Religionspädagogik 2), Göttingen 1984.

Rhoads, D./Michie, D., Mark as Story, Philadelphia 1982.

Riesner, R., Jesus als Lehrer. Eine Untersuchung zum Ursprung der Evangelien-Überlieferung (WUNT 2,7), Tübingen 1981.

Roller, O., Das Formular der paulinischen Briefe (BWANT 58), Stuttgart 1933.

Roloff, J., Neutestamentliche Einleitungswissenschaft: Tendenzen und Entwicklungen, ThR 55 (90), 385–424.

Schillebeeckx, E., Jesus. Die Geschichte von einem Lebenden, Freiburg 1975 (niederl. 1974).

Schmid, W./Stählin, O., Wilhelm von Christs Geschichte der griechischen Literatur. Zweiter Teil: Die Nachklassische Periode der griechischen Literatur. Zweite Hälfte: Von 100 bis 530 nach Christus (Handbuch der Altertumswissenschaft, 7. Band, 2. Teil, 2. Hälfte), München ⁶1926.

Schmithals, W., Synoptische Evangelien, TRE 10, Berlin 1982, S. 570–626.

Ders., Einleitung in die drei ersten Evangelien, Berlin–New York 1985.

Schneemelcher, W. (Hrsg.), Neutestamentliche Apokryphen in deutscher Übersetzung, 2 Bde., I. Band: Evangelien; II. Band: Apostolisches. Apokalypsen und Verwandtes, Tübingen ⁵1987–1989.

Schweitzer, A., Geschichte der Leben-Jesu-Forschung, 2 Bde. ¹1906. ⁶1950 = Gütersloh GTB 77–78, ³1977.

Strauß, D. F., Das Leben Jesu, kritisch bearbeitet, 2 Bde., Tübingen 1835/36.

Ders., Das Leben Jesu, für das deutsche Volk bearbeitet, Leipzig 1864.

Strecker, G., Biblische Literaturgeschichte. II. Neues Testament, TRE 21 (1991), 338–358.

Ders., Literaturgeschichte des Neuen Testaments (UTB 1682), Göttingen 1992.

Talbert, C. H., What is a Gospel? The Genre of the Canonical Gospel, Philadelphia 1977–London 1978.

Tannehill, R. C., The Narrative Unity of Luke-Acts: A Literary Interpretation. Vol. I, The Gospel According to Luke, Philadelphia 1986.

Taylor, V., The Formation of the Gospel Tradition, London ¹1933. ²1935.

Theißen, G., Urchristliche Wundergeschichten (StNT 8), Gütersloh 1974.

Vielhauer, Ph., Geschichte der urchristlichen Literatur, Berlin–New York 1975.

Volkmar, G., Die Evangelien oder Marcus und die Synopsis, Leipzig 1870.

Weiße, Chr. H., Die Evangelische Geschichte, kritisch und philosophisch bearbeitet, 2 Bde., Leipzig 1838.

Wendland, P., Die urchristlichen Literaturformen, Tübingen [2 u. 3]1912.

White, J. L., New Testament Epistolary Literature in the Framework of Ancient Epistolography, ANRW II 25.2 (1984), 1730–1756.

Wilke, Chr. H., Der Urevangelist, oder exegetisch-kritische Untersuchungen über das Verwandtschaftsverhältnis der drei ersten Evangelisten, Dresden–Leipzig 1838.

Wrede, W., Das Messiasgeheimnis in den Evangelien. Zugleich ein Beitrag zum Verständnis des Markusevangeliums, Göttingen [1]1901. [4]1969.

## Literatur zu Kapitel 2

Aland, K., Das Problem des neutestamentlichen Kanons, in: ders., Studien zur Ueberlieferung des Neuen Testaments und seines Textes, Berlin 1967, 1–24.

Aune, D. E., Prophecy in Early Christianity and the Ancient Mediterranean World, Grand Rapids 1983.

Baldermann, I., u. a. (Hrsg.), Zum Problem des biblischen Kanons (Jahrbuch für Biblische Theologie 3), Neukirchen 1988.

Bauer, W., Jesus der Galiläer (1927), in: Ders., Aufsätze und Kleine Schriften, hrsg. v. G. Strecker, Tübingen 1967, 91–109.

Becker, J., Johannes der Täufer und Jesus von Nazareth, Neukirchen 1972.

Beckwith, R. T., The Old Testament Canon of the New Testament Church and its Background in Early Judaism, Grand Rapids 1986.

Betz, O., Offenbarung und Schriftforschung in der Qumransekte (WUNT 6), Tübingen 1960.

Blum, E., u. a. (Hrsg.), Die hebräische Bibel und ihre zweifache Nachgeschichte (FS R. Rendtorff), Neukirchen 1990.

Campenhausen, H. Frhr. v., Die Entstehung der christlichen Bibel, Tübingen 1968.

Colpe, C., Gnosis II (Gnostizismus), RAC 11 (1981), 537–659.

Dohmen, Ch./Oeming, M., Biblischer Kanon warum und wozu? Eine Kanontheologie (QD 137), Freiburg u. a. 1992.

Dormeyer, D., Die Passion Jesu als Verhaltensmodell. Literarische und theologische Analyse der Traditions- und Redaktionsgeschichte der Markuspassion (NTA 11), Münster 1974.

Ders./Frankemölle, H., Evangelium als literarische Gattung und als theologischer Begriff. Tendenzen und Aufgaben der Evangelienforschung im 20. Jahrhundert, mit einer Untersuchung des Markusevangeliums in seinem Verhältnis zur antiken Biographie, ANRW II 25,2, Berlin 1984, 1543–1705; eigener Beitrag: 1543–1634 = Dormeyer 1984.

Dugandzic, I., Das „Ja" Gottes in Christus. Eine Studie zur Bedeutung des Alten Testaments für das Christusverständnis des Paulus, Würzburg 1977.

Elliger, W., Ephesos. Geschichte einer antiken Weltstadt, Stuttgart 1985.

Ellis, E. E., The Old Testament in Early Christianity. Canon and Interpretation in the Light of Modern Research (WUNT 1,54), Tübingen 1991.

Eusebius von Caesarea, Kirchengeschichte, hrsg. u. eingel. v. H. Kraft, übers. v. Ph. Haeuser u. H. A. Gärtner, Darmstadt 1967.

Fiebig, P., Jüdische Wundergeschichten des neutestamentlichen Zeitalters, Tübingen 1911.

Fohrer, G./Sellin, E., Einleitung in das Alte Testament, Heidelberg [2]1979.

Frank, I., Der Sinn der Kanonbildung. Eine Historisch-Theologische Untersuchung der Zeit vom 1. Clemensbrief bis Irenäus von Lyon, Freiburg 1971.

Gamble, H. Y., The New Testament Canon. Its Making and Meaning, Philadelphia 1985.

Glockmann, G., Homer in der frühchristlichen Literatur bis Justinus, Berlin 1968.

Die Gnosis, hrsg. v. W. Foerster u. A. Böhlig, 3 Bde., Zürich–Stuttgart 1969–1980.

Green, W. S., Palestinian Holy Men: Charismatic Leadership and Rabbinic Tradition, ANRW II 19,2, Berlin–New York 1979, 619–648.

Harnack, A. v., Ueber den privaten Gebrauch der heiligen Schriften in der Alten Kirche, Leipzig 1912.

Ders., Marcion. Das Evangelium vom fremden Gott. Eine Monographie zur Geschichte der Grundlegung der katholischen Kirche, [1]1920. [2]1924 + Neue Studien zu Marcion [1]1923 = Darmstadt 1985.

Hengel, M., Nachfolge und Charisma (BZNW 34), Berlin 1968.

Hennecke E./Schneemelcher, W., Neutestamentliche Apokryphen in deutscher Uebersetzung, 2 Bde., [3]1959–1964. Tübingen [4]1968–1971.

Hossfeld, F. L./Meyer, I., Prophet gegen Prophet. Eine Analyse der alttestamentlichen Texte zum Thema: Wahre und falsche Propheten, Freiburg 1973.

Hübner, H., Biblische Theologie des Neuen Testaments, Bd. 1, Prolegomena, Göttingen 1990.

Hunger, H., u. a., Die Textüberlieferung der antiken Literatur und der Bibel, [1]1965 = dtv 4485. München [2]1988.

Jeremias, G., Der Lehrer der Gerechtigkeit (StUNT 2), Göttingen 1963.

Jüdische Schriften aus hellenistisch-römischer Zeit, hrsg. v. W. G. Kümmel u. a., Gütersloh 1973 –.

Kampling, R., Jesus von Nazaret – Lehrer und Exorzist, BZ 30 (1986), 237–248.

Karrer, M., Der lehrende Jesus. Neutestamentliche Erwägungen, ZNW 83 (1992), 1–21.

Kertelge, K., Die Wunder Jesu im Markusevangelium (StANT 23), München 1970.

Kippenberg, H. G., Apokalyptik, Messianismus, Chiliasmus, in: H. Cancik u. a., Handbuch religionswissenschaftlicher Grundbegriffe 2 (1990), Stuttgart, 9–26.

Klopfenstein, M., u. a. (Hrsg.), Mitte der Schrift? Ein jüdisch-christliches Gespräch. Texte des Berner Symposions vom 6.–12. Januar 1985 (Judaica et Christiana 11), Bern u. a. 1987.

Koch, K., u. a., Das Buch Daniel (Erträge der Forschung 144), Darmstadt 1980.

Leroy, H., Jesus (Erträge der Forschung 9), Darmstadt 1978.

Lohse, E., Umwelt des Neuen Testaments (NTD E 1), Göttingen 1971.

Maier, J.–Schäfer, P., Kleines Lexikon des Judentums, Stuttgart 1981.

Metzger, B. M., The Canon of the New Testament. Its Origin, Development and Significance, 1987.

Meyer, R., Der Prophet aus Galiläa, Tübingen–Leipzig 1940.

Die Mischna, Text, Uebersetzung und ausführliche Erklärung, hrsg. v. (G. Beer u. O. Holtzmann) K. H. Rengstorff u. L. Rost, 6 Bde., 1912–50.

Nestle-Aland, Das Neue Testament. Griechisch und Deutsch, hrsg. v. K. u. B. Aland, Stuttgart [26]1986.

Normann, F., Christos Didaskalos, Die Vorstellung von Christus als Lehrer in der christlichen Literatur des 1. und 2. Jahrhunderts (MBTh 32), Münster 1967.

Ohlig, K.-H., Die theologische Begründung des neutestamentlichen Kanons in der alten Kirche, Düsseldorf 1972.

Origenes, Das Evangelium nach Johannes, übers. u. eingel. v. Rolf Gögler, Einsiedeln u. a. 1959.

Petuchowski, J. J., Die traditionelle jüdische Liturgie – Bemerkungen zu Aufbau und Struktur des synagogalen Gottesdienstes, in: H. H. Henrix (Hrsg.), Jüdische Liturgie (QD 86), Freiburg u. a. 1979, 103–111.

Philo von Alexandrien, Über das Leben Mosis, in: Ders., Die Werke in deutscher Uebersetzung, 7 Bde., hrsg. v. L. Cohn u. a., Breslau–Berlin 1909–1964, Bd. 1. 217–369.

Reventlow, H. Graf, Epochen der Bibelauslegung, Bd. 1: Vom Alten Testament bis Origenes, München 1990.

Robinson, J. M. (Ed.), The Nag Hammadi Library in English, New York u. a. 1977.

Rost, L., Einleitung in die alttestamentlichen Apokryphen und Pseudepigraphen, einschließlich der großen Qumran-Handschriften, Heidelberg 1971.

Sand, A., Kanon. Von den Anfängen bis zum Fragmentum Muratorianum (Handbuch der Dogmengeschichte I, 3 a), Freiburg u. a. 1974.

Schmitt, R., Die Sprachverhältnisse in den östlichen Provinzen des Römischen Reiches, ANRW II 29,2 (1983), 554–586.

Schneider, G., Die Apostelgeschichte, 2 Bde. (HThK 5,1–2), Freiburg u. a. 1980–1982.

Schweizer, E., Jesus Christus im vielfältigen Zeugnis des Neuen Testaments (Siebenstern-Tb 126), München–Hamburg 1968.

Septuaginta, Ed. A. Rahlfs, Stuttgart [8]1965.

Smend, R., Die altisraelitische Literatur, in: Neues Handbuch der Literaturwissenschaft. Altorientalische Literaturen, Wiesbaden 1978, 273–324.

Stadelmann, H., Ben Sira als Schriftgelehrter. Eine Untersuchung zum Berufsbild des vormakkabäischen Sofer unter Berücksichtigung seines Verhältnisses zu Priester-, Propheten- und Weisheitslehrer (WUNT 2,6), Tübingen 1980.

Steck, O. H., Der Abschluß der Prophetie im Alten Testament. Ein Versuch zur Frage der Vorgeschichte des Kanons, Neukirchen 1991.

Stemberger, G., Pharisäer, Sadduzäer, Essener (SBS 144), Stuttgart 1991.

Strack, H., Einleitung in Talmud und Midrasch, München [6]1976.

Der babylonische Talmud, neu übertragen durch L. Goldschmidt, 12 Bde., Königstein [3]1980.

Der Jerusalemer Talmud in deutscher Uebersetzung, hrsg. v. Institutum Judaicum der Univ. Tübingen, Bd. 1 ff., Tübingen 1975 ff.

Tertullian, Adversus Marcionem (CCL 1), Turnhout 1954.

Theobald, C. (éd.), Le canon des Ecritures. Etudes historiques, exégétiques et systématiques (LeDiv), Paris 1990.

Trobisch, D., Die Entstehung der Paulusbriefsammlung. Studien zu den Anfängen christlicher Publizistik (NTOA 10), Freiburg–Göttingen 1989.

Tröger, K. W., Das Christentum im zweiten Jahrhundert, Berlin 1988.

Utzschneider, H., Künder oder Schreiber? Eine These zum Problem der „Schriftenprophetie" auf Grund von Maleachi 1, 6–2,9, Frankfurt u. a. 1989.

Wanke, G., u. a., Bibel, TRE 6 (1980), 1–109.

Weber, M., Gesammelte Aufsätze zur Religionssoziologie, III. Das antike Judentum, Tübingen [2]1923.

Weiser, A., Was die Bibel Wunder nennt. Ein Sachbuch zu den Berichten der Evangelien, Stuttgart 1975.

Wevers, J. W., Septuaginta-Forschungen (ThR 22), 1954, 85–138. 171–190.

Ziegler, J., Sylloge. Gesammelte Aufsätze zur Septuaginta, Göttingen 1971.

Zimmermann, A. F., Die urchristlichen Lehrer. Studien zum Tradentenkreis der didaskaloi im frühen Urchristentum (WUNT 2,12), Tübingen 1984.

*Literatur zu Kapitel 3*

Alexander, L., Luke's Preface in the Context of Greek Preface-Writing, NT 28 (1986), 48–74.

Barthes, R., Die alte Rhetorik, in: ders., Das semiologische Abenteuer (es NF 441) (frz. 1985), Frankfurt 1988, 15–102.

Becker, J., Paulus. Der Apostel der Völker, Tübingen 1989.

Berger, K., Einführung in die Formgeschichte (UTB 1444), Tübingen 1987.

Bösen, W., Galiläa als Lebensraum und Wirkungsfeld Jesu. Eine zeitgeschichtliche und theologische Untersuchung, Freiburg u. a. 1985.

Bousset, W., Jüdisch-christlicher Schulbetrieb in Alexandria und Rom. Literarische Untersuchungen zu Philo und Clemens von Alexandria, Justin und Irenäus (FRLANT 23), Göttingen 1915.

Breytenbach, C., Das Problem des Übergangs von mündlicher zu schriftlicher Überlieferung, Neotestamentica 20 (1986), 47–58.

Ders., MNEMONEYEIN. Das „Sich-Erinnern" in der urchristlichen Überlieferung. Die Bethanienepisode (Mk 14,3–9/Jn 12,1–8) als Beispiel, in: A. Denaux (Hrsg.), John and the Synoptics (BEThL 101), Löwen 1992, 548–557.

Bultmann, R., 1957, s. Lit. zu Kap. 1.

Butts, J. R., The Progymnasmata of Theon: A New Text with Translation and Commentary (Ph. D. dissertation; Claremont), Claremont Graduate School 1986.

Classen, C. J., Paulus und die antike Rhetorik, ZNW 82 (1991), 1–34.

Dormeyer, D., Das Verhältnis von 'wilder' und historisch-kritischer Exegese als methodologisches und didaktisches Problem, Jahrbuch der Religionspädagogik 3 (1986), 111–127.

Ehrhardt, H., Samothrake. Heiligtümer in ihrer Landschaft und Geschichte als Zeugen antiken Geisteslebens, Stuttgart 1985.

Eisenhut, W., Einführung in die antike Rhetorik und ihre Geschichte, Darmstadt ⁴1990.

Erren, M., Einführung in die römische Kunstprosa, Darmstadt 1983.

Flach, D., Einführung in die römische Geschichtsschreibung, Darmstadt 1985. ²1992.

Fuhrmann, M., Einführung in die antike Dichtungstheorie, Darmstadt 1973. ²1992.

Ders., Die antike Rhetorik, München–Zürich ³1990.

Gerhardsson, B., Memory and Manuscript. Oral Tradition and Written Transmission in Rabbinic Judaism and Early Christianity (Acta Seminarii Neotestamentici Upsaliensis 22), Lund 1961.

Gigon, O., Philosophie und Wissenschaft bei den Griechen, in: E. Vogt, Griechische Literatur (Neues Handbuch der Literaturwissenschaft 2), Wiesbaden 1981, 231–304.

Goffmann, E., Interaktionsrituale (engl. 1967), Frankfurt 1971.

Güttgemanns, E., In welchem Sinne ist Lukas „Historiker"? Die Beziehungen von Luk. 1,1–4 und Papias zur antiken Rhetorik, LingBibl 54 (1983), 7–27.

Harnack, A. v., 1912, s. Lit. zu Kap. 2.

Ders., Die Mission und Ausbreitung des Christentums in den ersten drei Jahrhunderten, Leipzig [4]1924.

Hengel, M., Zur urchristlichen Geschichtsschreibung, Stuttgart 1979.

Hock, R. F./O'Neil, E. N., The Chreia in Ancient Rhetoric. Vol. 1. The Progymnasmata (Texts and Translations 27), Atlanta Scholar Press 1986.

Hommel, H., Rhetorik (dtv-Lexikon der Antike. Literatur 4), München 1970, 127–143.

Hyldahl, N., Hegesipos Hypomnemata, StTh 14 (1960), 70–113.

Ingarden, R., Gegenstand und Aufgaben der Literaturwissenschaft. Aufsätze und Diskussionsbeiträge (1937–1964), hrsg. v. Rolf Fieguth, Tübingen 1976.

Karpp, H., Schrift, Geist und Wort Gottes. Geltung und Wirkung der Bibel in der Geschichte der Kirche – Von der Alten Kirche bis zum Ausgang der Reformationszeit, Darmstadt 1992.

Kelber, W. H., The Oral and the Written Gospel. The Hermeneutics of Speaking and Writing in the Synoptic Tradition, Mark, Paul and Q, Philadelphia 1983.

Ders., Markus und die mündliche Tradition, LingBibel 45 (1979), 5–58.

Klauck, H. J., Hausgemeinde und Hauskirche im frühen Christentum (SBS 103), Stuttgart 1981.

Lampe, P., Die stadtrömischen Christen in den ersten beiden Jahrhunderten. Untersuchungen zur Sozialgeschichte (WUNT 2,18), Tübingen 1987.

Lausberg, H., Elemente der literarischen Rhetorik, München [1]1963. [8]1984.

Lesky, A., Geschichte der griechischen Literatur, Bern–München [3]1971.

Link, H., Rezeptionsforschung, Stuttgart u. a. 1976.

Löning, K., Das Evangelium und die Kulturen. Heilsgeschichtliche und kulturelle Aspekte kirchlicher Realität in der Apostelgeschichte, ANRW II 25,3 (1985), 2604–2646.

Mack, B. L., Rhetoric and the New Testament, Minneapolis 1990.

Marrou, H. J., Geschichte der Erziehung im klassischen Altertum (frz. ³1955 +
Ergänzungen ⁷1976), in dtv-WR 4275, München 1977.

Ders., Augustinus und das Ende der antiken Bildung (frz. ⁴1958), Paderborn
u. a. 1982.

Martin, J., Antike Rhetorik. Technik und Methode, München 1974.

Niedermeyer, H., Über antike Protokoll-Literatur, Göttingen 1918.

Nilsson, M. P., Die hellenistische Schule, München 1955.

Perelman, Ch., Das Reich der Rhetorik. Rhetorik und Argumentation (frz.
1977), München 1980.

Plümacher, E., Identitätsverlust und Identitätsgewinn. Studien zum Verhältnis von kaiserzeitlicher Stadt und frühem Christentum, Neukirchen
1987.

Poland, F., Geschichte des griechischen Vereinswesens, Leipzig 1909.

Quintilianus, M. F., Ausbildung des Redners, 12 Bücher, hrsg. u. übers. v.
H. Rahn, Darmstadt 1972–1975. ²1988.

Reck, R., Kommunikation und Gemeindeaufbau. Eine Studie zu Entstehung,
Leben und Wachstum paulinischer Gemeinden in den Kommunikations-
strukturen der Antike (SBB 22), Stuttgart 1991.

Reiser, M., Syntax und Stil des Markusevangeliums im Licht der hellenistischen Volksliteratur (WUNT 2,11), Tübingen 1984.

Rydbeck, L., Fachprosa, vermeintliche Volkssprache und Neues Testament.
Zur Beurteilung der sprachlichen Niveauunterschiede im nachklassischen
Griechisch (AUU.SGU 5), Uppsala 1967.

Safrai, S./Stern, M., The Jewish People in the First Century, Vol. 1–2, Assen
1974–1976.

Schmitt, R., 1983, s. Lit. zu Kap. 2.

Schrijnen, J., Charakteristik des altchristlichen Lateins, Nimwegen 1932 = Appendix zu Christine Mohrmann, Études sur le Latin des Chretiens, Storia e
Letteratura 143, Band IV, Rom 1977, 371–404.

Schweizer, E., Theologische Einleitung in das Neue Testament (NTD E 2),
Göttingen 1989.

Smith, R. W., The Art of Rhetoric in Alexandria. Its Theory and Practice in the
Ancient World, Den Haag 1974.

Solin, H., Juden und Syrer im westlichen Teil der römischen Welt. Eine eth-
nisch-demographische Studie mit besonderer Berücksichtigung der sprachlichen Zustände, ANRW 29,2 (1983), 587–789.

Speyer, W., Frühes Christentum im antiken Strahlungsfeld (WUNT 1,50),
Tübingen 1989.

Spiess, E., Logos Spermaticós. Parallelstellen zum Neuen Testament aus den
Schriften der Alten Griechen, Leipzig 1871 (ND: Hildesheim 1976).

Stambaugh, J. E./Balch, D. L., Das soziale Umfeld des Neuen Testaments (NTD E 9), engl. 1986, Göttingen 1992.

Stern, M., Greek and Latin Authors on Jews and Judaism, I: From Herodotus to Plutarch, II: From Tacitus to Simplicius, III: Appendixes and Indexes, Jerusalem ¹1974. ²1976. 1984.

Venetz, H. J., So fing es mit der Kirche an. Ein Blick auf das Neue Testament, Zürich u. a. 1981.

Ders., Der Beitrag der Soziologie zur Lektüre des Neuen Testaments. Ein Bericht (ThBer 13), Zürich u. a. 1985, 87–122.

Voelz, J. M., The Language of the New Testament, ANRW II 25,2 (1984), 893–977.

Warner, M. (ed.), The Bible as Rhetoric. Studies in Biblical Persuasion and Credibility (WStPL), London–New York 1990.

Wifstrand, A., Die alte Kirche und die griechische Bildung (Dalp Tb 388), Bern–München 1967.

Wuellner, W., Hermeneutics and Rhetorics, Scriptura S 3 (1989), 1–54.

## Literatur zu Kapitel 4

Aarde, van A. G., The Relativity of the Metaphor 'Temple' in Luke-Acts, Neotestamentica 25 (1991), 51–64.

Baldermann, I., Einführung in die Bibel (UTB 1486), Göttingen ³1988.

Bartels, K., Zwischen Fiktion und Realität: das Phantom, Zeitschrift für Semiotik 9 (1987), 159–181.

Barthes, R., 1988, s. Lit. zu Kap. 3.

Becker, J., 1989, s. Lit. zu Kap. 3.

Betz, H. D., Der Apostel Paulus und die sokratische Tradition, Tübingen 1972.

Blum, H., Die antike Mnemotechnik, Spudasmata XV, Hildesheim 1969.

Booth, W. C., Die Rhetorik der Erzählkunst, 2 Bde. (UTB 384–385), Heidelberg 1974.

Chatman, S., Story and Discourse: Narrative Structure in Fiction and Film, Ithaca 1978.

Combrink, B., Reference and Rhetoric in the Gospel of Matthew, Scriptura 40 (1992), 1–17.

Delorma, J., Lecture de l'évangile selon saint marc (Cahiers évangile), Paris 1972.

Dormeyer, D., Der Sinn des Leidens Jesu. Historisch-kritische und textpragmatische Analysen zur Markuspassion (SBS 96), Stuttgart 1979.

Dormeyer, D., 1984, s. Lit. zu Kap. 2.

Ders., Die Kompositionsmetapher 'Evangelium Jesu Christi, des Sohnes Gottes' Mk 1,1. Ihre theologische und literarische Aufgabe in der Jesus-Biographie des Markus, NTS 33 (1987), 452–468.

Ders., 1989, s. Lit. zu Kap. 1.

Ders./Hauser, L., Weltuntergang und Gottesherrschaft (Topos Taschenbücher), Mainz 1990.

Ders., Die göttliche Metaphorik und Ontologie von Jesus von Nazareth im Horizont des historischen Gründungsmythos, in: Schrödter, H. (Hrsg.), Die neomythische Kehre, Würzburg 1991, 79–106.

Eco, U., Zeichen, Frankfurt 1977.

Egger, W., Methodenlehre zum Neuen Testament. Einführung in linguistische und historisch-kritische Methoden, Freiburg 1987.

Fowler, R. M., The Rhetoric of Direction and Indirection in the Gospel of Mark, Semeia 48 (1989), 115–135.

Frankemölle, H., Evangelium. Begriff und Gattung, Stuttgart 1988.

Herzog, R., Non in Sua Voce. Augustins Gespräch mit Gott in den *Confessiones* – Voraussetzungen und Folgen, in: Stierle, K./Warning, R. (Hrsg.), Poetik und Hermeneutik XI: Das Gespräch, München 1984, 213–250.

Höffken, P., Elemente kommunikativer Didaktik in frühjüdischer und rabbinischer Literatur (Religionspädagogik in der Blauen Eule 1), Essen 1986.

Horst, P. W. van der, Chariton and the New Testament, NT 25 (1983), 348–356.

Iersel, B. van, Marcus. Belichting van het Bijbelboek, Boxtel 1986.

Jakobson, R., Linguistik und Poetik (engl. 1960), in: Ihwe, J. (Hrsg.), Literaturwissenschaft und Linguistik 1 (FAT 2015), Frankfurt 1972, 99–136.

Jüngel, E., Das Evangelium als analoge Rede von Gott, in: Harnisch, W. (Hrsg.), Die neutestamentliche Gleichnisforschung im Horizont von Hermeneutik und Literaturwissenschaft (WdF 575), Darmstadt 1982, 340–367.

Kalverkämper, H., Textlinguistik der Eigennamen, Stuttgart 1978.

Kanzog, K., Erzählstrategie. Eine Einführung in die Normvermittlung des Erzählers (UTB 495), Heidelberg 1976.

Kany, R., Der lukanische Bericht von Tod und Auferstehung Jesu aus der Sicht eines hellenistischen Romanlesers, NT 28 (1986), 75–90.

Kirby, J. T., The Rhetorical Situations of Revelation 1–3, NTS 34 (1988), 197–207.

Lategan, B., Intertextuality and Social Transformation. Some Implications of the Family Concept in New Testaments Texts, in: Draisma, S., Intertextuality in Biblical Writings. FS B. v. Iersel, Kampen 1989, 105–117.

Lausberg, H., Der Johannes-Prolog. Rhetorische Befunde zu Form und Sinn des Textes (NAWG.PH I), Göttingen 1984 = 1984a.

Leipoldt, J./Grundmann, W., Umwelt des Urchristentums, 3 Bde., Berlin 1965–1967.

Lohmeyer, E., Galiläa und Jerusalem, Göttingen 1936.

Louw, J. P., Semantics of New Testament Greek, Philadelphia–Chico 1982.

Lurker, M., Wörterbuch biblischer Bilder und Symbole, München ¹1973. ³1987.

Maartens, P. J., The Son of Man as Compound Metaphor in Mk 14,62, in: Petzer, J. H./Hartin, P. J., A South African Perspective on the New Testament, Leiden 1986, 76–99.

Malbon, E. S., Narrative Space and Mythic Meaning in Mark, San Francisco 1986.

Mohrmann, Ch., Études sur le Latin des Chrétiens, Bde. 1–4, Rom 1961–1977.

Petersen, N. R., Die „Perspektive" in der Erzählung des Markusevangeliums (1978), in: Hahn, F. (Hrsg.), Der Erzähler des Evangeliums (SBS 118/119), Stuttgart 1985, 67–93.

Plümacher, E., Lukas als hellenistischer Schriftsteller. Studien zur Apostelgeschichte (StUNT 9), Göttingen 1972.

Propp, V., Morphologie des Märchens (stw 131) (russ. ²1969), Frankfurt 1975.

Rahner, H., Symbole der Kirche. Die Ekklesiologie der Väter, Salzburg 1964.

Rehkopf, F., Griechisch (des Neuen Testaments), TRE 14 (1985), 228–235.

Reiser, M., 1984, s. Lit. zu Kap. 3.

Reventlow, Graf H., 1990, s. Lit. zu Kap. 2.

Ricœur, P., Die lebendige Metapher (frz. 1975), München 1986.

Ricœur, P., Erzählung, Metapher und Interpretationstheorie, ZThK 84 (1987), 232–254.

Ricœur, P./Jüngel, E., Metapher. Zur Hermeneutik religiöser Sprache, München 1974.

Sand, A., Das Matthäus-Evangelium (EdF 275), Darmstadt 1991.

Schenke, W., Das Markusevangelium (UTB 405), Stuttgart 1988.

Schmidt, K. L., Der Rahmen der Geschichte Jesu. Literaturkritische Untersuchungen zur ältesten Jesusüberlieferung, ¹1919 = Darmstadt ²1969.

Schriften des Urchristentums, s. Lit. zu Kap. 2.

Stanzel, F. K., Theorie des Erzählens, Göttingen ²1982.

Strecker, G., Das Evangelium Jesu Christi, in: ders. (Hrsg.), Jesus Christus in Historie und Theologie, FS H. Conzelmann, Tübingen 1975, 503–549.

Stuhlmacher, P., Das paulinische Evangelium. I. Vorgeschichte (FRLANT 95), Göttingen 1968.

Voelz, J., s. Lit. zu Kap. 3.

Weder, H., Die Gleichnisse Jesu als Metaphern. Traditions- und redaktionsgeschichtliche Analysen und Interpretationen (FRLANT 120), Göttingen 1978.

Weinrich, H., Sprache in Texten, Stuttgart 1976.

Wevers, J. W., Septuaginta-Forschungen, ThR 22 (1954), 85–138, 171–190.

Ziegler, J., Sylloge. Ges. Aufsätze zur Septuaginta, Göttingen 1971.

Zuntz, G., Ein Heide las das Markusevangelium, in: Cancik, H. (Hrsg.), Markus-Philologie (WUNT 33), Tübingen 1984, 205–222.

Zwick, R., Montage im Markusevangelium. Studien zur narrativen Organisation der Jesuserzählung (SBB 18), Stuttgart 1989.

### Literatur zu Kapitel 5

Almqvist, H., Plutarch und das Neue Testament (ASNU 15), Uppsala 1946.

Aune, D. E., 1983, s. Lit. zu Kap. 2.

Austin, J. L., Zur Theorie der Sprechakte (engl. 1962) (Reclam 9396–98), Stuttgart 1972.

Baltzer, K., Die Biographie der Propheten, Neukirchen 1975.

Barton, J., Oracles of God. Perceptions of Ancient Prophecy in Israel after the Exile, London 1986.

Batey, R. A., Sepphoris – An Urban Portrait of Jesus, BAR 18 (1992), 50–64.

Bauer, W./Aland, K. u. B. (Hrsg.), Griechisch-deutsches Wörterbuch, Berlin–New York ⁶1988.

Becker, J., Johannes der Täufer und Jesus von Nazareth (BS 63), Neukirchen 1972.

Berger, K., Die Amen-Worte Jesu (ZNWBH 39), Berlin 1970.

Ders., Die königlichen Messiastraditionen des NT, NTS 20 (1973/74), 1–44.

Ders., Zum Problem der Messianität Jesu, ZThK 71 (1974), 1–30.

Betz, H. D., Hellenismus III, TRE 15 (1986), 21–35.

Betz, O., Jesus und das Danielbuch, Bd. II: Die Menschensohnworte Jesu und die Zukunftserwartung des Paulus (Daniel 7,13–14) (Arbeiten zum Neuen Testament und Judentum 6), Frankfurt u. a. 1985.

Bietenhard, H., „Der Menschensohn" – ho hyos tou anthropou. Sprachliche und religionsgeschichtliche Untersuchungen zu einem Begriff der synoptischen Evangelien, I. Sprachlicher und religionsgeschichtlicher Teil, ANRW II 25,1 (1982), 265–351.

Billerbeck, P./Strack, H., Kommentar zum Neuen Testament aus Talmud und Midrasch, 4 Bde., München ³1961 = Billerbeck 1961.

Black, M., Die Muttersprache Jesu (engl. 1946), Stuttgart 1982.

Bösen, W., 1985, s. Lit. zu Kap. 3.

Bovon, F., Das Evangelium nach Lukas, Bd. 1 (EKK 3,1), Zürich u. a. 1989.

Brandenburger, E., Markus 13 und die Apokalyptik (FRLANT 134), Göttingen 1984.

Brocke, M., u. a. (Hrsg.), Das Vaterunser. Gemeinsames Beten von Juden und Christen, Freiburg 1974.

Brown, P., Spätantike, in: P. Veyne (Hrsg.), Vom Römischen Imperium zum Byzantinischen Reich (Ph. Ariès/G. Duby [Hrsg.], Geschichte des privaten Lebens 1), Frankfurt 1989, 229–299.

Bultmann, R., Jesus (Siebenstern-Tb 17), München–Hamburg 1965.

Burkert, W., Apokalyptik im frühen Griechentum: Impulse und Transformationen, in: Hellholm, D. (Hrsg.), Apocalyptism in the Mediterranean World and the Near East, Tübingen 1983, 235–255.

Cancik, H., Die Gattung Evangelium. Das Evangelium des Markus im Rahmen der antiken Historiographie, Humanistische Bildung (1981), 63–102, erweitert in: Ders. (Hrsg.), Markus-Philologie (WUNT 33), Tübingen 1984, 85–115.

Conzelmann, H./Lindemann, A., Arbeitsbuch zum Neuen Testament (UTB 52), Tübingen ⁹1988.

Crossan, J. D., In Fragments. The Aphorisms of Jesus, San Francisco 1983.

Dahl, N. A., Der historische Jesus als geschichtswissenschaftliches und theologisches Problem, KuD 1 (1955), 104–132.

Dalman, G., Die Worte Jesu, Bd. I, ¹1930 = Darmstadt ²1965; Jesus Jeschua, Bd. II, Leipzig 1922.

Delling, G., Zum Corpus Hellenisticum Novi Testamenti, ZNW 54 (1963), 1–15.

Delobel, J. (Hrsg.), LOGIA: Les paroles de Jésus – The sayings of Jesus: Memorial Joseph Coppens (BEThL 59), Löwen 1982.

Dihle, A., Die goldene Regel. Eine Einführung in die Geschichte der antiken und frühchristlichen Vulgärethik, Göttingen 1962.

Dinkler, E., Jesu Wort vom Kreuztragen, in: FS R. Bultmann, Neutestamentliche Studien (BZNW 21), Berlin 1954, 110–126.

Dockx, S., Le récit du repas pascal. Marc 14,17–26, Bib 46 (1965), 445–453.

Dormeyer, D., 1974, s. Lit. zu Kap. 2.

Ders., Die Familie Jesu und der Sohn der Maria im Markusevangelium (3,20f. 31–35; 6,5), in: Frankemölle, H./Kertelge, K. (Hrsg.), Vom Urchristentum zu Jesus, FS J. Gnilka, Freiburg u. a. 1989a, 109–136.

Dormeyer, D./Hauser, L., 1990, s. Lit. zu Kap. 4.

Ebertz, M. N., Das Charisma des Gekreuzigten. Zur Soziologie der Jesusbewegung (WUNT 45), Tübingen 1987.

Ellis, E. E., 1991, s. Lit. zu Kap. 2.

Ernst, J., Johannes der Täufer. Interpretation – Geschichte – Wirkungsgeschichte, Berlin–New York 1989.

Furger, F., Ethische Argumentation und neutestamentlich-ethische Aussagen, in: Kertelge, K. (Hrsg.), Ethik im Neuen Testament (QD 102), Freiburg 1984, 13–32.

Gnilka, J., Das Evangelium nach Markus, 2 Bde. (EKK II 1–2), Zürich u. a. 1978–1979.

Ders., Das Matthäusevangelium I–II (HThK I, 1–2), Freiburg 1986–1988.

Ders., Jesus von Nazareth. Botschaft und Geschichte (HThKS 3), Freiburg u. a. 1990.

Goppelt, L., Typos. Die typologische Deutung des Alten Testaments im Neuen, ¹1939 = Darmstadt 1973.

Hahn, F., Die Bildworte vom neuen Flicken und jungen Wein (Mk 2,21 f. par), EvTh 31 (1971), 357–375.

Hengel, M., Die Zeloten (AGSU 1), Leiden–Köln 1961.

Ders., 1968, s. Lit. zu Kap. 2.

Ders., Jesus als messianischer Lehrer der Weisheit und die Anfänge der Christologie (Sagesse et Religion a Colloque de Strasbourg 1976), Paris 1979, 147–188.

Herter, H., Das unschuldige Kind, JAC 4 (1961), 146–162.

Höffken, P., 1986, s. Lit. zu Kap. 4.

Hoffmann, J., Moraltheologie und moralpädagogische Grundlegung, Düsseldorf 1979.

Hoffmann, P., Studien zur Theologie der Logienquelle (NTA 8), Münster 1971.

Ders., Jesus versus Menschsohn. Mt 10,32 f. und die synoptische Menschensohnüberlieferung, in: Oberlinner, L./Fiedler, P., Salz der Erde – Licht der Welt. Exegetische Studien zum Matthäusevangelium, FS für A. Vögtle, Stuttgart 1991, 165–203.

Hommel, H., Herrenworte im Lichte sokratischer Überlieferung, ZNW 57 (1966), 1–23.

Ders., 1970, s. Lit. zu Kap. 3.

Iersel, B. M. F. van, 'Der Sohn' in den synoptischen Jesusworten. Christusbezeichnung der Gemeinde oder Selbstbezeichnung Jesu? (NTS 3), Leiden 1961.

Jeremias, J., Neutestamentliche Theologie I. Die Verkündigung Jesu, Gütersloh 1971.

Ders., Abba, in: Ders., Abba. Studien zur neutestamentlichen Theologie und Zeitgeschichte, Göttingen 1966, 15–67.

Jonge, M. de, Jesus, Son of David and Son of God, in: S. Draisma (Hrsg.), Intertextuality in Biblical Writings. Essays in honour of Bas van Iersel, Kampen 1989, 95–105.

Käsemann, E., Exegetische Versuche und Besinnungen, 2 Bde., Göttingen ¹1960. ²1964.

Karrer, M., Der Gesalbte. Die Grundlagen des Christustitels (FRLANT 151), Göttingen 1991.

Kearns, R., Vorfragen zur Christologie, Bd. II: Überlieferungsgeschichtliche und rezeptionsgeschichtliche Studie zur Vorgeschichte eines christologischen Hoheitstitels, Tübingen 1980.

Ders., Die Entchristologisierung des Menschensohnes. Die Übertragung des Traditionsgefüges um den Menschensohn auf Jesus, Tübingen 1988.

Kehl, A., Antike Volksfrömmigkeit und das Christentum (1974), in: Martin, J./Quint, B., (Hrsg.), Christentum und antike Gesellschaft (WdF 649), Darmstadt 1990, 103–143.

Kippenberg, H. G./Wewers, G. A., Textbuch zur neutestamentlichen Zeitgeschichte (NTD E 8), Göttingen 1979.

Kittel, G., u. a., Jesus didaskalos kai prophetes, ThBl 7 (1928), 249–250.

Klauck, H. J., Allegorie und Allegorese in synoptischen Gleichnissen (NTA 13), Münster 1978.

Kloppenborg, J. S., The Formation of Q. Trajectories in Ancient Wisdom Collections (Studies in Antiquity and Christianity), Philadelphia 1987.

Koch, D. A., Die Schrift als Zeuge des Evangeliums. Untersuchungen zur Verwendung und zum Verständnis der Schrift bei Paulus, Tübingen 1986.

Koch, K., Ratlos vor der Apokalyptik, Gütersloh 1970.

Ders., Was ist Formgeschichte? Methoden der Bibelexegese, Neukirchen [3]1979.

Kohlberg, L., Zur kognitiven Entwicklung des Kindes, Frankfurt 1979.

Kraus, H. J., Psalmen (KAT 15,1–2), 2 Bde., Neukirchen [3]1966.

Küchler, M., Frühjüdische Weisheitstraditionen (OBO 26), Freiburg–Göttingen 1979.

Kümmel, W. G., Jesusforschung seit 1981. I. Forschungsgeschichte, Methodenfragen, ThR 53 (1988), 229–249.


Lampe, G. W. H., The Exposition and Exegesis of Scripture, in: Ders. (Hrsg.), The Cambridge History of the Bible, Volume 2, Cambridge 1969, 155–197.

Lentzen-Deis, F., Kriterien für die historische Beurteilung der Jesusüberlieferung in den Evangelien, in: Kertelge, K. (Hrsg.), Rückfrage nach Jesus (QD 63), Freiburg 1974, 78–118.

Léon-Dufour, H., Abendmahl und Abschiedsrede im Neuen Testament (frz. 1982), Stuttgart 1983.

Lexikon der Antike, dtv-Ausgabe des ›Lexikons der Alten Welt‹ des Artemis Verlags, München 1969.

Lips, H. von, Weisheitliche Traditionen im Neuen Testament (WMANT 64), Neukirchen 1990.

Löning, K., Die Füchse, die Vögel und der Menschensohn (Mt 8,19f. par Lk 9,57f.) in: Frankemölle, H./Kertelge, K., Vom Urchristentum zu Jesus, FS J. Gnilka, Freiburg u. a. 1989, 82–103.

Lohmeyer, E., Gottesknecht und Davidssohn, Göttingen [1]1945. [2]1953.

Luz, U., Das Evangelium nach Matthäus (Mt 1–7; 8–17) (EKK I,1–2), Zürich u. a. 1985–90.

Maartens, P. J., s. Lit. zu Kap. 4.

Macholz, Ch., Das „Passivum divinum", seine Anfänge im Alten Testament und der „Hofstil", ZNW 81 (1990), 247–254.

März, C. P., Bücher des Glaubens. Zur Entstehung der Evangelien, Leipzig 1987.

Maier, J., Die Tempelrolle vom Toten Meer (UTB 829), München 1978.

Malter, R., Das Verhältnis der Philosophie zum Mythos, in: Schrödter, H. (Hrsg.), Die neomythische Kehre, Würzburg 1991, 56–79.

Merklein, H., Die Gottesherrschaft als Handlungsprinzip. Untersuchungen zur Ethik Jesu (FB 34), Echter Verlag Würzburg 1978.

Meyer, R., Der Prophet aus Galiläa, Tübingen–Leipzig 1940.

Müller, K., Apokalyptik/Apokalypsen. Die jüdische Apokalyptik. Anfänge und Merkmale, TRE 3 (1978), 202–251.

Müller, M., Der Ausdruck „Menschensohn" in den Evangelien. Voraussetzungen und Bedeutung (AThD 17), Leiden 1984.

Müller, U. B., Prophetie und Predigt im Neuen Testament. Formgeschichtliche Untersuchungen zur urchristlichen Prophetie (StNT 10), Gütersloh 1975.

Mussies, G., Dio Chrysostom and the New Testament (SCHNT 2), Leiden 1972.

Nestle, W., Die Haupteinwände des antiken Denkens gegen das Christentum (1948), in: Martin, J./Quint, B. (Hrsg.), Christentum und antike Gesellschaft (WdF 649), Darmstadt 1990, 17–81.

Oberlinner, L., Todeserwartung und Todesgewißheit Jesu. Zum Problem einer historischen Begründung (SBB 10), Stuttgart 1980.

Paschen, W., Rein und Unrein. Untersuchungen zur biblischen Wortgeschichte (StANT 24), München 1970.

Perrin, N., Was lehrte Jesus wirklich? Rekonstruktion und Deutung (amer. 1967), Göttingen 1972.

Pesch, R., Naherwartungen. Tradition und Redaktion in Mk 13, Düsseldorf 1968.

Ders., Das Markusevangelium (HThK II 1–2), Freiburg 1976–77.

Petuchowski, J. J., Das „Achtzehngebet", in: Henrix, H. H. (Hrsg.), Jüdische Liturgie (QD 86), Freiburg u. a. 1979, 77–89.

Pixner, B., Wege des Messias und Stätten der Urkirche, hrsg. v. R. Riesner, Gießen–Basel 1991.

Pomeroy, S. B., Frauenleben im klassischen Altertum (engl. 1984), Stuttgart 1985.

Reiser, M., Die Gerichtspredigt Jesu. Eine Untersuchung zur eschatologischen Verkündigung Jesu und ihrem frühjüdischen Hintergrund (NTA 23), Münster 1990.

Rese, M., Alttestamentliche Motive in der Christologie des Lukas (StNT 1), Gütersloh 1969.

Reventlow, H. Graf, 1990, s. Lit. zu Kap. 2.

Roloff, J., Neues Testament, Neukirchen 1977.

Rost, L., 1971, s. Lit. zu Kap. 2.

Rothfuchs, W., Die Erfüllungszitate des Matthäusevangeliums. Eine biblisch-theologische Untersuchung (BWANT 8), Stuttgart 1969.

Ruppert, L., Jesus als der leidende Gerechte? Der Weg Jesu im Lichte eines alt- und zwischentestamentlichen Motivs (SBS 59), Stuttgart 1972.

Sato, M., Q und Prophetie. Studien zur Gattungs- und Traditionsgeschichte der Quelle Q (WUNT 2,29), Tübingen 1988.

Schelbert, G., Sprachgeschichtliches zu Abba, in: Casetti, P./Keel, O.,/Schenker, A. (Hrsg.), Melanges Dominique Barthélemy (OBO 38), Freiburg–Göttingen 1981, 395–447.

Schenk, W., Synopse zur Redenquelle der Evangelien. Q-Synopse und Rekonstruktion in deutscher Übersetzung mit kurzen Erläuterungen, Düsseldorf 1981.

Schlosser, J., Le Règne de Dieu dans Dits de Jésus, I.II (EtB), Paris 1980.

Schmeller, Th., Brechungen. Urchristliche Wandercharismatiker im Prisma soziologisch orientierter Exegese (SBS 136), Stuttgart 1989.

Schnackenburg, R., Gottes Herrschaft und Reich. Eine biblisch-theologische Studie, Freiburg ⁴1965.

Schneider, G., Das Evangelium nach Lukas, 2 Bde. (ÖTK 3,1–2), Würzburg 1977.

Ders., Die Apostelgeschichte (HThK 5,1–2), Freiburg 1980–1982.

Schnider, F., Jesus der Prophet (OBO 2), Freiburg–Göttingen 1973.

Schrage, W., Ethik des Neuen Testaments (NTD E 4), Göttingen 1982.

Schürmann, H., Die vorösterlichen Anfänge der Logientradition. Versuch eines formgeschichtlichen Zugangs zum Leben Jesu (1960), in: Ders., Traditionsgeschichtliche Untersuchungen zu den synoptischen Evangelien, Düsseldorf 1968, 39–65 (vorher in Ristow, H./Matthias, K., Der historische Jesus und der kerygmatische Christus, Berlin 1960, 342–370).

Ders., Jesu ureigener Tod. Exegetische Besinnungen und Ausblick, Freiburg 1975.

Ders., Gottes Reich – Jesu Geschick. Jesu ureigener Tod im Licht seiner Basileia-Verkündigung, Freiburg 1983.

Schulz, S., Q. Die Spruchquelle der Evangelisten, Zürich 1972.

Schwank, B., Das Theater von Sepphoris und die Jugendjahre Jesu, in: erbe und auftrag 52 (1976), 199–206.

Schwarz, G., „Und Jesus sprach". Untersuchungen zur aramäischen Urgestalt der Worte Jesu (BWANT 6,18), Stuttgart u. a. 1985.

Schweizer, E., Das Evangelium nach Markus (NTD 2), Göttingen ¹1968.

Ders., Das Evangelium nach Matthäus (NTD 2), Göttingen 1973.

Ders., Das Evangelium nach Lukas (NTD 3), Göttingen ¹1982.

Snell, B., Leben und Meinungen der Sieben Weisen. Griechische und lateinische Quellen aus zweitausend Jahren mit deutscher Übertragung, München, [1]1938, [3]1952.

Steck, O. H., Israel und das gewaltsame Geschick der Propheten (WMANT 23), Neukirchen 1967.

Stockmeier, P., Glaube und Paideia. Zur Begegnung von Christentum und Antike (1967), in: Johann, H. Th. (Hrsg.), Erziehung und Bildung in der heidnischen und christlichen Antike (WdF 377), Darmstadt 1976, 527–549.

Strecker, G., Das Göttinger Projekt ‚Neuer Wettstein‘, ZNW 83 (1992), 245– 253 = 1992 a.

Studia ad Corpus Hellenisticum Novi Testamenti, hrsg. v. W. C. van Unnik, Leiden 1970 ff.

Suhl, A., Die Funktion der alttestamentlichen Zitate und Anspielungen im Markusevangelium, Gütersloh 1965.

Theißen, G., Soziologie der Jesusbewegung. Ein Beitrag zur Entstehungsgeschichte des Urchristentums, München 1977.

Ders., Studien zur Soziologie des Urchristentums (WUNT 19), Tübingen 1979.

Tödt, H. E., Der Menschensohn in der synoptischen Überlieferung, Gütersloh 1959.

Treu, U., Christliche Sibyllinen, in: Schneemelcher, W., Neutestamentliche Apokryphen, [5]1989, 591–619.

Unnik, W. C. van, Corpus Hellenisticum Novi Testamenti, JBL 83 (1964), 17– 33.

Veyne, P. (Hrsg.), Vom römischen Imperium zum Byzantinischen Reich, in: Ariès, Ph./Duby, G., Geschichte des privaten Lebens, Bd. I. (franz. 1985), Frankfurt 1989.

Vielhauer, Ph., Aufsätze zum Neuen Testament, München 1965.

Vögtle, A., Todesankündigungen und Todesverständnis Jesu, in: Der Tod Jesu. Deutungen im Neuen Testament, hrsg. v. K. Kertelge (QD 74), Freiburg 1976, 51–114.

Ders., Eine überholte „Menschensohn“-Hypothese?, in: Aland, K./Meurer, S., Wissenschaft und Kirche, FS E. Lohse (Texte und Arbeiten zur Bibel 4), Bielefeld 1989, 70–95.

Wanke, J., „Bezugs- und Kommentarworte“ in den synoptischen Evangelien. Beobachtungen zur Interpretationsgeschichte der Herrenworte in der vorevangelischen Überlieferung (EThSt 44), Leipzig 1981.

Weder, H., 1978, s. Lit. zu Kap. 4.

Weimar, P., Daniel 7. Eine Textanalyse, in: FS Vögtle, Jesus und der Menschensohn, hrsg. v. R. Pesch/R. Schnackenburg, Freiburg u. a. 1975, 11–37.

Westermann, C., Grundformen prophetischer Rede (BEvTh 31), München 1960.

Ders., Vergleiche und Gleichnisse im Alten und Neuen Testament, Stuttgart 1984.

Ders., Die Logien in der synoptischen Überlieferung in ihrem Verhältnis zu den Sprüchen des Proverbienbuches. Zu einem Kapitel in Rudolf Bultmanns „Geschichte der synoptischen Tradition", in: Jahrbuch für Biblische Theologie 5 (1990), 241–245.

Ders., Forschungsgeschichte zur Weisheitsliteratur 1950–1990, Stuttgart 1991.

Wettstein, J. J., He Kaine Diatheke. Novum Testamentum Graecum, 2 Bde., Amsterdam 1751–1752 (Nachdruck 1962).

Zeller, D., Die weisheitlichen Mahnsprüche bei den Synoptikern (FzB 17), Würzburg 1977.

Zimmermann, A. F., 1984, s. Lit. zu Kap. 2.

## Literatur zu Kapitel 6

Balch, D. L., Household Codes, in: D. E. Aune (Hrsg.), Greco-Roman Literature and the New Testament. Selected Forms and Genres, Atlanta 1988, 25–51.

Barth, K., Der Römerbrief, 1922. Zürich ¹⁴1989.

Bartsch, H. W., Inhalt und Funktion des urchristlichen Osterglaubens, ANRW II 25,1 (1982), 794–891.

Berger, K., 1973/74 = 1973; s. Lit. zu Kap. 5.

Brox, N., Die Pastoralbriefe (RNT 7,2), Regensburg ⁴1969.

Burger, Ch., Jesus als Davidssohn. Eine traditionsgeschichtliche Untersuchung (FRLANT 96), Göttingen 1970.

Bussmann, C., Themen der paulinischen Missionspredigt auf dem Hintergrund der spätjüdisch-hellenistischen Missionsliteratur (EHS.T 3), Frankfurt 1979.

Conzelmann, H., Der erste Brief an die Korinther (KEK V), Göttingen ²1983.

Crouch, E., The Origin and Intention of the Colossian Haustafel (FRLANT 109), Göttingen 1972.

Deichgräber, R., Gotteshymnus und Christushymnus in der frühen Christenheit (StUNT 5), Gütersloh 1967.

Dibelius, M., Zur Formgeschichte des Neuen Testaments (außerhalb der Evangelien), ThR 3 (1931), 207–242.

Ders., Die Pastoralbriefe, ergänzt v. H. Conzelmann (HNT 13), ⁴1966.

Dormeyer, D., 1974, s. Lit. zu Kap. 2.

Ders., 1989a, s. Lit. zu Kap. 5.

Frankemölle, H., Glaubensbekenntnisse. Zur neutestamentlichen Begründung unseres Credos, Düsseldorf 1974.

Gielen, M., Tradition und Theologie neutestamentlicher Haustafelethik. Ein Beitrag zur Frage einer christlichen Auseinandersetzung mit gesellschaftlichen Normen (BBB 75), Frankfurt 1990.

Gnilka, J., Der Philipperbrief (HThK X 3), Freiburg 1968.

Grass, H., Ostergeschehen und Osterberichte, Göttingen ²1962.

Hahn, F., 1963, s. Lit. zu Kap. 4.

Hoffmann, P., Auferstehung (I; II, 1), in: Auferstehung, TRE IV (1979), 450–467; 478–513.

Ders., 1991, s. Lit. zu Kap. 5.

Jeremias, J., Zu Phil II 7: Heauton ekenosen, NT 6 (1963), 182–188.

Jonge, M. de, 1989, s. Lit. zu Kap. 5.

Kamlah, E., Die Form der katalogischen Paränese im NT (WUNT 7), 1964.

Karrer, M., 1991, s. Lit. zu Kap. 5.

Kellermann, U., Auferstanden in den Himmel. 2 Makkabäer 7 und die Auferstehung der Märtyrer (SBS 95), Stuttgart 1979.

Kessler, H., Sucht den Lebendigen nicht bei den Toten. Die Auferstehung Jesu Christi in biblischer, fundamentaltheologischer und systematischer Sicht, Düsseldorf 1985.

Klauck, H. J., Herrenmahl und hellenistischer Kult. Eine religionsgeschichtliche Untersuchung zum ersten Korintherbrief (NTA 15), Münster 1982.

Kramer, W., Christos Kyrios Gottessohn. Untersuchungen zu Gebrauch und Bedeutung der christologischen Bezeichnungen bei Paulus und den vorpaulinischen Gemeinden (AThANT 44), Zürich–Stuttgart 1963.

Kremer, J., Das älteste Zeugnis von der Auferstehung Christi (SBS 17), Stuttgart 1966.

Lehmann, K., Auferweckt am dritten Tag nach der Schrift. Früheste Christologie, Bekenntnisbildung und Schriftauslegung im Lichte von 1 Kor 15,3–5 (QD 38), Freiburg u. a. 1968.

Léon-Dufour, H., 1983, s. Lit. zu Kap. 5.

Lohse, E., Märtyrer und Gottesknecht – Untersuchungen zur urchristlichen Verkündigung vom Sühnetod Jesu Christi (FRLANT 64), Göttingen 1955.

Ders., Die Briefe an die Kolosser und an Philemon (KEK 9,2), Göttingen 1968.

Marrou, H. J., 1977, s. Lit. zu Kap. 3.

McDonald, J. I. H., Kerygma and Didache, the Articulation and Structure of the Earliest Christian Message (diss. E 1974), SNTS Ms 37, Cambridge 1980.

Müller, K., Die Haustafel des Kolosserbriefes und das antike Frauenthema. Eine kritische Rückschau auf alte Ergebnisse, in: G. Dautzenberg u. a. (Hrsg.), Die Frau im Urchristentum (QD 95), Freiburg ⁴1989, 263–320.

Mußner, F., Der Galaterbrief (HThK 9), Freiburg ²1974.

Oberlinner, L. (Hrsg.), Auferstehung Jesu – Auferstehung der Christen. Deutung des Osterglaubens (QD 105), Freiburg 1986.

Rose, A., L'Influence des Psaumes sur les Annonces et les Récits de la Passion et de la Résurrection dans les Évangiles, in: Le Psautier, hrsg. v. R. De Langhe 1962, 297–356.

Ruppert, L., 1972, s. Lit. zu Kap. 5.

Schenk, W., Die Philipperbriefe des Paulus. Kommentar, Stuttgart u. a. 1984.

Schrage, W., 1982, s. Lit. zu Kap. 5.

Schürmann, H., Gottes Reich – Jesu Geschichte. Jesu ureigener Tod im Licht seiner Basileia-Verkündigung, Freiburg 1983.

Schweizer, E., Erniedrigung und Erhöhung bei Jesus und seinen Nachfolgern (AThANT 28), Zürich [2]1962.

Seeberg, A., Der Katechismus der Urchristenheit [1]1903 = (TB 26), München [2]1966.

Stuhlmacher, P., 1968, s. Lit. zu Kap. 4.

Theobald, M., „Dem Juden zuerst und auch dem Heiden". Die paulinische Auslegung der Glaubensformel Röm. 1,3f., in: P. G. Müller/W. Stenger, Kontinuität und Einheit. FS Franz Mußner, Freiburg u. a. 1981, 376–391.

Thraede, K., „Ärger mit der Freiheit", in: G. Scharffenorth/K. Thraede, „Freunde in Christus werden …". Die Beziehung von Mann und Frau als Frage an Theologie und Kirche, Gelnhausen–Berlin 1977, 35–182.

Thüsing, W., Die neutestamentlichen Theologien und Jesus Christus. I. Kriterien aufgrund der Rückfrage nach Jesus und des Glaubens an seine Auferweckung, Düsseldorf 1981.

Vögtle, A., Die Tugend- und Lasterkataloge im NT (NTA XIV 4/5), Münster 1936.

Vögtle, A./Pesch, R., Wie kam es zum Osterglauben?, Düsseldorf 1975.

Weidinger, K., Die Haustafeln (UNT 14), 1928.

Wengst, K., Christologische Formeln und Lieder des Urchristentums (StNT 7), Gütersloh 1972.

Wibbing, S., Die Tugend- und Lasterkataloge im NT und ihre Traditionsgeschichte unter besonderer Berücksichtigung der Qumran-Texte (BZNW 25), 1959.

Wilckens, U., Auferstehung, Berlin 1970.

Zeller, D., Der Brief an die Römer (RNT), Regensburg 1985.

*Literatur zu Kapitel 7*

Aly, W., Volksmärchen, Sage und Novelle bei Herodot und seinen Zeitgenossen. Eine Untersuchung über volkstümliche Elemente der altgriechischen Prosaerzählung, Göttingen [2]1969.

Arens, E., Kommunikative Handlungen. Die paradigmatische Bedeutung der Gleichnisse Jesu für eine Handlungstheorie, Düsseldorf 1982.

Berger, K., Materialien zur Form und Überlieferungsgeschichte neutestamentlicher Gleichnisse, NT 15 (1973), 1–37.

Bovon, F., 1989, s. Lit. zu Kap. 5.

Brettschneider, W., Die Parabel vom verlorenen Sohn. Das biblische Gleichnis in der Entwicklung der europäischen Literatur, Berlin 1978.

Delorme, J. (Hrsg.), Zeichen und Gleichnisse. Evangelientext und semiotische Forschung (frz. 1977), Düsseldorf 1979.

Ders., (Hrsg.), Les Paraboles évangéliques. Perspectives nouvelles. XII[e] Congrès de l'ACFEB, Lyon 1987 (Le Div 135), Paris 1989.

Dithmar, W. (Hrsg.), Fabeln, Parabeln und Gleichnisse (dtv Wiss. Reihe 4047), München [2]1972.

Dodd, C. H., The Parables of the Kingdom, London [1]1935. [15]1958.

Doderer, K., Fabeln, Formen, Figuren, Lehren (dtv Wiss. Reihe 4276), München [1]1970. [2]1977.

Dormeyer, D., Begegnung und Konfrontation. Analysen und Meditationen zu den Evangelien, Stuttgart 1975.

Dschulnigg, P., Rabbinische Gleichnisse und das Neue Testament. Die Gleichnisse der PesK im Vergleich mit den Gleichnissen Jesu und dem Neuen Testament, Bern u. a. 1988.

Eckart, K. G., Plutarch und seine Gleichnisse, ThViat 11 (1966–1972 = 1973), 57–81.

Eichholz, E., Gleichnisse der Evangelien. Form, Überlieferung, Auslegung, Neukirchen 1971.

Fiebig, F., Altjüdische Gleichnisse und die Gleichnisse Jesu, Tübingen 1904.

Ders., Die Gleichnisreden Jesu im Lichte der rabbinischen Gleichnisse des neutestamentlichen Zeitalters. Ein Beitrag zum Streit um die „Christusmythe" und eine Widerlegung der Gleichnisrede Jülichers, Tübingen 1912.

Ders., Rabbinische Gleichnisse, Leipzig 1929.

Flusser, D., Die rabbinischen Gleichnisse und der Gleichniserzähler Jesus. I. Teil: Das Wesen der Gleichnisse (Judaica et Christiana 4), Bern u. a. 1981.

Frankemölle, H., In Gleichnissen Gott erfahren, Stuttgart 1977.

Fuchs, E., Bemerkungen zur Gleichnisauslegung, in: ders., Zur Frage nach dem historischen Jesus (GA II), Tübingen [2]1965, 136–143.

Gnilka, J., 1978–1979, s. Lit. zu Kap. 5.

Harnisch, W. (Hrsg.), Gleichnisse Jesu. Positionen der Auslegung von Adolf
Jülicher bis zur Formgeschichte (WdF 366), Darmstadt 1982.
Ders. (Hrsg.), Die neutestamentliche Gleichnisforschung im Horizont von
Hermeneutik und Literaturwissenschaft (WdF 575), Darmstadt 1982a.
Ders., Die Gleichniserzählungen Jesu (UTB 1343), Göttingen 1985.
Hausrath, A. (Hrsg.), Äsopische Fabeln. Gefolgt v. e. Abhandl., Die Äsop-
legende, Urtext und Übertr., München 1940.
Haverkamp, A. (Hrsg.), Theorie der Metapher, Darmstadt 1983.
Heininger, B., Metaphorik, Erzählstruktur und szenisch-dramatische Gestal-
tung in den Sondergutgleichnissen bei Lukas (NTA 24), Würzburg 1991.
Hengel, M., Das Gleichnis von den Weingärtnern Mk 12,1–12 im Lichte der
Zenonpapyri und der rabbinischen Gleichnisse, ZNW 59 (1968), 1–39.
Höffken, P., 1986, s. Lit. zu Kap. 4.

Jeremias, J., Die Gleichnisse Jesu (Siebenstern-Tb 43), München–Hamburg
1965 (gekürzte Ausgabe von [6]1962).
Jülicher, A., Die Gleichnisreden Jesu, 2 Bde., [2]1910. Darmstadt 1976.
Jüngel, E., 1982, s. Lit. zu Kap. 4.

Klauck, H. J., 1978, s. Lit. zu Kap. 5.
Knoch, O., Wer Ohren hat, der höre. Die Botschaft der Gleichnisse Jesu,
Stuttgart 1983.

Linnemann, E., Gleichnisse Jesu. Einführung und Auslegung, Göttingen
[1]1961. [6]1975.

Meidinger-Geise, J. (Hrsg.), Wer ist mein Nächster? 70 Autoren antworten auf
eine zeitgemäße Frage, Freiburg 1977.
Michaelis, W., Die Gleichnisse Jesu, Hamburg [3]1956.
Monselewski, W., Der barmherzige Samariter. Eine auslegungsgeschichtliche
Untersuchung zu Lukas 10,25–37, Tübingen 1967.
Mußner, F., Die Gleichnisse Jesu, München [2]1964.

Oesterley, W., Die Gleichnisse der Evangelien im Lichte ihres jüdischen Hin-
tergrundes (1936), in: W. Harnisch (Hrsg.), Gleichnisse Jesu (WdF 366),
Darmstadt 1982, 137–154.
Olrik, A., Epische Gesetze und Volksdichtung, ZDA 51 (1909), 1–12.

Pesch, R., 1976–77, s. Lit. zu Kap. 5.

Räisänen, H., Die Parabeltheorie im Markusevangelium (Schriften der Finni-
schen Exegetischen Gesellschaft 26), Helsinki 1972.
Ragaz, L., Die Gleichnisse Jesu (seine soziale Botschaft), Hamburg 1971.

Rau, E., Reden in Vollmacht. Hintergrund, Form und Anliegen der Gleichnisse (FRLANT 149), Göttingen 1990.

Ricœur, P./Jüngel, E., 1974, s. Lit. zu Kap. 4.

Schenk, W., 1981, s. Lit. zu Kap. 5.

Schneider, G., 1977, s. Lit. zu Kap. 5.

Schnur, H. C., Fabeln der Antike, München 1978.

Scott, B. B., Hear then the Parable. A Commentary on the Parables of Jesus, Minneapolis 1989.

Snell, B., „Gleichnis, Vergleich, Metapher, Analogie", in: Die Entdeckung des Geistes, $^3$1955, 258–299.

Ulonska, H., Der geschenkte Augenblick. Ein Gleichnisbuch, Stuttgart 1991.

Via, D. O., Die Gleichnisse Jesu, München 1970.

Weder, H., 1978, s. Lit. zu Kap. 4.

Weiser, A., Die Knechtsgleichnisse der synoptischen Evangelien (StANT 29), München 1971.

Westermann, C., 1984, s. Lit. zu Kap. 5.

## Literatur zu Kapitel 8

### Literatur zu Kapitel 8.1

Albertz, M., Die synoptischen Streitgespräche. Ein Beitrag zur Formengeschichte des Urchristentums, Berlin 1921.

Aune, D. E., 1983, s. Lit. zu Kap. 2.

Ben David, A., Talmudische Ökonomie. Die Wirtschaft des jüdischen Palästina zur Zeit der Mischna und des Talmud, I. Hildesheim 1974.

Bousset, W., 1915, s. Lit. zu Kap. 3.

Bovon, F., 1989, s. Lit. zu Kap. 5.

Butts, J. R., 1986, s. Lit. zu Kap. 3.

Conzelmann, H./Lindemann, A., 1988, s. Lit. zu Kap. 5.

Didache = Die Zwölfapostellehre, in: Die Apostolischen Väter, übers. v. F. Zeller (BKV 35), $^2$1918.

Dormeyer, D., 1974, s. Lit. zu Kap. 2.

Ders., 1975, s. Lit. zu Kap. 7.

Fascher, E., Jesus der Lehrer, ThLZ 79 (1954), 325–342.

Filson, F. V., The Christian Teacher in the first Century, JBL 60 (1941), 317–328.

Finkel, A., The Pharisees and the Teacher of Nazareth, AGSU 4, Leiden ²1973.

Gemoll, W., Das Apophthegma, Wien 1924.

Gnilka, J., 1978–1979, s. Lit. zu Kap. 5.

Ders., 1986–1988, s. Lit. zu Kap. 5.

Green, W. S., 1979, s. Lit. zu Kap. 2.

Hock/O'Neil, 1986, s. Lit. zu Kap. 3.

Kellermann, U., 1979, s. Lit. zu Kap. 6.

Kittel, G., u. a., Jesus didaskalos kai prophetes, ThBl 7 (1928), 249–250.

Köpke, E., Über die Gattung der apomnemoneumata in der griechischen Literatur, Brandenburg 1857.

Kuhn, H. W., Ältere Sammlungen im Markusevangelium (StUNT 8), Göttingen 1971.

Luz, U., 1985–1990, s. Lit. zu Kap. 5.

Mack, B. L./Robbins, V. K., Patterns of Persuasion in the Gospels, Sonoma, Calif. 1989.

Malherbe, A. J., Soziale Ebene und literarische Bildung (1977), in: W. A. Meeks (Hrsg.), Zur Soziologie des Urchristentums (TB 62), München 1979, 194–222.

Mußner, F., Die Beschränkung auf einen einzigen Lehrer, in: G. Müller (Hrsg.), Israel hat dennoch Gott zum Trost (FS Schalom Ben Chorin), Trier 1978, 33–43.

Normann, F., 1967, s. Lit. zu Kap. 2.

Oberlinner, L., 1980, s. Lit. zu Kap. 5.

Pesch, R., 1976–1977, s. Lit. zu Kap. 5.

Robbins, V. K., Jesus the Teacher. A Socio-Rhetorical Interpretation of Mark, Philadelphia 1984.

Schneider, G., 1977, s. Lit. zu Kap. 5.

Schürmann, H., Das Lukasevangelium. Erster Teil (HThK 3,1), Freiburg 1969.

Schwartz, E., Apomnemoneumata, PRE 2.1 (1896), 170–171.

Schweizer, E., 1968, s. Lit. zu Kap. 5.

Ders., 1973, s. Lit. zu Kap. 5.

Ders., 1982, s. Lit. zu Kap. 5.

Stadelmann, H., 1980, s. Lit. zu Kap. 2.

Stockmeier, P., 1976, s. Lit. zu Kap. 5.

Tannehill, R. C., Types and Functions of Apophthegms in the Synoptic Gospels, ANRW 25,2 (1984), 1792–1829.

Weiß, W., Eine neue Lehre in Vollmacht. Die Streit- und Schulgespräche des Markus-Evangeliums (BZNW 52), Berlin 1989.

Wilcken, U., Hypomnematismoi, Philologus 53 (1894), 80–126.

Ziebarth, E., Aus dem griechischen Schulwesen. Endemos von Milet und Verwandtes, Leipzig–Berlin 1909.

Zimmermann, A. F., 1984, s. Lit. zu Kap. 2.

## Literatur zu 8.2

Annen, F., Die Dämonenaustreibungen Jesu in den Synoptischen Evangelien, ThBer 5, Zürich 1976, 107–147.

Ders., Heil für die Heiden. Zur Bedeutung und Geschichte der Tradition vom besessenen Gerasener (Mk 5,1–20 par) (FTS 20), Frankfurt 1976.

Berg, H. K., Ein Wort wie Feuer. Wege lebendiger Bibelauslegung, München–Stuttgart 1991.

Bieler, L., Theios Aner. Das Bild des „göttlichen Menschen" in Spätantike und Frühchristentum, 2 Bde., Wien 1935/36 = Darmstadt 1976.

Böcher, O., Das Neue Testament und die dämonischen Mächte (SBS 58), Stuttgart 1972.

Bultmann, R., Zur Frage des Wunders, in: ders., Glauben und Verstehen I, Tübingen 1964, 213–228.

Dormeyer, D., „Narrative Analyse" von Mk 2,1–12, LingBibl 31 (1974) 68–88.

Ders., Gespräch mit dem Text/Interaktionale Bibelauslegung, in: W. Langer/ J. Thiele, Handbuch der Bibelarbeit, München 1987, 274–279 = 1987a.

Drewermann, E., Tiefenpsychologie und Exegese, 2 Bde., Olten–Freiburg 1984–1985.

Fander, M., Die Stellung der Frau im Markusevangelium. Unter besonderer Berücksichtigung kultur- und religionsgeschichtlicher Hintergründe (MThA 8), Altenberge 1989.

Fiebig, P., 1911, s. Lit. zu Kap. 2.

Fohrbeck, K./Wiesand, A. J., „Wir Eingeborenen". Zivilisierte Wilde und exotische Europäer. Magie und Aufklärung im Kulturvergleich, rororo 7764 Sachbuch, Hamburg [1]1981. 1983.

Fuller, R. H., Die Wunder Jesu in Exegese und Verkündigung, Düsseldorf [2]1968.

Haag, H., Teufelsglaube, Tübingen 1974.

Held, H. J., Matthäus als Interpret der Wundergeschichten, in: G. Bornkamm u. a., Überlieferung und Auslegung im Matthäusevangelium (WMANT 1), Neukirchen ⁵1968.

Herzog, R., Arzt, in: RAC 1 (1950), 720–724.

Ders., Die Wunderheilungen von Epidauros, Leipzig 1931.

Kassel, M., Sei, der du werden sollst. Tiefenpsychologische Impulse aus der Bibel (Pfeiffer Werkbücher 157), München 1982.

Kertelge, K., s. Lit. zu Kap. 2.

Ders., Die Wunder Jesu in der neueren Exegese, ThBer 5, Zürich 1976, 71–107.

Knoch, O., Dem, der glaubt, ist alles möglich. Die Botschaft der Wundererzählungen der Evangelien, Stuttgart 1986.

Koch, D. A., Die Bedeutung der Wundererzählungen für die Christologie des Markusevangeliums (BZNW 42), Berlin 1975.

Kunath, S., Antike Parallelen zu den Wundergeschichten im Neuen Testament (Göttinger Quellenhefte 4), Göttingen 1977.

Löning, K., Krankheit und Heilung im Verständnis der Wundertradition der Evangelien, in: B. Nacke (Hrsg.), Dimensionen der Glaubensvermittlung, München 1987, 215–240.

Neirynck, F., Miracle Stories, in: J. Kremer (Hrsg.), Les Actes des Apôtres (BEThL 48), Löwen 1979, 169–213.

Overbeck, B., Krankheit als Anpassung. Der sozio-psychosomatische Zirkel (st 973), Frankfurt 1984.

Pesch, R., Jesu ureigene Taten? Ein Beitrag zur Wunderfrage (QD 52), Freiburg 1970.

Ders., Der Besessene von Gerasa. Entstehung und Überlieferung einer Wundergeschichte (SBS 56), Stuttgart 1972.

Ders., Die Apostelgeschichte (EKK 5,1–2), Zürich u. a. 1986.

Petzke, G., Die Traditionen über Apollonius von Tyana und das Neue Testament (SCHNT 1), Leiden 1970.

Reitzenstein, R., Hellenistische Wundergeschichten, Darmstadt ²1963.

Schäfer, H., Dein Glaube hat dich gesund gemacht (Herder Taschenbücher 1087), Freiburg 1984.

Schenke, L., Die Wundererzählungen des Markusevangeliums, Stuttgart 1974.

Schulz, S., u. a., Wunderfrage und Wunderglaube, Aschaffenburg 1975.

Seybold, K./Müller, U., Krankheit und Heilung (Biblische Konfrontationen 1008), Stuttgart 1978.

Suhl, A. (Hrsg.), Der Wunderbegriff im Neuen Testament (WdF 295), Darmstadt 1980.

Trummer, P., Die blutende Frau. Wunderheilung im Neuen Testament, Freiburg u. a. 1991.

Weinreich, O., Antike Heilungswunder. Untersuchungen zum Wunderglauben der Griechen und Römer, (Gießen 1909) Nachdruck Berlin 1969.

Weiser, A., 1975, s. Lit. zu Kap. 2.

Wilms, F. E., Wunder im Alten Testament, Regensburg 1979.

Wolff, H., Jesus der Mann. Die Gestalt Jesu in tiefenpsychologischer Sicht, Stuttgart [2]1976.

## Literatur zu 8.3

Ariès, Ph., Studien zur Geschichte des Todes im Abendland (frz. 1975), dtv 4369, München 1981.

Bauer, A., Heidnische Martyrerakten, Archiv für Papyrusforschung 1 (1901), 29–47.

Becker, J., Messiaserwartung im Alten Testament (SBS 83), Stuttgart 1977.

Ders., Das Evangelium des Johannes, 2 Bde. (ÖTK 4,1–2), Gütersloh–Würzburg 1979–1981.

Billerbeck, P./Strack, H., 1961, s. Lit. zu Kap. 5.

Blinzler, J., Der Prozeß Jesu, Regensburg [4]1969.

Conzelmann, H., Historie und Theologie in den synoptischen Passionsberichten, in: Zur Bedeutung des Todes Jesu, hrsg. v. F. Viering, Gütersloh 1967, 35–53.

Dauer, A., Die Passionsgeschichte im Johannesevangelium. Eine traditionsgeschichtliche und theologische Untersuchung zu Joh 18,1–19,30 (StANT 30), München 1972.

Decock, P. B., The Understanding of Isaiah 53:7–8 in Acts 8:32–33, Neotestamentica 14 (1981), 111–134.

Dihle, A., Studien zur griechischen Biographie (AAWG.PH 3,37), Göttingen 1956.

Dormeyer, D., 1974, s. Lit. zu Kap. 2.

Ders., Der Sinn des Leidens Jesu. Historisch-kritische und textpragmatische Analysen zur Markuspassion (SBS 96), Stuttgart 1979.

Ders., Die Passion Jesu als Ergebnis seines Konflikts mit führenden Kreisen des Judentums, in: H. Goldstein: Gottesverächter und Menschenfeinde? Juden zwischen Jesus und frühchristlicher Kirche, Düsseldorf 1979a, 211–239.

Gubler, M.-L., Die frühesten Deutungen des Todes Jesu. Eine motivgeschichtliche Darstellung aufgrund der neuen exegetischen Forschung (OBO 25), Freiburg 1977.

Haag, H., Vom alten zum neuen Pascha (SBS 49), Stuttgart 1971.
Holl, K., Gesammelte Aufsätze zur Kirchengeschichte II, Der Osten, Tübingen 1928, 68–102.

Kelber, W. H. (Hrsg.), The Passion in Mark. Studies on Mark 14–16, Philadelphia 1976.
Kertelge, K. (Hrsg.), Der Tod Jesu. Deutungen im Neuen Testament (QD 74), Freiburg 1976.
Ders. (Hrsg.), Der Prozeß gegen Jesus. Historische Rückfrage und theologische Deutung (QD 112), Freiburg u. a. 1988.
Kessler, H., Erlösung als Befreiung, Düsseldorf 1972.

Limbeck, M. (Hrsg.), Redaktion und Theologie des Passionsberichtes nach den Synoptikern (WdF 481), Stuttgart 1981.
Lohse, E., 1955, s. Lit. zu Kap. 6.
Ders., Die Geschichte des Leidens und Sterbens Jesu Christi, Gütersloh 1964.

Mack, B. L., A Myth of Innocence. Mark and Christian Origins, Philadelphia 1988.
Mohr, T. A., Markus- und Johannespassion. Redaktions- und traditionsgeschichtliche Untersuchung der markinischen und johanneischen Passionstradition (AThANT 70), Zürich 1982.
Mommsen, Th., Römisches Strafrecht (1899), Darmstadt ²1955.
Musurillo, H. A., The Acts of the Pagan Martyrs. Acta Alexandrinorum, Oxford 1954.
Myllykoski, M., Die letzten Tage Jesu. Markus und Johannes, ihre Traditionen und die historische Frage, Bd. 1 (Annales Academiae Scientiarum Fennicae B 256), Helsinki 1991.

Niedermeyer, H., 1918, s. Lit. zu Kap. 3.

Pesch, R., Die Überlieferung der Passion Jesu, in: K. Kertelge (Hrsg.), Rückfrage nach Jesus (QD 63), Freiburg 1974, 148–174.

Reitzenstein, R., Die Nachrichten über den Tod Cyprians. Ein philologischer Beitrag zur Geschichte der Märtyrerliteratur, Heidelberger Sitzungsberichte 1913, 14, Heidelberg 1913.
Ruppert, L., 1972, s. Lit. zu Kap. 6.

Schiller, G., Ikonographie der christlichen Kunst, Bd. 2: Die Passion Jesu Christi, Gütersloh ¹1966. ²1983.

Schneider, G., Das Problem einer vorkanonischen Passionserzählung, BZ 16 (1972), 222–244.

Ders., Die Passion Jesu nach den drei ältesten Evangelien, München 1973.

Schürmann, H., 1975, s. Lit. zu Kap. 5.

Surkau, H. W., Martyrien in jüdischer und frühchristlicher Zeit (FRLANT 54), Göttingen 1938.

Viering, F. (Hrsg.), Zur Bedeutung des Todes Jesu. Exegetische Beiträge, Gütersloh 1967.

Wilcken, U., Zum Alexandrinischen Antisemitismus, Abh. der Königl. Sächsischen Gesellschaft der Wissenschaften 27, 23, Leipzig 1909.

Literatur zu 8.4

Bartsch, H. W., 1982, s. Lit. zu Kap. 6.

Beck, E., Gottes Sohn kam in die Welt, Sachbuch zu den Weihnachtstexten, Stuttgart [1]1977. [2]1979.

Berger, K., Die Auferstehung des Propheten und die Erhöhung des Menschensohnes. Traditionsgeschichtliche Untersuchungen zur Deutung des Geschicks Jesu in frühchristlichen Texten (StUNT 13), Göttingen 1976.

Broer, I., Jesusflucht und Kindermord – Exegetische Anmerkungen zum zweiten Kapitel des Matthäusevangeliums, in: P. Pesch (Hrsg.), Zur Theologie der Kindheitsgeschichten, Zürich 1981, 74–97.

Brown, R. E., u. a., Maria im Neuen Testament. Eine ökumenische Untersuchung, Stuttgart 1981.

Brunner-Traut, E., Die Geburtsgeschichte der Evangelien im Lichte ägyptologischer Forschungen, ZRGG 12 (1960), 97–111.

Campenhausen, H. Freiherr v., Der Ablauf der Osterereignisse und das leere Grab, Heidelberg [3]1966.

Conzelmann, H., 1983, s. Lit. zu Kap. 6.

Dibelius, M., Jungfrauensohn und Krippenkind. Untersuchungen zur Geburtsgeschichte im Lukas-Evangelium, in: ders., Botschaft und Geschichte I, Tübingen 1953, 1–79.

Ders., Aufsätze zur Apostelgeschichte (FRLANT 42), Göttingen 1953 = 1953a.

Dormeyer, D., Die Bibel antwortet. Einführung in die interaktionale Bibelauslegung (Pfeiffer Werkbücher 144), München–Göttingen 1978.

Egger, W., Frohbotschaft und Lehre. Die Sammelberichte des Wirkens Jesu im Markusevangelium (FTS 19), Frankfurt 1976.

Erdmann, G., Die Vorgeschichten des Lukas- und Matthäusevangeliums und Vergils 4. Ekloge (FRLANT 30), Göttingen 1930.

Hengel, M./Merkel, H., Die Magier aus dem Osten und die Flucht aus Ägypten (Mt 2) im Rahmen der antiken Religionsgeschichte und der Theologie des Matthäus, in: P. Hoffmann, FS Schmid, Freiburg u. a. 1973, 139–169.
Hoffmann, P., 1979, s. Lit. zu Kap. 6.

Kessler, H., s. Lit. zu Kap. 6.
Kremer, J., Die Osterevangelien. Geschichten um Geschichte, Stuttgart 1977.

Lehmann, K., 1968, s. Lit. zu Kap. 6.
Lohfink, G., Die Himmelfahrt Jesu. Untersuchungen zu den Himmelfahrts- und Erhöhungstexten bei Lukas (STANT 26), München 1971.
Luz, U., 1985–1990, s. Lit. zu Kap. 5.

Marxen, W., Die Auferstehung Jesu von Nazareth (GTB 66), Gütersloh ¹1968.

Nellessen, E., Das Kind und seine Mutter. Struktur und Verkündigung des 2. Kapitels im Matthäusevangelium (SBS 39), Stuttgart 1969.
Norden, E., Die Geburt des Kindes. Geschichte einer religiösen Idee, ¹1924 = Darmstadt ⁴1969.

Oberlinner, L., 1986, s. o. 6.

Pax, E., Palästinensische Volkskunde im Spiegel der Kindheitsgeschichten, BiKi 9 (1968), 287–299.
Pesch, R. (Hrsg.), Zur Theologie der Kindheitsgeschichten. Der heutige Stand der Exegese, München–Zürich 1981.

Schnider, F./Stenger, W., Die Ostergeschichten der Evangelien, München 1970.
Seidensticker, Ph., Die Auferstehung Jesu in der Botschaft der Evangelisten (SBS 26), Stuttgart 1967.
Ders., Zeitgenössische Texte zur Osterbotschaft der Evangelien (SBS 27), Stuttgart 1967.

Vögtle, A., Messias und Gottessohn. Herkunft und Sinn der matthäischen Geburts- und Kindheitsgeschichte, Düsseldorf 1971.
Vögtle, A./Pesch, R., Wie kam es zum Osterglauben?, Düsseldorf 1975.

Weiser, A., Die Apostelgeschichte, 2 Bde., ÖTK 5,1–2 (GTB Siebenstern 507–508), Gütersloh 1981–1985.
Wilckens, U., 1970, s. o. 6.

Zeller, D., Die Ankündigung der Geburt. Wandlungen einer Gattung, in: R. Pesch (Hrsg.), Zur Theologie der Kindheitsgeschichten, Zürich 1981, 27–49.

## Literatur zu Kapitel 9

Andresen, C., Zum Formular frühchristlicher Gemeindebriefe, ZNW 56 (1965), 233–259.

Baeck, L., Paulus, die Pharisäer und das Neue Testament, München 1961.

Becker, J., 1989, s. Lit. zu Kap. 3.

Betz, H. D., 1972, s. Lit. zu Kap. 4.

Ders., Der Galaterbrief. Ein Kommentar zum Brief des Apostels Paulus an die Gemeinden in Galatien (engl. 1979), München 1988.

Bornkamm, G., Paulus (Urban Tb 119), Stuttgart u. a. 1969.

Botha, J., Reading Romans 13. Aspects of the Ethics of Interpretation in a controversial Text, Dissertation Stellenbosch, Südafrika 1991.

Bouwman, G., Paulus und die anderen. Porträt eines Apostels, Düsseldorf 1980.

Bruce, F. F., Zeitgeschichte des Neuen Testaments, 2 Bde., Wuppertal 1975.

Bünker, M., Briefformular und rhetorische Disposition im 1. Korintherbrief, Göttingen 1984.

Bultmann, R., Der Stil der paulinischen Predigt und die kynisch-stoische Diatribe, [1]1910 = Göttingen 1984.

Classen, C. J., 1991, s. Lit. zu Kap. 3.

Conzelmann, H., 1981, s. Lit. zu Kap. 6.

Deißmann, A., Paulus. Eine kultur- und religionsgeschichtliche Skizze, Tübingen [2]1925.

Delling, G., Zum neueren Paulus-Verständnis, NT 4 (1969), 95–121.

Dibelius, M./Kümmel, W. G., Paulus (Sammlung Göschen 1160), Berlin 1970.

Dormeyer, D., Flucht, Bekehrung und Rückkehr des Sklaven Onesimos. Interaktionale Auslegung des Philemonbriefes, EvErz 35 (1983), 214–228.

Ders., The Implicit and Explicit Readers and the Genre of Philippians 3:2–4:3,8–9: Response to the Commentary of Wolfgang Schenk, Semeia 48 (1989b) 147–159 = 1989b.

Eisenhut, W., 1982, s. Lit. zu Kap. 3.

Elliger, W., Paulus in Griechenland. Philippi, Thessaloniki, Athen, Korinth (SBS 92/93), Stuttgart 1978.

Filson, F. V., Geschichte des Christentums in neutestamentlicher Zeit, Düsseldorf 1967.

Frankemölle, H., Das semantische Netz des Jakobusbriefes. Zur Einheit eines umstrittenen Briefes, BZ 34 (1990), 161–197.

Gnilka, J., 1968, s. Lit. zu Kap. 6.

Ders., Der Philemonbrief (HThK X 4), Freiburg u. a. 1982.

Grant, M., Paulus. Apostel der Völker, Bergisch Gladbach 1978.

Haenchen, E., Die Apostelgeschichte, Göttingen ¹⁴1968.

Hengel, M., 1979, s. Lit. zu Kap. 3.

Hester, J. D., The Use and Influence of Rhetoric in Galatians 2:1,4, ThZ 42 (1986), 386–408.

Holtz, T., Der erste Brief an die Thessalonicher (EKK 13), Zürich–Neukirchen 1986.

Hübner, H., Der Galaterbrief und das Verhältnis von antiker Rhetorik und Epistolographie, ThLZ 109 (1984), 241–250.

Ders., Die Rhetorik und die Theologie. Der Römerbrief und die rhetorische Kompetenz des Paulus, in: C. J. Classen/H. J. Müllenbrock (Hrsg.), Die Macht des Wortes. Aspekte gegenwärtiger Rhetorikforschung (Ars Rhetorica 4), Marburg 1992, 165–179.

Hughes, F. W., Early Christian Rhetoric and 2 Thessalonians (Journal for the Study of the NT, Suppl. 30), 1989.

Jewett, R., The Thessalonian Correspondence. Pauline Rhetoric and Millenarian Piety, Philadelphia 1986.

Johanson, B. C., To all the Brethren. A Text-Linguistic and Rhetoric Approach to I Thessalonians (Conjectanea Biblica, New Testament Series 16), Uppsala 1987.

Käsemann, E., An die Römer (HNT 8a), Tübingen 1973.

Kasting, H., Die Anfänge der urchristlichen Mission (BevTh 55), 1969.

Kitzberger, I., Bau der Gemeinde. Das paulinische Wortfeld oikodome/(ep)oikodomein (FzB 53), Würzburg 1986.

Klauck, H. J., 1981, s. Lit. zu Kap. 3.

Ders., Die Johannesbriefe (EdF 276), Darmstadt 1991.

Koskenniemi, H., Studien zur Idee und Phraseologie des griechischen Briefes bis 400 n. Chr., Helsinki 1956.

Kümmel, W. G., Die Theologie des Neuen Testaments nach seinen Hauptzeugen Jesus, Paulus, Johannes (NTD E 3), Göttingen 1969.

Kuss, O., Paulus. Die Rolle des Apostels in der theologischen Entwicklung der Urkirche (Auslegung und Verkündigung 3), Regensburg 1971.

Lang, F., Die Briefe an die Korinther (NTD 7), Göttingen 1986.

Laub, F., Eschatologische Verkündigung und Lebensgestaltung nach Paulus. Eine Untersuchung zum Wirken des Apostels beim Aufbau der Gemeinde in Thessalonike (BU 10), Regensburg 1973.

Lüdemann, G., Paulus, der Heidenapostel, Bd. I: Studien zur Chronologie (FRLANT 123,1), Göttingen 1980.

Malherbe, A. J., Ancient Epistolary Theory, Ohio Journal. Rel. Stud. 5 (1977), 3–77.

Ders., Paul and the Thessalonians. The Philosophical Tradition of Pastoral Care, Philadelphia 1987.

Marxsen, W., Der erste Brief an die Thessalonicher (Zürcher Bibelkommentare 11,1), Zürich 1979.

Merkel, H., Bibelkunde des Neuen Testaments. Ein Arbeitsbuch, Gütersloh 1978.

Michaelis, W., Die Gefangenschaft des Paulus in Ephesus und das Itinerar des Timotheus. Untersuchungen zur Chronologie der Paulusbriefe (NTF 1 Reihe Paulusstudien 3), Gütersloh 1925.

Mitchell, M. M., Paul and the Rhetoric of Reconciliation. An Exegetical Investigation of the Language and Composition of 1 Corinthians (HUTh 28), Tübingen 1991.

Mußner, F., 1974, s. Lit. zu Kap. 6.

Ollrog, W. H., Paulus und seine Mitarbeiter. Untersuchungen zu Theorie und Praxis der paulinischen Mission (WMANT 50), Neukirchen 1979.

Pedersen, S. (Hrsg.), Die Paulinische Literatur und Theologie (Theol. Studien 7), Aarhus–Göttingen 1980.

Petersen, N. R., Rediscovering Paul: Philemon and the Sociology of Paul's Narrative World, Philadelphia 1985.

Probst, H., Paulus und der Brief. Die Rhetorik des antiken Briefes als Form der paulinischen Korintherkorrespondenz (1 Kor 8–10) (WUNT 2,45), Tübingen 1991.

Rengstorf, K. H., Das Paulusbild in der neueren deutschen Forschung (WdF 24), Darmstadt ²1965.

Rigaux, B., Paulus und seine Briefe. Der Stand der Forschung, München 1964.

Roloff, J., Apostolat – Verkündigung – Kirche, Gütersloh 1965.

Schelkle, K. H., Paulus. Leben, Briefe, Theologie (EdF 152), Darmstadt 1981.

Schenk, W., 1984, s. Lit. zu Kap. 6.

Schille, G., Anfänge der Kirche. Erwägungen zur apostolischen Frühgeschichte, München 1966.

Schmithals, W., Paulus und Jakobus (FRLANT 85), Göttingen 1963.

Schnider, F./Stenger, W., Studien zum neutestamentlichen Briefformular (NTTS 11), Leiden u. a. 1987.

Schoon-Janßen, J., Umstrittene „Apologien" in den Paulusbriefen. Studien zur rhetorischen Situation des 1. Thessalonicherbriefes, des Galaterbriefes und des Philipperbriefes (Göttinger Theologische Arbeiten 45), Göttingen 1991.

Schweizer, E., Gemeinde und Gemeindeordnung im Neuen Testament (AThANT 35), Zürich 1959.

Stendahl, K., Der Jude Paulus und wir Heiden. Anfragen an das abendländische Christentum, München 1976.

Stowers, S. K., Letter Writing in Greco-Roman Antiquity, LEC 5, Philadelphia 1986.

Suhl, A., Paulus und seine Briefe. Ein Beitrag zur paulinischen Chronologie (StNT 11).

Taatz, I., Frühjüdische Briefe (NTOA 16), Göttingen 1991.

Theißen, G., Soziale Schichtung in der korinthischen Gemeinde. Ein Beitrag zur Soziologie des hellenistischen Urchristentums. ZNW 65 (1974), 232–272.

Thraede, K., Grundzüge griechisch-römischer Briefoptik (Zetemata 43), München 1970.

Tresmontant, C., Paulus in Selbstzeugnissen und Bilddokumenten, Hamburg 1959.

Trilling, W., Der zweite Brief an die Thessalonicher (EKK 14), Zürich–Neukirchen 1980.

Trobisch, D., 1989, s. Lit. zu Kap. 2.

Wendland, P., 1912, s. Lit. zu Kap. 2.

Wilckens, U., Der Brief an die Römer (EKK VI), 3 Bde., Zürich 1978–1982.

Wuellner, W., Paul's Rhetoric of Argumentation in Romans, CBQ 38 (1976), 330–351.

Ders., The Argumentative Structure of 1 Thessalonians as Paradoxial Encomium, in: R. F. Collins (ed.), The Thessalonian Correspondence (BEThL 87), Leuven 1990, 117–137.

Zeller, D., 1985, s. Lit. zu Kap. 6.

## Literatur zu Kapitel 10

Arnold, G., Mk 1,1 und Eröffnungswendungen in griechischen und lateinischen Schriften, ZNW 68 (1977), 123–127.

Berger, K., Die Gesetzesauslegung Jesu. Ihr historischer Hintergrund im Judentum und im Alten Testament, Teil I. Markus und die Parallelen (WMANT 40), Neukirchen-Vluyn 1972.

Best, E., Mark. The Gospel as Story, Edinburgh 1983.

Beutler, J., Literarische Gattungen im Johannesevangelium. Ein Forschungsbericht 1919–1980, ANRW II 25,3 (1985), 2506–2569.

Billerbeck, P./Strack, H., 1961, s. Lit. zu Kap. 5.

Blumenberg, H., Matthäuspassion, Frankfurt 1988.

Cancik, H., Die Gattung Evangelium. Das Evangelium des Markus im Rahmen der antiken Historiographie, Humanistische Bildung (1981), 63–102, erweitert in: ders. (Hrsg.), Markus-Philologie, Tübingen 1984, 85–115.

Conzelmann, H., Die Apostelgeschichte (HNT 7), Tübingen 1963.

Cornfeld, G./Botterweck, G. J. (Hrsg.), Die Bibel und ihre Welt (dtv-Lexikon 3092–3097), München 1972.

Crossan, J. D., 1983, s. Lit. zu Kap. 5.

Dibelius, M., 1953, s. Lit. zu Abschnitt 8.4.

Dihle, A., Studien zur griechischen Biographie (AAWG.PH III. 37), Göttingen 1956.

Ders., Die Evangelien und die griechische Biographie, in: P. Stuhlmacher (Hrsg.), Das Evangelium und die Evangelien, Tübingen 1983, 383–413.

Dobschütz, E. v., Gibt es ein doppeltes Evangelium im Neuen Testament?, ThStKr 85 (1912), 331–366.

Dormeyer, D., 1979, s. Lit. zu Abschnitt 8.3.

Ders., Die Passion Jesu als Ergebnis seines Konflikts mit führenden Kreisen des Judentums, in: Goldstein, H., Gottesverächter und Menschenfeinde? Juden zwischen Jesus und frühchristlicher Kirche, Düsseldorf 1979a, 211–239.

Ders., 1984, s. Lit. zu Kap. 2.

Ders., 1987, s. Lit. zu Kap. 4.

Ders., 1989a, s. Lit. zu Kap. 5.

Ders., Mt 1,1 als Überschrift zur Gattung und Christologie des Matthäus-Evangeliums, in: F. v. Segbroeck u. a. (Hrsg.), The Four Gospels 1992 – FS F. Neirynck, 3 Bde. (BEThL 100 A–C), Löwen 1992, II, 1361–1385.

Dschulnigg, P., Sprache, Redaktion und Intention des Markus-Evangeliums. Eigentümlichkeiten der Sprache des Markus-Evangeliums und ihre Bedeutung für die Redaktionskritik (SBB 11), Stuttgart 1984.

Egger, W., 1987, s. Lit. zu Kap. 4.

Fendler, F., Studien zum Markusevangelium. Zur Gattung, Chronologie, Messiasgeheimnistheorie und Überlieferung des zweiten Evangeliums (Göttinger Theologische Arbeiten 49), Göttingen 1991.

Fowler, W., Loaves and Fishes, Chico 1981.

Frankemölle, H., 1988, s. Lit. zu Kap. 4.

Frye, N., The Great Code. The Bible and Literature, New York–London 1982.

Gese, H., Der Messias, in: ders., Zur biblischen Theologie (BEvTh 78), 1977, 128–151.

Gnilka, J., Ureigene Worte und Taten Jesu, in: ders., Wer ist doch dieser?, München 1976, 18–30.

Ders., 1978–1979, s. Lit. zu Kap. 5.

Ders., 1986–1988, s. Lit. zu Kap. 5.

Grässer, E., Acta-Forschung seit 1960, ThR 26 (1960), 93–167; 41 (1976), 141–194; 259–290; 42 (1977), 1–68.

Green, W. S., 1979, s. Lit. zu Kap. 2.

Greimas, A. J., Strukturale Semantik. Methodologische Untersuchungen (frz. 1966), Braunschweig 1971.

Hägg, T., The Novel in Antiquity, Oxford 1983.

Haenchen, E., Die Apostelgeschichte (KEK 3), Göttingen ⁷1977.

Hahn, F., Der gegenwärtige Stand der Erforschung der Apostelgeschichte. Kommentare und Aufsatzbände 1980–1985, ThR 82 (1986), 177–190.

Harnack, A. v., Beiträge zur Einleitung in das Neue Testament. II. Sprüche und Reden Jesu. Die zweite Quelle des Matthäus und Lukas, Leipzig 1907.

Ders., Das doppelte Evangelium im Neuen Testament, in: Aus Wissenschaft und Leben II, Gießen 1911, 213–224.

Ders., 1923/24, s. Lit. zu Kap. 2.

Hauser, L., Christologie in „nachchristlicher" Zeit. Karl Rahners transzendentale Reflexion der Möglichkeit eines Glaubens an Jesus als den Christus, in: D. Hattrup/H. Hoping, Christologie und Metaphysik. FS P. Hünermann, Münster 1989, 123–141.

Helm, R., Der antike Roman, Studienhefte zur Altertumswissenschaft 4, Göttingen ²1956.

Hemer, C. J., The Book of Acts in the Setting of Hellenistic History, C. H. Gempf (Hrsg.) (WUNT 49), Tübingen 1989.

Hengel, M., Der Historiker Lukas und die Geographie Palästinas in der Apostelgeschichte, ZDPV 99 (1983), 147–183.

Hoffmann, P., Die Anfänge der Logienquelle, in: J. Schreiner (Hrsg.), Gestalt und Anspruch des Neuen Testaments, Würzburg ¹1969, ²o. J.

Ders., Studien zur Theologie der Logienquelle (NTA 8), Münster 1971.

Jakobson, R., Der Doppelcharakter der Sprache. Die Polarität zwischen Metaphorik und Metonymik (1960), in: J. Ihwe (Hrsg.), Literaturwissenschaft und Linguistik, Bd. 1–4, Frankfurt 1971, 1, 323–334.

Jerger, G., Evangelium des Alten Testaments. Die Grundbotschaft des Propheten Deuterojesaja in ihrer Bedeutung für den Religionsunterricht (SBB 14), Stuttgart 1986.

Jülicher, A., Einleitung in das Neue Testament, Freiburg–Leipzig ¹·²1894.

Ders./Fascher, E., Einleitung in das Neue Testament, Tübingen ⁷1931.

Kähler, M., Der sogenannte historische Jesus und der geschichtliche, biblische Christus, Leipzig ¹1892, München 1969.

Kampling, R., Israel unter dem Anspruch des Messias. Studien zur Israelthematik im Markusevangelium (SBB 25), Stuttgart 1992.

Kaufmann, H. B., u. a. (Hrsg.), Elementar erzählen. Überlieferung und Erfahrung, Münster 1985.

Kelber, W. H., 1979, s. Lit. zu Kap. 3.

Kerényi, K., Die Mythologie der Griechen, 2 Bde. (dtv 1345–1346), München 1966.

Ders., Die Eröffnung des Zugangs zum Mythos. Ein Lesebuch (WdF 20), Darmstadt ³1982.

Kloppenburg, J. S., 1987, s. Lit. zu Kap. 5.

Koch, K., 1980, s. Lit. zu Kap. 2.

Koester, H., Überlieferung und Geschichte der frühchristlichen Evangelienliteratur, ANRW II 25,2, Berlin 1984, 1463–1542.

Ders., "From the Kerygma-Gospel to Written Gospels", NTS 35 (1989), 361–381.

Küchler, M., 1979, s. Lit. zu Kap. 5.

Lategan, G., Intertextuality and Social Transformation. Some Implications of the Family Concept in New Testaments Texts, in: S. Draisma (Hrsg.), Intertextuality in Biblical Writings, FS B. v. Iersel, Kampen 1989, 105–117.

Laufen, R., Die Logienquelle Q. Textrekonstruktion, Religionsunterricht an höheren Schulen 28 (1985), 281–291.

Limbeck, M., Von der Ohnmacht des Rechts. Zur Gesetzeskritik des Neuen Testaments. Düsseldorf 1972.

Lips, H. v., 1990, s. Lit. zu Kap. 5.

Ders., Weisheit in der Verkündigung Jesu, rhs 23 (1990), 298–304.

Löning, K., Die Saulustradition in der Apostelgeschichte (NTA 9), Münster 1973.

Ders., 1985, s. Lit. zu Kap. 3.

Lohfink, J., Die Sammlung Israels. Eine Untersuchung zur lukanischen Ekklesiologie (StANT 39), München 1975.

Lohmeyer, E., Das Evangelium des Markus, Göttingen ¹²1953.

Lührmann, D., Biographie des Gerechten als Evangelium. Vorstellungen zu einem Markus-Kommentar, WuD 14 (1977), 25–50.

Ders., Die Redaktion der Logienquelle (WMANT 33), Neukirchen 1977.

Ders., Das Markusevangelium (HNT 3), 1987.

Luz, U., 1985–1990, s. Lit. zu Kap. 5.

Ders., Das Geheimnismotiv und die markinische Christologie (1965), in: R. Pesch (Hrsg.), Das Markusevangelium, Darmstadt 1979, 211–238.

Mack, B. L., 1988, s. Lit. zu Abschnitt 8.3.

Malter, R., 1989, s. Lit. zu Kap. 5.

Marxsen, W., Der Evangelist Markus. Studien zur Redaktionsgeschichte des Evangeliums (FRLANT 49), Göttingen ¹1956.

Minette de Tillesse, G., Le secret messianique dans l'évangile de Marc (Lec Div 47), Paris 1968.

Momigliano, A., The Development of Greek Biography, Cambridge, Mass. 1971.

Müller, C. W., Der griechische Roman, in: Neues Handbuch der Literaturwissenschaft 2, Wiesbaden 1981, 377–412.

Neirynck, F., La rédaction matthéenne et la structure du premier évangile, in: F. van Segbroeck (Hrsg.), Evangelica. Gospel Studies – Études D'Évangile by F. Neirynck (BEThL 60), Löwen 1982, 3–36.

Ders., Recent Developments in the Study of Q, in: ders., Evangelica II (BE-ThL 99), Löwen 1991, 409–464.

Pannenberg, W., Christentum und Mythos. Späthorizonte des Mythos in biblischer und christlicher Überlieferung, Gütersloh 1972.

Ders., Die weltgründende Funktion des Mythos und der christliche Offenbarungsglaube, in: H. H. Schmid (Hrsg.), Mythos und Rationalität, Gütersloh 1988, 108–122.

Pesch, R., 1976–1977, s. Lit. zu Kap. 5.

Petersen, N. R., Die „Perspektive" in der Erzählung des Markusevangeliums (1978), in: Hahn, F. (Hrsg.), Der Erzähler des Evangeliums (SBS 118/119), Stuttgart 1985, 67–93.

Ders., Die Zeitebenen im markinischen Erzählwerk: Vorgestellte und dargestellte Zeit (1978), in: Hahn, F. (Hrsg.), Der Erzähler des Evangeliums (SBS 118/119), Stuttgart 1985a, 93–137.

Plümacher, E., 1972, s. Lit. zu Kap. 4.

Ders., Apostelgeschichte, TRE 3 (1978), 483–528.

Ders., Acta-Forschung 1974–1982, ThR 48 (1983) 1–57; 49 (1984), 105–170.

Polag, A., Die Christologie der Logienquelle (WMANT 45), Neukirchen 1977.

Propp, V., 1975, s. Lit. zu Kap. 4.

Rahner, K., Grundlinien einer systematischen Christologie, in: Ders./W. Thüsing, Christologie – systematisch und exegetisch (QD 55), Freiburg 1972.

Robbins, V. K., 1984, s. Lit. zu Abschnitt 8.1.

Robinson, J. M., LOGOI SOPHON. Zur Gattung der Spruchquelle Q, in: Zeit und Geschichte (Dankesgabe an R. Bultmann), 1964, 77–96.

Rohde, E., Der griechische Roman und seine Vorläufer, Darmstadt ⁴1960.

Roloff, J., Die Apostelgeschichte (NTD 5), Göttingen 1981.

Sato, M., 1988, s. Lit. zu Kap. 5.

Schenk, W., 1981, s. Lit. zu Kap. 5.

Ders., Evangelium – Evangelien – Evangeliologie. Ein 'hermeneutisches' Manifest, München 1983.

Schenke, W., 1988, s. Lit. zu Kap. 4.

Schille, G., Die Apostelgeschichte des Lukas (ThHK 5), Berlin 1983.

Schmidt, K. L., Die Stellung der Evangelien in der allgemeinen Literaturgeschichte, in: Eucharisterion, FS H. Gunkel (FRLANT 19,2), Göttingen 1923, 50–134, Wiederabdruck in: Ders., Neues Testament, Judentum, Kirche. Kleine Schriften, hrsg. v. G. Sauter (TB 69), München 1981, 37–131 = F. Hahn, Zur Formgeschichte des Evangeliums, Darmstadt 1985, 126–229.

Schmithals, W., 1985, s. Lit. zu Kap. 3.

Schneider, G., 1977, s. Lit. zu Kap. 5.

Schneider, G., 1980–1982, s. Lit. zu Kap. 5.

Scholtissek, K., Die Vollmacht Jesu. Traditions- und redaktionsgeschichtliche Analysen zu einem Leitmotiv markinischer Christologie (NTA 25), Münster 1992.

Schürmann, H., 1968, s. Lit. zu Kap. 5.

Schulz, S., 1972, s. Lit. zu Kap. 5.

Schweizer, E., 'Zu den Reden der Apostelgeschichte', in: Ders., Neotestamentica, Zürich 1963, 418–429.

Ders., 1968, s. Lit. zu Kap. 5.

Ders., 1973, s. Lit. zu Kap. 5.

Ders., 1982, s. Lit. zu Kap. 5.

Seeberg, A., 1903, s. Lit. zu Kap. 6.

Sellin, G., Mythologeme und mythische Züge in der paulinischen Theologie, in: H. H. Schmid (Hrsg.), Mythos und Rationalität, Gütersloh 1988, 209–224.

Söder, R., Die apokryphen Apostelgeschichten und die romanhafte Literatur der Antike, Darmstadt [2]1969.

Söding, Th., Glaube bei Markus. Glaube an das Evangelium, Gebetsglaube und Wunderglaube im Kontext der markinischen Basileiatheologie und Christologie (SBS 12), Stuttgart 1985.

Stählin, G., Die Apostelgeschichte (NTD 5), Göttingen [4]1970.

Steck, O. H., 1967, s. Lit. zu Kap. 5.

Steichele, H.-J., Der leidende Sohn Gottes. Eine Untersuchung einiger alttestamentlicher Motive in der Christologie des Markusevangeliums. Zugleich ein Beitrag zur Erhellung des überlieferungsgeschichtlichen Zusammenhangs zwischen Altem und Neuem Testament (BU 14), Regensburg 1980.

Stolle, V., Der Zeuge als Angeklagter. Untersuchungen zum Paulus-Bild des Lukas (BWANT 102), Stuttgart 1973.

Straßburger, H., Die Wesensbestimmung der Geschichte durch die antike Geschichtsschreibung (Sitzungsber. d. wiss. Gesellschaft an der Joh.-Wolfg.-Goethe-Univ. Frankfurt/Main 5, Nr. 3) ([1]1966), Frankfurt [3]1975.

Strecker, G., Der Weg der Gerechtigkeit. Untersuchung zur Theologie des Matthäus (FRLANT 82), Göttingen [1]1962. [2]1966.

Ders., Das Evangelium Jesu Christi, in: Ders. (Hrsg.), Jesus Christus in Historie und Theologie, FS H. Conzelmann, Tübingen 1975, 503–549.

Stuhlmacher, P., 1968, s. Lit. zu Kap. 4.

Sylvan, R., Wissenschaft, Mythos, Fiktion: Sie alle überschreiten die Grenzen des Wirklichen und manchmal gar des Möglichen, Zeitschrift für Semiotik 9 (1987), 129–153.


Talbert, C. H., Literary Patterns, Theological Themes, and the Genre of Luke-Acts (SBL MS 20), Missoula, Mont. 1974.

Ders., Biographies of Philosophers and Rulers as Instruments of Religious Propaganda in Mediterranean Antiquity, ANRW II 16,2 (1978), Berlin–New York, 1619–1651.

Tannehill, R. C., Die Jünger im Markusevangelium – die Funktion einer Erzählfigur (amer. 1977), in: F. Hahn (Hrsg.), Der Erzähler des Evangeliums (SBS 118/119), Stuttgart 1985, 37–67.

Taylor, V., The Order of Q, JThSt 4 (1953), 27–31.

Theißen, G., Lokalkolorit und Zeitgeschichte in den Evangelien (NTOA 8), Freiburg–Göttingen 1989.

Vernant, J. P., Mythos und Gesellschaft im alten Griechenland (es 1381) (frz. 1974), Frankfurt 1987.

Vorster, W. S., Der Ort der Gattung Evangelium in der Literaturgeschichte, VFG 29 (1984), 2–25.

Wegenast, K., Das Verständnis der Tradition bei Paulus (WMANT 8), Neukirchen 1962.

Wehrli, F., Gnome, Anekdote und Biographie, Museum Helveticum 30 (1973), 193–208.

Weinreich, O., Der griechische Liebesroman, Zürich 1962.

Weiser, A., 1981–1985, s. Lit. zu Abschnitt 8.4.

Westermann, C., 1984, s. Lit. zu Kap. 5.

Wilckens, U., Die Missionsreden der Apostelgeschichte. Form- und traditionsgeschichtliche Untersuchungen (WMANT 5), Neukirchen [1]1961. [3]1974.

Wolff, H. W., Dodekapropheton 2. Joel und Amos (BK 14,2), Neukirchen 1969.

Zeller, D., Die Menschwerdung des Sohnes Gottes im Neuen Testament und die antike Religionsgeschichte, in: Ders. (Hrsg.), Menschwerdung Gottes – Vergöttlichung von Menschen (NTOA 7), Freiburg–Göttingen 1988, 141–176.

Zwick, R., 1989, s. Lit. zu Kap. 4.

## Literatur zu Kapitel 11

Althaus, H. (Hrsg.), Apokalyptik und Eschatologie. Sinn und Ziel der Geschichte, Freiburg 1987.

Assmann, J., Königsdogma und Heilserwartung. Politische und kultische Chaosbeschreibungen in ägyptischen Texten, in: D. Hellholm (Hrsg.), Apocalypticism in the Mediterranean World and the Near East, Tübingen 1983, 345–379.

Böcher, O., Die Johannesapokalypse (EdF 41), Darmstadt 1975.

Ders., Die Johannes-Apokalypse in der neueren Forschung, ANRW II 25,5 (1988), 3850–3893.

Boesak, A., Schreibe dem Engel Südafrikas. Trost und Protest in der Apokalypse des Johannes, Stuttgart 1988.

Bornkamm, G., Die Komposition der apokalyptischen Visionen in der Offenbarung Johannis (1937), in: Ders., Studien zu Antike und Christentum II (BEvTh 28), München 1959. ²1963, 204–222.

Brandenburger, E., 1984, s. Lit. zu Kap. 5.

Burkert, W., 1983, s. Lit. zu Kap. 5.

Cancik, H., Die kleinen Gattungen der römischen Dichtung in der Zeit des Prinzipats, in: Neues Handbuch der Literaturwissenschaft 3, Frankfurt 1974, 261–291.

Collins, A. Y., Early Christian Apocalyptic Literature, ANRW II 25,6 (1988), 4665–4711.

Collins, J. J., Towards the Morphology of a Genre, Semeia 14 (1979), 1–21.

Cremerius, J., u. a. (Hrsg.), Untergangsphantasien (Freiburger literaturpsychologische Gespräche 8), Würzburg 1989.

Derrida, J., Apokalypse (frz. 1983), Graz–Wien 1985.

Dormeyer, D./Hauser, L., 1990, s. Lit. zu Kap. 4.

Drewermann, E., 1984–1985, s. Lit. zu Abschnitt 8.2.

Freud, S., Die Traumdeutung (Studienausgabe 2), Frankfurt 1972.

Giblin, C. H., The Book of Revelation. The open Book of Prophecy, Collegeville, Minnesota 1991.

Giesen, H., Christusbotschaft in apokalyptischer Sprache. Zugang zur Offenbarung des Johannes, BiKi 39 (1984), 42–53.

Grässer, E., Das Problem der Parusieverzögerung in den synoptischen Evangelien und in der Apostelgeschichte (ZNW BH 22), Berlin ³1977.

Güttgemanns, E., Die Semiotik des Traums in apokalyptischen Texten am Beispiel von Apokalypse Johannis 1, LingBibl Nr. 59 (1987), 7–55.

Gunkel, H., Schöpfung und Chaos in Urzeit und Endzeit, Göttingen 1895.

Hahn, F., Die Sendschreiben der Johannesapokalypse. Ein Beitrag zur Bestimmung prophetischer Redeformen, in: FS K. G. Kuhn, Göttingen 1971, 357–394.

Harnisch, W., Verhängnis und Verheißung der Geschichte. Untersuchungen zum Zeit- und Geschichtsverständnis im 4. Buch Esra und in der syr. Baruchapokalypse (FRLANT 97), Göttingen 1969.

Hauser, L./Wachler, D. (Hrsg.), Weltuntergang – Weltübergang. Science Fiction zwischen Religion und Neomythos, Altenberge 1989.

Hellholm, D. (Hrsg.), Apocalypticism in the Mediterranean World and the Near East. Proceedings of the International Colloquium on Apocalypticism Uppsala, August 12–17, 1979, Tübingen 1983.

Ders., Das Visionsbuch des Hermas als Apokalypse. Formgeschichtliche und texttheoretische Studien zu einer literarischen Gattung. I. Methodologische Vorüberlegungen und makrostrukturelle Textanalyse, Uppsala 1980.

Ders., The Problem of Apocalyptic Genre and the Apocalypse of John, SBL Seminar Papers 21 (1982), Chico 1982, 157–198.

Ders., Methodological Reflections on the Problem of Definition of Generic Texts, in: J. J. Collins/J. H. Charlesworth (Hrsg.), Mysteries and Revelations. Apocalyptic Studies since the Uppsala Colloquium, Sheffield 1991, 135–163.

Käsemann, E., 1960, s. Lit. zu Kap. 5.

Kassel, M., 1982, s. Lit. zu Abschnitt 8.2.

Kirby, J. T., The Rhetorical Situations of Revelation 1–3, NTS 34 (1988), 197–207.

Koch, K./Schmidt, J. M. (Hrsg.), Apokalyptik (WdF 365), Darmstadt 1982.

Koch, K., u. a., 1980, s. Lit. zu Kap. 2.

Ders., Ratlos vor der Apokalyptik, Gütersloh 1970.

Ders., Vom profetischen zum apokalyptischen Visionsbericht, in: D. Hellholm (Hrsg.), Apocalypticism in the Mediterranean World and the Near East, Tübingen 1983, 413–447.

Körtner, U. H. J., Weltangst und Weltende. Eine theologische Interpretation der Apokalyptik, Göttingen 1988.

Kraft, H., Die Offenbarung des Johannes (HNT 16a), Tübingen 1974, 156.

Kvanvig, H. S., Roots of Apocalyptic. The Mesopotamian Background of the Enoch Figure and the Son of Man (WMANT 61), Neukirchen 1988.

Lambrecht, J. (Hrsg.), L'Apokalypse Johannique et l'Apokalyptique dans le Nouveau Testament, Löwen 1980.

Lebram, J. C., Das Buch Daniel, Zürich 1984.

Lohse, E., Die Offenbarung des Johannes (NTD 11), Göttingen 1971.

Maier, F. G., Die Verwandlung der Mittelmeerwelt (Fischer Weltgeschichte 9), Frankfurt 1968.

Marcus, J./Soards, M. L. (Hrsg.), Apocalyptic and the New Testament, FS L. Martyn, Sheffield 1989.

Martin, G. M., Weltuntergang. Gefahr und Sinn apokalyptischer Symbole, Stuttgart 1984.

Mollat, D., Zukunft und Gegenwart. Die Apokalypse heute gelesen (frz. 1982), Leipzig 1986.

Müller, K. H., Apokalyptik III, TRE 3 (1978), 202–251.

Müller, U. B., Messias und Menschensohn in jüdischen Apokalypsen und in der Offenbarung des Johannes (StNT 6), Gütersloh 1972.

Ders., Die Offenbarung des Johannes (ÖTK 19), GTB Siebenstern 510, Gütersloh–Würzburg 1984.

Osten-Sacken, P. v. d., Die Apokalyptik in ihrem Verhältnis zur Prophetie und Weisheit, München 1969.

Pesch, R., 1968, s. Lit. zu Kap. 5.

Plöger, O., Theologie und Eschatologie (WMANT 2), Neukirchen ³1968.

Ders., Das Buch Daniel (KAT 18), 1965.

Pöhlmann, W., Apokalyptische Geschichtsdeutung und geistiger Widerstand, KuD 34 (1988), 60–75.

Porteous, N. W., Das Buch Daniel (ATD 23), Göttingen ²1968.

Rad, G. v., Weisheit in Israel, Neukirchen ²1982.

Ders., Der Heilige Krieg im alten Israel, Göttingen ¹1951.

Richter, W., „Traum und Traumdeutung im Alten Testament", BZ 7 (1963), 202–220.

Rießler, P., Altjüdisches Schrifttum außerhalb der Bibel. Übers. u. erläutert, Heidelberg ²1966.

Ritt, H., Offenbarung des Johannes (Die Neue Echter Bibel 21), Würzburg 1986.

Roloff, J., Die Offenbarung des Johannes (Zürcher Bibelkommentare NZ 18), Zürich 1984.

Rowley, H. H., Apokalyptik, ihre Form und Bedeutung zur biblischen Zeit, Zürich ³1965.

Satake, A., Die Gemeindeordnung in der Johannesapokalypse (WMANT 21), Neukirchen 1966.

Schmidt, J. M., Die jüdische Apokalyptik. Die Geschichte ihrer Erforschung von den Anfängen bis zu den Textfunden von Qumran, Neukirchen ²1976.

Schreiner, J., Alttestamentlich-jüdische Apokalyptik. Eine Einführung, München 1969.

Schröer, H., Apokalyptische Motive in zeitgenössischer deutscher Literatur, EvErz 36 (1984), 435–451.

Schüssler-Fiorenza, E., Priester vor Gott. Studien zum Herrschafts- und Priestermotiv in der Apokalypse (NTA 7), Münster 1972.

Semeia 14, 1979: Apocalypse. The Morphology of a Genre, hrsg. v. J. J. Collins.

Strobel, A., Apokalypse des Johannes, TRE III (1978), 174–189.

Treu, U., 1989, s. Lit. zu Kap. 5.

Trummer, P., Offenbarung in Bildern, in: Ders., Aufsätze zum Neuen Testament, Graz 1987, 175–205.

Venetz, H. J., Zwischen Unterwerfung und Verweigerung. Widersprüchliches im Neuen Testament? Zu Röm 13 und Offb, in: V. Eid (Hrsg.), Prophetie und Widerstand, Düsseldorf 1989, 142–166.

Vögtle, A., Das Buch mit den sieben Siegeln. Die Offenbarung des Johannes in Auswahl gedeutet, Freiburg ¹1981.

Volz, P., Die Eschatologie der jüdischen Gemeinde im neutestamentlichen Zeitalter nach den Quellen der rabbinischen, apokalyptischen und apokryphen Literatur, Tübingen 1934.

Vondung, K., Die Apokalypse in Deutschland, dtv 4488, 1988.

Vorländer, K., Philosophie des Altertums. Geschichte der Philosophie I (rde 183/184), Hamburg 1963.

Wacker, M. Th., Weltordnung und Gericht. Studien zu 1 Henoch 22 (FzB 45), Würzburg 1982.

Weimar, P., 1975, s. o. 5.

Westermann, C., Das Buch Jesaja. Kap. 40–66 (ATD 19), Göttingen [1]1966.

Widengren, G., Leitende Ideen und Quellen der iranischen Apokalyptik, in: D. Hellholm (Hrsg.), Apocalyptism in the Mediterranean World and the Near East, Tübingen 1983, 77–162.

Wikenhauser, A., Die Offenbarung des Johannes (RNT 9), Regensburg 1959.

Die Yäst's des Awesta, übers. v. H. Lommel, Göttingen–Leipzig 1927.

# REGISTER

## Schriftstellen

3 Joh: 7. 22. 63. *198*

Jud: 7. 22. 63. 198
     14: 20

Offb: 8. 10. 22. 65. *235–241*
     1, 1–3: 49. 50
     1, 10–3, 22: 187
     3, 1: 119
     5, 9–10: 133

8, 13: 85
19, 1: 132
19, 3: 132
19, 6: 132
21–22, 8: 209
21, 7: 135
22: 132
22, 8–19: 50
22, 20: 132

## Griechische und lateinische Quellentexte

Acta Alexandrinorum *(177ff.)*.
Äsopische Fabeln/Aesopica *(8. 142ff. 155)*.
Alkaios 39, 10 (80, 10 D2) *(93)*.
Leben und Taten Alexanders von Makedonien *(228)*.
Publius Aelius Aristides 1, 57 *(168)*.
Aischylos Ag. 149ff. *(127)*.
Ammian 21, 16, 18 *(44)*.
Aratos, Sternbilder 3. 46; 1–13 *(127)*.
Aristeas-Brief *(20)*.
Aristophanes, Der Frieden 118ff. *(93)*.
Aristoteles, fragmenta 74 *(88)*; Metaphysik 12, 6–10 *(121)*; Poetik 26f.; 6 *(28)*; Rhetorik *(27)* 1, 3, 1 *(190)*; 1, 3, 1–3 *(29)*; 2, 20 *(142f.)*; 2, 20, 2 *(44. 58f.)*; 2, 20, 2–4 *(152)*; 2, 21 *(71)*; 2, 23, 4 f. *(115)*; 3, 11, 5 *(54)*; 3, 4, 4 *(57)*.
Artemidor von Daldis, Traumbuch 4, 59 *(77)*.
Augustinus *(1)*; Bekenntnisse *(44)*; De doctrina 4, 7, 11–12 *(45f.)*; Enarrationes in Psalmos 138, 20 *(44)*.

Barnabasbrief *(118–139)*.
Basilius von Cäsarea, Mahnreden. An die Jugend über die heidnische Literatur 2 *(35)*.

Chariton von Aphrodisias, Kallirhoe 6, 5, 5 *(56)*.
Cicero, De legibus 2. 7. 18 *(116)*; De re publica 6, 9–26 *(232)*; Epistulae ad Familiares *(191)*; 12, 30, 1 *(190)*; 2, 4, 1 *(191f.)*; Laelius 7, 23 *(80)*; Atticus 8, 14, 1 *(190)*.
CIL XI 3614 *(178)*.

Demetrios, De elocutione 233 *(190)*.
Didache 1–6 *(139)*; 9, 1–4 *(132)*.
Diodorus Siculus 1, 35, 2 *(91)*; 5, 47, 3 *(42)*.
Diogenes Laertius, Leben *(36. 160)*; 6, 95 *(160)*; 10, 121 *(127)*; 10, 122 *(105)*; 10, 139–154 *(218)*.

de principiis 4,2,9 *(50)*; Evangelium nach Johannes 1,3 *(2. 203f.)*; 20,10,66 *(22)*; Hexapla *(20)*; Luc. hom. 34 *(145)*.

Papias *(1. 43)*.
Parmenides, fr 1. *(232)*.
Paroem. Gr., Diogenian 6,27 *(90)*; Appendix 4,6 *(90)*.
Petronius, Satyricon 94,1 *(83)*.
Philo, Legatio ad Gajum *(40)*; Leben Moses *(8. 209)*.
Philostratos, Leben des Apollonios von Tyana *(8. 105. 224)*; 1,3 *(212)*; 4,4,39 *(225)*; 4,20 *(168)*; 4,45 *(167f.)*; Briefe 1,354,12 = Nr. 44 *(86)*.
Platon, Werke: Apologie *(208)*; 29D *(98)*; Lysis 210 *(210)*; Phaidon 113d–118a *(127)*; Resp 1,354a *(82)*.
Plinius, hist. nat. 10,3 *(90)*.
Plinius, d. J., Briefe (Epistulae) 9,21 *(197)*; 10,96 *(24)*.
Plutarch, Große Griechen und Römer *(207)*; Alexander 1–3 *(205)*; 4–8; 27f.; 75f. *(206. 210)*; Aratos 1,1 *(48)*; Romulus 2–4; 6–8 *(206)*; 22 *(78)*; Theseus 1 *(205)*; Moralia 108C. 116C (Cons. ad Apoll. 13.28) *(116. 126)*; 138A–146A (Gamika Paraggelmata 1–74) *(143–154)*; 180C. 203C (Reg. et imp. ap.) *(160)*; – Alex 15 *(85)*; – Gn. Pomp. 2 *(115)*; 218A. 230F (Apophth. Lacon.) *(160)*; – Ariston 1 *(96)*; – Pausanias 1 *(77)*; – Pausanias 2 *(79)*; 514EF *(91)*; 616E (Quäst. convivalium) *(79)*; 685A. 788E (An. seni. resp. ger. sit.) *(91. 100)*; 830B (De vit. aere. al. 7) *(93)*.
Polybios, Geschichte 1,1,1; 9,1,5–6 *(228)*.
Ps.-Demetrios, Typoi epistolikoi *(191f.)*; 1 *(48. 191f.)*; 223 *(190)*.
Ps.-Longinos, Vom Erhabenen *(27)*; 9,9; 12,2–13,1 *(24. 29f.)*.
Ps.-Phokylides *(72. 217)*; 228 *(76)*.

Quintilianus, M. F., Ausbildung des Redners (institutio) 1,3 *(83)*; 2,11,24 *(144. 154)*; 3,3,12–15 *(28f.)*; 5,11, 1–23 *(143–147)*; 8,6,8 *(53)*; 10,27–34 *(32)*.

Schnur, H. C., Fabeln *(157)*.
Secundus-Biographie *(160)*.
Seneca, Philosophische Schriften. Über den Zorn 3,24,2 *(96)*; Ep (Briefe an Lucilius) 31,11 *(131)*; 41,1 *(110)*; 94,1f. *(139)*.
Sextus Emp., Pyrrh Hyp III 259 *(87)*.
Sextus, Sententiae *(217)*; 20 *(98)*.
Sibyllinische Orakel *(82. 233)*.
SIG 1175,14ff., 32ff. *(79)*.
Snell, B., Leben und Meinungen der Sieben Weisen *(8. 217)*.
Sophokles, Tragödien. Aias *(157)*; 646f. *(89)*; Antigone 672 *(80)*.
Stobaeus, ecl. II 60,9ff. *(136)*; 2,7 Nr. 26 *(138)*.

Teles, Über die Verbannung III *(98)*.
Tertullian *(43)*; Apologeticum 50 *(24)*; Marcion IV,2,5 *(22)*; Zeugnis (De testimonio animae) 1 *(24. 44)*.